असहज पड़ोसी

युद्ध के 50 वर्षों बाद भारत और चीन

असहज पड़ोसी

युद्ध के 50 वर्षों बाद भारत और चीन

राम माधव

प्रकाशक

प्रभात पेपरबैक्स

4/19 आसफ अली रोड, नई दिल्ली-110002

फोन : 23289555 • 23289666 • 23289777 ❖ फैक्स : 23253233

इ-मेल : prabhatbooks@gmail.com ❖ वेब ठिकाना : www.prabhatbooks.com

संस्करण

प्रथम, 2015

अनुवाद

महेंद्र नारायण सिंह यादव

मूल्य

एक सौ पचहत्तर रुपए

अ.मा.पु.स. 978-93-5186-444-8

मुद्रक

आर-टेक ऑफसेट प्रिंटर्स, दिल्ली

———— ★ ————

ASAHAJ PADOSI (Hindi translation of Uneasy Neighbours)
by Ram Madhav

₹ 175.00

Published by **Prabhat Paperbacks** (A Division of Prabhat Prakashan)
4/19 Asaf Ali Road, New Delhi-2

ISBN 978-93-5186-444-8

अनुक्रम

1

चेतावनी, चेतावनी, चेतावनी

भारत-चीन संबंधों की हर आधुनिक सोच सन् 1962 के भारत-चीन युद्ध से शुरू होती है। यह युद्ध स्वतंत्र भारत के इतिहास की प्रमुख घटना थी। स्वतंत्रता के बाद का यह पहला युद्ध था, जिसे भारत ने अपनी स्वयं की सेना और अपने कमांडरों के नेतृत्व में लड़ा। सन् 1947-48 में भी आजादी के तुरंत बाद जब नए बने देश पाकिस्तान ने जम्मू और कश्मीर पर आक्रमण कर दिया तब भी भारतीय सेना को एक युद्ध लड़ना पड़ा था लेकिन उस युद्ध में भारत और पाकिस्तान दोनों की सेनाओं का नेतृत्व ब्रिटिश कमांडरों के हाथ में था तथा उस समय सरकार पूरी तरह से अनिच्छुक और अनुभवहीन थी।

हालाँकि सन् 1962 का युद्ध पूरी तरह से भिन्न था। भारत और चीन दोनों ने पिछले दशक में या युद्ध से पहले पर्याप्त युद्ध-संबंधी तैयारियाँ कर ली थीं। भारत के लिए इस युद्ध ने कई अन्य महत्त्वपूर्ण संदेश भी दिए। इसी युद्ध में भारत को शर्मनाक पराजय झेलनी पड़ी थी। तत्कालीन प्रधानमंत्री जवाहरलाल नेहरू समेत अनेक भारतीयों के लिए यह सदमा जीवन भर बना रहा, जो चीन को मित्र पड़ोसी मानते थे। सन् 1962 के युद्ध से कुछ ही समय पहले दोनों देश एक-दूसरे के साथ पैदा हुए नए-नए मैत्री भाव की शान में कसीदे पढ़ रहे थे और 'हिंदी-चीनी भाई-भाई' के नारे लगा रहे थे। भारत का नेतृत्व एशिया की महाशक्तियों की इस नई-नवेली मित्रता की खुशी में डूबा हुआ था और तभी चीन ने भारतीय सेनाओं पर गोलियाँ दागनी शुरू कर दीं।

सन् 1962 का युद्ध शुरू होने के पहले तक भारतीय नेतृत्व इस सच्चाई को स्वीकार करने को तैयार नहीं था कि चीन उसका सबसे बड़ा शत्रु हो सकता है। इसे स्वीकार करने का मतलब अनेक मधुर विचारों और नारों की असफलता को स्वीकार करना होता। अनेक जिम्मेदार क्षेत्रों से निरंतर चेतावनी के स्वर उभर रहे थे और 50 के

दशक के आरंभ में माओ की लाल सेना के बोजिंग में कुओमिनतांग शासकों पर विजय के तुरंत बाद जब चीन ने तिब्बत पर चुपचाप चढ़ाई शुरू की थी, तब तो ये स्वर काफी तेज हो गए थे। हालाँकि विरोध के ये स्वर 'हिंदी-चीनी भाई-भाई' के नारों के शोर में नक्कारखाने में तूती की आवाज साबित हुए।

चीन और भारत इस क्षेत्र की दो बड़ी शक्तियाँ रहे हैं। भारत 800 वर्षों से ज्यादा समय से विदेशी शासकों के अधीन रहा था, जिसमें पहली कई शताब्दियों तक पश्चिम एशियाई मुसलिम आक्रमणकारियों के अधीन रहा और बाद की कुछ शताब्दियों में ब्रिटिश राज रहा। इसके बाद 15 अगस्त, 1947 को भारत ने स्वतंत्रता हासिल की। चीन में इस तरह का विदेशी शासन तो नहीं रहा, लेकिन वहाँ भी साम्राज्यवादी शासकों और उनके वंशों की अधीनता से छुटकारा पाने के लिए स्वतंत्रता संघर्ष का अपना इतिहास रहा। चीन की प्रतिष्ठा 20वीं शताब्दी में बढ़नी शुरू हुई, जब सुन येत सेन के नेतृत्व में क्रांति के परिणामस्वरूप क्विंग वंश का पतन हुआ और इस तरह से 2000 वर्ष पुराने साम्राज्यवादी शासन का खात्मा हुआ। चीन का प्रथम गणतंत्र 1912 में सुन यात सेन के नेतृत्व में अस्तित्व में आया।

चीन का पड़ोसी होते हुए भी भारत में अधिकतर लोगों ने उसके यहाँ के इन घटनाक्रमों को गंभीरता से नहीं लिया। इसका कारण शायद यह था कि भारतीय स्वयं भी ब्रिटिश राज से स्वतंत्रता पाने के लिए लड़ाई में लगे थे। जिस समय सुन येत सेन चीन में साम्राज्यवाद के विरुद्ध संघर्ष का नेतृत्व कर रहा था, उसी समय भारतीय नेतृत्व ब्रिटिश शासन के विरुद्ध संघर्ष में जुटा था। ब्रिटिश सरकार के सन् 1905 में बंगाल प्रांत को सांप्रदायिक आधार पर दो हिस्सों में विभाजित करने के निर्णय से राष्ट्रवाद का ज्वार उमड़ पड़ा था। विरोध छह सालों तक चला और तभी समाप्त हुआ जब किंग जॉर्ज द्वितीय भारत आने एवं बंगाल विभाजन के निर्णय को रद्द करने पर मजबूर हुए।

हालाँकि उस समय भी भारत में कुछ नेता थे, जो चीन में घट रही घटनाओं के भारत के संदर्भ में संभावित परिणामों को समझ रहे थे। ऐसे ही एक नेता थे, बंगाल के प्रमुख स्वतंत्रता सेनानी और लेखक विपिनचंद्र पाल।

पाल 20वीं सदी के आरंभिक दशकों में भारत के स्वतंत्रता संग्राम के प्रखर सितारे थे। सन् 1905 में बंगाल विभाजन के बाद ब्रिटिश उपनिवेशवाद के खिलाफ उभरे क्रांतिकारी आंदोलन की अग्रणी त्रिमूर्ति—लाल-बाल-पाल में एक वे भी थे। उन्होंने एक राष्ट्रीय पत्रिका 'वंदे मातरम्' की स्थापना की थी और बहुत सारा राष्ट्रवादी साहित्य भी रचा था। विपिनचंद्र पाल ने चीन के उद्भव को भारत के भविष्य के लिए खतरे के रूप में देख लिया था।

पाल ने अपनी पुस्तक 'अवर रियल डेंजर' में बताया था कि भारत को असली

खतरा कहाँ से हो सकता है, ''हमें असली खतरा यूरोप से नहीं, बल्कि एशिया से ही होगा, अखिल-यूरोपवाद से नहीं, बल्कि अखिल-इसलाम और अखिल-मंगोलवाद से होगा।''

विपिनचंद्र पाल ने पश्चिमी देशों और भारत के बीच सहयोग की जरूरत की पैरवी की। 'अवर टू सेफ्टी' शीर्षक से उन्होंने लिखा था, ''मेरा मानना है कि भारतीय राष्ट्रवाद को किसी भी सूरत में ग्रेट ब्रिटेन की ओर से स्थायी विरोध या कमजोर करने का कोई बड़ा खतरा नहीं है। इसके विपरीत ब्रिटेन से दोस्ती ही अखिल इसलामी और अखिल मंगोलवाद के खतरे से प्रभावी सुरक्षा दे सकती है। भारतीय राष्ट्रवाद के भविष्य के बारे में सोचते समय अगर हम ग्रेट ब्रिटेन को अकेले या किसी अन्य यूरोपीय शक्ति को ध्यान में रखेंगे तो समस्या तुलनात्मक रूप से सरल और आसान हो जाएगी। हालाँकि अब हमें एक ओर चीन के बारे में और दूसरी ओर अखिल इसलामी खतरे के बारे में सोचना पड़ रहा है। अगर भारत के अखिल इसलामी आकांक्षा से प्रेरित 6 करोड़ मुसलमान हमारे पश्चिमी और पश्चिमोत्तर में मौजूद इसलामी सिद्धांतों एवं सत्ता से जुड़ें, तो हमारी सारी राष्ट्रवादी आकांक्षाओं का खात्मा तुरंत ही हो जाएगा, और मौजूदा ब्रिटिश संबंध खत्म हुए तो ऐसा किसी भी पल हो सकता है।

''चालीस करोड़ का चीनी साम्राज्य न केवल भारत में आसानी से पैर जमा लेगा, बल्कि एक बार पैर जमा लेने के बाद केवल वे ही लोग होंगे, जो अपनी श्रेष्ठ शारीरिक शक्ति के बल पर हमें नीचे दबाए रखेंगे, और कोई यह काम नहीं कर सकेगा। यही कारण है कि हमारे देश की मौजूदा परिस्थितियों में, हमारी स्वयं की संगठित तथा प्रशिक्षित थलसेना और सशक्त नौसेना की अनुपस्थिति में, चीनी उत्थान हमारे लिए, भारतीय जनता से अलग किंतु संप्रभुता और स्वतंत्रता के लिए बहुत गंभीर खतरा है। अगर हम इसे हासिल कर भी लेते हैं तो अखिल इसलामी और अखिल मंगोल खतरे को देखते हुए हम इसे कायम नहीं रख पाएँगे।''[1]

इतिहासकार देवेंद्र स्वरूप ने लिखा है—''पाल भारत की उन प्रतिभाओं में से हैं, जिनका सही मूल्यांकन नहीं किया गया। वे एक दूरद्रष्टा विचारक और विश्लेषक थे। बहुत पहले सन् 1908 में ही उन्होंने चीन के महाशक्ति बनने के खतरे के बारे में भारत को चेतावनी दे दी थी। उन्होंने भविष्यवाणी की थी कि विश्व आखिरकार अंतरराष्ट्रीय सभ्यता की तीन धाराओं में विभाजित होगा—अखिल यूरोपीय या ईसाई धारा, अखिल इसलामी धारा एवं अखिल मंगोल या चीनी धारा, और भारत को अखिल इसलामी तथा अखिल मंगोल, दोनों ही धाराओं की चुनौतियों का सामना करना पड़ेगा।''[2]

चीन के बारे में विपिनचंद्र पाल के विचार सन् 1923 में लोगों के सामने आए, जब वे पुस्तक के रूप में प्रकाशित हुए। यह वह दौर था, जब पूर्वी यूरोप में साम्यवाद

अपने उभार पर था। रूस में लेनिन की बोल्शेविक सत्ता स्थापित हो चुकी थी और साम्यवाद का काफिला बढ़ चुका था। उस काल में भारत में भी साम्यवाद की पहली चिनगारियाँ फूटने लगी थीं। 26 दिसंबर, 1925 को भारतीय कम्यूनिस्ट पार्टी के पोलित ब्यूरो की पहली बैठक कानपुर में हुई। (बाद में इस तारीख को लेकर भारतीय कम्यूनिस्ट पार्टी और मार्क्सवादी कम्यूनिस्ट पार्टी के बीच विवाद हो गया, क्योंकि माकपा ने अपने गठन की तारीख 17 अक्तूबर, 1929 को ताशकंद में सम्मेलन किया था। विश्वस्तर पर पश्चिमी पूँजीवादी विचारों के आधिपत्य के विरोध में साम्यवाद के उदय ने कई लोगों को इसकी ओर आकर्षित किया। भारत में भी अनेक लोग कथित वर्ग-संघर्ष और सामाजिक न्याय की इस नई विचारधारा की ओर आकर्षित हुए। जवाहरलाल नेहरू समेत ऐसे कई लोग भारतीय राष्ट्रीय कांग्रेस में भी शामिल हो गए। इसके अतिरिक्त, विपिनचंद्र पाल भारत और उस पर अत्याचार कर रहे ग्रेट ब्रिटेन के बीच गठबंधन की वकालत कर रहे थे। कोई हैरानी की बात नहीं कि उस समय ज्यादातर लोगों ने चीन के घटनाक्रमों के बारे में उनके विचारों को गंभीरता से नहीं लिया।

'40 के दशक के अंत में जब चीन माओ के शासन के तहत साम्यवादी देश बन गया तब इस बात को लेकर गंभीर चर्चा शुरू हुई कि उसके घटनाक्रम भारत के लिए क्या मायने रखते हैं।

विपिनचंद्र पाल के अतिरिक्त भारत को पूर्व से संभावित खतरे के बारे में आगाह करनेवाले अन्य प्रमुख नेता थे श्रीअरविंदो। श्रीअरविंदो के पास कई मायनों में भविष्य को देखने की एक रहस्यमय क्षमता थी। वे ज्योतिषी नहीं थे और न ही भविष्यवेत्ता थे, लेकिन उनके पास भविष्य को देखने की रहस्यमय क्षमता थी। सन् 1950 का साल था, भारत स्वतंत्रता के लंबे संघर्ष से बाहर निकला था और शासन के भावी संस्थानों की स्थापना में व्यस्त था। सामंतवाद से अर्धलोकतंत्र और निरंकुश साम्यवाद का यह ऐतिहासिक संक्रमण एक खूनी सशस्त्र संघर्ष के जरिए हुआ, जिसे चीन में क्रांति का नाम दिया गया। उस समय राजनीतिक व्यवस्था के ज्यादातर लोगों ने इस घटनाक्रम पर ध्यान नहीं दिया। हालाँकि चीन के घटनाक्रमों को सराहना की दृष्टि से देख रहे कुछ लोगों के लिए यह उल्लास का महान् पल था।

हालाँकि श्रीअरविंदो ने पड़ोसी में माओवादी एकदलीय शासन पद्धति के उभार को भारत के लिए अधिक महत्त्वपूर्ण और अशुभ घटना के रूप में देख लिया था। चीन के भारत पर आक्रमण के 12 वर्ष पहले ही उन्होंने अपनी पुस्तक 'द आइडियल ऑफ ह्यूमन यूनिटी' में लिख दिया था, ''एशिया में लोगों के बीच महाद्वीपीय एकता की किसी संभावना से परे दुनिया के इस हिस्से में साम्यवादी चीन के उभार के रूप में एक अधिक खतरनाक स्थिति तेजी से पैदा हो रही है। यह एक विशाल समूह बना रहा है जो

दो विशाल साम्यवादी शक्तियों—रूस और चीन के साथ तालमेल बनाकर समूचे उत्तर एशिया को आसानी से निगल जाएगा एवं दक्षिण-पश्चिम एशिया तथा तिब्बत को समाने की धमकी के साथ हावी हो जाएगा। साथ ही संभवत: भारत के समूचे सरहदी इलाकों पर अतिक्रमण कर सकता है, जिससे उसकी सुरक्षा को खतरा पैदा हो सकता है। इसी तरह से पश्चिम एशिया में भी चढ़ाई एवं अतिक्रमण हो सकता है और इस तरह से घुसपैठ के जरिए या शक्तिशाली सेना के जरिए एक अवांछित विचारधारा, राजनीतिक और सामाजिक संस्थाओं तथा उग्र साम्यवाद का खतरा हो सकता है, जिसका धक्का आसानी से अप्रतिरोध्य साबित होगा।''[3]

जून 1950 में श्रीअरविंदो आश्रम की पत्रिका 'मदर इंडिया' के संपादक के डी. सेठना ने श्रीअरविंदो को पत्र लिखकर कोरियाई संकट पर उनसे मार्गदर्शन माँगा था। 28 जून, 1950 को श्रीअरविंदो ने उत्तर में लिखा था, ''मामला कूबड़ की तरह समतल है। यह अधिकार जमाने और कब्जा करने की साम्यवादी योजना का पहला कदम है, सबसे पहले ये उत्तरी हिस्से और फिर दक्षिण-पूर्व एशिया। भारत में प्रवेश द्वार के रूप में तिब्बत से होते हुए बाकी महाद्वीप के संदर्भ में उनकी पैंतरेबाजी का आरंभ है यह। अगर वे सफल हो गए तो फिर कोई कारण नहीं कि वे कदम-दर-कदम समूचे विश्व पर काबिज होने के लिए न बढ़ें।''[4]

यह बात ध्यान में रखना चाहिए कि सन् 1950 में बहुत कम लोगों को यह संदेह था कि चीन वह करने जा रहा है, जो उसने अगले दशक और उसके बाद कर दिखाया। हालाँकि श्रीअरविंदो का भारतीय नेतृत्व को दिए अंतिम संदेशों में से एक चीन के इरादों के बारे में आगाह करने को लेकर ही था। ''माओ के तिब्बती अभियान की बुनियादी विशेषता चीन की सीमा को नीचे दाहिनी ओर भारत की ओर बढ़ाना और सही समय पर, सही रणनीति के साथ आक्रमण के लिए तैयार रहना है, या फिर भारत हड़बड़ी में अपने आपको साम्यवादी गुट में शामिल करने का ऐलान कर दे…। अब यही भाव बचा सकता है कि चीन के साथ कड़ा रवैया अपनाया जाए, उसके दुष्ट इरादों की निंदा की जाए, बिना पूर्वग्रह के अमेरिका के साथ खड़ा हुआ जाए, और अपने आत्म-सम्मान को बनाए रखते हुए अपने पक्ष में अमेरिकी दखल एवं इससे भी बड़ी बात, भारत के बारे में चीनी इरादों पर अमेरिकी रोक की सुविधा देने के लिए हर संभव प्रबंध किया जाए। हमें हमेशा अपने दिमाग में यह बात जलाए रखनी है कि तिब्बत पर चीन के आक्रमण का प्राथमिक उद्देश्य भारत को जल्द-से-जल्द धमकाना है।'' यह बात महर्षि अरविंदो ने 11 नवंबर, 1950 को लिखी थी।

उस समय भारत को चीन से निपटने के लिए अमेरिका की मदद लेने की उनकी सलाह से सहमति या असहमति हो सकती है। हालाँकि साठ के दशक में श्रीअरविंदो के

ये भविष्यसूचक शब्द प्रकाशित हुए तो अमेरिका के राष्ट्रपति जॉन एफ. कैनेडी जैसे व्यक्ति भी स्तंभित रह गए थे, वह भी इस हद तक कि पहले तो उन्होंने कहा कि वर्ष के बारे में कुछ टाइपिंग की गलती हुई होगी और सन् 1950 की जगह 1960 होना चाहिए। जब उन्हें यह बताया गया कि श्री अरविंदो का तो दिसंबर 1950 में ही देहांत हो चुका था, तो कैनेडी एकदम चकित रह गए।[5]

चीन के बारे में सरदार पटेल की चेतावनी

यह वह समय था, जब भारत के उपप्रधानमंत्री सरदार पटेल ने पड़ोस में हो रही घटनाओं पर अपनी चिंताओं को स्वर देना शुरू कर दिया था। चीनी सेनाओं के तिब्बत में घुसने की खबरों ने पटेल को इतना उद्विग्न कर दिया था कि उन्होंने चीन की काररवाई के भारत पर पड़नेवाले गंभीर प्रभावों के बारे में आगाह करते हुए प्रधानमंत्री नेहरू को विस्तृत पत्र तक लिखा था। पत्र काफी लंबा था, लेकिन उसका हर वाक्य महत्त्वपूर्ण था। पटेल ने अपने दु:खद निधन से कुछ ही सप्ताह पहले 7 नवंबर, 1950 को यह पत्र लिखा था। (श्रीअरविंदो का देहांत 5 दिसंबर, 1950 को हुआ था और सरदार पटेल का देहांत 15 दिसंबर, 1950 को हुआ था।)

मेरे प्रिय जवाहरलाल,

अहमदाबाद से मेरी वापसी होने और उसी दिन 15 मिनट के नोटिस पर मुझे मंत्रिमंडल की बैठक में आना पड़ा, तभी से मुझे इस बात का खेद है कि मैं सारे कागजात नहीं पढ़ सका। मैं तिब्बत की समस्या पर व्यग्रता से सोचता आ रहा हूँ और मुझे लगता है कि मुझे अपने इन विचारों को आपके साथ साझा करना चाहिए।

मैंने विदेश मंत्रालय और बीजिंग में हमारे राजदूत तथा चीनी सरकार के बीच हुए पत्र-व्यवहार का ध्यान से अध्ययन किया है। मैंने प्रशंसात्मक ढंग से प्रयास किया था कि हमारे राजदूत और उनके बीच इस पत्राचार को बढ़ावा दिया जाए, लेकिन मुझे खेद है कि इस अध्ययन के परिणामस्वरूप दोनों ही सही नहीं उतर रहे हैं। चीन सरकार ने हमें अपने शांतिपूर्ण उद्देश्यों के आडंबर में उलझाने का प्रयास किया है। मेरा यह मानना है कि वह हमारे राजदूत के मन में यह झूठा विश्वास कायम करने में सफल रहे कि चीन तिब्बत की समस्या को शांतिपूर्वक सुलझाना चाहता है। इसमें कोई शक नहीं कि इस पत्र-व्यवहार की अवधि के दौरान चीन का ध्यान तिब्बत पर भीषण आक्रमण करने पर लगा रहा होगा। मेरे विचार से चीन की अंतिम चाल कपट और विश्वासघात जैसी ही है।

यह दु:खद बात है कि तिब्बती हमारे ऊपर विश्वास करते हैं और उन्होंने हमें अपना मार्गदर्शक चुना है तथा हम उन्हें चीनी कूटनीति या चीनी द्वेष के जाल से मुक्त नहीं करा

पाए। ताजा स्थिति को देखते हुए लगता है कि हम दलाई लामा को भी बचा नहीं पाएँगे।

हमारे राजदूत चीन की नीति और कार्यों को समझाने या प्रमाणित करने में बहुत तकलीफ महसूस कर रहे हैं। विदेश मंत्रालय के एक तार में की गई टिप्पणी से पता चलता है कि हमारे राजदूत के लिए हमारी सरकार की ओर से एक या दो बार माँगी गई माफी में दृढ़ता की कमी थी और वह अनावश्यक थी। किसी भी समझदार व्यक्ति के लिए यह समझ पाना असंभव है कि तिब्बत में एंग्लो-अमेरिकन व्यूहरचना से चीन को कोई खतरा है। आपकी सीधी चर्चा के बावजूद अगर चीनी लोग ऐसा मान रहे हैं तो इससे साबित होता है कि हम चाहे चीन को अपना मित्र मानें, लेकिन वे हमें अपना मित्र नहीं मानते। यह बात बहुत महत्त्वपूर्ण है, जिसका हमें ध्यान रखना होगा कि यह कम्यूनिस्ट मानसिकता ही है कि 'जो हमारे साथ नहीं, वह हमारे विरुद्ध है।'

पिछले कुछ महीनों से रूसी शिविर से बाहर हम ही अकेले हैं, जो चीन के संयुक्त राष्ट्र में प्रवेश और फरमोसा के प्रश्न पर अमेरिकी भरोसा हासिल करने का प्रयास कर रहे हैं। अमेरिका और ब्रिटेन के साथ वार्त्ता एवं पत्र-व्यवहार में हमने चीन की भावनाओं को संतुष्ट करने, उसकी शंकाओं को कम करने तथा उसकी वैध माँगों का बचाव करने के लिए वह सबकुछ किया है, जो हम कर सकते हैं। इसके बावजूद चीन हमारी निष्पक्षता के प्रति आश्वस्त नहीं है, वह हम पर लगातार शक कर रहा है, और उसकी समूची मानसिकता, कम-से-कम बाहरी तौर पर तो अविश्वास और कुछ हद तक शत्रुता से भरी है। मुझे नहीं लगता कि चीन को हम इससे ज्यादा अपने उद्देश्य, मित्रता और सद्भावना का प्रमाण दे सकेंगे।

बीजिंग में हमारे मैत्रीभाव को समझाने के लिए हमारे उत्कृष्ट रूप से राजदूत हैं, लेकिन ऐसा लगता है कि वे भी चीनियों को बदल पाने में असफल रहे हैं। उनका पिछला तार घोर अशिष्टता का कार्य है, जिसमें न केवल तिब्बत में चीनी सेनाओं के प्रवेश के हमारे विरोध को खारिज किया गया है, बल्कि परोक्ष रूप से यह गंभीर संकेत भी दिया गया है कि हम विदेशी प्रभाव में आकर यह दृष्टिकोण अपना रहे हैं। उनके तार की भाषा स्पष्ट बताती है कि यह मित्र की नहीं, बल्कि शत्रु की भाषा है।

इस पृष्ठभूमि में हमें तिब्बत के गायब हो जाने, जो कि हम जानते हैं कि चीन के तकरीबन हमारे द्वार तक पहुँचना ही है, के परिणामस्वरूप हमारे सामने पैदा होनेवाली नई स्थितियों पर विचार करना होगा। समूचे इतिहास में हमें कभी पूर्वोत्तर सीमाओं की चिंता नहीं करनी पड़ी। उत्तर की ओर से आनेवाले सभी खतरों के सामने हिमालय हमेशा अभेद्य अवरोध बना रहा है। तिब्बत का रवैया मैत्रीपूर्ण रहा है, जिसने हमारे लिए कभी कोई मुसीबत पैदा नहीं की। चीन विभाजित रहा है। उसको अपनी आंतरिक समस्याएँ रहीं और सीमा को लेकर हमें कोई परेशानी नहीं हुई।

सन् 1914 में हमने तिब्बत के साथ जो संधि की थी, उसका समर्थन चीन ने नहीं किया था। हमने तिब्बत के साथ स्वतंत्र संधि करके हमेशा उसकी स्वायत्तता का सम्मान किया है। संभवत: हमें चीन के प्रति हस्ताक्षर की जरूरत थी। आधिपत्य की चीन की परिभाषा अलग लगती है। ऐसे में हम आसानी से यह अंदाजा लगा सकते हैं कि चीन जल्द ही उन सारी संधियों को अमान्य कर देगा, जो उसने अतीत में हमारे साथ की हैं। इस कारण हमारे और तिब्बत के बीच पिछली आधी शताब्दी से चल रहे सारे सरहदी और आर्थिक करारों का अंत हो जाएगा। चीन अब विभाजित नहीं है। वह ताकतवर और संगठित है। हिमालय की उत्तर और पूर्वोत्तर सीमा पर हमारी आबादी नस्लीय और सांस्कृतिक तौर पर तिब्बत एवं मंगोलिया की प्रजातियों से भिन्न नहीं है। अपरिभाषित सीमाओं और जीवनशैली के कारण हमारी आबादी और चीनी जनता के साथ संबंध हमारे एवं चीन के बीच संभावित परेशानियों का कारण हो सकते हैं। आधुनिक और कटु इतिहास हमें बताता है कि साम्यवाद साम्राज्यवाद के विरुद्ध ढाल नहीं बन सकता और दूसरों की तुलना में साम्यवादी उतने ही अच्छे या बुरे हो सकते हैं, जितने कि साम्राज्यवादी हो सकते हैं।

इस मामले में चीन की महत्त्वाकांक्षा न केवल हमारी ओर के हिमालयी तल, बल्कि असम के भी अहम हिस्सों पर है। उसकी महत्त्वाकांक्षा बर्मा को लेकर भी है। बर्मा की अतिरिक्त कठिनाई यह है कि उसके आस-पास मैकमोहन लाइन न होने के कारण वह किसी करार की रूपरेखा बना पाने में भी असमर्थ है। चीनी विस्तारवाद और साम्यवादी साम्राज्यवाद पश्चिमी देशों के विस्तारवाद एवं साम्राज्यवाद से भिन्न है। चीन इसके ऊपर विचारधारा का आवरण ओढ़े रहता है, इसलिए वह ज्यादा खतरनाक है। वैचारिक विस्तारवाद के रूप में जातीय, राष्ट्रीय या ऐतिहासिक दावे छिपे हैं। यही कारण है कि उत्तर और पूर्वोत्तर का खतरा साम्यवादी एवं साम्राज्यवादी, दोनों है। एक ओर हमारी सुरक्षा को पश्चिम और पश्चिमोत्तर से खतरा पहले से बना हुआ है, वहीं नया खतरा उत्तर तथा पूर्वोत्तर की ओर से हो गया है।

इस प्रकार, सदियों बाद, पहली बार भारत को प्रतिरक्षा को एक साथ दो सीमाओं पर केंद्रित करना पड़ रहा है। अब तक हमारे सुरक्षा उपाय पाकिस्तान पर श्रेष्ठता के आकलन के अनुसार होते थे। अब हमें अपनी गणना में उत्तर और पूर्वोत्तर में चीन का भी ध्यान रखना होगा, जो कि साम्यवादी चीन है, जिसकी सुनिश्चित महत्त्वाकांक्षाएँ तथा उद्देश्य हैं, और जो किसी भी तरह से हमारे प्रति मैत्रीपूर्ण रवैया नहीं रखता।

हमें खतरे की आशंकावाली इस सीमा की राजनीतिक परिस्थितियों पर भी विचार करना होगा। हमारे उत्तर और पूर्वोत्तर की नीतियों में नेपाल, भूटान, सिक्किम, दार्जिलिंग, के साथ-साथ असम के आदिवासी क्षेत्र शामिल होते हैं। संचार के लिहाज से ये कमजोर

हैं। वहाँ पर अविभाजित रक्षात्मक रेखा का भी अभाव है। घुसपैठ की वहाँ असीमित संभावनाएँ हैं। बहुत कम दर्रों पर पुलिस सुरक्षा उपलब्ध है। वहाँ हमारी चौकियों पर भी ज्यादा जवान तैनात नहीं हैं। इन क्षेत्रों के साथ हमारा संपर्क भी घनिष्ठ और आत्मीय नहीं है। इन क्षेत्रों में रहनेवाले लोगों में भारत के प्रति निष्ठा या समर्पण का अभाव है दार्जिलिंग और कलिंपोंग इलाके भी मंगोलियाई पूर्वाग्रहों से मुक्त नहीं हैं। पिछले तीन सालों से हम असम की नागा और दूसरी पहाड़ी जातियों तक पर्याप्त पहुँच नहीं बना पाए हैं। यूरोपीय मिशनरी और अन्य पर्यटक उनके संपर्क में हैं, लेकिन उनका प्रभाव किसी भी तरह से भारत या भारतीयों के प्रति मैत्रीपूर्ण नहीं है। सिक्किम में भी कुछ समय पहले राजनीतिक उथल-पुथल रही। बहुत संभव है कि वहाँ असंतुष्ट उबल रहे हों। भूटान तुलनात्मक रूप से शांत है, पर वह भी तिब्बत के साथ अपने संबंधों को लेकर मजबूर है। नेपाल में कमजोर राजशाही है, जो पूरी तरह से सेना पर आधारित है, वहाँ पर प्रजा उग्र तत्त्व और आधुनिक युग विचारधारा के बीच टकराव है।

ऐसी परिस्थितियों में लोगों को नए खतरों से परिचित कराना या रक्षात्मक रूप से उन्हें मजबूत बनाना बहुत कठिन कार्य है। इस कठिनाई का सामना जागरूक दृढ़ता, शक्ति और दृढ़ निश्चय से ही किया जा सकता है। मुझे विश्वास है कि चीन और उसका प्रेरणास्रोत सोवियत रूस हमारी इस कमजोरी का, कुछ उनकी विचारधारा और कुछ उनकी महत्त्वाकांक्षा के कारण, लाभ उठाने से चूकेंगे नहीं। मेरी राय के अनुसार ऐसी स्थिति में हम आत्मसंतुष्ट या ढीले-ढाले बैठे नहीं रह सकते। हमें यह बिलकुल स्पष्ट होना चाहिए कि हमें क्या चाहिए और उसे कैसे पाया जा सकता है। अपने उद्‌देश्य निर्धारण या उनकी प्राप्ति के लिए बनाई गई नीतियों में इच्छाशक्ति की किसी तरह की चूक हमें न केवल कमजोर कर सकती है, बल्कि खतरे में बढ़ोतरी कर सकती है, जो कि स्पष्ट है।

बाहरी खतरों के साथ-साथ हमें आंतरिक खतरों का भी सामना करना होगा। मैंने आयंगर से पहले ही कह दिया है कि वे इन मामलों की इंटेलीजेंस ब्यूरो की रिपोर्टों की एक प्रति विदेश मंत्रालय को भेज दें। भारतीय कम्यूनिस्ट पार्टी को विदेशों में साम्यवादियों से संपर्क करने में और उनके पास से हथियार, साहित्य आदि प्राप्त करने में कठिनाई हो रही होगी। उनको पूर्व में बर्मा और पाकिस्तान की सीमाओं या लंबे समुद्र का सामना करना पड़ रहा है। अब उनके पास चीन और उसके जरिए अन्य साम्यवादियों से संपर्क करने के अपेक्षाकृत आसान साधन होंगे। जासूसों, देशद्रोहियों और साम्यवादियों की घुसपैठ अब आसान हो जाएगी। तेलंगाना और वारंगल में छिटपुट साम्यवादी अड्डों से निपटने की जगह अब हमें अपनी उत्तरी तथा पूर्वोत्तर सीमा पर साम्यवादी खतरों से निपटना होगा, जहाँ से वे हथियारों और गोला-बारूद के लिए सुरक्षित तरीके से चीनी शस्त्रागारों पर निर्भर हो सकते हैं।

इस प्रकार सारी परिस्थितियों ने अनेक परेशानियाँ खड़ी कर दी हैं, जिनके बारे में हमें त्वरित निर्णय लेने होंगे, ताकि जैसा कि मैंने पहले ही कहा कि हम अपनी नीतियाँ बना सकें और उन्हें हासिल करने के लिए अपनाया जानेवाला तरीका चुन सकें। यह भी स्पष्ट है कि काररवाई व्यापक होनी चाहिए, जिसमें प्रतिरक्षा रणनीति और सरकारी तैयारियाँ ही नहीं, बल्कि आंतरिक सुरक्षा की समस्या का भी ध्यान रखना होगा, जिसमें हमें एक भी पल की देरी नहीं करनी चाहिए। हमें सीमाओं के कमजोर स्थानों की प्रशासनिक और राजनीतिक समस्याओं से भी निपटना होगा, जिनके बारे में मैंने पहले ही जिक्र किया है।

निस्संदेह मेरे लिए इन सारी समस्याओं का वर्णन कर पाना असंभव होगा। हालाँकि मैंने नीचे उन कुछ समस्याओं के बारे में बताया है, जिन्हें मेरे हिसाब से त्वरित समाधान की जरूरत है और उन्हीं के इर्द-गिर्द हमें प्रशासनिक या सैन्य नीतियाँ बनाने तथा उन्हें लागू करने के उपाय ढूँढ़ने की जरूरत है।

(क) सीमा पर और आंतरिक सुरक्षा, दोनों पर चीन के भारत को खतरे का सैन्य एवं खुफिया मूल्यांकन।

(ख) विवाद की आशंकाओंवाले रास्तों या क्षेत्रों की निगरानी के खास विचार से, जरूरत के अनुसार सैन्य स्थिति का मूल्यांकन और उसके हिसाब से अपनी सेनाओं की पुनर्तैनाती।

(ग) अपनी सेनाओं की शक्तियों का मूल्यांकन, और अगर आवश्यक हो तो नए खतरे को देखते हुए सेना के मोरचेबंदी पर फिर से विचार करना।

(घ) अपनी रक्षा जरूरतों पर दीर्घकालीन विचार। मेरा मानना है कि जब तक हम अपने हथियार, गोला-बारूद और बख्तरबंद की आपूर्ति को आश्वस्त नहीं करते, तब तक हम अपनी प्रतिरक्षा स्थिति को कमजोर करते रहेंगे और पश्चिम, पश्चिमोत्तर, उत्तर तथा पूर्वोत्तर के दोहरे खतरों का सामना नहीं कर सकेंगे।

(ङ) चीन का संयुक्त राष्ट्र में प्रवेश का प्रश्न। चीन के हमें दिए दो टूक जवाब और तिब्बत से निपटने के लिए उसके अपनाए गए तरीके को देखते हुए, मुझे शंका हो रही है कि हम ज्यादा देर तक तिब्बत के दावे की वकालत कर पाएँगे। कोरियाई युद्ध में उसकी सक्रिय भागीदारी को देखते हुए संभवतः संयुक्त राष्ट्र चीन को बहिष्कृत कर देगा। हमें इस सवाल पर भी अपना रवैया निश्चित करना होगा।

(च) उत्तर और पूर्वोत्तर सीमा पर अपने क. मजबूत करने के लिए उठाए जाने वाले राजनीतिक और प्रशासनिक कदम। इसमें समूची सीमा, यानी नेपाल,

भूटान, सिक्किम, दार्जिलिंग तथा असम के जनजातीय इलाके शामिल होंगे।

(छ) सीमावर्ती इलाकों के साथ-साथ उत्तर प्रदेश, बिहार, बंगाल और असम जैसे समीपवर्ती इलाकों की आंतरिक सुरक्षा के उपाय।

(ज) इन इलाकों और सीमावर्ती चौकियों में संचार, सड़क, रेल, वायुमार्ग तथा वायरलेस में सुधार।

(झ) ल्हासा में हमारे भावी मिशन और ग्नांत्से तथा यातुंग के व्यापार केंद्र एवं व्यापार मार्गों की निगरानी के लिए तिब्बत में लगाई गईं हमारी सेनाएँ।

(ञ) मैकमोहन रेखा के बारे में हमारी नीति।

ये वे कुछ प्रश्न हैं, जो मेरे मन में हैं। यह संभव है कि इन मामलों पर विचार करने पर चीन, रूस, अमेरिका, ब्रिटेन और म्याँमार के साथ हमारे संबंधों पर व्यापक प्रश्न उठ सकते हैं। हालाँकि यह सामान्य प्रकृति हो सकती है, लेकिन इनमें से कुछ बुनियादी रूप से महत्त्वपूर्ण हो सकते हैं, मसलन, हमें यह विचार करना ही पड़ेगा कि क्या हमें बर्मा के साथ निकटतम संबंध बढ़ाने की दिशा में रोक लगानी चाहिए, ताकि उसे चीन से निपटने के लिए मजबूत किया जा सके। मैं इस बात की संभावना से इनकार नहीं करता कि हम पर दबाव बढ़ाने से पहले चीन म्याँमार पर दबाव बनाएगा। म्याँमार के साथ लगनेवाली सीमा निर्धारित नहीं है और चीन के क्षेत्रीय दावे काफी मजबूत हैं। अपनी वर्तमान स्थिति में म्याँमार चीन के लिए एक आसान समस्या पेश करके अपनी ओर पहले ध्यान खींच सकता है।

मेरा सुझाव है कि हम इन समस्याओं पर सामान्य चर्चा के लिए जल्द बैठक करें और तुरंत आवश्यक कदम उठाने का फैसला करें तथा अन्य समस्याओं का मूल्यांकन करके उनसे भी निपटने के त्वरित कदम उठाएँ।

वल्लभभाई पटेल, 7 नवंबर, 1950

इसी साल नेहरू के दो सहयोगी—डॉ. श्यामाप्रसाद मुकर्जी और आचार्य एन.जी. रंगा ने भी चीन के तिब्बत पर चढ़ आने के संबंध में संसद् में चिंता के स्वर उठाए।

''क्या हम इतने आश्वस्त हैं कि जिस चीन के बारे में आज हम बात करते हैं, वह दस साल पहले, दो हजार साल पहले भी वही था, जब भगवान् बुद्ध के उपदेश लेकर हमारे प्रचारक चीन गए थे? क्या हम इस तथ्य से भी उदासीन रह सकते हैं कि चीन, आधुनिक चीन, आज का चीन तिब्बत पर संप्रभुता जताने के लिए सेना भेज रहा है? और दुनिया के दूसरी ओर लोगों के मन में संप्रभुता का अर्थ दूसरे लोगों पर अपने आर्थिक और सामाजिक नियंत्रण का विस्तार करने से अलग कुछ नहीं है। अब जबकि हम तिब्बती

सरकार या देश के ऊपर चीन के अधिकार की बार-बार बात कर रहे हैं, तो हम क्या कर रहे हैं? क्या हम किसी और को अपना ब्लैंक चेक हस्ताक्षर करके नहीं दे रहे होते हैं कि वह अपने साम्राज्यवादी जाल को मरजी से फैला सके? क्या हमें ये चीजें दिमाग में नहीं रखनी चाहिए? इसकी बजाय मुझे यह पाकर बहुत आश्चर्य हुआ है कि हमारी सरकार और भारत में तथा विदेश में उसके प्रवक्ता न केवल चीन की जनता तथा न केवल चीन की सरकार से मित्रता का दावा कर रहे हैं, वल्कि तिब्बत पर चीन के अधिकार का भी समर्थन कर रहे हैं। यह किसी को भी और हर किसी को परेशान करता है। इन दिनों हमें किसी देश के दूसरे पर कब्जा करने की बुराई का सामना संयुक्त राष्ट्र और अन्य कारकों की सहायता से करने के लिए तैयार होना होगा। इसकी बजाय हम इसे स्वीकार कर रहे हैं, मान रहे हैं और इसके लिए खेद जता रहे हैं। अपनी विदेश नीति की यहाँ पर मैं आलोचना करने पर बाध्य हूँ।'' सत्तारूढ़ पार्टी के सदस्य आचार्य रंगा ने कहा था।[6]

उसी साल नेहरू मंत्रिमंडल से त्यागपत्र देनेवाले डॉ. श्यामाप्रसाद मुकर्जी ने कहा था, ''तिब्बत के संदर्भ में हमने चीन से बार-बार व्यग्र अपीलें कीं कि वह हिंसक न हो, लेकिन क्या चीन ने सुना? चीन के कामों के पीछे क्या नीति है? चीजों को बाहर से चमकाने के प्रयास का कोई फायदा नहीं, क्योंकि यही मामले न केवल भारत और तिब्बत के बीच सीमा के मामले पर असर डालते हैं, जिनका सुनिश्चित निर्धारण अभी होना बाकी है। प्रधानमंत्री ने कहा कि किसी दिन हम मैकमोहन रेखा का समर्थन करते हैं, लेकिन चीन के प्रचलित नक्शे में अब भी असम, लद्दाख और लेह क्षेत्रों के ऐसे हिस्से दिखाए जा रहे हैं, जिनमें भारत आवश्यक रूप से दिलचस्पी रखता है। भारत के प्रश्नों के चीन से आए उत्तर में निश्चित रूप से संकेत किया गया है कि चीन जिसे अपनी सीमा मानता है, उस पर कायम रहने के लिए वह हर जरूरी काम करेगा और जब चीन की सीमा की बात आती है, तो इसमें तिब्बत के साथ-साथ तिब्बत की वह अनिर्धारित सीमा भी शामिल होती है, जो भारतीय सीमा को छूती है। यही नेपाल के साथ है।''[7]

स्वतंत्र पार्टी के स्पष्टवादी नेता मीनू मसानी ने और अधिक खरी बात कही, ''मैं सदन को याद दिलाना चाहता हूँ कि साम्यवादी चीन से दोस्ती दिखाने के कुछ माह पहले माओ त्से-तुंग ने कम्यूनिस्ट पार्टी के सचिव रणदिवे को एक संदेश भेजा था, जो हमारी सरकार को बलपूर्वक हटाने की कोशिश में लगे थे। संदेश 'भारत की मुक्ति के लिए' बधाइयों और शुभकामनाओं वाला था और उसमें आशा जताई गई थी कि भारत जल्द ही चीन के रास्ते पर चल पड़ेगा। मैंने कुछ माह पहले न्यू चाइना न्यूज एजेंसी का एक बयान पढ़ा था कि 'एंग्लो-अमेरिकन साम्राज्यवादी' और उनके 'रनिंग डॉग', पंडित नेहरू तिब्बत पर कब्जे के लिए ल्हासा में हमले की योजना बना रहे थे। तिब्बत पर हनले और बार-बार आश्वासन देने के बाद भी भारत सरकार को धोखा देने के एक

कार्य के जरिए हमारे उस विचार का घोर अपमान किया, जिसे हमने स्वतंत्र एवं संयुक्त एशिया का नाम दिया था। उसने एशिया को दो हिस्सों—कम्यूनिस्ट और गैर-कम्यूनिस्ट एशिया में बाँट दिया। हममें से जो इन सब में उनके साथ जाने के लिए तैयार नहीं हैं, वे दूसरे पाले में गिरेंगे ही। पिछले कुछ सप्ताहों में न्यू चाइना न्यूज एजेंसी की टिप्पणी 'चीनी जनता की लिबरेशन आर्मी हिमालय पर लाल झंडा फहराएगी' के बाद हम इस मित्रता में उससे क्या अपेक्षा कर सकते हैं?'' उन्होंने गरजकर कहा था।

नेहरू के करीबी और भरोसेमंद साथी तथा लंबे समय से उनके सहयोगी रहे लाल बहादुर शास्त्री ने भी माना था कि शांतिपूर्ण इरादों की घोषणा के जरिए चीन द्वारा भारत को भ्रमित करने के प्रयास के बारे में सरदार पटेल की चेतावनी गंभीर और संवेदनशील है। ''शास्त्री ने मुझसे कहा था कि चीन एक दिन भारत को धोखा देगा और यह दु:ख की बात है कि पंडितजी, जैसा कि वे नेहरू को बोलते थे, दीवार पर लिखी इबारत नहीं पढ़ पा रहे हैं,'' जाने-माने पत्रकार और राजनीतिक टीकाकार कुलदीप नैयर ने लिखा था।[8]

ब्रिटेन की चेतावनी

यहाँ तक कि भारत की सीमाओं में अपने साम्राज्यवादी हितों के लिए अपनी चिंताएँ रखनेवाला ब्रिटेन भी चीन के विस्तारवादी तरीकों की भारत द्वारा अनदेखी करने के खतरों के बारे में स्पष्ट राय रखता था। सन् 1947 में भारतीय सेना से पूर्वी कमान के जनरल ऑफिसर कमांडिंग के रूप में सेवानिवृत्त हुए जनरल टुकर ने लिखा था, ''अब से कुछ सालों तक तिब्बती पठार पूर्वी भारत को कवर करनेवाला हवाई क्षेत्र है इस प्रकार चीन के तिब्बती पठार पर सैनिक कब्जे को रोकना भारत के हित में है।''

सन् 1898 से सन् 1905 के बीच भारत में ब्रिटिश वायसराय रहे लॉर्ड कर्जन भी एक और ब्रिटिश अधिकारी थे, जिन्होंने तिब्बत की स्थिति के बारे में स्पष्ट रूप से चिंता जाहिर की थी। उस समय भारत में ब्रिटिश साम्राज्य का मुख्यालय कलकत्ता (अब कोलकाता) में था। ब्रिटेन को कुछ ऐसी जानकारी थी, जिसे हालाँकि बाद के इतिहासकारों ने झूठा करार दिया कि चीन और रूस एक समझौता करने की योजना बना रहे हैं, जो तिब्बत तथा तद्नुसार ब्रिटिश भारत के बारे में है।

स्पष्ट तौर पर ऐसा रोकने के लिए वाइसराय कर्जन ने ब्रिटिश भारतीय सेना के कर्नल फ्रांसिस यंगहसबैंड को एक सैन्य अभियान पर ल्हासा भेजा। यह अभियान खून-खराबेवाला हो गया और परिणामस्वरूप अनगिनत तिब्बती मारे गए तथा तेरहवें दलाई लामा को ल्हासा से भागना पड़ा। कर्जन और यंगहसबैंड ने जो किया वह गलत था। हालाँकि इसके कारण बताते हुए कर्जन ने स्पष्ट तौर पर तिब्बत बफर स्टेट बनाए रखने की जरूरत पर बल दिया था।

"तिब्बत में भारत की दिलचस्पी भावनात्मक, धार्मिक और सांस्कृतिक से कुछ ज्यादा है," उन्होंने लिखा था, "इन दीवारों से परे, जो कि अब किसी भी तरह से अजेय नहीं हैं, ढालों का विस्तार करती हैं, हम उन पर कब्जा नहीं करना चाहते; लेकिन हम इन पर अपने शत्रुओं का कब्जा होते भी नहीं देख सकते, अगर अमैत्रीपूर्ण प्रभाव फैलते रहें और उन्हें हमारी दीवारों के अंदर आने को रास्ता मिलता रहा तो हम दखल देने को मजबूर हो जाएँगे, क्योंकि इससे एक दिन हमारी सुरक्षा को खतरा पैदा हो सकता है। कोई अल्पदृष्टि वाला कमांडर ही होगा, जिसने अपना बचाव केवल भारत तक ही सीमित रखा और उससे परे देखा ही नहीं।

स्पष्ट रूप से सभी ओर चुनौतियाँ थीं। वास्तव में माओ ने पहले दिन से ही भारत के प्रति अपने वैर-भाव और घृणा के पर्याप्त संकेत दे दिए थे। नेहरू की चीन के कुओमिंतांग शासकों से निकट मित्रता, खासकर स्वतंत्रता के लिए लंबे मार्च के नेतृत्व के दौरान मैडम चियांग काई-शेक के साथ उनके झुकाव को माओ ने कभी पसंद नहीं किया। उनका बैर भारतीय कम्युनिस्ट पार्टी के तत्कालीन सचिव बी.टी. रणदिवे जैसे देशद्रोहियों को लिखे पत्र में भी स्पष्ट झलकता था। 1950 में इस पत्र में माओ ने लिखा था—

"भारत की बहादुर भारतीय कम्युनिस्ट पार्टी तथा सभी भारतीय देशभक्तों पर भरोसा करके भारत निश्चित रूप से बहुत लंबे समय तक साम्राज्यवाद और उसके सहयोगियों के जाल में फँसा नहीं रहेगा। स्वतंत्र चीन की तरह स्वतंत्र भारत भी एक दिन समाजवादी तथा जनलोकतांत्रिक व्यवस्था में उभरेगा; उस दिन मानव जाति के इतिहास में साम्राज्यवादी प्रतिक्रियावादी शासन का खात्मा हो जाएगा।"[9]

थोड़ी सी भी सामरिक समझ रखनेवाले व्यक्ति को यह स्पष्ट हो गया था कि तिब्बत पर चीन के कब्जे का मतलब दोनों देशों के बीच बफर स्टेट का खत्म हो जाना है। ऐतिहासिक दृष्टि से तिब्बत की भारत के साथ सीमाएँ मिलती थीं। यह देखना महत्त्वपूर्ण है कि भारत और चीन की सीमाएँ मिलने का इतिहास कभी रहा ही नहीं। 1949-50 में चीनी रेड आर्मी के कब्जे के पहले तक तिब्बत स्वतंत्र राष्ट्र के रूप में दोनों शक्तिशाली देशों के बीच मौजूद रहा।

एक बार उस बफर स्टेट पर कब्जा कर लिया तो चीन भारत की दहलीज पर खड़ा हो गया। ऐसे में भारत के नेताओं को वह सामरिक खतरा भाँप लेना चाहिए था, जो इस घटनाक्रम से भारत के लिए पैदा हुआ था। दुर्भाग्य से उन्होंने ऐसा नहीं किया। जब 1950 के दशक में तिब्बत धीरे-धीरे चीनी सेनाओं के कब्जे में जा फँसा, तब भारतीय नेतृत्व ने आगे की घटनाओं के लिए तैयारी करने की बजाय, रोमांटिक सोच और नारे तैयार करने का विकल्प चुना। वह दिवास्वप्न देखता रहा कि चीन को खुश करने का यही तरीका सबसे बेहतरीन है।

"कोई अल्पदृष्टि वाला कमांडर ही होगा, जिसने अपना बचाव केवल भारत तक ही सीमित रखा और उससे परे देखा ही नहीं।" यंग हसबैंड के खूनी अभियान के बाद कर्जन ने लिखा था। हालाँकि, स्वतंत्रता के बाद भारत की सुरक्षा का काम सँभालनेवाले कमांडर प्रधानमंत्री नेहरू ही थे, जिन्होंने इसे कभी जरूरी नहीं समझा था। उनकी राय में चीन से खतरे की ये सारी बातें बकवास थीं।

उन आपदाग्रस्त वर्षों में जब तिब्बत को लुटेरी रेड आर्मी धीरे-धीरे हड़प रही थी, तब नेहरू ही अकेले नेता थे, जिन्होंने ऐलान किया था, "मुझे लगता है कि यह अत्यधिक अविश्वसनीय है कि पूर्वाभासी भविष्य में हमें चीन की ओर से किसी तरह का सैन्य हमला झेलना पड़ सकता है, चाहे वह शांतिकाल का हो या युद्ध के दौरान।"

हालाँकि यह नेहरू की 'दूरदर्शिता' की कलई खोलनेवाली बात साबित हुई।

संदर्भ–

1. http://kalchiran.blogspot.in/2010/11bipinchandra-pal-on-india-and-clash-of.html.
2. http://cpsindia.org/dl/Lecture%20Series/lecture%2013-Notes.pdf.
3. http://www.reversespins.com/aurobindo.html.
4. बॉर्डर अफेयर—अक्तूबर-दिसंबर 2001
5. बॉर्डर अफेयर—अक्तूबर-दिसंबर 2001
6. रोजर ई.मेक कारथी, टीयर्स ऑफ लोटस : एकाउंट्स ऑफ तिब्बतन रेसीस्टेंस टू द चाइनिज इनवेशन
7. रोजर ई.मेक कारथी, टीयर्स ऑफ लोटस : एकाउंट्स ऑफ तिब्बतन रेसिस्टेंस टू द चाइनिज इनवेशन
8. कुलदीप नय्यर, बियोंड द लाइंस, पृ. 112
9. मार्शल विंडमिलर, कम्यूनिज्म इन इंडिया

□

2

तिब्बत का इतिहास–संप्रभु या अधीन?

सन् 1999 में चीनी सरकार ने तिब्बत में एक संग्रहालय खोला, जिसे तिब्बत म्यूजियम नाम दिया गया और इसे तिब्बत का सबसे बड़ा संग्रहालय कहा जा सकता है। ल्हासा के धार्मिक रूप से पवित्र और प्रसिद्ध सड़क नॉरबुलिंका रोड पर स्थित यह संग्रहालय आज तिब्बत की शानदार निशानी है। यह पोटाला पैलेस के ठीक नीचे स्थित है जो महान् दलाई लामा का सरकारी आवास हुआ करता था। देश छोड़कर भारत में शरण लेने से पहले वे वहीं रहा करते थे।

इस संग्रहालय में दो हजार से भी अधिक महत्त्वपूर्ण कलाकृतियों और ऐतिहासिक चिह्नों को सहेजकर रखा गया है। सन् 2009 में, जब मैं संग्रहालय में गया था, इसकी भव्यता ने मुझे आकर्षित किया था, किंतु मेरा ध्यान कुछ विशेष कलाकृतियों ने सबसे अधिक खींचा था।

वहाँ एक तिब्बती मुहर है, जिसके विषय में लिखा गया है कि वह 13वीं सदी का है। यह मुहर इस मायने में एक अहम साक्ष्य है कि यह तिब्बत पर चीन के सदियों से चले आ रहे संप्रभु अधिकार को सिद्ध करती है। यह मिंग वंश की मुहर है, जिसने चीन पर सन् 1368 से सन् 1664 तक राज किया। यह मुहर तिब्बत पर मिंग वंश के संप्रभु अधिकारों की घोषणा करती है, जो चीन के पहले हान शासक थे।

निस्संदेह रूप से तिब्बत के लोग चीनियों के इस दावे को चुनौती देते हैं। दरअसल तिब्बत और चीन के बीच टकरावों के कई प्रमुख बिंदुओं में से एक यह भी है कि तिब्बत के इतिहास को किस रूप में तिब्बत और चीन के लोगों को पढ़ाया जाए तथा उसकी व्याख्या किस प्रकार हो। चीनी जहाँ इस बात पर जोर देते हैं कि इतिहास को लेकर उनका यह दावा कि तिब्बत पर चीन के शहंशाह का कम-से-कम 13वीं सदी के

बाद से लगातार शासन रहा है और इसे आधिकारिक रूप से मान लिया जाए तो दूसरी तरफ तिब्बती कहते हैं कि चीनियों की यह धारणा मनगढ़ंत और काल्पनिक है। उनका दावा है कि चीन की ओर से 13वीं सदी के बाद तिब्बत को चीन का अभिन्न अंग बतानेवाली बात भी हाल में ही फैलाई गई है।

19वीं सदी तक स्वतंत्रता के प्रमाण

तिब्बत का एक लंबा इतिहास है, किंतु अनेक इतिहासकार इसे किसी पौराणिक कथा के समान प्रस्तुत करते हैं। इसके प्रामाणिक इतिहास का आरंभ छठी शताब्दी से होता है, जब उस युग में दर्ज साक्ष्य पर्याप्त मात्रा में मिलते हैं। यह उस समय की बात है जब बौद्ध धर्म भारत से तिब्बत आया था और देखते–ही–देखते उसने आधिकारिक धर्म का दरजा प्राप्त कर लिया। 8वीं सदी के बाद के शासकों ने इसे पूरी तरह एक राष्ट्र धर्म के रूप में अपना लिया। बौद्ध मठाधीशों को पर्याप्त सम्मान मिला और धीरे–धीरे उनके हाथों में सत्ता भी आ गई।

तिब्बती वर्णमाला प्राचीन भारतीय ब्राह्मी लिपि से ली गई है और उनका दूर–दूर तक चीनी अक्षरों के वर्ण–विन्यास से कोई संबंध नहीं है। तिब्बती भाषा तिब्बती–बर्मी परिवार की भाषा है और उसका संबंध बर्मी, भूटानी, जोंखा और उत्तरी बर्मा तथा पूर्वोत्तर भारत की जनजातीय भाषाओं से है। बर्टिल लिंटनर का कहना है कि 'चीनी–तिब्बती' समूह की भाषाओं जैसी कोई भाषा है ही नहीं जैसा कि अकसर एक पक्षपात से ग्रस्त चीनी विद्वानों का दावा रहा है।[1]

तिब्बती लोग ऐतिहासिक रूप से लगभग स्वतंत्र रहे हैं, सिवाय 13वीं शताब्दी के एक अकाल्पनिक दौर को छोड़कर, जब उन्होंने शक्तिशाली मंगोलों से मित्रता करने का निर्णय किया। मंगोलों का नेतृत्व चंगेज खाँ के हाथों में था और उसने चीन पर सफल आक्रमण करते हुए पूरे साम्राज्य पर अपना आधिपत्य स्थापित कर लिया था। तिब्बती शासक जहाँ मंगोलों की सैन्य शक्ति से भयभीत थे, वहीं मंगोलों के मन में तिब्बती बौद्ध धर्म की श्रेष्ठता के प्रति आदर का भाव था। इस प्रकार 13वीं सदी के आरंभ में मंगोलों और तिब्बती लोगों के बीच एक असाधारण गठबंधन ने स्वरूप ले लिया था।

यह संबंध तब और अनोखा हो गया, जब एक मंगोल सम्राट् ने 13वीं सदी में किसी समय तिब्बती बौद्ध धर्म के तीसरे सर्वोच्च गुरु को 'दलाई' की उपाधि दी। 'दलाई' शब्द की उत्पत्ति मंगोल भाषा से हुई है, जिसका अर्थ है 'महासागर'। इसके बाद से ही दलाई लामा शब्द का संबोधन शीर्ष धर्मगुरु के लिए किया जाने लगा, जिसका अर्थ है, वह सर्वोच्च गुरु, जिसके पास ज्ञान का (अथाह) महासागर है। तिब्बती–मंगोल संबंध तब और प्रगाढ़ हुए जब एक मंगोल राजकुमार को चौथे दलाई लामा के रूप में चुन लिया गया।

हालाँकि इतिहास ने यहाँ सबसे कठिन मोड़ ले लिया। सन् 1368 में मिंग वंश के शासकों ने मंगोली युआन वंश को पराजित किया और स्थानीय जाति के हान वंश का चीन पर अधिकार हो गया। उन्होंने मंगोल-तिब्बती संबंध की व्याख्या एक राजा और एक अधीन राज्य के रूप में करना शुरू कर दिया तथा इस बात का दबाव बनाया कि मिंग सम्राट् और तिब्बती शासकों के बीच भी शासक एवं अधीन जैसा संबंध हो। इसे चीनियों ने कभी आधिपत्य तो कभी संप्रभुता कहा, लेकिन उसका सार यही था कि तिब्बत अपने आपको चीनी साम्राज्य का अभिन्न अंग मान ले।

तिब्बतियों का भाग्य अच्छा था कि 17वीं सदी में मंचुओं ने मिंग वंश को उखाड़ फेंका और अगले ढाई सौ वर्षों तक चीन पर मंचुओं के क्विंग वंश ने शासन किया। क्विंग शासक कमजोर भी थे और विभिन्न आंतरिक समस्याओं से लगातार जूझते रहे, इस कारण तिब्बत पर लगभग शांति का दौर कायम रहा। सन् 1912 में कुओमिनतांग (के.एम.टी.) क्रांतिकारी समूह के नेता सन यात सेन के नेतृत्व में हुई विख्यात क्रांति ने क्विंग वंश को उखाड़ फेंका। चीन के एक लंबे इतिहास में पहली बार क्रांति के कारण एक गणराज्य की स्थापना हुई। सन यात सेन के नेतृत्व में चीनी गणराज्य की सरकार का गठन हुआ।

ब्रिटेन, चीन और तिब्बत

उस समय भारत पर ब्रिटिश शासन कायम था। रूस के जार और ब्रिटिश साम्राज्यवादियों के बीच मध्य एशिया पर क्षेत्रीय आधिपत्य स्थापित करने की होड़ लगी थी। ब्रिटिश शासक तिब्बत को लेकर रूसियों की मंशा से सशंकित थे। ब्रिटिश शासकों के लिए रणनीतिक महत्त्व से यह आवश्यक था कि वे रूसियों को हिमालयी साम्राज्य में दाखिल होने से रोकें। मगर इसके लिए उन्होंने तिब्बतियों से बात करने की बजाय, 19वीं सदी के अंत में, तिब्बत को लेकर चीनियों से समझौतों की शुरुआत कर दी। तिब्बतियों ने इसका विरोध किया और स्वाभाविक रूप से उन्होंने ब्रिटिश भारत और चीन के बीच हुई इन संधियों को मानने से इनकार कर दिया।

ब्रिटिशों ने यह अनुमान लगाया कि तिब्बतियों की बगावत का मतलब रूस से उनकी बढ़ती निकटता है। उन्होंने तिब्बती शासकों को सबक सिखाने का निर्णय लिया। रूसियों और तिब्बतियों की बढ़ती निकटता का बहाना बनाते हुए सन् 1904 में ब्रिटिशों ने ब्रिटिश भारतीय सेना के कर्नल फ्रांसिस यंगहसबैंड को दंड देने के अभियान पर ल्हासा भेज दिया। उसने जिस प्रकार सैकड़ों तिब्बतियों का नरसंहार किया वह ब्रिटिश साम्राज्यवाद का एक और काला अध्याय है। 13वें दलाई लामा को अपने प्राणों की रक्षा के लिए अंदरूनी मंगोलिया के इलाकों में और फिर वहाँ से बीजिंग भागना पड़ा।

हालाँकि अनजाने में ही ल्हासा में ब्रिटिशों की बेरहमी से ब्रिटिश-तिब्बती संबंधों में एक ऐसा मोड़ आया, जो तिब्बतियों के लिए एक ऐतिहासिक मोड़ साबित हुआ। सन् 1906 में तिब्बत पर सिक्किम-तिब्बत सीमा को लेकर एक संधि थोप दी गई थी। यद्यपि यह एक थोपी गई संधि थी, तथापि अनजाने और अप्रत्यक्ष रूप से ही सही, लेकिन चीन की बजाय तिब्बती सरकार से समझौता कर ब्रिटिशों ने तिब्बत पर तिब्बती शासकों की संप्रभुता को स्वीकार किया था। स्वाभाविक रूप से चीन के क्विंग शासकों ने ब्रिटिश-तिब्बत समझौते का विरोध किया था। उनकी दलील थी कि तिब्बत पर चीन का संप्रभु अधिकार है और इस कारण ब्रिटिश एवं तिब्बती सरकारों के बीच हुआ सीमा समझौता अवैध है। इस प्रकार एक लिहाज से यह आदेश 250 वर्षों तक चीन पर शासन करनेवाले क्विंग वंश द्वारा तिब्बत पर उनके संप्रभु अधिकार की पहली घोषणा बन गया, जबकि तिब्बत पर अब तक उसका केवल आधिपत्य माना जा रहा था। हालाँकि ब्रिटिशों ने यह महसूस करते हुए कि संप्रभु तिब्बत के बनिस्बत एक आधिपत्यवादी तिब्बत से बात करना अधिक सरल है, तथा उन्होंने उसके साथ सीधे तौर पर कई समझौते किए। सन् 1909 में दलाई लामा ल्हासा लौट आए थे।

अपनी वापसी के बाद उन्होंने महसूस किया कि उन्हें पूरी दुनिया और विशेष रूप से चीनियों के सामने अपनी हैसियत जाहिर कर देनी चाहिए। सन् 1912 में उन्होंने एक घोषणा की जो इस प्रकार थी—

"तिब्बत समृद्ध प्राकृतिक साधनोंवाला देश है, किंतु यह अन्य देशों के समान उन्नत नहीं है। हम एक छोटे, धार्मिक और स्वतंत्र देश हैं। दुनिया के साथ चलने के लिए हमें अपने देश की रक्षा करनी ही होगी। विदेशियों ने अतीत में जो आक्रमण किए, उससे हमारे देशवासियों को अनेक मुश्किलें हुई होंगी, किंतु उन्हें अब भुला देना चाहिए। अपने देश की स्वतंत्रता की रक्षा करने और उसे बनाए रखने के लिए हम सभी को स्वेच्छा से मिलकर कठोर परिश्रम करना चाहिए। सीमाओं पर रहनेवाले हमारे देशवासियों को सतर्क रहना चाहिए और किसी भी संदिग्ध गतिविधि की सूचना विशेष दूतों के माध्यम से सरकार को देनी चाहिए। हमारे लोगों को छोटी घटनाओं के कारण दो देशों के बीच बड़ा झगड़ा नहीं खड़ा होने देना चाहिए।"[2]

शिमला समझौता और मैकमोहन रेखा की नींव

सबसे महत्त्वपूर्ण समझौता सन् 1914 में शिमला में ब्रिटिश भारत की सरकार और तिब्बती सरकार के बीच हुआ। यह समझौता दोनों देशों के बीच सीमा को तय करने के लिए किया गया। इस बैठक में ब्रिटिशों ने चीन को भी आमंत्रित किया था। चीनी प्रतिनिधि चेन यी-फान अक्तूबर 1913 से लेकर जुलाई 1914 के बीच सीमा के मुद्दे पर चली

बातचीत के दौरान मौजूद रहे और उन्होंने मसौदे पर दस्तखत भी किए थे। अंतरराष्ट्रीय संधियों पर हस्ताक्षर करने का अर्थ होता है, बातचीत पर मुहर लगाना। किंतु समझौता तब तक लागू नहीं हो सकता है, जब तक कि सभी पक्ष उस पर पूरी तरह दस्तखत न कर दें। अंतिम समझौते पर ब्रिटिशों की ओर से हेनरी मैकमोहन ने हस्ताक्षर किए, जबकि तिब्बती पक्ष की ओर से तिब्बत के प्रधानमंत्री लोनचेन शत्रा ने दस्तखत किए।

यह वही समझौता था, जिसने तिब्बत और भारत के बीच मैकमोहन रेखा को सीमा के रूप में माने जाने का आधिकारिक ऐलान किया।

चीन ने मैकमोहन रेखा उस समय अस्वीकार कर दिया था और आज तक वह उसे मानने को तैयार नहीं है। चीनी इसे 'वह साम्राज्यवादी रेखा' कहकर खारिज कर देते हैं। हालाँकि यह बात सभी को ध्यान में रखनी चाहिए कि चीन को उसी मैकमोहन रेखा से तब कोई समस्या नहीं थी, जब उसे म्याँमार से अपनी सीमा तय करनी थी। 1950 के दशक के उत्तरार्ध में जब चीन और बर्मा के बीच, जो बाद में म्याँमार बना, सीमा तय करने की बातचीत चल रही थी, तब चीनियों ने बर्मी पक्ष के सामने यह प्रस्ताव रखा कि उत्तर में 'पारंपरिक रेखा', जिसमें मैकमोहन रेखा शामिल थी, उसे स्वीकार कर लिया जाए।

फिर भी मैकमोहन रेखा भारत और चीन के बीच झगड़े का कारण बनी रही। चीन के लिए मैकमोहन रेखा को सीमा रेखा मान लेना तिब्बत की संप्रभुता को स्वीकार करने के समान था। भारत के लिए चीन द्वारा मैकमोहन रेखा को एक 'साम्राज्यवादी रेखा' के रूप में खारिज किए जाने का अर्थ था, सन् 1914 में हुए शिमला समझौते को ही खारिज किया जाना। इससे अरुणाचल प्रदेश के विषय में चीन के सामने घुटने टेक देनेवाली स्थिति उत्पन्न हो जाती। यह मैकमोहन रेखा ही थी, जिसने अरुणाचल प्रदेश को अंतिम रूप से भारत के हिस्से में माना।

चीन का गणराज्य के रूप में उभरना

शिमला समझौते के तुरंत बाद सन यात सेन के नेतृत्व में बने कुओमिनतांग की क्रांति के पश्चात् क्विंग वंश का शासन समाप्त हो गया। कुओमिनतांग (जिसका अर्थ है राष्ट्रीय पार्टी) यद्यपि घोषित तौर पर राष्ट्रवादी थे, सन यात सेन और उनके अनुयायी कम्यूनिस्ट विचारधारा के कट्टर समर्थक थे। उन्होंने सोवियत संघ में नवगठित कम्यूनिस्ट सरकार से करीबी संबंध स्थापित किया। हालाँकि राजशाही से गणतंत्र की स्थापना इतनी सुगम नहीं थी। कुओमिनतांग के सामने आंतरिक उथल-पुथल और चीन को एकीकृत रखने की चुनौतियाँ बनी रहीं। सन् 1925 में सन यात सेन की मृत्यु हो गई और सत्ता पर कब्जे को लेकर संघर्ष छिड़ गया, जिससे सन् 1927 में सबसे अधिक कम्यूनिस्ट-विरोधी और पश्चिम-समर्थक नेता च्यांग काई शेक के हाथों में सत्ता आ गई।

इस बात का अब तक कोई प्रमाण नहीं था कि च्यांग काई शेक तिब्बत को लेकर क्विंग वंश जैसी राय रखते थे या नहीं, लेकिन हाल में ही उनकी सबसे कट्टर शत्रु, चीन की कम्यूनिस्ट सरकार ने एक अभिलेख संबंधी साक्ष्य ढूँढ़ निकाला है। च्यांग की के.एम.टी. ने खुले रूप में एक कम्यूनिस्ट विरोधी रुख अपना रखा था। च्यांग ने तो सन् 1943 में द्वितीय विश्वयुद्ध के दौरान मित्र राष्ट्रों की ओर से आयोजित काहिरा सम्मेलन में भी हिस्सा लिया था, जहाँ उन्होंने अमेरिकी राष्ट्रपति फ्रैंकलिन डी. रूजवेल्ट और ब्रिटिश प्रधानमंत्री विंस्टन चर्चिल के साथ मंच भी साझा किया था। असल में माओ लांग मार्च के दौरान माओ के पूरे खूनी अभियान के निशाने पर च्यांग काई शेक का शासन ही था।

कुछ वर्षों बाद, 23 अगस्त, 1945 को, च्यांग काई शेक ने छठे राष्ट्रीय कुओमिनतांग कांग्रेस के दौरान, सुप्रीम नेशनल डिफेंस काउंसिल और कुओमिनतांग (के.एम.टी.) की संयुक्त बैठक में कहा था कि उन्होंने तिब्बत को स्वायत्तता देने का फैसला कर लिया है, और तिब्बत के लोग यदि स्वतंत्र होने की इच्छा व्यक्त करते हैं तो सरकार उन्हें पूर्ण स्वायत्त दरजा देने में भी संकोच नहीं करेगी।[3]

लेकिन इस वादे से पूरी तरह पलटते हुए अब चीनी कम्यूनिस्ट पार्टी के.एम.टी. शासन के कुछ अभिलेखों का उदाहरण देकर यह साबित करना चाहती है कि च्यांग काई शेक ने भी तिब्बत को चीन का अभिन्न अंग माना था। सन् 2008 के पूर्वार्ध में द चाइना डेली ने तिब्बत पर चीन के दावे को पुख्ता बनाने के लिए के.एम.टी. शासन के उस अभिलेख का हवाला दिया था। यह दस्तावेज च्यांग काई शेक और उनके बहनोई टी.वी. शुंग, जो के.एम.टी. सरकार में वित्त मंत्री थे, के बीच हुए पत्राचार से संबंधित है। ऐसा माना जाता है कि चीनी सैनिकों द्वारा तिब्बत पर हमले का विरोध कर रहे चर्चिल की आपत्तियों का जिक्र शुंग ने किया था और जवाब में च्यांग ने लिखा था, ''तिब्बत से एक स्वतंत्र देश के समान व्यवहार कर चर्चिल ने हमारे देश की अखंडता और संप्रभुता से इनकार किया है।''

माओ का तिब्बत पर दावा

सन् 1949 में माओ की लाल सेना ने के.एम.टी. को बेदखल कर दिया। च्यांग काई शेक फॉरमोसा द्वीप भाग गया, जिसका नाम बदलकर ताइवान रखा गया है। तिब्बत को लेकर माओ का मत स्पष्ट था। अक्तूबर क्रांति ने जैसे ही उन्हें सत्ता तक पहुँचाया, उनका ध्यान तिब्बत की ओर मुड़ गया। इसके बाद राजनीतिक षड्यंत्रों, सैन्य अभियानों और चालाकी तथा धूर्तता का एक सिलसिला शुरू हुआ, जिसका लक्ष्य तिब्बत को हड़प लेना था।

इस तथ्य को नजरअंदाज नहीं किया जा सकता कि तिब्बत पर चीनियों की संप्रभुता के बीज हाल के दिनों में बोए गए हैं। संक्षेप में कहें तो इतिहास को तोड़-मरोड़कर तिब्बत पर सदियों पुरानी संप्रभुता का दावा करने की शुरुआत महज 20वीं सदी के आरंभ से ही हुई है। माओ और उसके कॉमरेडों ने अपने दावों की पुष्टि के लिए ऐतिहासिक कारण गिनाए हैं। किंतु वास्तव में इन दावों का संबंध किसी भी वास्तविक इतिहास की बजाय भौगोलिक-आर्थिक और भौगोलिक-सामरिक पहलुओं से है।

तिब्बत प्राकृतिक संसाधनों से संपन्न है। यहाँ चीन के लगभग 40 प्रतिशत खनिज का भंडार है। ताँबा, मैगनीशियम, लोहा, सोना, यूरेनियम, लेड, जिप्सम, सल्फर, चाँदी, टंगस्टन, क्रोमियम और आप जिस भी खनिज का नाम लें, वे तिब्बत में प्रचुर मात्रा में मौजूद हैं।

जॉन गार्वर ने लिखा है, ''तिब्बत में ताँबा का भंडार एशिया में सबसे अधिक है। सोने की उपलब्धता चीन में सबसे अधिक है। उत्तरी तिब्बत की पेंगनाजांगबो की खदान से सिर्फ सन् 1997 में ही एक टन सोना निकाला गया था। ल्हासा के पास उच्च कोटि का यूरेनियम मिलता है, जबकि अन्य खनिजों के भंडार तिब्बत के पश्चिमी सिचुआन, गंसू और किंघाई में हैं। किंघाई के साथ ही पूर्वोत्तर तिब्बत में कोयले के विशाल भंडार वाले क्षेत्र हैं।''[4]

स्वाभाविक रूप से तिब्बत में खनिज संपदाओं का यह समृद्ध भंडार ही चीन के कम्यूनिस्ट शासकों के आकर्षण का प्रमुख कारण है, किंतु माओ ने एक रणनीतिक पहलू की भी बात की है। सन् 1952 में कम्यूनिस्ट चीन ने महामान्य दलाई लामा के प्रतिनिधियों को अपनी चाल में फँसाकर 17-सूत्री शांति समझौते पर दस्तखत करा लिए, जिसका महामान्य को अत्यधिक दुःख हुआ और सन् 1954 में उन्हें बीजिंग आने के लिए विवश कर दिया गया। वे कई हफ्ते तक बीजिंग में रुके और इस दौरान युवा महामान्य की माओ से दो बार मुलाकात भी हुई। ऐसी ही एक मुलाकात में माओ ने उनसे कहा कि यदि तिब्बत चीनियों के नियंत्रण में नहीं होता तो ब्रिटिश और अन्य विस्तारवादी शक्तियाँ इसे खेल का मैदान बना देतीं। तिब्बत को बेस बनाकर साम्राज्यवादी शक्तियाँ पश्चिमी चीन में समस्याएँ खड़ी कर देतीं। माओ ने कहा, तिब्बत में डेरा जमाए क्रांतिकारी-विरोधी शक्तियों को इनसे मदद मिलती। उन्होंने यह भी कहा कि चीन और सोवियत संघ या भारत के बीच युद्ध में तिब्बत की भौगोलिक स्थिति उसे आसानी से सोवियत संघ या भारत का बेस बना सकती है। इस प्रकार माओ तथा अन्य लोगों के मन में तिब्बत की सामरिक स्थिति भी तिब्बत पर कब्जा जमाने और भारत को 'सबक सिखाने' के दृष्टिकोण से महत्त्वपूर्ण स्थान रखती थी।

तिब्बत पर चीन का 'निरंतर आक्रमण' लगभग एक दशक तक जारी रहा, जिसकी

परिणति सन् 1959 में दलाई लामा के वहाँ से भागकर भारत चले आने के रूप में हुई। और फिर महामान्य दलाई लामा को भारत द्वारा राजनीतिक शरण दिए जाने के बाद भारत–चीन संबंधों में एक नए अध्याय की शुरुआत हुई।

संदर्भ–

1. बर्टिल लिंटनर, ग्रेट गेम ईस्ट, पृ. xiv.
2. www.tibetjustice.org/materials/tibet1.html
3. एयर कोमोडोर जसजीत सिंह, चाइनाज इंडिया वॉर, 1962, पृ. 7
4. जॉन गार्वर, प्रोट्रैक्टेट कॉन्टेस्ट, पृ. 37

□

3

नेहरू का साम्यवाद प्रेम

यह महज एक महीने तक ही चला। किंतु सन् 1962 का युद्ध भारतीय गणराज्य के लिए पहला बड़ा झटका था। चीनियों ने न केवल भारतीय सैन्य शक्ति पर बल्कि संपूर्ण भारतीय विदेश नीति की संरचना पर भी करारा कुठाराघात किया था, जिसे प्रधानमंत्री नेहरू ने ईंट-दर-ईंट बड़ी लगन से खड़ा किया था। यदि ऐसा कहें कि भारत की बजाय नेहरू की कूटनीतिक आकांक्षाओं को चीनियों के आक्रमण ने निशाना बनाया तो कोई अतिशयोक्ति नहीं होगी।

सन् 1962 के युद्ध पर चीन का वह रुख स्पष्ट रूप से दिखता है कि वह भारतीय नेतृत्व, विशेष रूप से प्रधानमंत्री नेहरू के तौर-तरीकों को लेकर कितना असहज था। अटलांटा स्थित जॉर्जिया टेक यूनिवर्सिटी के प्रोफेसर जॉन गार्वर का कहना है, ''चीन की मूल धारणा है कि भारत आधिपत्य स्थापित करने की मंशा रखनेवाला देश है, जो संपूर्ण दक्षिण एशियाई हिंद महासागर क्षेत्र तथा उसमें सारे देशों पर अपना प्रभुत्व स्थापित करना चाहता है। भारत को इस दिशा में बढ़ने से चीन, पाकिस्तान और इस क्षेत्र के अन्य देशों के विरोध ने रोका है।''[1]

चीन ने नेहरू पर कभी यकीन नहीं किया। अनेक चीनी अध्ययनों ने सन् 1962 के युद्ध के लिए नेहरू के विचारों और नीतियों को जिम्मेदार पाया है। उनके अनुसार, नेहरू के मन में विरासत में मिली विस्तारवादी धारणा बैठी थी और उनकी मूल कूटनीतिक आकांक्षा दक्षिण-पूर्व एशिया से मध्य-पूर्व तक 'विशाल भारतीय साम्राज्य' (दा चिंदू दिगुओ) पर टिकी थी। इस वृहत रणनीति के अंतर्गत भारत के छोटे-छोटे पड़ोसी देश, जैसे—अफगानिस्तान, तिब्बत और बर्मा की भूमिका भारत के अधीन रहनेवाले बफर देशों जैसी मानी जा रही थी। चीन की भावना कुल मिलाकर यही थी कि नेहरू के मन में

क्षेत्रीय विस्तारवाद की एक वृहत् रणनीतिक योजना है और इसके लिए चलाए जानेवाले अभियान का खाका भी तैयार है।

इससे कोई इनकार नहीं कर सकता कि विश्व में भारत की भूमिका को लेकर नेहरू के मन में एक सुनहरा सपना था। किंतु इसे 'वृहत् रणनीतिक योजना' कहना न केवल गलत होगा, बल्कि एक बहुत बड़ी अतिश्योक्ति भी होगी। नेहरू ही नहीं, बल्कि भारत में उनके बाद की सरकारों के पास भी कोई स्पष्ट, दूरगामी और विचारपूर्वक तैयार की गई विदेश नीति या रणनीतिक सिद्धांत नहीं था। अपनी विदेश नीति में भारत दोहरे विचारों, बदलते दृष्टिकोणों और आम तौर पर दिशाहीनता का शिकार रहा है।

चीन के प्रति नरम रुख

जॉन गार्वर ने लिखा है, "भारतीय विदेश नीति के विश्लेषक सामान्य तौर पर इस बात से सहमत हैं कि भारत के पास कभी भी कोई स्पष्ट और खुलकर जाहिर किए गए क्षेत्रीय सुरक्षा का सिद्धांत नहीं रहा है।" राजू थॉमस को उद्धृत करते हुए वे कहते हैं, "भारत के सामरिक दृष्टिकोण में पिछले तीस वर्षों में आए परिवर्तन ने भारतीय रक्षा नीतियों को प्रमुखता से प्रभावित किया है। उदाहरण के लिए जिस प्रकार आइजनहावर, निक्सन या ब्रेजनेव सिद्धांत की बात सुनी जाती है, उस प्रकार नेहरू, गांधी या देसाई सिद्धांत जैसा कुछ भी नहीं था। इसकी बजाय, भारतीय रक्षा नीति लचीलापन और दोहरी नीतियों के लिए मशहूर रही है।"[2]

कुछ विश्लेषक मानते हैं कि यह दोहरी नीति भी एक ताकत बन सकती है। हालाँकि यह एक मानी हुई बात है कि सन् 62 के युद्ध के पीछे की सबसे बड़ी वजह चीनियों की वह शंका थी, जिसके तहत वे यह मान बैठे थे कि नेहरू के मन में एक विस्तारवादी रणनीतिक योजना है।

इसके विपरीत भारत में प्रधानमंत्री नेहरू ने अपने सहयोगियों, जैसे—सरदार पटेल, श्यामाप्रसाद मुकर्जी आदि की अपेक्षा माओ के साम्यावादी चीन के प्रति एक बड़ा लगाव प्रदर्शित किया। चीनी जहाँ मानते थे कि नेहरू ब्रिटिश साम्राज्यवादी परंपरा के साँचे में ढले हैं, वहीं वास्तविकता यह थी कि नेहरू की विचारधारा पश्चिमी रूढ़िवाद और पूँजीवाद की बजाय मार्क्सवाद-साम्यवाद से अधिक प्रभावित थी। सिर्फ नेहरू ही नहीं, बल्कि उनके करीबी मित्र भी साम्यवाद के प्रति वैसा ही वैचारिक रुझान रखते थे।

सन् 1962 के युद्ध से पहले के कुछ महीनों में जो कुछ हुआ और जिसकी परिणति उस युद्ध में हुई, उसकी जिम्मेदारी सरकार के दो लोगों पर प्रमुख रूप से बनती है। इनमें पहला नाम प्रधानमंत्री जवाहरलाल नेहरू का है और दूसरा नाम कृष्ण मेनन का है, जो युद्ध से कुछ वर्ष पूर्व रक्षा मंत्री बनाए गए थे। भारतीय गणराज्य के शुरुआती दिनों

में नेहरू एक और अधिकारी पर निर्भर रहा करते थे, जिनका नाम था माधव पणिक्कर, जो 50 के दशक की शुरुआत में बीजिंग में भारतीय राजदूत थे। यह तिकड़ी 1950 के दशक में होनेवाली उन घटनाओं के लिए जिम्मेदार थी, जिसका परिणाम सन् 62 के युद्ध के रूप में सामने आया।

प्रधानमंत्री नेहरू ने अपने सभी सहयोगियों, जिनमें सरदार पटेल तथा अन्य सरकार और संसद् के सदस्य भी शामिल थे, उनकी बजाय सिर्फ इन दो साथियों की बुद्धिमानी पर भरोसा किया। भारतीय गणराज्य के पहले दशक में भारत की चीन नीति की रचना पूर्ण रूप से इसी तिकड़ी ने की थी। अपने अनेक समकालीनों द्वारा यह तिकड़ी साम्यवादी विचारधारा के प्रति सहानुभूति रखनेवाली मानी जाती थी। हालाँकि निर्णायक रूप से यह कह देना सही नहीं होगा कि उन्होंने अपने वैचारिक रुझानों के आधार पर ही पूरी तरह से कार्य किया, किंतु यह निष्कर्ष निकाला जा सकता है कि सदा नहीं तो कभी-कभार उनके विचारों ने उनके द्वारा उठाए गए कदमों को अवश्य प्रभावित किया।

नेहरू और साम्यवाद

जवाहरलाल एक स्वघोषित कम्यूनिस्ट थे। उन्होंने मार्क्सवाद की खुलकर तारीफ की थी। अपनी आत्मकथा 'टुवाड्र्स फ्रीडम में' जवाहरलाल कहते हैं—

"...मार्क्सवाद के सिद्धांत और दर्शन ने मेरे मन के कई अँधेरे कोने को प्रकाशित किया है। इतिहास का एक नया अर्थ मेरे सामने आया। मार्क्सवादी व्याख्या ने इस पर भरपूर प्रकाश डाला, जिससे कि यह एक क्रम और उद्देश्य के साथ होनेवाले मंचन के रूप में सामने आया, चाहे यह अवचेतन मन में कितना ही दबा हुआ क्यों न रहा हो। मुझे मार्क्सवाद की ढोंग से मुक्ति दिलाने और वैज्ञानिक सोच ने आकर्षित किया।

"विश्व के सामने आए सबसे बड़े संकट और मंदी ने मार्क्सवादी विश्लेषण को सही ठहरा दिया। सारी व्यवस्थाएँ और सिद्धांत जहाँ अँधेरे में भटक रहे थे, वहीं केवल मार्क्सवाद ने कमोबेश संतोषजनक रूप से इसकी व्याख्या की और एक समाधान पेश किया।

"यह विचार मेरे अंदर जैसे-जैसे दृढ़ होता गया, मेरे अंदर एक नया जोश बढ़ने लगा..."[3]

गौर करनेवाली महत्त्वपूर्ण बात यह है कि सन् 1941 में तथा इस दौरान लगभग दो दशक तक स्वतंत्रता आंदोलन के दौरान गांधीजी के मिले साथ के बावजूद नेहरू को गांधीजी के दर्शन या आदर्शों में कुछ भी 'जोश' बढ़ानेवाला नहीं दिखा। उन्होंने दावा किया, 'सारी व्यवस्थाएँ और सिद्धांत अँधेरे में भटक' रहे थे।

गांधीजी को निश्चित रूप से इसका भारी दुःख पहुँचा था। उन्होंने 'दृष्टिकोण को

लेकर आपसी मतभेद' पर जवाहरलाल नेहरू को एक पत्र लिखा। अपनी चिर-परिचित विनम्रता के साथ उन्होंने लिखा, "मैं भारत की सेवा के लिए 125 वर्ष तक जीना चाहता हूँ, लेकिन मैं यह भी बता दूँ कि मैं एक बूढ़ा व्यक्ति हो चुका हूँ। तुम मेरी अपेक्षा बहुत जवान हो और इस कारण मैंने तुम्हें अपना उत्तराधिकारी नामित किया है। फिर भी यह आवश्यक है कि मैं अपने उत्तराधिकारी को और मेरा उत्तराधिकारी मुझे समझे, तभी मैं संतुष्ट हो सकूँगा।"

दृष्टिकोण को लेकर मतभेद पर गांधी ने कहा, "यदि मतभेद मौलिक है तो इसकी जानकारी जनता को भी होनी चाहिए। स्वराज की दिशा में किए जा रहे हमारे कार्यों के लिए यह नुकसानदेह हो सकता है।"[4]

हालाँकि जवाहरलाल ने केवल उस अंश को प्रमुखता दी, जिसमें उन्हें उत्तराधिकारी बताया गया था और दृष्टिकोण पर मतभेद को उन्होंने छिपा लिया। उन्होंने इस मतभेद पर आम जनता के बीच चर्चा की बात को सिरे से खारिज कर दिया।

साम्यवाद और रूसी क्रांति को लेकर गांधीजी की धारणा स्पष्ट और निश्चित थी—

"पश्चिम का समाजवाद और साम्यवाद कुछ विशेष धारणाओं पर आधारित है, जो हमारी मान्यताओं से मौलिक रूप से मेल नहीं खाते हैं। उनकी ऐसी ही एक धारणा मनुष्य को स्वाभाविक रूप से नितांत स्वार्थी मानने की है। मैं उनके इस विचार से सहमत नहीं हूँ।"[5]

गांधीजी ने साम्यवाद के रूप को पसंद नहीं किया। 'हरिजन' में छपे एक लेख में (हरिजन, 13-2-1937) उन्होंने कहा, "रूसी साम्यवाद, यानी जो साम्यवाद लोगों पर थोपा जाए वह भारत के लिए अनुकूल नहीं होगा।"

किंतु जवाहरलाल नेहरू बोल्शेविक क्रांति के प्रबल समर्थक थे। गांधीजी ने जहाँ रूसी साम्यवाद को प्रतिकूल कहा, वहीं जवाहरलाल ने अक्तूबर क्रांति की व्याख्या 'विश्व इतिहास की सबसे महान् घटना, फ्रांस की क्रांति महानतम घटना' के रूप में की, 'जिसकी कहानी मानवीय और नाटकीय दृष्टिकोण से मंत्रमुग्ध करनेवाली है'।

उन्होंने लिखा, "इस कारण रूस में हमारी दिलचस्पी है, क्योंकि वह आज विश्व के सामने खड़ी इस बड़ी समस्या से निपटने के लिए एक समाधान दे सकता है।"[6]

जवाहरलाल ने अपने पिता मोतीलाल नेहरू, अपनी पत्नी कमला और बेटी के साथ सन् 1927 में पहली बार मॉस्को का दौरा किया, जिसके लिए उन्हें स्वयं सोवियत सरकार ने निमंत्रित किया था। यह महान् अक्तूबर साम्यवादी क्रांति की दसवीं वर्षगाँठ का अवसर था। सोवियत संघ में उनका स्वागत पूरी गर्मजोशी से किया गया। सोवियत मुखपत्र 'प्रवदा' समेत अनेक अखबारों ने पिता-पुत्र की प्रशंसा में कई पन्ने रँग डाले।

स्वाभाविक रूप से जवाहरलाल नेहरू इतने स्वागत सत्कार से बहुत प्रभावित हुए और भारत लौटने पर उन्होंने अपने मित्रों से गर्व से कहा कि वे पहले कम्यूनिस्ट हैं।

सन् 1946 में, गुटनिरपेक्षता की अपनी नीति का प्रतिपादन करते हुए, नेहरू ने अमेरिका के प्रति अपनी भावना को इस संदेश में प्रकट किया था, ''हम उस संयुक्त राज्य अमेरिका के लोगों को अपनी शुभकामनाएँ देते हैं जिन्हें प्रारब्ध ने अंतरराष्ट्रीय मामलों में महत्त्वपूर्ण भूमिका निभाने का अवसर दिया है। हमें यह विश्वास है कि इस महती जिम्मेदारी का उपयोग पूरे विश्व में शांति और मानवीय स्वतंत्रता को बढ़ावा देने के लिए किया जाएगा।'' दूसरी तरफ जब सोवियत संघ को संदेश देने का अवसर आया तो नेहरू की प्रत्यक्ष सहानुभूति किसी से छिप नहीं सकी। ''हम आधुनिक विश्व के एक और महान् देश सोवियत संघ को भी अपनी शुभकामना देते हैं, जिस पर विश्व की घटनाओं को स्वरूप देने की उतनी ही जिम्मेदारी है। वे एशिया में हमारे पड़ोसी हैं और निश्चित रूप से हमें अनेक कार्यों को मिल-जुलकर करना होगा।'' सोवियत संघ के प्रति अपनी शुभेच्छा के एक और संकेत के रूप में नेहरू ने अपनी बहन को वहाँ के पहले राजदूत के रूप में भेजने का निर्णय किया।

संयोग कुछ ऐसा था कि उनके दो सहयोगी, मेनन और पणिक्कर, जिन पर वे पूरी तरह भरोसा करते थे, वे भी साम्यवाद से उतने ही प्रभावित थे। पणिक्कर उस दौरान चीन के राजदूत थे, जब वहाँ च्यांग काई शेक के हाथों से सत्ता का हस्तांतरण माओ ज दांग के हाथों में हो रहा था। सन् 1952 तक वे वहाँ के राजदूत रहे और उस दौरान ही चीन ल्हासा में दाखिल हुआ था। इस व्यक्ति के विषय में एक दिलचस्प बात यह है कि उन्होंने चीन की दोनों सरकारों के साथ काम किया था—शुरुआत में नानजिंग में कुओमिनतांग की सरकार के साथ और सन् 1950 से सन् 1952 के बीच पीकिंग में माओवादी चीनी सरकार के साथ। साथ ही वे गिरगिट के समान रंग बदलने के गुण के लिए भी विख्यात थे, क्योंकि शुरुआत में च्यांग काई शेक के समर्थक होने के नाते उन्होंने उनके और उनकी सुंदर पत्नी के साथ न जाने कितने रात्रि भोजों का लुत्फ उठाया और बाद में बीजिंग में भारतीय राजदूत बनाए जाते ही वे माओ के भी उतने ही प्रबल समर्थक बन गए।

वी.के. कृष्ण मेनन सन् 1957 में भारत के रक्षा मंत्री बनाए गए और उस पद पर तब तक बने रहे, जब तक कि सन् 1962 के युद्ध में हार के बाद उन्हें जबरन पद से हटाया नहीं गया। किंतु उन वर्षों के दौरान वे जवाहरलाल नेहरू की कैबिनेट में सबसे बड़ा रुतबा रखने वाली हस्ती थे, जिनके विषय में ब्रिटिश पत्रिका 'टाइम' ने लिखा था कि अपने गुरु नेहरू के बाद वे 'भारत में दूसरे सबसे शक्तिशाली व्यक्ति' थे।

सन् 1950 से लेकर सन् 1962 तक की ऐतिहासिक घटनाएँ इस तिकड़ी द्वारा

अदा की गई विवादास्पद भूमिकाओं का वर्णन करती हैं। सन् 1962 के युद्ध में मिली पराजय के लिए अनेक इतिहासकार इस साम्यवाद समर्थक तिकड़ी को ज़िम्मेदार ठहराते हैं।

संदर्भ—

1. जॉन डब्ल्यू. गार्वर, प्रोट्रैक्टेट कॉन्टेस्ट, ऑक्सफोर्ड यूनिवर्सिटी प्रेस, पृ. 18
2. जॉन डब्ल्यू. गार्वर, प्रोट्रैक्टेट कॉन्टेस्ट, पृ. 16
3. टुवॉर्ड्स फ्रीडम—द ऑटोबायोग्राफी ऑफ जवाहरलाल नेहरू, पृ. 228–231
4. गांधीज लेटर टू नेहरू ऑन, 5 अक्तूबर, 1945
5. आनंद बाजार पत्रिका, 2-8-1934
6. मेनस्ट्रीम, 15 नवंबर, 1975

□

4

तिब्बत नीति—ब्रिटिश से नेहरू तक

भारत के लिए तिब्बत सामरिक दृष्टिकोण से किस हद तक महत्त्वपूर्ण है, उसे जॉर्ज जिंसबर्ग और माइकल मैथोज ने इन पंक्तियों में सारगर्भित रूप से बताया है, ''तिब्बत जिसके कब्जे में होता है, उसका प्रभुत्व हिमालय की तलहटी के इलाके पर होता है; वह जो हिमालय की तलहटी पर दबदबा कायम कर लेता है, वह भारतीय उपमहाद्वीप के लिए खतरा बन जाता है और जो भारतीय उपमहाद्वीप के लिए खतरा उत्पन्न करता है उसके लिए पूरा दक्षिण-पूर्व एशिया, और संपूर्ण एशिया पहुँच से दूर नहीं होता।''[1]

वह बात जो जिंसबर्ग और मैथोज के समझ में आ गई, या जो किसी भी रणनीतिक विचारक के समझ में आ सकती थी, उसे नेहरू नहीं समझ सके। तिब्बती पठार पर कब्जा करने के लिए बढ़ते चीन के कदमों से पश्चिमी जगत् की शक्तियों के कान खड़े हो चुके थे। लेकिन जवाहरलाल नेहरू के लिए यह स्थिति, 'अब तक तिब्बत की जो कहानी हैं, जिससे हमारा वास्ता हैं, वह अत्यंत साधारण सी बात है' जैसी थी। 6 दिसंबर, 1950 को संसद् में उन्होंने यही वक्तव्य दिया था। इससे उनका क्या अर्थ था? क्या किसी देश पर दूसरे देश का कब्जा, लाखों तिब्बतियों की स्वतंत्रता का छिन जाना, और सबसे महत्त्वपूर्ण यह कि भारत के लिए एक बफर राज्य का समाप्त हो जाना क्या 'साधारण सी कहानी' थी?

उसी वर्ष, एक प्रेस कॉन्फ्रेंस को संबोधित करते हुए, उन्होंने ऐसी-ऐसी दलील रखी, मानो वे यह सिद्ध कर देना चाहते थे कि तिब्बत हमेशा से ही चीन का अभिन्न अंग रहा हो। ''पिछले कुछ सौ वर्षों में मुझे याद नहीं कि चीनी संप्रभुता को या आप चाहें तो उसे आधिपत्य कहें, जिसे किसी दूसरे देश ने चुनौती दी हो, और इस पूरी अवधि में चीन

चाहे निर्बल रहा हो या सबल तथा चीन में चाहे कोई भी सरकार, चीन ने सदा ही तिब्बत पर इस संप्रभुता का दावा किया है।''[2]

यह सफेद झूठ था। ब्रिटिश भारतीय सरकार के साथ-साथ, स्वयं ब्रिटिश भी, कम-से-कम सन् 1914 के शिमला सम्मेलन के बाद प्रत्यक्ष या परोक्ष रूप से तिब्बत की स्वतंत्रता को स्वीकार कर चुके थे। मित्र राष्ट्रों के नेता, जैसे रूजवेल्ट और चर्चिल भी तिब्बत को स्वतंत्र मानते थे। स्वयं नेहरू ने भी दिल्ली में सन् 1947 में आयोजित एशियन रिलेशंस कॉन्फ्रेंस में तिब्बत को एक स्वतंत्र देश मानते हुए उसके प्रतिनिधियों को आमंत्रित किया था। किंतु सन् 1950 के बाद चीन को लेकर नेहरू में एक व्यापक परिवर्तन आया। वे चीन के प्रति कोमल और दयालु हो गए। दरअसल नेहरू के उपरोक्त वक्तव्य का इस्तेमाल आगे आनेवाले वर्षों में चीनी अधिकारियों ने तिब्बत पर प्रश्न उठानेवाले भारतीय अधिकारियों का मुँह बंद करने के लिए शुरू कर दिया। नेहरू की चूक भारतीय पक्ष के विरुद्ध चीनियों के लिए एक हथियार बन गई।

भारत ने ब्रिटिशों से एक सुसंगत तिब्बत नीति को विरासत में प्राप्त किया था। इस नीति का सार बताते हुए भारत की स्वतंत्रता के तुरंत बाद उप विदेश मंत्री का पद सँभालनेवाले के.पी.एस. मेनन ने लिखा, ''भारत ने 'चीन के आधिपत्य के अंतर्गत तिब्बत की स्वतंत्रता का समर्थन करने' की दोहरी ब्रिटिश नीति को विरासत में पाया और जारी रखा था।''[3]

एशियन रिलेशंस कॉन्फ्रेंस

दरअसल कुछ साक्ष्य यह बताते हैं कि स्वतंत्रता प्राप्ति से ठीक पहले ब्रिटिश संरक्षणवाले भारत ने, शुरुआत में तिब्बत को एक छोटी-मोटी सेना खड़ी करने में भी मदद दी थी और हथियार मुहैया कराए थे। इसके अतिरिक्त भारत ने तिब्बत की एक अंतरराष्ट्रीय छवि बनाने की कोशिश की थी। एक साहसी प्रयास के अंतर्गत भारत ने दिल्ली में आयोजित एशियन रिलेशंस कॉन्फ्रेंस में तिब्बत को एक स्वतंत्र देश के तौर पर निमंत्रित किया था।

मार्च 1947 में जब दिल्ली में पहला एशियन रिलेशंस कॉन्फ्रेंस आयोजित किया गया तो तिब्बत उन राष्ट्रों में से एक था, जिसे आधिकारिक तौर पर आमंत्रित किया गया था। इस कॉन्फ्रेंस की मेजबानी उस वैश्विक मामलों की भारतीय परिषद् ने किया, जिसे सन् 1943 में नेहरू ने ही शुरू किया था। नेहरू ने कॉन्फ्रेंस के आयोजन में गहरी अभिरुचि दिखाई और उसे सफल बनाने के लिए पूरे दक्षिण-पूर्व एशिया का दौरा किया। सरोजिनी नायडू आयोजन समिति की अध्यक्ष थीं। एशिया के 27 देशों के अतिरिक्त अमेरिका, ब्रिटेन, फिलिस्तीन, अरब देशों के समूह आदि को भी न्योता भेजा गया।

महात्मा गांधी को इस सम्मेलन में शामिल होने के लिए 30 जनवरी, 1947 को लिखी गई एक चिट्ठी में नेहरू ने स्पष्ट रूप से तिब्बत नाम निमंत्रित देशों में लिखा था—"आप जानते हैं कि मार्च के अंतिम सप्ताह में दिल्ली में इंटर-एशियन रिलेशंस कॉन्फ्रेंस होने जा रहा है। यह सम्मेलन असाधारण रूप से महत्त्वपूर्ण हो गया है और इसमें संदेह नहीं कि इसमें व्यापक प्रतिनिधित्व देखने को मिलेगा। करीब-करीब एशिया के सभी देश, यानी पश्चिम से पूर्व और उत्तर से दक्षिण तक, अरब देशों समेत, तिब्बत, मंगोलिया तथा दक्षिण-पूर्व एशिया के साथ-साथ सोवियत संघ के एशियाई गणराज्यों का प्रतिनिधित्व उनके शीर्ष नेताओं द्वारा किया जाएगा," इन बातों की चर्चा नेहरू की उस चिट्ठी में किया गया था।[4]

यह जान लेना दिलचस्प है कि उस समय तिब्बत कुछ चुनिंदा देशों में से एक था, जिस पर किसी भी विदेशी ताकत का कब्जा नहीं था और जो वास्तव में स्वतंत्र था। हालाँकि मेजबान भारत तब भी ब्रिटिश शासन के अधीन था। तिब्बत के चार प्रतिनिधि सम्मेलन में शामिल हुए। वे अन्य देशों के प्रतिनिधियों के साथ ही बैठे। तिब्बत का ध्वज अन्य देशों के साथ ही फहराया गया। तिब्बत के साथ अन्य 27 सहभागी देशों के समान व्यवहार किया गया।

पारंपरिक और रंग-बिरंगे परिधान में तिब्बत के गणमान्य नेताओं की उपस्थिति एशियन रिलेशंस कॉन्फ्रेंस की सबसे महत्त्वपूर्ण विशेषता बन गई। यह ऐसा आखिरी अंतरराष्ट्रीय आयोजन भी था, जहाँ तिब्बत एक स्वतंत्र देश के रूप में शामिल हुआ। तिब्बती प्रतिनिधिमंडल की अगुवाई थीजी शम्फो कर रहे थे। उस दौरान वे तिब्बत के महालेखाकार थे, जिन्हें भारत के मामलों का भी थोड़ा-बहुत ज्ञान था। प्रतिनिधिमंडल के अन्य सदस्यों में शामिल थे शम्फो से, जो तिब्बती काशग (कैबिनेट) के सचिव थे, तथा दो भिक्षुक—मा. के. लोवनजी और मा. लेटसन कुंगा ग्याल्टसेन।

तिब्बती प्रतिनिधिमंडल जब महात्मा गांधी से मिला तो उन्होंने यहाँ तक कहा, "भारत कॉन्फ्रेंस के विषय में एक ऐसा दस्तावेज बाँटनेवाला है, जो दुनिया के सामने तिब्बत की स्वतंत्रता को प्रमाणित करेगा।* निर्वासित तिब्बतियों की रचनाओं में इस बात का दर्द झलकता है कि सन् 1947 का कॉन्फ्रेंस 'अंतिम अवसर था, जब विश्व मंच पर तिब्बत ने अपनी उपस्थिति एक स्वतंत्र और समान देश के रूप में दर्ज कराई थी'।"

आखिर क्यों? क्योंकि चीन ने तिब्बती प्रतिनिधिमंडल के साथ किए गए समान व्यवहार का खुलकर विरोध किया था। शुरुआत में जब चीन ने सम्मेलन में तिब्बत को एक स्वतंत्र देश के तौर पर निमंत्रित किए जाने पर आपत्ति जताई तो मेजबान भारत ने उसे अनदेखा करने का साहस दिखाया। किंतु सम्मेलन की शुरुआत होते ही, नेहरू ने

* जॉन डब्ल्यू. गार्वर, प्रोट्रैक्टेट कॉन्टेस्ट, पृ. 45

कदम पीछे खींच लिए। सम्मेलन में तिब्बत का दरजा कम कर दिया गया। रातोरात तिब्बती 'डेलीगेट' से महज 'रिप्रेजेंटेटिव' बना दिए गए। आनन–फानन में तिब्बती ध्वज को हटा दिया गया। यहाँ तक कि सभागार में लगाए गए एशिया के विशाल नक्शे को अंतिम समय में बदला गया और चीन को खुश करने के लिए चीन और तिब्बत की सीमा को मिटा दिया गया। भारत की यह बरबाद करनेवाली शालीनता आनेवाले वर्षों में उसे बहुत महँगी पड़नेवाली थी, क्योंकि तिब्बत के स्वतंत्र होने की हर भारतीय दलील के जवाब में चीन इसी नक्शे को दिखानेवाला था।

'रिप्रेजेंटेटिव' की हैसियत से तिब्बती दल के नेता थीजी शम्फो को इस कॉन्फ्रेंस के दौरान 26 मार्च को संक्षेप में बोलने का अवसर दिया गया था। उनका संबोधन इस प्रकार था—

"हमारी तिब्बती सरकार को इस एशियन रिलेशंस कॉन्फ्रेंस में शामिल होने का निमंत्रण प्राप्त हुआ था। हमारा देश ऐसा है, जो अपनी प्रजा पर धर्म के आधार पर शासन करता है और भारत चूँकि बौद्ध धर्म की मातृभूमि है, इस कारण हम बौद्ध धर्म के अनुयायी और विशेष रूप से तिब्बत का भारत के साथ प्राचीन काल से ही मित्रतापूर्ण संबंध रहा है। यही कारण है कि हमारी सरकार ने हमें इस सम्मेलन में धर्म के आधार पर शांतिपूर्ण संबंधों को बनाए रखने के लिए भेजा है।

"इसी प्रकार हमें इस सम्मेलन में सभी एशियाई देशों से आए प्रतिनिधियों से मिलकर बहुत खुशी हुई तथा हम पूरे मन से भारत के महान् नेताओं महात्मा गांधी, पंडित जवाहरलाल नेहरू और सरोजिनी नायडू, साथ ही इस सम्मेलन में शामिल सभी विशिष्ट प्रतिनिधियों के प्रति भी आभार प्रकट करते हैं। जहाँ तक भविष्य का प्रश्न है, सारे एशियाई देश एक–दूसरे के प्रति बंधुत्व की भावना रखेंगे, एक ऐसी भावना, जो आध्यात्मिक संबंध पर आधारित हो, जिससे कि हम इस बात की अपेक्षा कर सकते हैं कि एशिया में सदा के लिए शांति और एकता बनी रहेगी।"[5]

तीन पत्र

हालाँकि यह नीति बहुत लंबे समय तक नहीं चली, क्योंकि नेहरू की 'चीन से अच्छी जान–पहचान थी', इसलिए उन्होंने चीन को खुश करने के लिए तिब्बत को दरकिनार कर दिया। ऐसा करते हुए उन्होंने असाधारण साहस और संकल्प का प्रदर्शन किया। स्वतंत्रता प्राप्ति के कुछ ही वर्षों के भीतर तिब्बत को लेकर भारत की सोच एकदम विपरीत दिशा में जा चुकी थी। रातोरात तिब्बती स्वतंत्रता भारत के लिए निराधार बन गई। तीन वर्षों और तीन पत्रों के आदान–प्रदान के बाद नेहरू एक अलग ही व्यक्ति बन चुके थे। सन् 1950 में 22 अक्तूबर से 1 नवंबर के बीच नेहरू की ओर से चीन को

भेजे गए तीन संक्षिप्त पत्र पुरानी तिब्बत नीति को जारी रखने के आधे-अधूरे मन से किए गए आखिरी प्रयास थे। यहाँ तक कि इन पत्रों में भी नेहरू ने चीन से अपील करते हुए यह लिखा कि तिब्बत पर कब्जा जमाने के लिए चीन को सैन्य शक्ति का प्रयोग नहीं करना चाहिए, क्योंकि इससे संयुक्त राष्ट्र संघ में कम्यूनिस्ट चीन को सीट दिलाने के लिए भारत की ओर से किए जा रहे प्रयासों को झटका लगेगा। उन्होंने प्रस्ताव रखा कि महामान्य दलाई लामा से बातचीत की जा सकती है।

आक्रमणकारी चीनी लाल सेना द्वारा हजारों तिब्बतियों-भिक्षुकों और आम लोगों के नरसंहार के प्रति सन्न कर देनेवाली संवेदनहीनता का प्रदर्शन करते हुए नेहरू ने चीनी सरकार से कहा कि उनकी 'टाइमिंग सही नहीं थी', क्योंकि 'तिब्बत में वैसे भी अधिक विरोध करने का सामर्थ्य नहीं है।' "केंद्रीय जनवादी सरकार को इस बात का ज्ञान होना चाहिए कि संयुक्त राष्ट्र संघ लगातार इस सत्र की समाप्ति से पहले चीन को सदस्य बनाने के संबंध में अनिश्चित रहा है। भारत सरकार को लगता है कि फैसला होने से पहले किसी भी सैन्य काररवाई से सभा में उन पक्षों को इतना समर्थन मिल जाएगा, जो संयुक्त राष्ट्र संघ और सुरक्षा परिषद् में चीन को शामिल किए जाने का विरोध कर रहे हैं। भारत सरकार का मानना है कि वक्त का तकाजा बेहद अहम है...तिब्बत में किसी भी गंभीर सैन्य विरोध की आशंका नहीं है और इस मुद्दे को सुलझाने में देरी हुई तो चीन के हितों पर उसका असर नहीं पड़ेगा..."[6]

नेहरू के पत्राचार से तिब्बत पर चीन के दावों को एक बार फिर खारिज नहीं किया गया, ऐसे में इसकी स्वतंत्रता को भारत के समर्थन की बात करना बेमानी है। किंतु माओ की प्रतिक्रिया बहुत तीखी थी, "तिब्बत पूर्णतया चीन की कूटनीतिक समस्या है, जिसकी सेना तिब्बत में अवश्य दाखिल होगी, तिब्बती लोगों को स्वतंत्र करेगी और चीन की सीमा को सुरक्षित करेगी।" और इन्हीं शब्दों में पीकिंग से जवाब आया। यह भी स्पष्ट कर दिया गया कि "तिब्बत की समस्या और संयुक्त राष्ट्र में चीनी गणराज्य का शामिल होना पूरी तरह से एक-दूसरे से अलग मुद्दे हैं।" चाऊ एन-लाई ने नेहरू पर विदेशी ताकतों के प्रभाव में आकर चीन का विरोध करने का आरोप भी लगाया। नेहरू को बीजिंग का साफ संदेश था—तिब्बत पर चीन की पूर्ण संप्रभुता को स्वीकार कर लें या भारत और चीन के बीच युद्ध के लिए तैयार हो जाएँ। नेहरू ने इसमें से पहले को चुना।

दरअसल भारत की ओर से चीन को लिखे तीन पत्रों पर उस समय भारत सरकार पर हावी एक विचारधारा का प्रभाव था। उस दौरान सरदार पटेल ने भी नेहरू को एक लंबी चिट्ठी लिखकर तिब्बती स्वतंत्रता के लिए सक्रियता दिखाने की अपील की थी। पटेल ने यह सुझाव भी दिया था कि कम्यूनिस्ट चीन के लिए सीट सुरक्षित करने की

बजाय भारत को संयुक्त राष्ट्र संघ में तिब्बत को सीट दिलाने के लिए संघर्ष करना चाहिए। भारत द्वारा तिब्बत की स्वतंत्रता का समर्थन सक्रिय रूप से करने के संबंध में सरदार पटेल का दृष्टिकोण दूरदर्शी था। वे जानते थे कि तिब्बत पर चीन का अधिकार हो गया तो भारत को अपनी सीमाएँ सुरक्षित करने के लिहाज से भारी नुकसान उठाना पड़ सकता है। यदि चीन को तिब्बत पर कब्जा करने दिया गया तो अनेक छोटे-छोटे पड़ोसी देशों से लगनेवाली भारत की सीमा पर दबाव बढ़ जाएगा। पटेल की यह चिंता आनेवाले वर्षों में हुई घटनाओं से सच साबित हो गई।

तिब्बत पर नेहरू का दृष्टिकोण

नेहरू तिब्बत को लेकर कभी गंभीर नहीं थे। उनके अनुसार एक बौद्ध भिक्षु के हाथ में राजनीतिक सत्ता किसी अभिशाप से कम नहीं थी। उनकी धर्मनिरपेक्ष विचारधारा तिब्बत पर महामान्य दलाई लामा का घोर विरोध करती थी। एक बार उन्होंने कहा था कि तिब्बत पर चीनी कब्जे से तिब्बत में जारी लामाओं का धर्मतंत्र समाप्त हो जाएगा, वह 'आधुनिक सभ्यता की मुख्य धारा' में शामिल हो जाएगा।

भारत की स्वतंत्रता के शुरुआती वर्षों में ब्रिटिश विदेश नीति के विस्तार के साथ-साथ सरदार पटेल जैसे सहयोगियों का दबाव था, जिसने नेहरू के मन में तिब्बती स्वतंत्रता को लेकर थोड़े-बहुत विचार उत्पन्न किए थे। किंतु उन्हें पलटते देर नहीं लगी और वे चीन के प्रति दोस्ताना संबंध को आगे बढ़ाने लगे।

कुछ वर्षों बाद, सन् 1954 में, आर. के. करंजिया को दिए गए एक इंटरव्यू में नेहरू ने घोषित किया कि तिब्बत पर चीन का ही अधिकार है। किंतु उसी सुर में उन्होंने यह भी कहा कि इस विषय पर चाऊ की सोच अलग हो सकती है। आखिर यह कैसा गैरजिम्मेदार बयान था! ये चाऊ नहीं, बल्कि नेहरू थे जो सन् 1954 में कह रहे थे कि तिब्बत पर चीन का अधिकार है।

"निस्संदेह तिब्बत चीन का एक हिस्सा है, लेकिन मिस्टर चाऊ ने स्वयं मुझसे कहा था कि यह चीन का प्रांत नहीं है तथा इसे वैसा ही समझा जाएगा, यानी तिब्बती लोग चीनी नहीं हैं..." यही बयान उन्होंने करंजिया को दिया था।

आज भी अनेक विद्वान् मानते हैं कि पंचशील एक घाटे का सौदा था। भारत की विदेश नीति पर अपनी सबसे महत्त्वपूर्ण किताब में भारत के विदेश सचिव रह चुके जे. एन. दीक्षित ने पंचशील पर कुछ इस प्रकार की टिप्पणी की थी—

"पहली बार जब हम चीन के साथ एक कारगर समझौता कर सकते थे, तब नेहरू ने चुपचाप तिब्बत पर चीनियों के आधिपत्य और नियंत्रण को स्वीकार कर लिया। हम चीनियों से कह सकते थे कि तिब्बत पर पुनः उनके अधिकार को हम तभी स्वीकार

करेंगे जब वे इस बात की पुष्टि कर दें कि भारत-चीन की सीमा को उस रूप में अंतिम मान लिया जाएगा, जिस रूप में उन्होंने और हमने ब्रिटिश काल में ही विरासत में प्राप्त किया था। हम यह कह सकते थे और यह माँग रखनी चाहिए थी कि ब्रिटिश काल में तय की गई सीमा पर कोई प्रश्न नहीं उठेगा और जो भू-भाग भारतीय है, उस पर वे किसी प्रकार का दावा नहीं करेंगे। तिब्बत पर फिर से चीन के अधिकार को स्वीकार करने के अवसर का उपयोग हमने अपने क्षेत्रीय हितों को सुरक्षित करने के लिए नहीं किया।''[7]

नेहरू के इस दृष्टिकोण का विश्लेषण अलग-अलग विद्वानों ने अपने तरीके से किया है। तिब्बतियों के मन में सदा से ही साम्राज्य विरोधी आदर्शों के प्रति नेहरू की वास्तविक आस्था को लेकर संदेह था, विशेष तौर पर जब बात स्वयं उनके देश को लेकर की जाती थी। सन् 1959 से पूर्व उनके इस संदेह का कारण नेहरू की चियांग काई-शेक और मैडम (पेज नंबर 50 में नाम देखें) से अंतरंग मित्रता थी।

यदि भारत ने सन् 1947 या सन् 1948 या सन् 1949 में भी कानूनी रूप से तिब्बत की स्वतंत्रता को मान्यता देने का पहला कदम उठा लिया होता तो इतिहास पूरी तरह से अलग होता। संभवत: ब्रिटिश तथा कुछ अन्य यूरोपीय देश भी इससे सहमत हो जाते। और संभव है कि सन् 1950 में जब तिब्बतियों ने संयुक्त राष्ट्र संघ का दरवाजा खटखटाया तब उनका पक्ष और भी मजबूत हो सकता था। तिब्बती जब भारत से मदद माँगने आए थे, तब भारत कम-से-कम सैन्य सहायता दे सकता था, जिसके बाद संभवत: ब्रिटेन जैसे देश भी आगे आ जाते।

10 दिसंबर, 1949 के अंत में लंदन के 'द इकोनॉमिस्ट' ने लिखा था—

''सन् 1912 से ही चीन से पूरी तरह स्वतंत्र दरजा रखनेवाले तिब्बत का दावा काफी मजबूत है, विशेष तौर पर इस समय जब चीन ने बाहरी मंगोलिया की स्वतंत्रता को विधिवत् रूप से मान लिया है, जो उसी वर्ष चीन से अलग हुआ था। किंतु इस विषय में भारत को पहल करनी होगी, क्योंकि न तो ब्रिटेन, न ही अमेरिका को हिमालय के आगे के क्षेत्रों से प्रत्यक्ष रूप से कोई लेना-देना है। यदि भारत तिब्बत की स्वतंत्रता को अपने और चीन के बीच एक बफर राज्य के रूप में समर्थन देने का निर्णय लेता है तो ब्रिटेन और अमेरिका भी उसे औपचारिक कूटनीतिक मान्यता दे सकते हैं।''

तिब्बत को एक स्वतंत्र देश के रूप में मान्यता देकर भारत उस अहम समय पर एक अहम भूमिका निभा सकता था, तथा भारत के लिए स्वतंत्र तिब्बत सामरिक या रणनीतिक बफर सिद्ध होने के साथ-साथ मैकमोहन रेखा से संबंधित सीमा विवाद के सारे मुद्दों को उसके हक में सुलझाने का जरिया साबित हो सकता था।

किंतु यह नहीं हो सका, क्योंकि पूरे मुद्दे को लेकर नेहरू की सोच-समझ

बिलकुल अलग थी। वे अपने ही विचारों को अकसर नवजात भारतीय राष्ट्र पर थोप दिया करते थे। आनेवाले वर्षों में देश उनकी इस आदत की भारी कीमत चुकानेवाला था। तिब्बत को भी इसी की कीमत चुकानी पड़ी।

भारतीय समर्थन में कमी

तिब्बत को उसकी सेना खड़ी करने में दिया जानेवाला समर्थन धीरे-धीरे समाप्त होता जा रहा था। नेहरू ने इसे कुछ समय तक आधे-अधूरे मन से जारी रखा तथा तिब्बतियों के पास ऐसे दस्तावेज हैं, जो बताते हैं कि जो दिया जा रहा था वह भी तिब्बत के लिए पर्याप्त नहीं था। सन् 1950 तक वह भी रोक दिया गया।

सन् 1950 में लाल सेना ने आक्रमण कर दिया और क्वामदो के पतन के बाद महामान्य दलाई लामा को भागकर चुंबी घाटी के यादौंग आना पड़ा, जहाँ से भारतीय सीमा कुछ किलोमीटर की दूरी पर ही स्थित है। उन्हें अब भी यह उम्मीद थी कि भारत और पश्चिमी शक्तियाँ उनकी मदद के लिए आगे आएँगी। किंतु दुर्भाग्यवश भारत ने न सिर्फ स्थानीय स्तर पर तिब्बत की अपील को ठुकरा दिया, बल्कि अंतरराष्ट्रीय स्तर पर भी कोई कदम नहीं उठाया। भारतीय अधिकारियों ने आश्चर्यजनक रूप से महामान्य को आक्रमणकारी चीनी सेना से समझौता करने का सुझाव दे डाला। अब कोई विकल्प नहीं बचा था और महामान्य को आत्मसमर्पण कर अपमान का घूँट पीना पड़ा। महामान्य ल्हासा लौट आए और अपने दूतों को उन्हें पीकिंग भेजना पड़ा, जहाँ उनसे 17-सूत्री समझौते पर दस्तखत करवाए गए। यह संधि आनेवाले वर्षों में विवाद की जड़ बन गई, क्योंकि तिब्बती पक्ष यह आरोप लगाता रहा कि चीनियों ने उनसे कुछ बिंदुओं पर जबरन सहमति प्राप्त की है, जो उनके देशहित के पूरी तरह खिलाफ थी।

तिब्बत में जारी घटनाओं को लेकर भारत पूरी तरह उदासीन बना रहा। उसे इस बात का थोड़ा भी अहसास नहीं था कि चीन द्वारा तिब्बत को हड़प लिए जाने के बद भारत के भू-सामरिकों पर गंभीर प्रभाव पड़ेंगे। भारतीय नेतृत्व अपने रवैए में इस हद तक लापरवाह था कि न तो बीजिंग में बैठे राजदूत पणिक्कर को और न ही दिल्ली में प्रधानमंत्री नेहरू को भनक लगी कि चीन तिब्बत पर आक्रमण करनेवाला है। चीन ने 7 अक्तूबर, 1950 को तिब्बत पर आक्रमण कर दिया। पणिक्कर को इसके सिवाय और कोई अंदाजा नहीं था कि पश्चिमी सिकांग में सुलह के कुछ प्रयास चल रहे थे। "किंतु मेरा ध्यान ताइवान पर था," स्वयं पणिक्कर ने इस बात को स्वीकार किया। चीनी सेना जब तिब्बत को बेरहमी से कुचल रही थी, तब बीजिंग में बैठे भारतीय राजदूत का ध्यान 'पूरी तरह से ताइवान पर' था।

उन्होंने यह निष्कर्ष निकाला कि "चीन और तिब्बत के विरुद्ध ब्रिटिश एवं अमेरिकी

षड्यंत्र चरम पर था और चीन तथा सोवियत संघ के विरुद्ध तिब्बत को बेस बनाने की तैयारी चल रही थी। चीन के लिए तिब्बत के हितों को देखते हुए साथ-ही-साथ अपनी सुरक्षा के लिहाज से भी यह जरूरी हो गया था कि वह तिब्बत की आजादी के लिए उसी प्रकार के कदम उठाए जैसा कि उसने अन्य चीनी क्षेत्रों के लिए किया था।'' पणिक्कर के विचार में कोई कारण नहीं था कि भारत को तिब्बत में चीनी आक्रमण को लेकर चिंतित होना चाहिए, ''मैं नहीं समझता कि चीनी लाल सेना का अपने ही क्षेत्र में दाखिल होना किसी भी प्रकार से गलत है,'' यह बयान पणिक्कर का था।[8]

ये वही व्यक्ति थे, जिन्हें नेहरू 'चीन में उस समय किसी भी देश के राजदूत की तुलना में सबसे सक्षम और अनुभवी' कहा करते थे।[9]

और स्वयं प्रधानमंत्री नेहरू भी तिब्बत में जारी घटनाओं से पूरी तरह बेखबर थे। जहाँ 7 अक्तूबर, 1950 को आक्रमण की शुरुआत हो चुकी थी, वहीं नेहरू ने 21 अक्तूबर, 1950 को चाऊ एन-लाई को एक पत्र लिखकर चीनी-तिब्बती समस्या को शांतिपूर्ण ढंग से निपटाने पर जोर दिया। उसमें भी उन्हें न तो तिब्बत जैसे छोटे देश के अधिकारों की चिंता थी और न ही भारत पर पड़नेवाले असर की। उनकी प्रमुख चिंता इस बात को लेकर थी कि संयुक्त राष्ट्र संघ और सुरक्षा परिषद् में चीन के लिए एक सीट सुनिश्चित करने के उनके प्रयासों को झटका न लगे—जिस सीट को मूल रूप से भारत को देने का प्रस्ताव था।

संयुक्त राष्ट्र संघ में, चूँकि तिब्बत सदस्य राष्ट्र नहीं था, इस कारण ल्हासा ने भारत से चीनी आक्रमण का मुद्दा उठाने की अपील की और एक प्रस्ताव प्रायोजित करने का आग्रह किया। किंतु नेहरू पहले ही चीन को अपना समर्थन दे चुके थे और दिन-रात चीन को संयुक्त राष्ट्र संघ तथा सुरक्षा परिषद् में स्थान दिलाने में जुटे थे। इस कारण भारत ने न केवल तिब्बती प्रस्ताव को प्रायोजित करने से इनकार कर दिया, बल्कि एल. सल्वाडोर ने जब अंतत: इसे पेश किया तो उसने संयुक्त राष्ट्र संघ से इस प्रस्ताव को एजेंडा में शामिल न करने की अपील कर तिब्बत समेत कई अन्य देशों को भी हैरानी में डाल दिया। भारत ने कहा, ''सबसे ताजा पत्र में चीनी सरकार ने घोषित किया है कि चीनी सेना ने चामडो के पतन के बाद अपने कदम रोक लिए हैं…भारत सरकार का पूर्ण विश्वास है कि तिब्बती समस्या को शांतिपूर्ण तरीके से सुलझाया जा सकता है।''

यह वास्तव में हैरान करनेवाला था, क्योंकि तिब्बत पर भारत और चीन के बीच उस दौरान हुए संपूर्ण आधिकारिक पत्राचार में चामडो के पतन के बाद चीनी सेना द्वारा आगे बढ़ते अपने कदमों को रोकने का कोई जिक्र नहीं था। इसके विपरीत, पीकिंग से आई चिट्ठी में स्पष्ट रूप में लिखा था, ''इस बात से कोई फर्क नहीं पड़ता कि तिब्बत

के स्थानीय अधिकारी समझौता करना चाहते हैं या नहीं, किसी भी प्रकार के विदेशी हस्तक्षेप को स्वीकार नहीं किया जाएगा। पीपुल्स लिबरेशन आर्मी का तिब्बत में दाखिल होना और तिब्बती लोगों को मुक्त कराया जाना निश्चित हो चुका है।'' तो क्या भारत सरकार ने संयुक्त राष्ट्र संघ में झूठ बोला? यदि हाँ तो किसके लिए?

ब्रिटिशों ने भारत के लिए एक सुरक्षित सामरिक उत्तरी तथा उत्तर-पूर्वी सीमा का सपना देखा था। इसके लिए उन्होंने तिब्बत पर आक्रमण तक कर दिया, जिससे कि इन सीमाओं को सुरक्षित किया जा सके और अंततः सन् 1914 में मैकमोहन रेखा खींचने में सफल भी रहे। किंतु नेहरू जो हमारे इतिहास की आलोचना यह कहकर किया करते थे कि ''बुद्धिमानी का घोर अभाव है¨वे अपनी ही दुनिया में जी रहे थे।'' अपने शासन के पहले कुछ वर्षों में ही उन्होंने उस सामरिक सीमा को ध्वस्त कर दिया और 1954 आते-आते चीन भारत के दरवाजे पर खड़ा था। रातोरात 4057 कि.मी. लंबी तिब्बत-भारत सीमा चीन-भारत सीमा में बदल चुकी थी, जो सबसे विवादित, सबसे संघर्षपूर्ण, सबसे संवेदनशील और सबसे विचित्र थी।

भारतीय संसद् में बहस

सन् 1950 में उत्तर और दक्षिण कोरिया के बीच युद्ध छिड़ गया। द्वितीय विश्वयुद्ध के बाद अंतरराष्ट्रीय जगत् के सामने कोरियाई युद्ध ने पहली सबसे बड़ी चुनौती पेश की। यह संयुक्त राष्ट्र संघ के लिए पहली बड़ी चुनौती थी। एक अंतरराष्ट्रीय आदर्शवादी होने के नाते, चाहे यह किसी की इच्छा हो या नहीं, नेहरू कोरियाई युद्ध में उलझने से भला कैसे पीछे रह जाते। उन्होंने भारतीय संसद् का एक विशेष सत्र बुला लिया।

31 जुलाई, 1950 को संसद् का एक विशेष सत्र कोरियाई संकट पर चर्चा के लिए बुला लिया गया। सदन का ध्यान आकर्षित करते हुए राष्ट्रपति डॉ. राजेंद्र प्रसाद ने कहा कि प्रधानमंत्री नेहरू ने रूसी प्रधानमंत्री जॉसेफ स्टालिन और अमेरिकी विदेश मंत्री एचेसन से अपील की, जिससे इन दो महान् देशों द्वारा अपनी शक्ति का प्रयोग कर कोरिया में जारी सशस्त्र संघर्ष को सीमित किया जाए तथा संयुक्त राष्ट्र संघ के सुरक्षा परिषद् में चीनी जनवादी गणराज्य को शामिल किए जाने पर बने गतिरोध को शामिल किया जाए, ताकि वर्तमान अंतरराष्ट्रीय तनाव को समाप्त किया जा सके। साथ ही सुरक्षा परिषद् में कोरियाई समस्या पर चर्चा से समाधान निकाला जा सके।

3 अगस्त, 1950 को संयुक्त राष्ट्र संघ में चीन के दाखिले पर संसद् में जारी बहस में दखल देते हुए नेहरू ने कहा कि नई सरकार को मान्यता देने के बाद उसके तार्किक परिणामों को स्वीकार न करना पूरी तरह से अन्यायपूर्ण होता। उन्होंने कहा, ''हमने जब से चीन की नई जनवादी सरकार को मान्यता दी है, तब से इस मान्यता के बाद जो कुछ

स्वाभाविक रूप से हो सकता था वही हो रहा है···इससे हमारा कोई लेना-देना नहीं कि हम किस सरकार को पसंद करते हैं या किसे नहीं, हालाँकि हम बेशक ऐसा कर सकते हैं···''

कोरियाई युद्ध को लेकर निश्चिंत होना बहुत महत्त्वपूर्ण था। दूसरे देशों के नेताओं जैसे स्टालिन और एचेसन से अपील करना भी आवश्यक था। नेहरू के लिए यह भी जरूरी था कि वे यू.एन. में चीन के पक्ष में समर्थन जुटाते।

यही समय था, जब चीनी पूर्वी तिब्बत में दाखिल हो रहे थे और उस रणनीतिक क्षेत्र पर अपने कब्जे की शुरुआत कर रहे थे। किंतु नेहरू के लिए चीनियों द्वारा तिब्बत के कब्जे पर भारतीय संसद् का एक विशेष सत्र बुलाना कतई आवश्यक नहीं था। उनके लिए यह 'अत्यंत साधारण' सी घटना थी। उन्हें स्टालिन या एचेसन या किसी और से बातचीत की कोई आवश्यकता महसूस नहीं हुई। भारतीय संसद् में तिब्बत संकट पर महज विदेश नीति के लिहाज से चर्चा की गई। न कोई विशेष सत्र, न कोई विशेष चिंता। यही था नेहरू का अंतरराष्ट्रीयतावाद।

तिब्बत पर चीनी कब्जे का विषय लोकसभा में 17 मार्च, 1950 को अंतरराष्ट्रीय मामलों पर रूटीन चर्चा के दौरान उठा था, जबकि उस समय तक वह मुद्दा गरमा चुका था और विवाद भी बढ़ गया था। सांसदों ने सरकार से तिब्बत के साथ की सीमा को निर्धारित करने की अपील की।

एंग्लो इंडियन समुदाय से आनेवाले मनोनीत सदस्य ने कहा, ''मुझे लगता है कि यह न केवल अपने आप से धोखा करनेवाली बात है, बल्कि खतरनाक रूप से धोखा देने वाली बात है कि हम यह उम्मीद करें या मान लें कि कम्यूनिस्ट अंततः हमारी तटस्थता और उदात्तता का सम्मान करेंगे, चाहे अंतरराष्ट्रीय स्तर पर हमारी मंशा कितनी ही अनुकरणीय क्यों न हो, चाहे सारे देशों के साथ मित्रता की हमारी इच्छा तटस्थ क्यों न हो।''

इसके बावजूद चीनी जनवादी गणराज्य का समर्थन यू.एन. में करने को लेकर नेहरू मन बना चुके थे और उन्हें कोई पछतावा भी नहीं था। 6 दिसंबर, 1950 को संसद् में तिब्बत मुद्दे पर बहस की शुरुआत करते हुए उन्होंने कहा, ''हम पर संभवतः चीन को लेकर विशेष दायित्व था।'' चीन के प्रति विशेष दायित्व? तिब्बत के प्रति नहीं? क्यों और कैसे? नेहरू ने कभी इसकी व्याख्या नहीं की।

लगभग इसी दौरान अक्तूबर-नवंबर 1950 की अवधि में भारत और चीन के बीच तिब्बत को लेकर पत्रों का आदान-प्रदान चल रहा था। तब अमेरिका ने भारत के सामने प्रस्ताव रखा कि वह तिब्बती मुद्दे को समर्थन देना चाहता है। किंतु अमेरिकी मदद तिब्बत पहुँचे, इसके लिए आवश्यक था कि इसमें भारत भी शामिल हो, परंतु नेहरू ने कोई दिलचस्पी नहीं दिखाई। अमेरिकी नेतृत्व ने जब देखा कि उसकी योजना

तब तक लागू नहीं की जा सकती, जब तक कि भारत उसमें शामिल न हो, तो उस योजना को ठंडे बस्ते में डाल दिया गया।

अमेरिकी विदेश विभाग के गैर-वर्गीकृत दस्तावेजों से भारतीय अधिकारियों के उस रवैए से अमेरिकी की खीज जाहिर होती है, जिसके कारण वे तिब्बतियों की और विशेष रूप से दलाई लामा की मदद नहीं कर सके। केनेथ कॉनबॉय और जेम्स मॉरिसन ने लिखा, ''हालाँकि इस अप्रत्यक्ष कूटनीति में एक बहुत बड़ी बाधा थी। अमेरिकी अपनी तिब्बत नीति को एक तीसरे देश में आगे बढ़ाना चाहता था, जबकि उन तीसरे देश, यानी भारत के मन में अपने ही हितों को लेकर चिंता थी। बीजिंग द्वारा सन् 1959 में 'मानवता का मैल' कहकर निंदा किए जाने के बावजूद चीन के साथ अच्छे संबंध बनाने के लिए भारत कुछ भी करने को तैयार था। इसने भारतीय अधिकारियों को अमेरिका के विश्वास में लिए जाने को नामुमकिन कर दिया।''

उन्होंने आगे लिखा, ''सैन्य सहायता पर भी विचार किया गया, लेकिन चीन के साथ नई दिल्ली द्वारा सौहार्दपूर्ण संबंध बनाए रखने की इच्छा के कारण यह लगभग नामुमकिन था।''[10]

दलाई लामा अमेरिका और अन्य पक्षों से सहायता प्राप्त करने को लेकर बेचैन थे लेकिन भारत सरकार से सहयोग मिले बिना यह संभव नहीं था। नतीजा यह हुआ कि तिब्बतियों को बोअर युद्ध के प्राचीन हथियारों के साथ शक्तिशाली चीनियों का सामने करने के लिए अकेला छोड़ दिया गया। 13 नवंबर, 1954 को नेहरू ने एक प्रेस कॉन्फ्रेंस में डींग हाँकते हुए कहा, ''मुझे चीन के पिछले कुछ हजार वर्षों के इतिहास की अच्छी-खासी जानकारी है, तथा मैंने न केवल चीन के, बल्कि कुछ अन्य देशों के इतिहास पर भी लिखा है।'' दूसरे शब्दों में, वे उन लोगों को अपना मुँह बंद रखने की नसीहत दे रहे थे, जो उन्हें सलाह देना चाहते थे।

1950 के दशक की शुरुआत में, सन् 1904 के समझौते के अंतर्गत भारत ने ल्हासा में तैनात अपनी सेना को वापस बुला लिया। भारत का पहले डाक और तार सेवाओं तथा टेलीफोन के माध्यम से भी तिब्बत से संपर्क था, लेकिन गुपचुप तरीके से इन्हें भी खत्म कर दिया गया। यहाँ तक कि जो बँगले भारत सरकार के पास थे, उन्हें भी आक्रमणकारी चीनियों के हवाले कर दिया गया। सन् 1953 आते-आते तिब्बत में भारत की हिस्सेदारी शून्य हो गई।

और फिर इसके नतीजे जल्द ही सामने आए जिसका गवाह हर कोई बना।

संदर्भ–

1. कम्यूनिस्ट चाइना ऐंड तिब्बत—द फर्स्ट डजन ईयर्स, पृ. 210

2. अमीय ऐंड बीजी राव, सिक्स थाउजेंड डेज, पृ. 79
3. जॉन डब्ल्यू. गार्वर, प्रोट्रैक्टेट कॉन्टेस्ट, पृ. 44
4. सेलेक्टेड वर्क्स ऑफ जवाहरलाल नेहरू, सीरीज II, खंड I
5. शंकर शरण, फिफ्टी इयर्स आफ्टर द एशियन रिलेशंस कॉन्फ्रेंस, पृ. 31
6. अमीय ऐंड बीजी राव, सिक्स थाउजेंड डेज, पृ. 83
7. जे.एन. दीक्षित, अक्रॉस द बॉर्डर्स, पृ. 354
8. पी.सी. चक्रवर्ती, इंडिया-चाइना रिलेशंस, पृ. 531
9. लोकसभा, 17 मार्च, 1960
10. केनेथ कॉनबॉय ऐंड जेम्स मॉरिसन, द सीआईएज सीक्रेट वार इन तिब्बत, पृ. 16-17

□

5

चीन के निरंतर बढ़ते दावे

कुलदीप नैयर भारतीय गृह मंत्रालय के संबंध में 1950 के दशक की एक दिलचस्प कहानी सुनाते हैं। एक दिन जब वे (मिटे अंश के लिए पे. 58 देखें) तब एक कर्मचारी मैकमोहन रेखा पर चीनी घुसपैठ की एक 'अत्यावश्यक' सूचना लेकर आया। उस अफसर ने बिना इस बात को जाने कि उस 'अत्यावश्यक' पत्र में क्या लिखा था, बड़े आराम से कर्मचारी से कहा कि वह उस नोट को 'बॉर्डर फाइल' में डाल दे। जब उससे पूछा गया तो अफसर ने सफाई दी कि चीन-भारत सीमा विवाद से जुड़ी सारी सूचना उस फाइल में रखी जाती थी और जब भी कभी नेहरू को फुरसत मिलती तो वे स्वयं उन्हें देखते थे।

उन निर्णायक वर्षों के दौरान इस तरीके से सरकार सीमा के मुद्दे से निपट रही थी। दरअसल 'बॉर्डर फाइल' सरकारी अफसरों के लिए एक प्रचलित शब्द बन गया था और जिस काम को अफसर नहीं करना चाहते थे, वे उसे इसी नाम से पुकारा करते थे। ऐसे सारे कामों से जुड़े दस्तावेज अंत में उसी फाइल में जाकर हमेशा के लिए दफन हो जाते थे, जिसे मजाक में 'बॉर्डर फाइल' कहा जाता था।

तिब्बत की स्वतंत्रता से जिस भयंकर तरीके से निपटा गया, चीन-भारत संबंधों से अगले 10 वर्षों में उतने ही भयंकर तरीके से निपटने का परिचय दिया गया। यह उन दिनों की बात है जब लोगों की सूचना और संचार के माध्यमों तक पहुँच बहुत सीमित थी। संसद् ही आम लोगों और नेताओं के लिए सूचना का एक प्रमुख स्रोत था। सन् 1962 के युद्ध से पूर्व का दशक लीपा-पोती, साजिश और सफेद झूठ का दशक था। चीनी साजिश को नाकाम करने के लिए जनता को सही सूचना देकर देश में एक सशक्त जनमत तैयार किया जा सकता था। किंतु नेहरू ने सूचनाओं को दबाकर देश को गुमराह

किया। सच्चाई जब सामने आई या परस्पर विरोधी बातें खुलने लगीं तो उन्होंने अपनी कमजोर याद्दाश्त को जिम्मेदार ठहराना शुरू कर दिया।

नेहरू चीन और उसके नए कम्यूनिस्ट नेतृत्व को खुश करने के जितने ही प्रयास करते, भारत के प्रति उनकी दुश्मनी और बदनीयती उतनी अधिक बढ़ती चली गई। चीन का प्रचार मंत्रालय नेहरू और उनकी सरकार पर लगातार हमले कर रहा था तथा चुन-चुनकर गालियाँ दे रहा था। उन दिनों चीन के आधिकारिक मीडिया द्वारा नेहरू के लिए इस्तेमाल किए जा रहे कुछ विशेषण इस प्रकार थे—'ब्रिटिश साम्राज्यवादी और दौड़ता कुत्ता भारत', 'चियांग काई-शेक का दूसरा नाम', 'राष्ट्रवाद का ढोंग करनेवाला नेहरू'। उनकी जितनी अधिक आलोचना होती, नेहरू उन्हें खुश करने की उतनी अधिक कोशिश करते, जितने ज्यादा हमले होते, वे उतना ही झुकते जा रहे थे।

पणिक्कर—'सबसे सक्षम राजदूत'?

दरअसल माधव पणिक्कर, चीन में भारतीय राजदूत, शुरुआती वर्षों में नेहरू के लीपा-पोती अभियान के एक उत्साही कॉमरेड थे। वे अपने आका को किसी भी समय और कोई भी जोखिम उठाकर खुश करने के लिए तैयार रहते थे। नेहरू की बहन विजय लक्ष्मी पंडित ने एक बार उनके विषय में लिखा, "पणिक्कर जहाँ भी जाएँगे वहीं की भाषा बोलेंगे, पीकिंग में कम्यूनिस्ट बनेंगे और वॉशिंगटन गए तो स्वतंत्रता की आवाज बुलंद करेंगे।" तिब्बत जब जल रहा था, तब वे ताइवान की चिंता में खोए थे। वे उस संदेश का अर्थ नहीं समझ सके, जिसमें चीनी सरकार ने उन्हें सूचित किया, "तिब्बत को स्वतंत्र कराने की योजना के तहत वह वेस्ट शिकांग पर काररवाई करने जा रहा है।" उन्होंने बाद में स्वयं स्वीकार किया, "उस समय मेरी गतिविधियों का प्रमुख केंद्र भारत सरकार को यह समझाने से जुड़ा था कि उसे ताइवान को लेकर अपनी स्थिति स्पष्ट कर देनी चाहिए थी।"

प्रधानमंत्री चाऊ एन-लाई जब अपनी सेना को तिब्बत की ओर कूच करने का आदेश दे रहे थे, तब यह भारतीय राजदूत या तो इस आदेश से बेखबर था या अपने देश को बेकार के संदेश दे रहा था, जैसे—"चाऊ वे हैं, जिनके साथ काम करना संभव होगा।" ये पणिक्कर ही थे, जिन्होंने नेहरू को यह सुझाव दिया, "कम्यूनिस्ट चीन को महत्त्व दिया गया और उससे दोस्ताना संबंध रखे गए तो वह एशिया में शांति के पुल का काम कर सकता है।" नेहरू ने यह बात गाँठ बाँध ली और इसे स्वयंसिद्ध सिद्धांत बना लिया।

तिब्बती मुद्दे पर नवंबर 1950 में सरदार पटेल द्वारा नेहरू को लिखी गई चिट्ठी पर ध्यान दिलाना आवश्यक है। बीजिंग में भारत के राजदूत द्वारा उठाए गए कदमों की उन्होंने कड़ी आलोचना की थी। पटेल ने उस पत्र में लिखा था, "ऐसा प्रतीत होता है कि

चीनी नीति और काररवाइयों को सही ठहराने एवं उसे समझाने को लेकर हमारे राजदूत कुछ ज्यादा ही कष्ट उठा रहे हैं। विदेश मंत्रालय ने जैसा कि अपने एक तार में लिखा भी है कि चीनी सरकार के सामने एक या दो बार हमारा पक्ष रखने के दौरान उनमें दृढ़ता की कमी और अनावश्यक क्षमायाचना देखी गई।''

राजदूत पणिक्कर, जिनके विषय में नेहरू ने लोकसभा में दिए भाषणों के दौरान कहा था, ''वे उस समय चीन में किसी भी राजदूत की अपेक्षा सबसे सक्षम और अनुभवी राजदूत थे,'' किंतु सच्चाई यह है कि वे बीजिंग में बैठकर अनेक सूचनाओं को दबा दिया करते थे, जिसकी वजह वे जानते थे। संभवत: वे अपने आका को नाखुश नहीं करना चाहते थे या फिर वे पूरी तरह चीनी नेतृत्व से अभिभूत थे, किंतु वे भारत के प्रति चीनी नेतृत्व की मंशा और उसके कुचक्रों से भारत सरकार को सतर्क करने में पूरी तरह नाकाम रहे।

भारत में घुसपैठ की शुरुआत

तिब्बत में दमन की काररवाई चल ही रही थी कि चीनियों ने अक्साई चीन के सुदूर इलाके में घुसपैठ शुरू कर दी, जो उस समय भारत के लद्दाख क्षेत्र का हिस्सा था। महाराजा हरि सिंह जब तक जम्मू और कश्मीर राज्य पर शासन कर रहे थे, तब तक लद्दाख में राजा का एक प्रतिनिधि तैनात था। हालाँकि सन् 1948 में भारतीय संघ में राज्य के परिग्रहण और विलय के बाद हालात बदल गए। वहाँ राजा का कोई प्रतिनिधि नहीं रह गया था। यह भारत का एक हिस्सा बन गया था और अनेक स्थानों के समान ही यहाँ भी छोटे-मोटे पुलिसकर्मियों पर ही प्रदेश की सुरक्षा की जिम्मेदारी थी। सन् 1949 में चीन द्वारा जिनजियांग के कब्जे और उसके बाद तिब्बत में उनके दाखिल होने की खबर ने लद्दाख के लोगों को दहशत में डाल दिया। लद्दाख के मुख्य लामा, कुशक बकुला, जो श्रीनगर में रहते थे और संविधान सभा के सदस्य भी थे, उन्होंने खुलकर कहा, ''लद्दाख के लोग अपनी मातृभूमि और अपनी संस्कृति तथा धर्म की सुरक्षा को लेकर चिंतित होते जा रहे हैं।'' साथ ही उन्होंने यह भी कहा, ''यह बाहरी आक्रमण न केवल लद्दाख के लिए, बल्कि पूरे जम्मू-कश्मीर राज्य के लिए एक खतरा है।''

तिब्बती क्षेत्र में प्रवेश के तुरंत बाद जनमुक्ति सेना भारतीय क्षेत्रों में घुसपैठ करने लगी। सन् 1950 में 'द स्टेट्समैन' ने लिखा कि चीनी सेना जिनजियांग की तरफ से अक्साई चीन में प्रवेश कर रही है। रिपोर्ट के अनुसार, गरटोक में मौजूद भारतीय ट्रेड एजेंट, गरपों मारलम्पा ने दिल्ली को सूचित किया कि चीनी सेना सिल्क रूट से अक्साई चीन में घुसपैठ कर रही है।

नेहरू सरकार के इंटेलिजेंस चीफ बी.एन. मलिक यह रहस्योद्घाटन करते हैं कि

अक्साई चीन में पी.एल.ए. की पहली घुसपैठ की सूचना खुफिया विभाग के मुखबिरों ने काफी पहले, यानी सन् 1952 में ही दे दी थी। खुफिया जानकारी के अनुसार नेहरू को बताया गया कि लगभग दो हजार चीनी श्रमिकों को अक्साई चीन में खच्चरों के रास्तों की जगह जीप का रास्ता तैयार करने के काम में लगाया गया था। दिसंबर 1952 में, नई दिल्ली को भेजी गई रिपोर्ट में यह बता दिया गया था कि यारकंद से आम टोगर झील के पूर्वी किनारे तक जीप का रास्ता तैयार कर लिया गया है, जो पूरी तरह लद्दाख के अंदर तक जाता है। सन् 1953 तक नई दिल्ली को यह जानकारी मिल गई थी कि जीप का रास्ता पश्चिमी तिब्बत के रुडोक तक तैयार हो गया है। खुफिया रिपोर्ट नेहरू को यह भी बता चुकी थी कि जीप के रास्ते को पूरी रफ्तार से हाइवे में बदला जा रहा है। वह सड़क पश्चिमी तिब्बत को जिनजियांग से जोड़नेवाली थी। उस वर्ष सर्दियों के आने से पहले ही यारकंद में पश्चिमी तिब्बत से आम टोगर झील तक की सड़क तैयार हो चुकी थी, जहाँ से लद्दाख बेहद करीब था।[1]

यदि सी.आई.ए. के रिकॉर्ड पर विश्वास करें, तो मलिक ने उस वर्ष भारतीय सीमा में चीनी घुसपैठ की आशंका पर चर्चा के लिए इंटेलिजेंस ब्यूरो की एक कॉन्फ्रेंस आयोजित की थी। नेहरू और मेनन के विपरीत मलिक के मन में साम्यवाद के प्रति आम तौर पर और चीन के प्रति विशेष रूप से गहरी शंका एवं घृणा की भावना थी।

यह घुसपैठ जब हुई, तब देश अनजान था और लोगों को इसका पता काफी समय बाद लगा। न तो रक्षा मंत्रालय, न गृह मंत्रालय, न ही पी.एम.ओ. में इस घुसपैठ को लेकर कोई गंभीर चिंता जताई गई। और नेहरू का कहना था, ''इस तरह की चीजें होती रहेंगी और कोई उन्हें रोक नहीं सकेगा···''

सुरक्षा मामलों के विख्यात विशेषज्ञ के. सुब्रह्मण्यम ने एक लेख में जिक्र किया, ''यह अब साफ हो गया है कि सन् 1962 की पराजय खुफिया जानकारी जुटाने और उन्हें सूचित करने की बजाय उनके आकलन में नाकामी का परिणाम थी।''

सर चार्ल्सबेल ने अपनी किताब 'पोर्ट्रेट ऑफ दलाई लामा—द लाइफ ऐंड टाइम्स ऑफ द ग्रेट थर्टींस' में महामान्य के इस कथन को उद्धृत किया है, ''चीन का तरीका यह है कि वह पहले थोड़ा सा कुछ करता है और कुछ दिनों तक प्रतीक्षा करता है तथा यदि इस पर कोई आपत्ति नहीं होती तो फिर वह कुछ ठोस कहता या कर देता है। किंतु हम यदि उनके पहले कथन या कार्य पर आपत्ति जताते हैं, तो वे कहते हैं कि उन्हें गलत समझा गया है तथा वे हमें और परेशान नहीं करते हैं।'' किंतु नेहरू ऐसा नहीं सोचते थे क्योंकि 'उन्हें भी तो चीन के बारे में जानकारी थी।'

अक्साई चीन में चीन का हौसला और उसकी कारवाई बुलंद होती चली गई। पहले एक कच्चे रास्ते को जीप के रास्ते में बदला गया और जल्दी ही उसे हाइवे में

बदलने का काम शुरू हो गया। इन गतिविधियों की सूचना नेहरू को नियमित रूप से मिल रही थी, लेकिन वे उन्हें अनदेखा करने का मन बना चुके थे। संसद् के अंदर और बाहर अनेक प्रमुख लोगों ने नेहरू से काररवाई करने को कहा। इंटेलिजेंस चीफ बी.एन. मलिक के अतिरिक्त अनेक लोगों, जैसे—अंबेडकर, एम.एस. गोलवलकर आदि ने नेहरू को पहले से ही आगाह कर दिया था।

सन् 1951 में तत्कालीन आर.एस.एस. प्रमुख एम.एस. गोलवलकर उर्फ गुरुजी ने अखबारों में अपने विचार इस प्रकार व्यक्त किए थे, "चीन स्वभाव से ही विस्तारवादी है और शीघ्र ही भारत पर भी हमला करनेवाला है।" यह बयान उन्होंने तिब्बत में चीन की सैन्य गतिविधियों के संदर्भ में दिया था। उन दिनों गुरुजी ने कई बार चेतावनी दी थी, "चीन को तिब्बत का तोहफा दे दिया जाना एक भयंकर भूल थी। यह सरकार की ओर से की गई ऐसी गलती है, जिसे ब्रिटिशों ने भी नहीं किया था।"

एक और लोकप्रिय नेता और महान् सांसद डॉ. बाबा साहब अंबेडकर ने भी सरकार को चीन के विस्तारवादी मंसूबों और आनेवाले खतरों से आगाह किया था। वे भारतीय नीति निर्माताओं द्वारा चीन के साथ संबंधों का धारा पंचशील को बनाए जाने से सहमत नहीं थे और उन्होंने कहा था, "माओ त्से-तुंग पंचशील में विश्वास नहीं रखते, जो बौद्ध धर्म का अनिवार्य हिस्सा है। यदि उनका विश्वास इसके आदर्शों पर जरा भी होता तो वे अपने देश के बौद्धों से अच्छा व्यवहार कर रहे होते।"

नेहरू ऐसे किसी भी व्यक्ति को बरदाश्त करने के लिए तैयार नहीं थे, जो उन्हें चीन जैसे मुद्दे पर सलाह देने का प्रयास करता। भारतीय सेना के दो अफसरों ने उन्हें चीन के साथ निपटने में सावधान और व्यावहारिक रहने की सलाह दी थी। दोनों ही उनके गुस्से का शिकार हुए। इनमें नाक पर रहनेवाले नेहरू के गुस्से का शिकार होनेवाले पहले व्यक्ति थे फील्ड मार्शल के.एम. करियप्पा, जो सन् 1953 तक सैन्य बलों के कमांडर-इन-चीफ थे। सन् 1951 में चीनी सैनिकों को उस नक्शे के साथ पकड़ा गया था, जिसमें उत्तर-पूर्व सीमांत प्रांत को चीन का हिस्सा दिखाया गया था। जनरल करियप्पा ने नेहरू को चीन के होनेवाले हमले से सतर्क किया। नेहरू ने उनकी खिल्ली उड़ाते हुए कहा था, "यह फैसला सेना को नहीं करना है कि देश के दुश्मन कौन होंगे।" उन्होंने करियप्पा जैसे सेना के अनुभव अफसर को दुत्कारते हुए कहा था, "प्रधानमंत्री को यह बताना कमांडर-इन-चीफ का काम नहीं है कि कौन हमारे ऊपर कहाँ हमला करनेवाला है। वास्तव में चीन हमारी नेफा सीमा की रक्षा करेगा। आप केवल कश्मीर और पाकिस्तान की चिंता कीजिए।"[2]

एक अन्य अफसर थे जनरल थिमैया, जो चीन के साथ युद्ध छिड़ने तक सेना प्रमुख थे और जिन्हें नेहरू के प्रिय पात्र और करीबी रक्षा मंत्री कृष्ण मेनन के साथ होनेवाले मतभेदों की वजह से अपना पद छोड़ना पड़ा था।

पंचशील की ओर

सन् 1953 के अंत तक भारत और चीन के बीच व्यापार संबंधी बातचीत शुरू हुई। इस बातचीत का उद्देश्य तिब्बत में भारत की गतिविधियों को नया स्वरूप देना था। ब्रिटिश शासन के अंतर्गत भारत निर्विवाद रूप से तिब्बत में आना-जाना कर सकता था। यहाँ तक कि तिब्बत के कुछ जगहों पर उसकी सेनाएँ भी तैनात थीं। इस बातचीत के दौरान चीनी पक्ष ने दो प्रमुख शर्त रखी—पहली, भारत का तिब्बत में बिना किसी बाधा के आना-जाना अब नहीं हो सकेगा तथा दूसरा, चीन यह उम्मीद करेगा कि भारत चीनी-भारतीय सीमा पर थोड़ा धैर्य दिखाएगा। असल में यह चीन द्वारा दिया गया एक-पक्षीय प्रस्ताव था। इन शर्तों को मान लेने का अर्थ था कि भारत तिब्बत पर अपने अधिकार खो देगा और बदले में उसे कुछ भी हासिल नहीं होगा, यहाँ तक कि सीमा विवाद पर चीन से कोई भरोसा नहीं मिलेगा। स्वाभाविक रूप से भारतीय वार्त्ताकार सहमत होने को तैयार नहीं थे और बातचीत खिंचती चली गई।

किंतु सन् 1954 की शुरुआत में एक परिवर्तन आया। भारत सरकार तिब्बत पर अपने अधिकार छोड़ने के लिए राजी हो गई। सैन्य सुरक्षा हटा ली गई, डाक और तार सेवाओं तथा टेलीफोन चीनियों को सौंप दिए गए। नेहरू ने लोकसभा में कहा, ''सच बात तो यह है कि अगर हम उनको छोड़ने पर राजी नहीं होते, तब भी हमें उनको छोड़ना पड़ता।''[3]

कुछ महीने बाद चीनी प्रधानमंत्री चाऊ एन-लाई दिल्ली आए। नेहरू और चाऊ एन-लाई ने पंचशील का औपचारिक ऐलान किया, जो शांति का एक पाँच सूत्री मसौदा था। पाँच बातें इस प्रकार थीं—एक-दूसरे के क्षेत्र के प्रति सम्मान, एक-दूसरे पर आक्रमण न करना तथा एक-दूसरे के आंतरिक मामले में दखल न देना, समानता तथा परस्पर लाभ का व्यवहार एवं शांतिपूर्ण सह-अस्तित्व। 26 जून, 1954 को प्रधानमंत्री चाऊ एन-लाई के सम्मान में दिल्ली में दिए गए एक भोज में प्रधानमंत्री जवाहरलाल नेहरू ने इस महान् पहल का श्रेय लेते हुए यह घोषित किया, ''यह सिद्धांत न सिर्फ हमारे दो देशों के लिए, बल्कि दूसरों के लिए भी लाभकारी है...प्रत्येक देश अपनी नीति का पालन करने के लिए स्वतंत्र होगा तथा दूसरों से भी सीखकर, सहयोग कर, किंतु अपनी बुद्धिमानी के साथ अनिवार्य रूप से भरोसा कर अपने प्रारब्ध को तय करने का कार्य कर सकेगा।''

भारत सरकार के विदेश मंत्रालय ने भी अपने आधिकारिक प्रकाशन में इसका वर्णन इस प्रकार किया, ''प्रधानमंत्री चाऊ एन-लाई और प्रधानमंत्री जवाहरलाल नेहरू ने 28 जून, 1954 को एक साझा बयान जारी किया, जिसमें उन्होंने पंचशील की व्याख्या एक ऐसे ढाँचे के रूप में की, जो न केवल दोनों देशों के बीच, बल्कि अन्य सभी देशों

के साथ उनके संबंधों को आधार प्रदान करेगा, जिससे कि विश्व में शांति और सुरक्षा की एक ठोस बुनियाद रखी जा सके। पंचशील की रचना करनेवालों ने जैसी दूरदर्शिता का परिचय दिया है, उससे उन देशों को भी अपनी बात रखने का अवसर मिलेगा, जो कड़े संघर्ष के बाद स्वतंत्रता को प्राप्त कर अपने आपको सुदृढ़ करने का प्रयास कर रहे हैं, क्योंकि उन्हें अंतरराष्ट्रीय स्तर पर चाहे द्विपक्षीय या बहुपक्षीय बातचीत में शामिल होने के लिए शांति और विकास के प्रति समर्पित वैकल्पिक विचारधारा मिल जाएगी।''

उस समय साझा बयान में दोनों प्रधानमंत्रियों ने यह उम्मीद भी जताई कि पंचशील का पालन किए जाने से शांति का एक ऐसा दायरा तैयार होगा, जिसको परिस्थितियों के अनुसार बढ़ाया जा सकता है, और इस प्रकार युद्ध की आशंका को कम करने तथा पूरे विश्व में शांति को सुदृढ़ करने में मदद मिलेगी।

हालाँकि आनेवाले वर्षों में चाऊ एन-लाई ने इस विषय पर किए गए पहल को लेकर नेहरू के दावों को खारिज कर दिया और कहा कि पंचशील के तहत जो पाँच सिद्धांत बनाए गए, वे दरअसल चीनी पक्ष द्वारा तिब्बत में व्यापार तथा अन्य मुद्दों पर बातचीत के दौरान रखी गई शर्तों का हिस्सा थे। 1960 के दशक के अंत में चाऊ एन-लाई ने अमेरिकी विदेश मंत्री हेनरी किसिंगर से कहा, ''दरअसल उन पाँच सिद्धांतों (सन् 1954 का पंचशील समझौता) को हमने ही रखा था और नेहरू उससे सहमत हो गए थे, किंतु आगे चलकर उन्होंने उन सिद्धांतों को लागू नहीं किया।''[4]

सच्चाई जो भी हो, पंचशील से भारत को महज कुछ कागजी भरोसे मिले, जबकि चीन को इस मायने में जबरदस्त फायदा हुआ कि पहली बार भारत ने मान लिया कि तिब्बत चीन का हिस्सा है। एक-दूसरे पर आक्रमण न करना विश्व शांति की बातों के बावजूद पंचशील सिद्धांत कागज का एक ऐसा टुकड़ा था, जिसका कोई मोल नहीं था, जबकि इसने भारत से वह छीन लिया जो उसे चाहिए था, क्योंकि चीन अब उस कब्जे के अभियान पर निकल पड़ा था, जिस पर उसका हक था।

सीमा पर संघर्ष का आरंभ

पंचशील समझौते की स्याही अभी सूखी भी नहीं थी कि चीनियों ने दबाव बढ़ा दिया और चीनी-भारतीय सीमा पर संघर्ष छिड़ गया। चाऊ के दौरे के दो महीने के भीतर सीमा में घुसपैठ को लेकर दोनों देशों के सैनिकों के बीच टकराव शुरू हो गए। पहली घटना बाराहोटी में शुरू हुई, जो उस समय उत्तर प्रदेश में था और अब उत्तराखंड का हिस्सा है। जुलाई 1954 में चीनियों ने एक नक्शा जारी कर दावा किया कि बाराहोटी उनके हिस्से में पड़ता है। चीनियों ने इसे वू जे नाम दिया। यह स्थान कभी तिब्बत में नहीं था और हमेशा से ही तथा पारंपरिक रूप से भारत का ही हिस्सा रहा, फिर भी चीनियों ने

भारत के किसी भी दावे को मानने से इनकार कर दिया। बाराहोटी की घटना के बाद चीनियों द्वारा मैकमोहन रेखा का उल्लंघन किया जाना और भारतीय क्षेत्रों पर दावे करना एक हमेशा होनेवाली घटना बन गई। 5 नवंबर, 1955 को भारत सरकार ने दिल्ली में चीनी राजनयिकों से 20 चीनी सैनिकों के डेमजन इलाके में घुसपैठ की शिकायत की तथा 2 मई, 1956 को नीलॉग में चीनी सैनिकों की अवैध मौजूदगी पर अपना विरोध दर्ज कराया। 24 सितंबर, 1956 को भारत ने चीन को एक और विरोध पत्र लिखा, जिसमें भारतीय सीमा के अंदर स्थित शिप-किला में चीनी सैनिकों के अवैध रूप से घुसने पर आपत्ति जताई। जुलाई 1958 में भारत सरकार को सूचना मिली कि चीनी सैनिक लद्दाख में घुस आए हैं और भारत के खुरनाक फोर्ट पर कब्जा जमा लिया है। 17 जनवरी, 1959 में भारतीय पत्र के जरिए भारत के अरुणाचल प्रदेश के लोहित सीमांत प्रांत में सन् 1958 के सितंबर-अक्तूबर महीने में चीनी सैनिकों के अवैध रूप से घुस आने की शिकायत की गई।[5]

सन् 1957 आते-आते जिनजियांग को तिब्बत से जोड़नेवाला हाइवे तैयार हो चुका था। चीनी मीडिया के माध्यम से जब यह समाचार दिल्ली को मिला तो दो सर्च पार्टियों को वहाँ भेजकर चीनियों की गतिविधियों से जुड़ी प्राथमिक सूचना प्राप्त करने का फैसला किया गया। ये पार्टियाँ सन् 1958 में अक्साई चीन इलाके में गईं। उनमें से केवल एक पार्टी यह बताने के लिए लौट सकी कि चीन ने सचमुच भारतीय सरहद में एक सड़क बना ली है। दूसरी पार्टी को चीनी सैनिकों ने देखा और गिरफ्तार कर लिया तथा उन्हें बुरी तरह प्रताड़ित किया। कुलदीप नैयर कहते हैं कि भारतीय सैनिकों को घोड़े की पूँछ से बाँध दिया गया और उन इलाकों में कई मील तक घसीटा गया।

यह सबकुछ होता रहा और भारत में न तो नेताओं को और न ही जनता को इन बातों की भनक थी। अंततः सन् 1959 में संसद् में नेहरू को सच बताना पड़ा। अब उन्हें अहसास हो गया कि चीन ने बेईमानी की है।

सन् 1958 की घटना के बाद, जिसमें भारतीय सैनिक यह पता लगाने गए थे कि चीनियों ने अक्साई चीन में घुसपैठ की है या नहीं और उन्हें गिरफ्तार कर प्रताड़ित किया गया था, नेहरू ने प्रधानमंत्री चाऊ एन-लाई को सीमा पर बनी स्थिति को विस्तार से बताते हुए, बेहद कड़ी चिट्ठी लिखी। नेहरू ने उस चिट्ठी में आरोप लगाया, "यह हैरान करने के साथ-साथ बेहद खेदजनक भी है कि चीनी सरकार ने इस इलाके में एक सड़क बना ली है जो निर्विवादित रूप से भारत का इलाका है।" किंतु इसके बाद उन्होंने जो लिखा वह सारे तार्किक सोच-विचार की धज्जियाँ उड़ानेवाला था।

"...निर्विवादित रूप से भारतीय इलाके के अंदर भारत सरकार की अनुमति के बिना और सरकार को सूचित किए बिना ही," इन शब्दों से उन्होंने रोष जताया मानो

असल अपराध भारत सरकार को सूचित न किया जाना था। इसी चिट्ठी में उन्होंने कुछ और भी अजीबोगरीब वक्तव्य दिए। ''उस सड़क पर काम करनेवाले चीनी मजदूरों या उस सड़क से आने-जानेवाले चीनी यात्रियों द्वारा वीजा के लिए किसी भी प्रकार का कोई आवेदन सरकार को प्राप्त नहीं हुआ है।''

यह बात उस इलाके को लेकर कही गई जो भारत का था, जिसका पड़ोसी जबरन आ धमकता और सड़क बनाने लगता है। वह भारत की ओर से आनेवाली सर्च पार्टी के सदस्यों की हत्या कर देता है। इन सबके बाद नेहरू आक्रमणकारी देश से क्या चाहते हैं, 'उस परियोजना पर काम करनेवालों के वीजा के आवेदन'। उन्होंने चीन के राक्षसी कृत्य को 'सीमा विवाद की बेहद छोटी घटना' के रूप में बताया और चीन से गिड़गिड़ाते हुए कहा, ''यदि चीनी सरकार लापता दल के विषय में कोई जानकारी दे सके तो भारत सरकार आभारी होगी।''

चीन का कड़ा रुख

चीन को अहसास हो चुका था कि उसका सामना एक ढुलमुल भारत से था तथा उसे अपना पक्ष और सख्ती से रखने की आवश्यकता है। पहली बार चाऊ ने नेहरू से दो टूक कह दिया कि भारत जिस क्षेत्र पर दावा कर रहा है वह असल में चीन में आता है। 23 जनवरी, 1959 को लिखे आधिकारिक पत्र में चाऊ ने लगभग 50,000 वर्गमील भारतीय क्षेत्र पर प्रत्यक्ष दावा कर दाया। उन्होंने यह आधिकारिक घोषणा भी कर दी कि चीन दोनों देशों द्वारा निर्धारित किसी भी सीमा को नहीं मानता।

''सबसे पहले मैं बताना चाहूँगा कि चीनी-भारतीय सीमा का निर्धारण औपचारिक रूप से कभी नहीं किया गया। ऐतिहासिक रूप से चीनी-भारतीय सीमा पर चीनी केंद्र सरकार और भारत सरकार के बीच किसी प्रकार की संधि नहीं हुई है। चीनी-भारतीय सीमा से जुड़ा एक महत्त्वपूर्ण प्रश्न तथाकथित मैकमोहन रेखा का है। इस पर मैंने अपने महामहिम और प्रधानमंत्री से चर्चा की है। मैं एक बार फिर चीनी सरकार का रुख स्पष्ट कर देना चाहता हूँ। जैसा कि आप जानते हैं मैकमोहन रेखा चीन के क्षेत्र तिब्बत के विरुद्ध आक्रमण की ब्रिटिश नीति का परिणाम थी और उसने चीनी जनता के मन में गहरा क्षोभ उत्पन्न किया था। आधिकारिक क्षेत्र के लिहाज से भी इसे वैध नहीं माना जा सकता। मैंने आपको बताया था कि चीनी सरकार ने इसे कभी नहीं माना। मुझे उम्मीद है कि इस पत्र से सीमा के मुद्दे पर आप हमारी सरकार की सोच को अच्छी तरह समझ पाएँगे।''

संभवत: इस पत्र में और उस दौरान घटनेवाली अन्य घटनाओं ने नेहरू को अंतत: यह विश्वास दिला दिया कि उनका पाला एक ऐसे देश के साथ पड़ा है, जिसने धूर्तता में महारत हासिल कर ली है। संसद् के सामने उन्होंने यह स्वीकार कर लिया कि वे चाऊ

एन–लाई की चिकनी–चुपड़ी बातों पर भरोसा कर धोखा खा चुके हैं। अपने अनुयायी और भारत के पहले राजदूत की तरह ही वे भी यह मान बैठे कि चाऊ के साथ 'काम कर सकते हैं'। किंतु सन् 1958 तक नेहरू यह समझ चुके थे कि चाऊ के साथ 'काम करना' आसान नहीं था।

नेहरू और उनके भारतीय सहयोगियों को यह समझने में वक्त लग गया कि चाऊ की प्रत्यक्ष रूप से दिखनेवाली कोमल कूटनीति के पीछे एक ऐसा व्यक्तित्व छिपा है जो एकदम विपरीत है। दरअसल चीन में आज भी चाऊ को अब तक का सबसे शालीन कम्यूनिस्ट माना जाता है। कई लोग यह नहीं जानते थे कि चाऊ भी क्रूरता और निर्दयता की उसी कम्यूनिस्ट विचारधारा को मानते थे, जिसका पालन माओ और स्टालिन ने किया था। चाऊ के जीनव की दो घटनाएँ ही उनके जीवन की असलियत को समझने के लिए पर्याप्त हैं।

कम्यूनिस्ट क्रांति के दिनों में चाऊ के साथ गू शुनझाँग नाम का एक निजी सुरक्षा–कर्मी रहा करता था। सन् 1931 में कुओमिनतांग सरकार ने गू को गिरफ्तार कर लिया, क्योंकि वे कम्यूनिस्ट पार्टी के नेता थे और कम्यूनि़स्ट पार्टी उन दिनों भूमिगत थी। भयंकर रूप से प्रताड़ित किए जाने के बाद उन्होंने कुछ कम्यूनिस्ट सदस्यों के नाम बता दिए। कुल मिलाकर करीब 800 कम्यूनिस्टों को गिरफ्तार कर लिया गया। चाऊ ने गू को ऐसा दंड देने का निर्णय लिया कि फिर कभी कोई कम्यूनिस्ट नेता पार्टी के बारे में अपनी जानकारी किसी के सामने जाहिर करने से पहले सौ बार सोचे। इसलिए उसने गू के पूरे परिवार के कत्लेआम का हुक्म दे दिया, जिसमें उनकी पत्नी, तीन बच्चे और सारे ससुरालवाले भी शामिल थे। कुल मिलाकर गू के 30 रिश्तेदारों का कत्ल कर दिया गया। यही चाऊ की असलियत थी।

एक और रहस्योद्‌घाटन करनेवाली घटना किसी हैरॉल्ड जू से जुड़ी है। हैरॉल्ड चाऊ के भारत दौरे के लिए शामिल किया गया एक राजनयिक था। हैरॉल्ड को दौरे से जुड़ी तैयारियों की जिम्मेदारी सौंपी गई थी। बीजिंग स्थित भारतीय दूतावास ने हैरॉल्ड से चाऊ के रंगों और खानों की पसंद के बारे में जानकारी चाही। हैरॉल्ड ने अपने नेताओं से जव यह जानकारी माँगी तो उन्होंने कुछ भी बताने से इनकार कर दिया। अंत में उसने अपने मन से भारतीय दूतावास को जानकारी जारी कर दी। चाऊ के भारत दौरे के तुरंत बाद, जिसमें हैरॉल्ड भी शामिल था, वापस लौटते ही पुलिस ने उसे गिरफ्तार कर लिया। खुफिया सरकारी जानकारी जारी करने के आरोप में उसे दस साल जेल की सजा सुनाई गई। चाऊ के पसंदीदा रंग और व्यंजनों की जानकारी देना हैरॉल्ड के लिए देशद्रोह जैसी गलती साबित हुई। ऐसे आचरणवाले चाऊ के साथ काम करना नेहरू और पणिक्कर को आसान लग रहा था।

दलाई लामा का भारत दौरा

सन् 1957 में भारत ने भगवान् बुद्ध के परिनिर्वाण का 25वाँ शताब्दी समारोह मनाया। बुद्ध जयंती के दिन अनेक महत्त्वपूर्ण आयोजन किए गए। उन दिनों भारत में बौद्धों का प्रतिनिधित्व करनेवाली संस्था महाबोधि सोसाइटी के अध्यक्ष सिक्किम के राजकुमार थे। नेहरू ने महामान्य से मिलने और उन्हें बोधगया में होनेवाले समारोहों में शामिल होने का न्योता देने की जिम्मेदारी सौंपी। निमंत्रण मिलने पर दलाई लामा बहुत खुश हुए। एक बौद्ध के लिए इतने पावन अवसर पर बोधगया का दौरा करना अपने आप में महत्त्व रखता था। स्वाभाविक रूप से नेहरू से मिले इस निमंत्रण को स्वीकार करने की उनकी हार्दिक इच्छा थी। इससे पूर्व भी, 50 के दशक की शुरुआत में, दलाई लामा तिब्बत से भागकर अमेरिका में शरण लेना चाहते थे। अमेरिका भी संभवतः इसके लिए तैयार था। किंतु तिब्बत जैसे भूमि से घिरे देश से निकलना तब तक संभव नहीं था, जब तक कि भारत अपनी मौन सहमति न दे दे। 50 के दशक की शुरुआत में भारत इसके लिए तैयार नहीं था। दलाई लामा ने तब एक और प्रयास करने का विचार किया था, हालाँकि भारत समेत किसी और देश ने उन्हें शरण देने पर हामी नहीं भरी थी।

सिक्किम के राजकुमार ने महामान्य को नेहरू का निमंत्रण सौंपने के साथ ही भारत सरकार को यह सूचित किया कि दलाई लामा संभवतः तिब्बत छोड़कर भारत में निर्वासन की इच्छा रखते हैं। हालाँकि चीनी अधिकारियों को जैसे ही भारत से मिले न्योते की जानकारी मिली, उन्होंने इस प्रस्ताव पर यह कहते हुए अड़ँगा लगा दिया कि दलाई लामा उस दौरान अत्यधिक व्यस्त रहेंगे। नेहरू इस बात से चिढ़ गए। नेहरू के तार से बीजिंग में बैठे चीनी अधिकारियों को एक विशेष अनुरोध करना पड़ा, जिसके बाद ही दलाई लामा भारत का दौरा कर सके।

दलाई लामा 50 सदस्योंवाले एक दल के साथ ल्हासा से कार में सवार होकर भारत के लिए निकल पड़े। तिब्बत-सिक्किम सीमा पर उनका दल कार को छोड़ घोड़े पर सवार हुआ। वे हिमालय की गोद में स्थित राज्य की राजधानी गंगटोक पहुँचे। वहाँ से वह दल तेजी से बागडोगरा हवाई अड्डा पहुँचा और फिर 25 नवंबर को पूरा दल दिल्ली आ चुका था। पालम हवाई अड्डे के टारमैक पर प्रधानमंत्री नेहरू महामान्य के स्वागत के लिए मौजूद थे, जो इस हार्दिक स्वागत से भाव विभोर हो गए। किंतु उन्हें यह समझते देर नहीं लगी कि इस आवभगत के पीछे सरकार का मकसद कुछ और ही था।

चीनियों को संदेह हो चुका था कि दलाई लामा शायद ल्हासा वापस नहीं लौटेंगे। यदि ऐसा हुआ तो यह अंतरराष्ट्रीय स्तर पर उसके लिए भारी फजीहत का कारण बन सकता था। वे इस प्रयास में जुट गए कि किसी प्रकार दलाई लामा को निर्वासन में जाने से रोका जाए। नेहरू चीनियों को यह विश्वास दिलाना चाहते थे कि बोधगया में होने-

वाले उत्सव के बाद वे महामान्य की वापसी सुनिश्चित करेंगे। दिल्ली में दलाई लामा के आगमन के तीन दिनों बाद चाऊ एन-लाई ने बारह दिन तक दिल्ली में डेरा डाल दिया। वैसे तो यह उनके दक्षिण एशिया के पाँच देशों के दौरे का एक हिस्सा था, लेकिन दिल्ली में इतने दिनों तक रुकना बड़ा विचित्र था। प्रोटोकॉल के मुताबिक चाऊ के दिल्ली आगमन पर दलाई लामा को भी उनके स्वागत के लिए मौजूद रहना था।

अपने आगमन के बाद चाऊ ने दलाई लामा के साथ एक निजी बैठक की, जिसमें उन्होंने यह समझाने का पूरा प्रयास किया कि उन्हें जल्द-से-जल्द ल्हासा लौट जाना चाहिए। इस प्रयास में वे अकेले नहीं थे। नेहरू भी महामान्य को ल्हासा लौट जाने के लिए राजी करने के प्रयास में साथ दे रहे थे। भारत सरकार उनकी वापसी को लेकर इतनी प्रयत्नशील थी कि भारतीय खुफिया एजेंसी के अधिकारियों ने दलाई लामा के दो भाइयों गायलो और नोरबू को, जो न्यूयॉर्क से आए थे और जिन्हें अमेरिकी सरकार ने शरण दे दी थी, दलाई लामा से अलग रखने का भरसक प्रयत्न किया। उनकी मंशा यह थी कि उन्हें युवा दलाई लामा पर किसी प्रकार के 'अपवित्र' प्रभाव डालने से रोका जाए।

हालाँकि दलाई लामा भारत में शरण लेने का फैसला करके ही आए थे। उन्होंने निजी बातचीत में नेहरू से अप्रत्यक्ष रूप से कहा भी कि वे ल्हासा नहीं जाना चाहते हैं। उन्होंने नेहरू से तिब्बत के समर्थन में संयुक्त राष्ट्र संघ के सम्मेलन समेत अमेरिकी राष्ट्रपति आइजनहावर से भी बातचीत करने का आग्रह किया। उसके बाद वे बुद्ध जयंती उत्सव में हिस्सा लेने के लिए बोधगया रवाना हो गए।

दलाई लामा को खो देने की चिंता के साथ ही उनकी वापसी सुनिश्चित करने के उद्देश्य से चाऊ 30 दिसंबर को फिर से दिल्ली लौट आए। इस बार वे अपना विदेश दौरा समाप्त कर बीजिंग लौटने के दौरान दिल्ली पहुँचे थे। कुल मिलाकर तीन महीने के भीतर यह चाऊ का तीसरा भारत दौरा था। नेहरू और चाऊ ने मिलकर दलाई लामा को सदियों पुरानी तिब्बती परंपरा के अंतर्गत देववाणी से विमर्श करने पर मजबूर कर दिया। सन् 1958 की जनवरी के अंत तक दलाई लामा दार्जिलिंग के कैलिमपॉग पहुँचे, जहाँ बड़ी संख्या में चीनियों के चंगुल से बचकर आए तिब्बती बसे थे। वहाँ उन्होंने देववाणी से विमर्श किया, जिसने उन्हें ल्हासा लौट जाने की सलाह दी।

हालाँकि इन अतिउत्साही प्रयासों के बावजूद नेहरू चीनियों का भरोसा हासिल नहीं कर सके। शीघ्र ही उन्हें एक और झटका लगनेवाला था। बोधगया में मुख्य अतिथि के रूप में शामिल होनेवाले दलाई लामा ने एक सौहार्दपूर्ण संकेत देते हुए नेहरू को तिब्बत आने का न्योता दिया। नेहरू ने तुरंत ही न्योता स्वीकार कर लिया। उन दिनों नेहरू को यह गलतफहमी थी कि चाऊ उनके गहरे मित्र हैं और वे 'उनके साथ काम कर सकते हैं।' किंतु सन् 1958 के सितंबर में जब वे ल्हासा के लिए निकलने की तैयारी कर

रहे थे तब चीनी सरकार ने उन्हें यह बेतुका बहाना बनाते हुए आने से रोक दिया कि तिब्बत एक अस्थिर दौर से गुजर रहा है।

साफ तौर पर नेहरू को इससे बहुत बड़ा झटका लगा। उनके दौरे में भूटान की यात्रा भी शामिल थी। उस समय भारत से भूटान तक जानेवाली सड़क तैयार नहीं थी। नेहरू को तिब्बत के याटुंग के रास्ते जाना था। याटुंग में चीनी अधिकारी के ढीले-ढाले और उपेक्षापूर्ण व्यवहार से खिन्न नेहरू ने तीखे शब्दों में कह दिया, "मैं भूटान जा रहा था, गलती से याटुंग आ पहुँचा।"

नेहरू के साथ सबसे बड़ी समस्या अंतरराष्ट्रीय संबंधों और कूटनीति के प्रति उनका गैर-जिम्मेदार व्यवहार था। कई बार संसद् में वे प्रश्नों के उत्तर बड़ी लापरवाही से दिया करते थे। अकसर वे कह देते थे, "संभवत: मैंने इसकी और उसकी चर्चा की, किंतु इस वक्त मुझे याद नहीं है।" चीन के मामले में भी उनका रवैया ऐसा ही था। इसकी झलक 10 सितंबर, 1959 को राज्यसभा में दिखी, जब उन्होंने सन् 1956 में चाऊ एन-लाई के साथ हुई बातचीत के बारे में बताया। "प्रधानमंत्री चाऊ ने कहा था, "यद्यपि हम मैकमोहन रेखा को नहीं मानते, यह ब्रिटिश साम्राज्यवाद की बात है" और भी बहुत कुछ। इन बातों को इस तरह नहीं होना चाहिए तथा इस कारण उन्होंने कहा कि अपने दोस्ताना संबंधों के कारण हमें जहाँ तक चीन-भारत सीमा की बात है तो मैकमोहन रेखा को मान लेना चाहिए मैंने जब यह सुना तो पूरी तरह निश्चित होना चाहता था कि कहीं मैंने कुछ गलत तो नहीं सुन लिया। इसलिए मैं उस विषय पर वापस लौटा, मैं समझता हूँ, अलग-अलग तरीके से तीन बार और उन्हें वह बात दोहराने पर मजबूर कर दिया। इस प्रकार उसमें कोई संदेह नहीं रह गया था। मैं कुछ देर बाद जब वहाँ से निकला और चूँकि मेरे लिए वह विषय महत्त्वपूर्ण था, इसलिए मैंने उसे कागज पर लिख लिया।"

नेहरू ने चीनियों को खुश करने के लिए अपने वश में जो कुछ संभव था, सब किया। उन्होंने चीनियों की सारी माँगें मान ली। वे यू.एन. में चीन के प्रवेश और सुरक्षा परिषद् में सीट दिलाने के जिम्मेदार थे। सारे अंतरराष्ट्रीय मंचों पर वे चीन का पक्ष लेते रहे, लेकिन चीन था कि अब भी उनसे खुश नहीं था। नेहरू द्वारा किए जा रहे प्रयासों के बीच चीनी अपने कदम अक्साई चीन और नेफा (उत्तर-पूर्व सीमांत एजेंसी, यानी आज का अरुणाचल प्रदेश) पर कब्जा करने के अपने लक्ष्य की ओर बढ़ा रहे थे। चीन इन्हें भारत से छीन लेना चाहता था। चीनी-भारतीय संबंधों की जहाँ तक बात है तो नेहरू एक आदर्शवादी की बजाय शानदार रोमांसवादी साबित हुए।

इसी दौरान चीनी सेना ने महामान्य दलाई लामा को गिरफ्तार करने का आदेश दे दिया, लेकिन 31 मार्च, 1959 को वे चीनी सेना के चंगुल से बचकर तवांग पहुँच गए। नेहरू ने मसूरी जाकर 28 अप्रैल, 1959 को उनसे मुलाकात की। महामान्य दलाई लामा

और उनके साथ आए दल को भारत में राजनीतिक शरण दी गई तथा उन्हें हिमाचल प्रदेश के धर्मशाला और देश के दूसरे हिस्सों में रहने की जगह दी गई। महामान्य धर्मशाला पहुँचे और निर्वासन में तिब्बती सरकार का गठन किया गया।

महामान्य दलाई लामा को भारत में शरण दिए जाने से चीनियों का नाराज होना स्वाभाविक था। इस समय चीन भयंकर आंतरिक उथल-पुथल से जूझ रहा था। माओ के 'ग्रेट लीप फॉरवर्ड' ने लाखों लोगों को भयानक कष्ट में डाल दिया था। कारण चाहे जो हो, लेकिन चीन की आक्रामकता बढ़ती चली गई, जिसने आगे चलकर युद्ध का रूप ले लिया। एक तरफ जहाँ चाऊ एन-लाई का भारत आना-जाना लगा रहा, वहीं चीनी रक्षा मंत्रालय का रवैया आक्रामक और कभी-कभार गाली-गलौज वाला हो गया था।

संदर्भ–

1. बी.एन. मलिक, माइ ईयर्स विद नेहरू, पृ. 196
2. भरत वर्मा, 1962—नेहरूवियन ब्लंडर, आई.डी.आर., 17 अक्तूबर, 2012
3. लोकसभा, 18 मई, 1954
4. हेनरी किसिंगर, माइ टॉक्स विद चाऊ एन-लाई—डॉक्यूमेंट 3.2
5. एम. एल. सली, इंडिया-चाइना बॉर्डर डिस्प्यूट, पृ. 62

□

6

पंचशील–पाप में जन्म

29 अप्रैल, 1954 को भारत और चीन ने एक ऐतिहासिक समझौता किया, जिसे 'पंचशील' के नाम से जाना जाता है। प्रमुख रूप से यह तिब्बती क्षेत्र और भारत के बीच पाँच सिद्धांतों पर आधारित व्यापारिक समझौता था, जो उन दिनों व्यापक विदेश नीति और जनसंपर्क की एक विख्यात घटना के रूप में चर्चित हुआ। नेहरू अपने इस पसंदीदा कार्यक्रम पर हस्ताक्षर कर इतना इतरा रहे थे कि 18 मई, 1954 को संसद् में उन्होंने ऐलान किया, "स्वतंत्रता प्राप्ति के बाद हमने सिवाय इस समझौते के कोई भी बेहतर काम नहीं किया है।"

'हिंदी-चीनी भाई-भाई' का नारा गूँज उठा और दोनों नेता—नेहरू और चाऊ एन-लाई भी इस जश्न में शामिल हुए तथा समारोहों में कबूतरों को उड़ाने जैसे काम भी हुए। इस घटना के बाद से ही पंचशील भारत की विदेश नीति का अभिन्न अंग बन गया, कम-से-कम चीन के साथ परस्पर संबंध के लिए तो ऐसा कहा ही जा सकता है। पंचशील समझौते का अनुच्छेद 6 यह कहता है कि समझौता वर्षों तक लागू रहेगा, किंतु भारत और चीन अकसर पंचशील के पाँच सिद्धांतों के नाम पर प्रतिबद्धता जाहिर करते रहे हैं।

चाहे इसे सनक कहें या कुछ और, सच्चाई यही है कि पंचशील की प्रासंगिकता इसके जोर-शोर से लागू किए जाने के तीन महीने के भीतर ही समाप्त हो गई, जब चीनियों ने लद्दाख सेक्टर की भारतीय सीमा में कब्जा जमाना शुरू कर दिया। वैसे भी ठीक आठ वर्षों बाद भारत और चीन के बीच पहला एवं एकमात्र युद्ध हुआ, जिसने पंचशील के ताबूत में आखिरी कील ठोंक दी। फिर भी रस्मअदायगी के लिए आज भी इसका जिक्र किया जाता है।

पंचशील के रस्म की शुरुआत

पंचशील पर हस्ताक्षर करने के कुछ महीने बाद चीनी प्रधानमंत्री चाऊ एन-लाई भारत आए। 28 जून, 1954 को प्रधानमंत्री नेहरू और पी.एम. चाऊ ने एक संयुक्त बयान जारी किया, जिसने पंचशील की रस्म को लागू कर दिया।

यह बयान इस प्रकार था—

प्रधानमंत्रियों ने इन सिद्धांतों के प्रति प्रतिबद्धता जताई तथा यह माना है कि इन्हें परस्पर संबंधों के साथ ही एशिया तथा विश्व के अन्य देशों के मामले में भी लागू किया जाना चाहिए। यदि इन सिद्धांतों को न केवल विभिन्न देशों के बीच, बल्कि सामान्य तौर पर अंतरराष्ट्रीय संबंधों के संदर्भ में लागू किया जाए तो वे शांति और सुरक्षा को एक आधार प्रदान करेंगे, साथ ही आज जिस प्रकार के भय और आशंका का माहौल है, उसके स्थान पर शांति और भरोसे की स्थापना होगी।

प्रधानमंत्रियों ने यह भी माना कि एशिया तथा विश्व में विभिन्न प्रकार की सामाजिक और राजनीतिक व्यवस्थाएँ मौजूद हैं। फिर भी उपरोक्त सिद्धांतों को स्वीकार कर उन पर अमल किया जाए तथा एक देश दूसरे देश में दखल न दे तो इस प्रकार की विविधता शांति के आड़े नहीं आएगी या विवाद उत्पन्न नहीं होंगे। प्रत्येक देश की क्षेत्रीय अखंडता और संप्रभुता के आश्वासन से तथा अनाक्रमण से संबंधित देशों के बीच मित्रतापूर्ण शांतिपूर्ण सह-अस्तित्व का संबंध कायम रहेगा। इससे वर्तमान विश्व में व्याप्त तनावों को कम करने और शांति का माहौल तैयार करने में मदद मिलेगी।

उसके बाद से ही प्रत्येक प्रधानमंत्री पंचशील को लागू करने का दिखावा करता आया है।

सन् 1983 में दिल्ली में आयोजित गुट-निरपेक्ष शिखर सम्मेलन का उद्घाटन करते हुए इंदिरा गांधी ने यह घोषणा की, ''सिर्फ सह-अस्तित्व से ही किसी प्रकार का अस्तित्व संभव है। हम अहस्तक्षेप और गैर-दखलअंदाजी को अंतरराष्ट्रीय व्यवहार के मौलिक नियमों के रूप में देखते हैं।''

सन् 1988 के अंत में प्रधानमंत्री राजीव गांधी अपने कॅरियर की तबाही के कगार पर खड़े थे और उस समय चीन ने अरुणाचल प्रदेश में बहुत बड़ी घुसपैठ की थी, तब बीजिंग में वे अनावश्यक रूप से भाव-विभोर हो गए थे और अतीत की यादों को दिल से लगा बैठे थे। ''सन् 1954 में भारत और चीन ने पंचशील की नींव रखी, जो शांतिपूर्ण सह-अस्तित्व के पाँच सिद्धांतों से बनी थी। हमने जो सिद्धांत पेश किए, उनके प्रति तब लेशमात्र सम्मान प्रदर्शित नहीं किया गया। विश्व तब टकराव के रास्ते पर चलने को इतना आतुर था कि उसने पंचशील के बताए वैकल्पिक रास्ते पर विचार भी नहीं किया। अब यातना से भरे तीस वर्षों के बाद एक बार फिर वैश्विक व्यवस्था के सामने उन पाँच

सिद्धांतों द्वारा दिखाया गया रास्ता सामने आया, जिसने विश्व के विकास का संकेत दिया था। ब्लॉक और प्रभाव क्षेत्र की राजनीति से केवल टकराव बढ़ता है, जिससे अंतरराष्ट्रीय संबंधों पर प्रतिकूल असर पड़ता है।'' यह वक्तव्य राजीव गांधी ने इस बात की परवाह किए बिना ही दे दिया था कि चीनियों ने कभी सह-अस्तित्व के उन तथाकथित पाँच सिद्धांतों को माना ही नहीं था। न तो सन् 1954 में, जब उन्होंने भारतीय जमीन पर कब्जा जमाया था और न ही सन् 1986 में, जब अरुणाचल प्रदेश के तवांग क्षेत्र के सुनदोराँग चू घाटी में घुसपैठ की।

प्रधानमंत्री नरसिम्हा राव को भी रस्मअदायगी करनी पड़ी, जब सन् 1993 में बीजिंग विश्वविद्यालय में संबोधन के दौरान उन्होंने कहा, ''...हमने पहले ही यह दिखा दिया है कि हम उन सिद्धांतों की अवधारणा दे सकते हैं, जो अंतरराष्ट्रीय संबंधों में मार्गदर्शन प्रदान कर सकते हैं, जब हमने मिलकर शांतिपूर्ण सह-अस्तित्व के पाँच सिद्धांत विकसित किए थे, जिन्हें भारत में पंचशील कहते हैं। ये सिद्धांत आज भी उतने ही प्रासंगिक हैं, जितने कि तब थे, जब इन्हें तैयार किया गया था।''

अटल बिहारी वाजपेयी, जो नेहरू की दोषपूर्ण चीन नीति के कट्टर आलोचक थे, और जिन्हें सन् 1979 में भारत के विदेश मंत्री के तौर पर चीन का पहला दौरा बीच में ही छोड़कर लौटना पड़ा था, क्योंकि चीन वियतनाम युद्ध में कूद पड़ा था, उनके पास भी पंचशील की रटी-रटाई तारीफ करने के सिवाय कोई रास्ता नहीं बचा था। उन्होंने इस रस्म में बस एक महत्त्वपूर्ण बदलाव यह किया कि झूठमूठ चीन को पंचशील में विश्वास करने का श्रेय नहीं दिया। इसकी बजाय कहा, ''इससे पहले कि अच्छे पड़ोसी सचमुच एक-दूसरे से भाईचारा बढ़ाएँ, इस तथ्य को नजरअंदाज नहीं किया जा सकता कि पहले उन्हें अपनी सीमाओं को दुरुस्त कर लेना चाहिए। कुछ दशकों के अंतराल के बाद भारत और चीन इस महत्त्वपूर्ण प्रयोजन के लिए कुछ वर्ष पूर्व ही आगे बढ़े हैं। हमने अच्छी प्रगति की है। मुझे पूर्ण विश्वास है कि शांतिपूर्ण अस्तित्व के पाँच सिद्धांतों का पालन अक्षरशः किया जाए, जिसमें एक-दूसरे की चिंता को लेकर संवेदनशीलता हो तथा समानता के प्रति सम्मान के साथ दो देश इस प्रक्रिया को और भी तेज कर सकते हैं, जिससे कि हम इस मतभेद को पीछे छोड़ सकें।''

इसका अर्थ यह नहीं कि उन पाँच सिद्धांतों में कोई बहुत बड़ी खामी है। उनकी मंशा बहुत नेक है।

1. एक-दूसरे की क्षेत्रीय अखंडता और संप्रभुता के प्रति सम्मान
2. परस्पर अनाक्रमण
3. परस्पर अहस्तक्षेप
4. समानता और परस्पर लाभ, तथा

5. शांतिपूर्ण सह-अस्तित्व

इन सिद्धांतों के होते आखिर किसी प्रकार का विवाद कैसे हो सकता है? किंतु दु:ख भरी हकीकत यह है कि शांतिपूर्ण सह-अस्तित्व के इन तथाकथित आदर्श सिद्धांतों का 'जन्म पाप में' हुआ था। और ऐसी मान्यता जे.बी. कृपलानी की थी, जो एक विख्यात गांधीवादी और स्वतंत्रता सेनानी होने के साथ ही नेहरू की नीतियों के कटु आलोचक भी थे। इसी पंचशील समझौते के कारण भारत ने तिब्बत पर चीनी कब्जे को वैधता प्रदान की थी। इस पर उस वक्त हस्ताक्षर किए गए थे, जब चीन तिब्बतियों के साथ धोखाधड़ी कर रहा था, उनसे 17-सूत्री समझौते पर ब्लैकमेल कर दस्तखत करवा रहा था तथा जब चीनी सैनिक हकीकत में पंचशील के सिद्धांतों की धज्जियाँ उड़ाते हुए भारतीय सीमा में घुसपैठ कर रहे थे।

असल में यह हास्यास्पद है कि नेहरू जहाँ पंचशील के शानदार विचार का श्रेय लेना चाहते थे, वहीं चीनी उन्हें झूठा ठहराने का हर संभव प्रयास कर रहे थे।

ऐसा माना जाता है कि चाऊ एन-लाई ने बीजिंग में नेताओं के साथ-साथ अमेरिका से यह कहा था कि पंचशील नेहरू की नहीं, बल्कि स्वयं उनकी सोच है।

सन् 1973 में अपने अमेरिकी दौरे में उन्होंने निक्सन से कहा था, ''वास्तव में पाँच सिद्धांतों (पंचशील) को हमने सामने रखा और नेहरू ने सहमति जताई, किंतु बाद में उन्होंने उसे लागू नहीं किया।''[1]

चीनी सरकारी समाचार एजेंसियों ने बड़ी चालाकी से चाऊ एन-लाई के म्याँमार और सन् 1954 के भारत दौरे को इस प्रकार जोड़ दिया कि यह प्रतीत हो कि चीन ने दोनों देशों से एक जैसा समझौता किया था। चीनी सरकारी समाचार एजेंसी झिनुआ ने 28 जून, 2004 को पंचशील समझौते के 50 वर्ष पूरे होने पर एक लेख छापा।

इस लेख में इस प्रकार का वर्णन था, ''जून 1954 में पूर्व चीनी प्रधानमंत्री चाऊ एन-लाई ने भारत और म्याँमार के निमंत्रण पर दोनों देशों का दौरा किया तथा भारत एवं म्याँमार के शीर्ष नेताओं जवाहरलाल नेहरू तथा यू नू के साथ बातचीत की।''

फलस्वरूप, 28 जून को 'चीनी तथा भारतीय प्रधानमंत्रियों की संयुक्त घोषणा' तथा उसके अगले ही दिन जारी किए गए 'चीनी तथा म्याँमारी प्रधानमंत्रियों के संयुक्त बयानों' के तहत, शांतिपूर्ण सह-अस्तित्व के पाँच सिद्धांतों की आधिकारिक घोषणा की गई थी, जो चीनी-भारतीय तथा चीनी-म्याँमारी संबंधों के मौलिक मार्गदर्शक सिद्धांत थे।

चीनी-भारतीय संयुक्त घोषणा ने प्रस्तावित किया, ''ये सिद्धांत न केवल देशों के बीच संबंधों पर लागू होंगे, बल्कि अंतरराष्ट्रीय संबंध का आधार भी होंगे।'' जबकि चीनी-म्याँमारी घोषणा में यह उम्मीद जताई गई कि 'इन सिद्धांतों को सभी देशों द्वारा अपनाया जाएगा।'

पंचशील–भारत की तिब्बत नीति पर पानी फिरा

क्षुद्र राजनीति और खानापूर्ति के अतिरिक्त, इस विनाशकारी समझौते का एक पहलू जो याद रखने लायक है, वह यह है कि इसने ब्रिटिशों और उन तमाम लोगों के किए-कराए पर पानी फेर दिया, जिन्होंने 50 वर्षों तक तिब्बत की स्वतंत्रता को बनाए रखा था। ब्रिटिश कर्नल फ्रांसिस यंगहस्बेंड ने सन् 1904 में एक हिंसक अभियान के जरिए इसे ब्रिटिश शासन के अधीन किया था। सन् 1914 में हुए शिमला समझौते में, जिसमें तिब्बत के प्रतिनिधियों ने ब्रिटिश शासकों के साथ एक आधिकारिक सीमा के संबंध में समझौता किया, जिससे तिब्बत के स्वतंत्रता की पुष्टि हो गई। ब्रिटिशों ने सन् 1947 में भारत छोड़ने से पहले तक तिब्बत की इस स्थिति को बनाए रखा था। सन् 1947 में ही दिल्ली में हुए अपने तरीके के पहले एशियन रिलेशंस कॉन्फ्रेंस ने तिब्बतियों को अपनी स्वच्छंदता और स्वतंत्रता घोषित करने का अवसर दिया था। सन् 1950 में चीनियों ने तिब्बत पर कब्जा जमाना शुरू किया था। सन् 1954 में नेहरू ने इस समझौते पर दस्तखत कर पहली बार तिब्बत पर चीनियों की संप्रभुता को मानते हुए उस पर मुहर लगा दी थी।

जो बात भारतीयों ने नहीं बताई और जिस बात को चीनी बताना नहीं भूलते, वह यह है कि पंचशील दरअसल भारत और तिब्बत के बीच व्यापार को लेकर किया गया समझौता था। सन् 1914 के शिमला समझौते में ब्रिटिशों ने जहाँ चीनियों को सिर्फ पर्यवेक्षक के रूप में न्योता दिया था, वहीं नेहरू ने यह नहीं सोचा कि तिब्बतियों को उनकी ही जमीन पर होनेवाले व्यापार से संबंधित महत्त्वपूर्ण समझौते में एक पक्ष के तौर पर शामिल किया जाएगा। इसकी बजाय उन्होंने यह समझौता चीन के साथ किया, जिससे तिब्बत पर चीनियों के दावे को स्वीकार कर लिया। चालीस वर्ष पूर्व भी चीनियों ने विरोध किया था, किंतु ब्रिटिशों ने उन्हें नजरअंदाज कर दिया था। दूसरी तरफ नेहरू ने इसके ठीक उलट काम किया।

"अपने पुनर्जन्म के बाद एशिया की दो महाशक्तियों—चीन और भारत ने 1 अप्रैल, 1950 को अपने कूटनीतिक संबंध स्थापित किए। 29 अप्रैल, 1954 को दोनों देशों ने चीन के तिब्बत क्षेत्र तथा भारत के बीच व्यापार और संचार पर एक समझौता किया, जिसकी प्रस्तावना में पहली बार शांतिपूर्ण सह-अस्तित्व के पाँच सिद्धांतों का प्रावधान किया गया," यह टिप्पणी झिनुआ के लेख में सन् 2004 में की गई थी। इन शब्दों पर ध्यान दें, 'चीन के तिब्ब्त क्षेत्र और भारत के बीच व्यापार पर समझौता'।

सन् 1954 के पंचशील समझौते से नेहरू और भारत ने तिब्बत पर अपने सारे अधिकारों से हाथ धो दिया और ऐसा मुक्त तिब्बत के हक में नहीं, बल्कि चीन के पक्ष में किया। इस समझौते से भारत ने तिब्बत पर चीन के 'आधिपत्य' को भी स्वीकार कर

लिया। भारत और कुछ नहीं तो कम-से-कम इस समझौते में सीमा के प्रश्न को शामिल कर सकता था, लेकिन वह ऐसा करने में विफल रहा। पंचशील समझौते में केवल आर्थिक और सांस्कृतिक आदान-प्रदान की बात थी।

पंचशील समझौते के दो भाग हैं—प्रस्तावना (पाँच सिद्धांत) तथा विषयवस्तु (भारत और तिब्बत के बीच व्यापार तथा भारतीयों और तिब्बतों को मिले तीर्थाटन के अधिकार)। हालाँकि समझौते का शीर्षक ही बीजिंग की विजय का उद्‌घोष करता है, 'चीन के तिब्बत क्षेत्र तथा भारत के बीच व्यापार और लेन-देन पर समझौता'। 50 वर्षों में पहली बार भारत ने तिब्बत के लिए 'चीन के तिब्बत क्षेत्र' शब्द का प्रयोग किया था और इस प्रकार भारत ने न केवल रणनीतिक दृष्टिकोण से सबसे महत्त्वपूर्ण बफर की, बल्कि लाखों स्वतंत्रताप्रेमी तिब्बतियों के हितों की भी बलि चढ़ा दी थी।

भारत-तिब्बत सीमा भारत-चीन सीमा बनी

पंचशील समझौते से भारत-तिब्बत सीमा रातोरात भारत-चीन सीमा में बदल गई थी। यदि भारत ने उसी समय इस प्रश्न को उठाया होता तो संभवतः कई समस्याएँ सुलझ गई होतीं। किंतु पणिक्कर जैसे नेहरू के बुद्धिमान सलाहकारों का एक अलग और विचित्र तर्क था। उनकी दलील थी कि सीमा-विवाद पर चीन की चुप्पी को अपने आप में ही उसकी स्वीकारोक्ति मान लेनी चाहिए। यदि चीनियों को कोई आपत्ति होती तो वे अवश्य उन्हें उठाते। चूँकि उन्हें आपत्ति नहीं थी तो भारत को यह मान लेना चाहिए कि उन्हें सीमा को लेकर कोई समस्या नहीं है। इस तरह के तर्क दिए जा रहे थे। भारतीय नेतृत्व की समझ में यह बात कभी नहीं आई कि अंतरराष्ट्रीय मुद्‌दे और विशेष तौर पर सीमा से जुड़े मुद्‌दे पूर्वानुमान से नहीं सुलझाए जाते कि एक पक्ष क्या कहता है, क्या सोचता है या नहीं कहता है, बल्कि स्पष्ट लिखित दिशानिर्देशों से सुलझाए जाते हैं।

जैसी आशंका थी, उसी के अनुरूप चीन ने भारत की इस बड़ी चूक का भरपूर फायदा उठाया और इस समझौते पर हस्ताक्षर के सिर्फ तीन महीने के भीतर भारतीय सीमा में कई बार घुसपैठ की। भारतीय सोच कितनी फिजूल थी, इसका अंदाजा इसी बात से लगाया जा सकता है कि चाऊ एन-लाई ने इस समझौते के बाद भारतीय पक्ष को धन्यवाद देते हुए बड़ी चतुराई से कहा कि इस करार से दोनों पक्षों ने उन सभी मुद्‌दों को सुलझा लिया है जो 'निपटारे के लिए तैयार थे।'

अनेक नेताओं ने जब भारत को चीन की धौंस के आगे चुपचाप घुटने टेकते देखा तो उसकी गलती पर चेतावनी देना नहीं भूले कि उसे इसकी एक बहुत बड़ी कीमत चुकानी पड़ेगी। स्वाभाविक रूप से किसी अन्य की तुलना में पंचशील पर नेहरू की सोच से सबसे अधिक खीज ब्रिटिशों को हो रही थी। ब्रिटिश उच्चायुक्त (हाईकमिश्नर)

ने लिखा, "यू.के. उच्चायोग भारतीय अधिकारियों को यह समझाना चाहता है कि भारत सरकार तिब्बत के मामले में यदि कम्यूनिस्ट चीन की धौंस के आगे झुक जाती है, तो भारत को उसी तरीके के ब्लैकमेल का सामना न केवल बर्मा के साथ, बल्कि असम, भूटान, सिक्किम, कश्मीर, नेपाल जैसे इलाकों के संदर्भ में भी करना पड़ेगा।"

भारत में आचार्य जे.बी. कृपलानी के नेतृत्व में घोर आलोचना करनेवाले अपनी आवाज बुलंद कर रहे थे। दिसंबर 1964 में लोकसभा में भारत की रक्षा नीति के विषय में उन्होंने कहा था, "अशोक मेहता ने कहा कि पंचशील के सिद्धांत बहुत अच्छे हैं। मैं नहीं समझता कि उनका कोई लाभ है। वे किसी भी राजनीतिक समस्या पर लागू नहीं होते। एक बार मैंने कहा था, पंचशील का जन्म पाप में हुआ था, क्योंकि हम एक शांतिप्रिय पड़ोसी के लिए आवाज नहीं उठा सके, जिसका गला घोंट दिया गया था। कैसर ने इंग्लैंड के खिलाफ युद्ध नहीं किया, लेकिन इंग्लैंड ने जर्मनी के विरुद्ध युद्ध का ऐलान कर दिया। क्यों?" क्योंकि एक तरफ बेल्जियम जैसा बफर देश नष्ट हो रहा था तो दूसरी तरफ पोलैंड, जो एक और बफर देश था, उसे हिटलर ने तबाह कर दिया था। एक बफर देश को नष्ट करना सदा ही शत्रुतापूर्ण होता है तथा उसे पड़ोसी देश के विरुद्ध हमला माना जाता है।

शुरुआत में नेहरू अपने रुख से अचानक पलटने के लिए कमजोर बहाने बनाया करते थे। वे दावा करते थे कि 'तिब्बत की संरचना' उसे स्वतः स्वायत्त बना देगी। एक बार उन्होंने कहा था, "तिब्बत की भौगोलिक जमीन और जलवायु ऐसी है कि उसे देखकर यह मान लेना सही होगा कि उसे काफी हद तक स्वायत्तता मिलना निश्चित है।" उनकी यह भी दलील थी कि अपार सामरिक और वित्तीय कठिनाइयों के कारण चीन कभी तिब्बत में कोई बड़ी लड़ाई मोल नहीं ले सकता है। यही नहीं, उन्होंने यह भी ऐलान किया, "मेरे विचार से चीन द्वारा भारत पर किसी बड़े हमले की गुंजाइश नहीं है।"[2]

भारत को पंचशील समझौते से बदनामी के सिवाय और कुछ हासिल नहीं हुआ। दोस्तों ने ठगा हुआ महसूस किया, जबकि दुश्मन का समझौते पर रत्ती भर भी विश्वास नहीं था। आखिर में यह नेहरू और उनके अनुयायियों द्वारा दार्शनिक भाषणबाजी का विषय मात्र रह गया कि कैसे यदि सारे देशों ने इस भावना का पालन किया तो विश्व एक बेहतर स्थान बन जाएगा आदि आदि।

संदर्भ–

1. नेशनल सिक्योरिटी आर्काइव्स, जी.डब्ल्यू., दस्तावेज 3
2. बी.एन. मलिक, माइ ईयर्स विद नेहरू, पृ. 80

□

7

तिब्बत या मैकमोहन रेखा?

क्या तिब्बत ही वह चिनगारी थी, जिसके कारण भारत-चीन युद्ध हुआ या असली कारण मैकमोहन रेखा का विवाद था? इस विषय पर विद्वानों के बीच मतभेद हैं।

इसमें कोई शक नहीं कि चीनियों ने आधिकारिक रूप से कभी मैकमोहन रेखा को स्वीकार नहीं किया था। वे इसे 'औपनिवेशिक रेखा' कहा करते थे। किंतु यह समझना उतना ही महत्त्वपूर्ण है कि अनाधिकारिक रूप से चीनी इस रेखा को आज भी मानते हैं। तत्कालीन बर्मा या वर्तमान म्याँमार की उत्तर-पश्चिमी सीमा मैकमोहन रेखा से ही तय होती है। दरअसल अनेक विद्वान् ठीक इसी कारण मैकमोहन रेखा पर चीन के दोमुँहेपन पर सवाल उठाते हैं। इसके बाद हम 'दूसरी' वजह, यानी तिब्बत पर आते हैं। मैकमोहन रेखा पर चीनियों की सबसे बड़ी आपत्ति यह थी कि इस रेखा को लेकर सहमति ब्रिटिश भारतीय नेतृत्व और तिब्बती नेतृत्व के बीच बनी थी। चीनी सवाल उठाते हैं कि तिब्बतियों को एक संप्रभु देश के साथ इस प्रकार के समझौते का भला क्या अधिकार था, क्योंकि उनके अनुसार, तिब्बत चीन का अभिन्न अंग है। चीनियों का दावा क्षेत्रीय तौर पर पूरे अक्साई चीन ग्लेशियर को लेकर है, जो उनके नक्शे के मुताबिक बाहरी तिब्बत का हिस्सा है।

इसके बाद 'दक्षिण तिब्बत' का विषय आता है। चीनियों द्वारा इस शब्द का प्रयोग भारतीय राज्य अरुणाचल प्रदेश के लिए किया जाता है। यहाँ इस बात का जिक्र करना आवश्यक है कि चीनियों ने अरुणाचल प्रदेश को लेकर हाल के कुछ वर्षों में ही विवाद खड़ा करना शुरू किया है। सन् 1962 के युद्ध के दौरान चीनी फौज अरुणाचल प्रदेश के तवांग क्षेत्र में घुसी और असम-अरुणाचल प्रदेश सीमा पर स्थित तेजपुर तक चली आई

थी, लेकिन उसने वापस लौटने का निर्णय लिया और उस सीमा रेखा तक पीछे हट गई, जिसे मैकमोहन रेखा कहा जाता है। पिछले कुछ वर्षों से चीन ने अरुणाचल प्रदेश को लेकर फिर से दावा करना शुरू कर दिया है।

तिब्बत–युद्ध की असली चिनगारी?

विद्वानों की राय जो भी हो, युद्ध में कूदनेवाले दोनों देशों के नेताओं, यानी भारत में नेहरू और चीन में माओ त्से-तुंग के विचार में तिब्बत ही टकराव का प्रमुख कारण था। नेहरू हालाँकि सन् 1959 के मार्च महीने में जब महामान्य दलाई लामा भागकर मसूरी पहुँचे थे, तब उनका स्वागत करने आए थे, लेकिन ऐसा कहा जाता है कि बाद में उन्हें इस बात का अफसोस हुआ था, क्योंकि इससे चीनी बहुत ज्यादा चिढ़ गए थे। राज्यसभा में उन्होंने कहा था, "काफी हद तक तिब्बत के घटनाक्रम ने चीनी सरकार को नाखुश और खिन्न किया है, काफी हद तक...और उन्होंने संभवतः हमारी ओर से उठाए गए कदम, मेरा मतलब है दलाई लामा को हमारे द्वारा शरण दिए जाने के कारण बेहद कड़ी प्रतिक्रिया की है।"[1]

जहाँ तक माओ की बात हो तो उन्होंने भी प्रत्यक्ष या परोक्ष रूप से कई बार संकेत दिया कि दोनों देशों के बीच प्रमुख समस्या तिब्बत को लेकर ही थी। सन् 1964 में चीन के दौरे पर आए नेपाली प्रतिनिधिमंडल से माओ ने कहा था, "(भारत-चीनी संबंधों में) प्रमुख समस्या मैकमोहन रेखा नहीं, बल्कि तिब्बत का मुद्दा है। भारतीय सरकार का मत है कि तिब्बत पर उनका अधिकार है।"[2]

चीन की काररवाइयों से यह स्पष्ट था कि उसे सबसे अधिक डर तिब्बत में भारत की गतिविधियों से था और वह किसी तरह उनमें अड़ंगा डालना चाहता था। सन् 1956-58 के बीच चाऊ एन-लाई के बार-बार भारत आने का एक कारण यह था कि उस दौरान महामान्य दलाई लामा भगवान् बुद्ध की ज्ञान-प्राप्ति की 2500वीं वर्षगाँठ पर आयोजित समारोहों के सिलसिले में भारत में मौजूद थे तथा चाऊ को यकीन हो गया था कि वे भारत में ही शरण ले लेंगे। चाऊ और नेहरू दोनों ने ही दलाई लामा को वापस लौट जाने के लिए मनाया था, हालाँकि दोनों ने अपनी-अपनी तरफ से अलग-अलग आश्वासन दिए थे। चाऊ एक बार फिर सन् 1960 में सीमा के मुद्दे पर बातचीत के बहाने आनन-फानन में आए, जबकि उनका असली मकसद भारत को इस बात के लिए राजी करना था कि वह दलाई लामा को जबरन तिब्बत भेज दे।

विभिन्न मोरचों पर चीनी अपनी नाराजगी जाहिर कर रहे थे। भारत ने जैसे ही दलाई लामा को शरण दी, चीनियों ने तिब्बत में भारतीय मुद्रा को अवैध घोषित कर दिया। भारतीय व्यापारियों पर बेहिसाब टैक्स लाद दिए गए। अनेक भारतीय व्यापारियों

ने जब ल्हासा छोड़ने में ही भलाई समझी, तो उन्हें अपना पैसा चाँदी के सिक्कों या डॉलर में ले जाने से रोक दिया गया।

हालाँकि इन बातों से यह नतीजा निकाल लेना कि भारत और चीन के बीच युद्ध का एकमात्र कारण तिब्बत था तो यह इस क्षेत्र की भू-सामरिक स्थितियों को बड़ा आसान रूप देने के बराबर होगा। माओ के समय चीन एक खास मकसद को पूरा करने के लिए एड़ी-चोटी का जोर लगा रहा था और जिसे आखिर में उसने हासिल भी कर लिया। यह था 1950 के दशक में अक्साई चीन पर कब्जा, ताकि वह पाकिस्तान के रास्ते अरब सागर तक जा सके। निश्चित रूप से उसे इसकी दरकार तिब्बत और जिनजियांग के बीच एक करीबी गलियारा तैयार करने के लिए थी। चीन के द्वारा इसके बाद कभी सिक्किम तो कभी अरुणाचल प्रदेश का मुद्दा उठाया जाना इस बात का संकेत है कि वह हिंद महासागर तक ले जानेवाले रास्ते के करीब पहुँचना चाहता है। दरअसल तिब्बत की स्वतंत्रता की रक्षा करने में भारत की विफलता से उसकी अपनी सीमाओं और अखंडता पर खतरा पैदा हो गया है। सन् 1959 में महामान्य दलाई लामा ने नेहरू को यही समझाने का प्रयास किया था।

चीनी पहले से ही जानते थे कि नेहरू तिब्बत की मदद करने में झिझक रहे हैं। नेहरू ने भी तिब्बत को जबरन चीन में मिलाए जाने पर चीन के प्रति समर्थन व्यक्त करने में थोड़ा भी संकोच नहीं किया। नेहरू और उनके सलाहकारों ने यह संकेत दे दिया था कि तिब्बत विवाद को तूल देने की उनकी कोई मंशा नहीं है। दरअसल नेहरू को तो अक्साई चीन में भी कोई दिलचस्पी नहीं थी। ''एक बंजर निर्जन क्षेत्र, जो 17,000 फीट की ऊँचाई पर है और जहाँ घास का नामो-निशान नहीं है...ऐसा क्षेत्र जहाँ एक तिनका तक नहीं उगता है,'' कुछ इस प्रकार नेहरू ने संसद् में उस क्षेत्र का वर्णन किया था।[3]

उन्होंने तो यहाँ तक ऐलान कर दिया था, ''इस विषय पर भी विवाद है कि इसका कौन सा हिस्सा हमारा है और कौन सा किसी और का।''[4]

संयुक्त राष्ट्र संघ में यह एक जानी हुई बात बन चुकी थी कि तिब्बती जब भी मित्र राष्ट्रों की मदद से अपने मुद्दे उठाते तो भारतीय प्रतिनिधि उनका विरोध किया करते थे। सन् 1959 में भी नेहरू ने संयुक्त राष्ट्र संघ में भारतीय प्रतिनिधियों की काररवाई को सही ठहराते हुए अफसोस के साथ कहा था, ''आखिर इसका क्या लाभ होगा? मान लिया जाए कि हम कानूनी अड़चनों और दाँवपेच से निपट लें तो भी महासभा में इस पर ऐसी बहस छिड़ेगी कि उसका नतीजा शीतयुद्ध के रूप में ही सामने आएगा।''[5]

दरअसल सन् 1950 में जब चीनियों ने तिब्बत पर आक्रमण किया, तब से ही संयुक्त राष्ट्र संघ में भारतीय पक्ष ने तिब्बती मुद्दे को अपना समर्थन नहीं दिया। 25

अक्तूबर, 1950 को चीन की लाल सेना तिब्बत में दाखिल हो चुकी थी। दो हफ्ते बाद, 7 नवंबर, 1950 को तिब्बती नेतृत्व ने चीनी आक्रमण पर विरोध जताने के लिए संयुक्त राष्ट्र संघ का दरवाजा खटखटाया। वास्तव में भारत वह पहला देश होना चाहिए था जो यू.एन. में इस मुद्दे को उठाता। लेकिन इसने ऐसा नहीं किया। अंततः, एक बहुत छोटे दक्षिण अमेरिकी गणराज्य, एल सल्वाडोर ने एक प्रस्ताव पेश किया, जिसमें संयुक्त राष्ट्र महासभा से यह अपील की गई कि वह एक विशेष कमेटी का गठन करे, जो अवैध चीनी आक्रमण पर अंकुश लगाने के सुझाव दे सके। यहाँ भी भारतीय प्रतिनिधियों की भूमिका संदिग्ध रही। यह मुद्दा जब संयुक्त राष्ट्र महासभा की स्टीयरिंग कमेटी के समक्ष आया तब भारतीय प्रतिनिधियों ने यह झूठा आश्वासन देते हुए संपूर्ण प्रस्ताव को खारिज कर देने का आग्रह किया कि चीनियों ने अपना आक्रमण रोक दिया है। यह आश्वासन सरासर गलत था। सच यह था कि भारतीय पक्ष का यह कायराना रवैया सन् 1962 के युद्ध तक जारी रहा।

तिब्बती मुद्दे का समर्थन न करना और संयुक्त राष्ट्र संघ में चीन के प्रवेश का पुरजोर समर्थन करने की नेहरू की नीति की सबसे कड़ी आलोचना एक युवा सांसद, अटल बिहारी वाजपेयी ने की। अगस्त 1959 में भारतीय संसद् में विपक्षी सदस्यों ने एक प्रस्ताव पेश किया, जिसमें तिब्बत मुद्दे को संयुक्त राष्ट्र संघ में उठाने की माँग की गई। वाजपेयी का तर्क था, ''यह बात समझ नहीं आती कि भारत संयुक्त राष्ट्र में तिब्बत का मुद्दा क्यों नहीं उठा सकता, जबकि वह चीन को मान्यता दिलाने के मुद्दे पर एक हद से आगे जाकर अपील कर रहा है।''[6]

उनका भाषण मंत्रमुग्ध और भावुक कर देनेवाला था। इस बात पर जोर देते हुए कि चीन का असली उद्देश्य 'तिब्बतियों को उनके ही देश में अल्पसंख्यक बनाने और इस प्रकार तिब्बती को समाप्त कर देने की है।' वाजपेयी ने तिब्बतियों की मदद करने की बजाय आक्रमणकारियों का साथ देनेवाली सरकार की धज्जियाँ उड़ा दीं।

''तिब्बत में मानवाधिकारों का हनन हो रहा है। न्यायविदों के अंतरराष्ट्रीय आयोग के अनुसार, तिब्बतियों को स्वतंत्र जीवन और सुरक्षा के अधिकार से वंचित कर दिया गया और यह अधिकार उन्हें अब तक नहीं मिले हैं। तिब्बतियों से बलपूर्वक मजदूरी कराई जा रही है। उनके साथ यातना देने, क्रूर और निकृष्ट कोटि का व्यवहार किया जा रहा है। घर में रहने और निजता तक के अधिकार को छीन लिया गया है। राज्य में कहीं आने-जाने तथा तिब्बत छोड़कर जाने और वापस लौटने का अधिकार भी नहीं दिया गया है। इच्छा के विरुद्ध उन पर शादियाँ थोपी जा रही हैं। संपत्ति के अधिकारों का खुल्लम-खुल्ला उल्लंघन हो रहा है तथा सुनियोजित तरीके से धर्म और प्रार्थना के अधिकारों को खत्म किया जा रहा है। यदि मानवाधिकारों का इस प्रकार उल्लंघन होगा

और वह भी उस देश के द्वारा, जो संयुक्त राष्ट्र संघ में दाखिल होने का इच्छुक है, तो पूरा विश्व तथा खास तौर पर हमारा देश न तो मूकदर्शक बना रह सकता है और न ही उसे बने रहना चाहिए,'' इन शब्दों के साथ उन्होंने एक जोरदार अपील की।

वाजपेयी ने सदन में जो कुछ कहा, उसमें कहीं कोई अतिशयोक्ति नहीं थी। न्यायविदों के अंतरराष्ट्रीय आयोग ने पुख्ता सबूतों के साथ यह निष्कर्ष निकाला कि प्रथम दृष्ट्या यह नरसंहार का मामला हैं जो पूर्णतया या कुछ हद तक एक स्वतंत्र देश के रूप में तिब्बत की पहचान को मिटा देने के इरादे से किया जा रहा है। महामान्य दलाई लामा ने दावा किया कि चीनी लाल सेना के आक्रमण के दौरान 60,000 से अधिक तिब्बतियों को मार डाला गया।

इनमें से किसी भी बात का प्रभाव नेहरू पर नहीं पड़ रहा था। वे बहाने के तौर पर दलील देते थे, ''चीन संयुक्त राष्ट्र संघ का सदस्य ही नहीं है तो फिर किसी भी प्रस्ताव को पारित करने का क्या लाभ होगा।'' यह बहाना इस कारण था, क्योंकि 50 के ही दशक में जब उत्तर कोरिया ने दक्षिण कोरिया पर आक्रमण किया तो भारत ने इसके विरुद्ध प्रस्ताव का जोर-शोर से समर्थन किया था, जबकि उत्तर कोरिया यू.एन. का सदस्य तक नहीं था।

खुलकर कहें तो चीन को लेकर नेहरू के अंदर विचारधारा के स्तर पर एक अंध-समर्पण जैसी स्थिति थी। जब सुरक्षा और अखंडता की बात होती है तो कोई भी सामान्य व्यक्ति विचारधारा की परवाह नहीं करता है। द्वितीय विश्वयुद्ध के उत्तरार्ध में जब सोवियत संघ ने मित्र राष्ट्रों का साथ दिया तो उसने विचारधारा की चिंता नहीं की, जबकि वह पूँजीवादी व्यवस्था का प्रतिनिधित्व करनेवालों के साथ खड़ा था। पूँजीवादियों के गठबंधन ने भी स्टालिन जैसे खूँखार कम्यूनिस्ट से हाथ मिलाने में संकोच नहीं किया। किंतु भारत में नेहरू की स्थिति एकदम अलग थी। उनके लिए तिब्बत एक धर्मतंत्रवाला राज्य था और चीन सामंतवादी राजतंत्र था, जिससे वे घृणा करते थे, जबकि पाकिस्तान से उन्हें लगता था कि किसी भी कीमत पर दोस्ती करनी होगी और उन्हें इसकी परवाह नहीं थी कि वहाँ एक निर्दयी सैनिक शासक सत्ता पर काबिज था।

महामान्य दलाई लामा ने एक बार नेहरू को बेधड़क चेतावनी दे डाली थी, ''यदि आप तिब्बत को संप्रभु दरजा नहीं देंगे, तो आप समझौते को वैधता देने से इनकार कर रहे हैं और इसका अर्थ होगा कि आप मैकमोहन रेखा को भी वैध नहीं मानते।'' नेहरू ने दलाई लामा की बात का अर्थ समझे बिना अपना गुस्सा जाहिर कर दिया।

यू.एन. में तिब्बत की सहायता से संकोच करने के भारत के रवैए से उसके मित्र देश भी हैरान थे। मलाया के राष्ट्रपति टुनकु अब्दुल रहमान अपनी निराशा और नाखुशी को छिपा नहीं सके तथा रूखे स्वर में कहा, ''यू.एन.ओ. में दो बार मलाया ने तिब्बती

मुद्दा उठाया और दोनों ही बार भारत ने हमारा समर्थन नहीं किया…हमें पता था कि तिब्बत पर चीन के कब्जे के बाद क्या होगा। उनकी नजर भारत पर थी और वे अपनी सीमा के करीब आना चाहते थे।''

क्या सीमा विवाद ही वास्तविक मुद्दा था?

चाहे किसी भी प्रकार के दावे क्यों न किए जाएँ, यह स्पष्ट हो चुका है कि वास्तविक समस्या तिब्बत को लेकर नहीं थी। समस्या सीमा को लेकर, मैकमोहन रेखा को लेकर थी। यदि सबकुछ नेहरू पर छोड़ दिया जाता तो वे सीमा विवाद पर भी चीन की बात मानकर निपटारा कर सकते थे। किंतु भारत में जनभावना उग्र और प्रखर होती जा रही थी। नेहरू को इस जनभावना के आगे झुकना पड़ा। सीमा विवाद में जब भारत ने अपना रुख थोड़ा कड़ा किया तो संबंध बिगड़ने लगे, और अंतत: युद्ध छिड़ गया जो लगभग एक महीने तक चला।

चीनी-भारतीय सीमा को लेकर विवाद की बात असल में गुमराह करनेवाली है क्योंकि भारत और चीन वास्तव में सन् 1962 में ही पड़ोसी बने, जब चीन ने लद्दाख के उस विशाल क्षेत्र पर बलपूर्वक अपना अधिकार जताया, जिसे अक्साई चीन कहते हैं। इससे पहले तक भारत और चीन के बीच तिब्बत के रूप में एक बफर था। चीन यदि सीमा के संबंध में किसी प्रकार का दावा करता भी तो उसे भारत और तिब्बत के बीच हुए सीमा समझौते के अनुसार ऐसा करना चाहिए था, जो कई सदियों से चला आ रहा था।

1950 के दशक में चीनी सेना द्वारा रौंदे जाने से पहले भारत-तिब्बती सीमा को लेकर हुई संधियों का एक लंबा इतिहास था। इससे पूर्व भारत और तिब्बत के बीच लद्दाख सेक्टर में कुनलुओन पर्वत शृंखला थी, जो मोटे तौर पर आज भारत की ओर से किए जानेवाले दावे से मेल खाती है। ब्रिटिश मानचित्रकार और सर्वेक्षक डब्ल्यू. एच. जॉनसन ने सन् 1865 में इस सीमा का सर्वेक्षण किया था तथा कुनलुओन शृंखला तक के इलाके को निर्धारित किया, जिसमें अक्साई चीन को जम्मू-कश्मीर की रियासत का हिस्सा दिखाया गया। उनके सर्वेक्षण से पहले, सितंबर 1842 में हुई चुसुल की संधि ने दोनों देशों के बीच कुनलुओन पर्वत शृंखला को सीमा माना था। यह संधि जम्मू के महाराजा गुलाब सिंह और तिब्बत तथा चीन के प्रतिनिधियों के बीच हुई थी।

ब्रिटिश विदेश सेवा के अधिकारी हेनरी मैकमोहन ने जब ब्रिटिश भारत और तिब्बत, भूटान तथा म्याँमार जैसे उसके पड़ोसियों के साथ सीमा विवाद को सुलझाने के लिए शिमला सम्मेलन का आयोजन किया तो उनका ध्यान खास तौर पर पूर्वी दिशा की ओर था, जहाँ उन्होंने ब्रिटिश भारत और तिब्बत तथा भूटान और म्याँमार के बीच एक 550 मील लंबी रेखा को बॉर्डर के रूप में खींच दिया। हालाँकि उसी शिमला सम्मेलन में जब

नक्शों का आदान-प्रदान हुआ तो मैकमोहन ने पश्चिमी भाग के लिए पहले की सीमा बँटवारे का पालन किया और कुनलुओन श्रृंखला को आउटर तिब्बत की सीमा माना।

शुरुआत में चीनियों ने भी पश्चिमी भाग में इसे ही बाहरी तिब्बत सीमा के तौर पर स्वीकार किया। के.एम.टी. सरकार के आंतरिक विभाग मंत्रालय द्वारा जारी किए गए 'चीनी गणराज्य के प्रशासनिक क्षेत्र' के नक्शे में दिखाई गई सीमा भारतीय दावों के अनुरूप थी। सत्ता पर कब्जा जमाने के तुरंत बाद माओ के जनवादी गणराज्य ने जो पहला नक्शा अपनाया, उसमें भी बाहरी तिब्बत की सीमा कुनलुओन श्रृंखला ही थी। जिनजियांग से जब चीनी लाल सेना ने तिब्बत में प्रवेश किया, तो वह अक्साई चीन के रास्ते नहीं आई थी। इसकी बजाय उन्होंने अक्साई चीन से 150 कि.मी. पूर्व में स्थित कुनलुओन श्रृंखला के दर्रों का प्रयोग किया और तिब्बत में प्रवेश कर उस पर कब्जा जमा लिया।

यहाँ तक कि चाऊ एन-लाई ने भी कई वर्षों बाद, यानी सन् 1956 में नेहरू से कहा था, ''पश्चिमी मोरचे पर सीमा को लेकर कोई विवाद नहीं है और चीन द्वारा प्रकाशित नक्शे इस सेक्टर में दोनों देशों के बीच की पारंपरिक सीमा को सही रूप में दिखाते हैं।''[8]

इसके बहुत बाद में जाकर चीनियों ने नए नक्शे दिखाना शुरू कर दिया, जिसमें कुनलुओन की बजाय काराकोरम श्रृंखला को तिब्बत की पश्चिमी सीमा दिखाया गया। अक्साई चीन काराकोरम शृंखला के पूर्व की दिशा में अलग रह जाता है, और इस प्रकार यह चीन के नए दावों के अनुरूप है, जिसके अनुसार उसने संपूर्ण अक्साई चीन क्षेत्र को अपना बताया है।

सन् 1950 और सन् 1960 के बीच चीनी पक्ष ने सीमा से जुड़े अपने दावों में कई बार बदलाव किए और उसी के अनुसार नक्शे नें भी वे तब्दीली करते रहे। यहाँ तक कि प्रधानमंत्री नेहरू भी चुटकी लेने पर मजबूर हो गए थे और यह कह दिया था कि चीनी 'चलती फरती सीमाओं' पर यकीन करते हैं।

संदर्भ—

1. राज्यसभा, 9 अक्तूबर, 1959
2. जॉन डब्ल्यू. गार्वर, प्रोट्रैक्टेड कॉन्टेस्ट, पृ. 59
3. लोकसभा, 22 सितंबर, 1959
4. लोकसभा, 12 सितंबर, 1959
5. लोकसभा, 4 सितंबर, 1959
6. लोकसभा, ( )
7. अमीय राव ऐंड बी.जी. राव, सिक्स थाउजेंड डेज पृ. 135-136
8. श्वेत पत्र, भारत सरकार, पृ. 53

□

8

निर्णायक तीन वर्ष

चीनियों द्वारा भारतीय क्षेत्रों पर कब्जा किए जाने के संबंध में भारत सरकार ने 1950 के दशक के अंत तक कोई स्पष्ट बयान नहीं दिया। सन् 1959 में जब उसने संसद् में यह स्वीकार किया कि चीन ने लद्दाख में हजारों वर्ग कि.मी. भारतीय जमीन हड़प ली है, तब पूरे देश में बहुत बड़ा हंगामा खड़ा हो गया। भारत सरकार, और विशेष रूप से नेहरू को संसद् के अंदर और बाहर भयंकर आलोचना का सामना करना पड़ा। लगभग इसी समय सीमा पर भारतीय और चीनी सैनिकों के बीच झड़प भी हुई। भारतीय सैनिक शहीद भी हुए। इससे देश में गुस्सा और बढ़ गया। इन सभी कारणों से नेहरू और भारत सरकार को भारत-चीन सीमा विवाद के संबंध में कुछ कड़े फैसले करने पड़े।

सन् 1962 के युद्ध से पहले के तीन वर्षों में भारत और चीन के बीच भयंकर तनाव देखा गया। अत्यधिक तनाव के उस दौर में सीमा पर झड़प, दोनों सेनाओं द्वारा एक-दूसरे को चकमा देने और अधिकांशतः भारतीय सैनिकों के शहीद होने की घटनाएँ आम तौर पर हो रही थीं। इसी दौरान जब नेहरू ने अंततः संसद् को विश्वास में लेने का फैसला कर लिया और हतप्रभ होकर सुनते देश के सामने उन्होंने यह खुलासा किया कि अक्साई चीन क्षेत्र पर चीन ने कब्जा जमा लिया है, तब तक कम-से-कम सीमा पर होनेवाली तीन अन्य घटनाएँ देश को झकझोर चुकी थीं।

7 अगस्त, 1959 को लगभग 200 चीनी सैनिकों ने खिंजेमाने की सीमा चौकी पर हमला बोल दिया। 25-26 अगस्त, 1959 को लोंगजू की घटना हुई, जिसमें चीनी सैनिकों ने भारतीय चौकियों पर अंधाधुंध गोलीबारी की, जिसके कारण कई भारतीय सैनिकों की मौत हो गई और अनेक चौकियाँ तबाह हो गईं। इन घटनाओं ने पूर्वी क्षेत्र में

तनाव पैदा कर दिया, जिसके बाद पहली बार नेहरू ने कड़ी भाषा (नेहरू के अनुसार व्याकुलता) का प्रयोग किया। उन्होंने चीनी सरकार को लिखा, ''हमारे सुरक्षाबलों को यह निर्देश दिए गए हैं कि वे घुसपैठियों को रोकें तथा उनके द्वारा दी गई चेतावनी को अनसुना किए जाने पर आवश्यक बल का प्रयोग कम-से-कम मात्रा में करें।''

किंतु इसके दो महीने बाद ही एक और भयंकर घटना भारतीय सेना के साथ 2000 मील दूर लद्दाख में होनेवाली थी। यह घटना कोंका दर्रे के पास लद्दाख में 20-21 अक्तूबर, 1959 में घटी। 20 अक्तूबर को भारतीय पुलिस दल के दो सदस्य लद्दाख के पास कोंका दर्रे की ओर गश्त पर निकले। वे जब नहीं लौटे तो एक टुकड़ी उनकी खोजबीन के लिए भेजी गई, लेकिन उनका पता नहीं लग सका। लापता जवानों की तलाश के लिए एक तीसरी टुकड़ी एक अधिकारी के नेतृत्व में भेजी गई। चीनी सेना ने इस दल पर अचानक आक्रमण कर दिया। चीनियों के हमले में दल के नेता समेत 17 जवानों की जान चली गई। जो सैनिक बच गए उन्हें बुरी तरह प्रताड़ित किया गया। खुले और फटे-चिटे टेंटों में उन्हें रखा गया, जिसके कारण वे शीत दंश, यानी फ्रॉस्ट बाइट के शिकार हो गए। चीनियों ने उनसे सघन पूछताछ के दौरान मारपीट की। चीनियों की क्रूरता से देश दंग रह गया था। भारतीय सरकार न जाने कितनी बार चीनी सरकार से सैनिकों की रिहाई और शहीदों के शरीर के लिए अपील कर चुकी थी। अंत में उन्हें रिहा किया गया, लेकिन इसके लिए 14 नवंबर, 1959 का दिन चुना गया, जो नेहरू का जन्मदिन था और इस प्रकार चीनियों ने उनके साथ एक क्रूर मजाक किया।

इस घटना ने निश्चित रूप से नेहरू के मन में खलबली मचा दी। उन्होंने चीनियों के व्यवहार पर गहरा क्षोभ प्रकट करनेवाले कुछ कड़े बयान दिए। किंतु वे अब भी सतर्क थे कि कहीं भारत की ओर से जल्दबाजी में कोई गलत कदम न उठ जाए। एक सार्वजनिक सभा में पहली बार उन्होंने चीनियों को आड़े हाथों लिया और कहा कि जिस स्थान पर भारतीय सैनिक गश्त कर रहे थे, वह चीन का नहीं, बल्कि भारत का हिस्सा है। 25 अक्तूबर, 1959 की एक सभा में ऐसा माना जाता है कि उनका बयान था, ''भारतीय जवानों की गश्त पर चीनियों के हमले से भारत और चीन के संबंध पर तथा विश्व के अन्य हिस्सों में प्रतिकूल प्रभाव पड़ना निश्चित है। भारत का यह दृढ़ विश्वास है कि लद्दाख के जिस हिस्से में यह घटना हुई है वह चीन का नहीं बल्कि भारत का है।''

बढ़ता तनाव

सन् 1959 के बाद के वर्षों में दोनों देशों के बीच सीमा पर बना तनाव बढ़ता चला गया। भारतीय जवानों को आदेश दिए गए, ''वे हमारी (भारत की) वास्तविक स्थिति से अंतरराष्ट्रीय सीमा की ओर वहाँ तक आगे जाकर गश्त करें, जिन्हें हम अपना मानते

हैं¨(तथा) चीनियों को आगे बढ़ने से रोकें और हमारी जमीन पर चीनियों ने यदि कोई चौकी बना ली है तो उस पर भी दबाव बनाएँ।'' ऐसा दावा आधिकारिक भारतीय ऐतिहासिक दस्तावेजों में किया गया है। जुबानी जंग और आक्रामक हो चुकी थी। अमीय और बी.जी. राव इस परिस्थिति का वर्णन इस प्रकार करते हैं, ''चीनियों ने हमारे ल्हासा दूतावास और ट्रेड एजेंसी के स्टाफ को सोची-समझी साजिश के तहत परेशान करना शुरू कर दिया। नेहरू को यह समझ में आ गया होगा कि चीन यहाँ से भारत सरकार के सभी कर्मचारियों को निकाल बाहर करना चाहता है। बौद्ध धर्म के पवित्र तीर्थस्थलों तक तिब्बतियों का आना-जाना बंद हो गया। कैलाश और मानसरोवर आनेवाले हिंदू तीर्थयात्रियों की प्रताड़ना बढ़ गई। इस दौरान ब्रह्मचारी आत्मा चैतन्य का मामला खास तौर पर सामने आया, जब कैलाश के रास्ते में उनकी तलाशी ली गई और उनसे मारपीट की गई तथा इस कबूलनामे पर जबरन दस्तखत कराए गए कि वे जो होमियोपैथिक दवा साथ ले जा रहे हैं, उनका इस्तेमाल स्थानीय लोगों को जहर देने के लिए किया जाना था।''[1]

इस दौरान नेहरू ने चीनियों की कारवाई की निंदा करते हुए संसद् और संसद् के बाहर आक्रामक बयानबाजी शुरू कर दी। इन बयानों से लोगों को ऐसा लगता था कि शायद हमलावर चीन को लेकर भारत सरकार की नीति में कोई परिवर्तन आया है। हालाँकि जल्द ही उन्हें यह समझ आ गया कि यह महज खोखली बयानबाजी थी।

बॉम्बे की एक विशाल जनसभा में नेहरू ने कहा था, ''चाहे कुछ भी हो जाए¨ भारत अपनी जमीन के विशाल हिस्से पर चीन के काल्पनिक दावे को स्वीकार नहीं करेगा। भारत हिमालय को उपहारस्वरूप चीन के हवाले नहीं कर सकता। भारतीय आवाम हिमालय से भावनात्मक रूप से जुड़ी है और वैदिक काल तथा उससे भी पहले से उनका हिमालय से धार्मिक और सांस्कृतिक नाता है।''[2]

उन्होंने संसद् और प्रेस से भी कह दिया कि अब से चीन के प्रति उनकी नीति द्विआयामी होगी, ''जहाँ तक इससे मामलों का शांतिपूर्ण निपटारा संभव होगा¨और दुनिया समाप्त हो जाए, तब भी यही नीति जारी रहेगी, यानी हमारी नीति यह है कि शांति से बात नहीं बनती तो हम लड़ने के लिए भी तैयार हैं।''

चीन पर नेहरू की इस कड़ी बयानबाजी पर क्या प्रभाव पड़ा होगा, इसका अंदाजा लगाना मुश्किल नहीं है। उन्होंने पहले भी नेहरू को कई बार विरोधाभासी बयान देते सुना था। यहाँ तक कि चीनियों द्वारा सीमा के उल्लंघन जैसे गंभीर विषय पर भी नेहरू ने ढुलमुल रवैया और उलझन का ही प्रदर्शन किया था। जब तनाव अपने चरम पर था, तब भी नेहरू ने यू.एन. में भारतीय दल से कहा था कि वे सुरक्षा परिषद् में चीन के लिए सीट सुरक्षित करने में प्रयत्नशील रहें। इस प्रकार, अक्तूबर 1962 में भी, जब भारत और चीन के बीच युद्ध लगभग छिड़ने ही वाला था, तब भी भारत सुरक्षा परिषद् में चीन को

शामिल किए जाने का समर्थन कर रहा था। 8 नवंबर, 1962 को लोकसभा में नेहरू ने सफाई दी, ''प्रश्न पसंद या नापसंद का नहीं, बल्कि प्रश्न यह है कि किस कार्य से बदसलूकी को असंभव और निःशस्त्रीकरण को संभव बनाया जा सकता है।'' क्या नेहरू इतने भोले थे कि उन्हें यह मालूम नहीं था कि संयुक्त राष्ट्र संघ 'बदसलूकी को संभव' बना सकता है या नहीं?

नेहरू के इस विरोधाभासी रुख से चीनी सचमुच खुश हुए होंगे। इसके अलावा चीन जब अंधाधुंध तेजी से अपनी सेना को सुसज्जित कर रहा था, वहीं भारत अपनी सैन्य क्षमता को बढ़ाने का कोई प्रयास नहीं कर रहा था। न जाने क्यों नेहरू को कभी यह बात समझ नहीं आई कि हमारी एक स्पष्ट रक्षा नीति होनी चाहिए। सुरक्षा, लेकिन किससे? उन्हें पूरा भरोसा था कि 'थोड़ा-बहुत' पाकिस्तान के सिवाय किसी की भी चिंता करने की आवश्यकता नहीं है। चीन के संबंध में खास तौर पर वे मानते थे कि चीन कभी हमला नहीं करेगा। कई बार सार्वजनिक रूप से भी उन्होंने अपनी यह धारणा व्यक्त की थी।

नेहरू रोमांसवादी और कल्पना जगत् में जीते थे, यह बात उन तीन निर्णायक वर्षों के दौरान स्पष्ट हो गई। दूसरी तरफ, वे संसद् के अंदर और बाहर चीनियों के विरुद्ध आक्रामक बयानबाजी भी कर रहे थे। यह बात साफ हो चुकी थी कि वे देश की जनता को गुमराह कर रहे थे, जिससे कि वे दिखा सकें कि चीन के साथ विवाद के निपटारे में वे सख्त हैं और विपक्ष तथा मीडिया के इस आरोप को गलत ठहरा सकें कि उनमें हालात से निपटने की क्षमता नहीं है। दरअसल विपक्षी दलों को 'मिली-जुली भीड़' कहनेवाले नेहरू को उनकी परवाह नहीं थी, लेकिन वे मीडिया में बढ़ती आलोचना से नहीं बच पा रहे थे, जिसके विषय में उन्हें पता था कि वह 'मिली-जुली भीड़' की तुलना में जनमत तैयार करने में अधिक कारगर होता है।

नेहरू अतिउत्साह में और लगभग घोर लापरवाही की हद तक जाकर इस विवाद के परिणामस्वरूप 'युद्ध' की आशंका भी जता चुके थे। देश का कोई भी नेता, चाहे धमकी के रूप में या चेतावनी या फिर सावधान करने के लिए ही सही युद्ध की बात खुलकर नहीं कर सकता, लेकिन नेहरू ऐसा कर रहे थे। 14 अगस्त, 1962 को लोकसभा में उन्होंने कहा था, ''मैंने उन्हें (कृष्ण मेनन को जो उस समय यू.एन. में थे) कह दिया कि वे उन्हें (चीनियों को) बता दें कि यह बात कहीं और जा रही है तथा वे सतर्क नहीं हुए तो युद्ध छिड़ सकता है।''[3]

रक्षा की कोई तैयारी नहीं

नेहरू यह अच्छी तरह जानते होंगे कि वे बस नाटक कर रहे थे, क्योंकि भारत उस

समय चीन से युद्ध लड़ने के लिए बिलकुल तैयार नहीं था। रक्षा संबंधी तैयारी न के बराबर थी। स्वतंत्रता प्राप्ति के बाद से ही भारत की रक्षा नीति घोर लापरवाही का शिकार थी। उपेक्षा, अनियमितता, लापरवाह नेतृत्व तथा अनेक समस्याओं ने हमारी रक्षा प्रणाली को अपनी चपेट में ले रखा था। सन् 1946 से लेकर सन् 1952 तक रक्षा मंत्रालय की जिम्मेदारी सरदार बलदेव सिंह सँभाल रहे थे, लेकिन किसी विवाद के कारण उन्हें पद से हटा दिया गया। बलदेव सिंह के हटते ही प्रधानमंत्री नेहरू ने मंत्रालय की जिम्मेदारी स्वयं सँभाल ली। पूरे तीन वर्षों तक नेहरू भारत के रक्षा मंत्री होने के साथ-साथ विदेश मंत्री तथा अन्य कई विभागों के भी मंत्री रहे। सन् 1955 में मंत्रालय को कैलाशनाथ काटजू के हवाले किया गया, जो वयोवृद्ध थे तथा अनेक स्वास्थ्य समस्याओं से भी जूझ रहे थे। न तो बलदेव सिंह और न ही काटजू ने, कभी इस मंत्रालय के महत्त्व को समझा, जबकि नेहरू के पास इसके लिए वक्त ही नहीं था।

कृष्ण मेनन ने नए रक्षा मंत्री के रूप में अपनी पारी की शुरुआत सन् 1957 में की। शीघ्र ही वे सैन्य प्रमुखों के साथ झगड़ों और षड्यंत्रों में उलझ गए। उस निर्णायक दौर में रक्षा मंत्रालय छोटे-छोटे झगड़ों और राजनीतिक नेतृत्व की अस्थिरता का शिकार हुआ, जिसके कारण सैन्य बलों का मनोबल गिरता चला गया। कृष्ण मेनन ने सैन्य प्रमुखों से दुर्व्यवहार किया, तथा अक्षम अफसरों को बिना वजह तरक्की देकर, साथ ही सैन्य बलों को सुसज्जित करने में कोताही बरतकर अपने क्षुद्र व्यवहार का परिचय दिया।

अचानक कृष्ण मेनन ने ऐलान किया कि उनकी सरकार युद्ध की सामग्री का देश में ही उत्पादन किए जाने पर जोर देगी। देखा जाए तो यह निर्णय बुरा नहीं था, लेकिन चीन के आक्रामक रुख के बीच हथियारों के लिए अंतरराष्ट्रीय सहयोग के विकल्प को खारिज कर देना बेहद चौंकानेवाला था। दूसरी तरफ, नेहरू जो लगातार भड़काऊ भाषण दे रहे थे, उन्होंने एक बार भी यह जानने का प्रयास नहीं किया कि यदि युद्ध हुआ तो उसके लिए हमारी सेनाएँ तैयार हैं भी या नहीं। किंतु नेहरू के लिए इसका कोई महत्त्व नहीं था, क्योंकि वे अपने सुहाने सपनों में खोए थे कि चीनी 'कभी इस चौकी पर तो कभी उस चौकी पर' हमला बोल दें या कुछ दूर तक आगे बढ़ सकते हैं, लेकिन बड़े पैमाने पर युद्ध कभी नहीं छेड़ेंगे।

युद्ध पर बड़े-बड़े बयान देने के बावजूद ऐसा क्या था, जिसके आधार पर वे इस ठोस निष्कर्ष पर पहुँच चुके थे कि चीन कभी हमला नहीं करेगा, यह बता पाना मुश्किल है, लेकिन इतना जरूर कहा जा सकता है कि वे यथार्थवादी नहीं थे। यह सही है कि सोवियत संघ के राष्ट्रपति ख्रुश्चेव ने मध्यस्थता और सुलह का भरोसा दिया था, लेकिन उस समय का कोई भी समझदार राजनेता यह जानता था कि उस दौरान माओ और ख्रुश्चेव के रिश्तों में तल्खी थी और इस मामले में ख्रुश्चेव पर भरोसा नहीं किया जा

सकता था। नेहरू का तर्क भी सुनहरे सपने जैसा था, जब दिसंबर 1961 में राज्यसभा में कहा, ''क्या यह माना जा सकता है कि भारत और चीन के बीच होनेवाला युद्ध इन देशों तक ही सीमित रह जाएगा? यह विश्वयुद्ध का रूप ले लेगा।''

असल में जब युद्ध छिड़ा तो सबकुछ इतनी तेजी से हुआ कि न तो यह विश्वयुद्ध का रूप ले सका और न ही कोई अन्य देश इसमें दखल देने या भारत की मदद करने आया। ऐसा नहीं कि कोई दूसरा देश भारत की मदद के लिए तैयार नहीं था। अमेरिकी राष्ट्रपति आइजनहावर ने दिसंबर 1959 में भारत का दौरा किया और समर्थन की सार्वजनिक पेशकश की, ''हम अमेरिकी आपके कई विशेष हित एक जैसे हैं और हम तथा आप कभी यह दंभ नहीं करते कि हम जो कर रहे हैं, वही सही तरीका है। मैं यहाँ भारत के मित्र के रूप में आया हूँ और भारत के 180 मिलियन मित्रों की ओर से बोल रहा हूँ,'' ऐसा उन्होंने औपचारिक भाषण में कहा था। यह स्पष्ट संकेत था कि यदि आवश्यकता पड़ी तो अमेरिका चीन के साथ टकराव में भारत की सहायता सहर्ष कर सकता है। दरअसल इस दौरान भारतीय खुफिया एजेंसियाँ अमेरिकी खुफिया अधिकारियों के साथ तिब्बत के कुछ मामलों में सक्रिय भूमिका निभा रही थीं।

लेकिन नेहरू के विचार में तीसरे देश से मदद माँगना कायरता के समान था। जे.बी. कृपलानी जैसे वरिष्ठ नेता की ओर से दिए गए सुझाव पर वे गुस्से से चीख उठे थे, ''क्या हम यह कहना चाहते हैं कि जब खतरे का सामना हो तो हमारे हाथ काँपने लगेंगे और पैर सुन्न पड़ जाएँगे तथा हम किसी और के छाते में शरण माँगने लग जाएँगे?'' इस प्रकार सन् 1959 में आइजनहावर आए और चले गए, लेकिन नेहरू ने मदद नहीं माँगी। सन् 1960 में ख्रुश्चेव भी आकर चले गए। नेहरू ने एक बार फिर सहायता नहीं माँगी। इसकी बजाय नेहरू ने 'परमाणु युद्ध', विश्वयुद्ध की आशंका पर ख्रुश्चेव के साथ बातचीत कर बहुमूल्य मौका गँवा दिया। सन् 1960 में न तो चीन परमाणु शक्ति था और न ही भारत।

नवंबर 1961 में अपने अमेरिकी दौरे में नेहरू ने यही रुख राष्ट्रपति केनेडी के सामने दिखाया, जिन्होंने आइजनहावर के बाद पद सँभाला था। राष्ट्रपति केनेडी जहाँ भारत के प्रति चीन के हमलावर रुख पर बात करना चाहते थे, वहीं नेहरू संकोच कर रहे थे। केनेडी ने विदेश नीति के जानकारों के साथ नेहरू के सुबह के नाश्ते का बंदोबस्त भी किया था। पहले तो नेहरू इस नाश्ते पर देरी से पहुँचे और फिर उनकी बातचीत में जोश बिलकुल नहीं था। वे अधिकांश सवालों के जवाब हाँ या न में देकर चुप हो जा रहे थे। यह मुलाकात महज 20 मिनट में खत्म हो गई, जिससे चिढ़कर कैनेडी को यह अप्रिय टिप्पणी करनी पड़ी कि नेहरू 'बहुत दिनों तक जी चुके' हैं और राष्ट्रपति की किस्मत अच्छी थी कि किसी ने उनकी हत्या कर दी।

नेहरू के प्रति थोड़ी नरमी बरती जाए तो कहा जा सकता है कि वे अक्षरश: गुटनिरपेक्षता के प्रति समर्पित थे और इस कारण भारत तथा चीन के बीच उस समय की दो महाशक्तियाँ अमेरिका और सोवियत संघ की दखलअंदाजी के घोर विरोधी थे। किंतु यह भी निश्चित रूप से दिखा दिया कि वे एक यथार्थवादी की बजाय आदर्शवादी थे। दुर्भाग्य से या सौभाग्य से, कूटनीति व्यावहारिकता का ही नाम है।

इन सारी बातों से दोनों देशों के बीच तनाव और बढ़ गया। सन् 1960 में चाऊ एन-लाई आखिरी बार यह समझाने के लिए भारत आए कि वे अक्साई चीन पर दावा करना छोड़ दें। स्वाभाविक रूप से नेहरू इसके लिए तैयार नहीं थे। इसके बाद संबंध और तनावपूर्ण हो गए। बीजिंग का दौरा करनेवाले भारतीय राजनयिकों से उनके चीनी समकक्ष दुर्व्यवहार करने लगे। विदेश मंत्रालय के महासचिव आर. के. नेहरू को जुलाई 1961 में चीनियों से पीछे हटने की माँग करने पर यू साओ ची ने इतनी बुरी तरह डाँटा, जैसे किसी लड़के को डाँट लगाई जाती है और उनसे कहा कि सीमा का पुनर्निर्धारण कर दिया गया है।[4]

यहाँ तक कि नेहरू को भी नहीं बख्शा गया। 4 अक्तूबर को 'पीपुल्स डेली' के संपादकीय में लिखा गया, "अच्छा, तो ऐसा लगता है कि मिस्टर नेहरू ने इससे भी बड़े पैमाने पर चीनी सीमा पर हमले का मन बना लिया है...अब समझ आ गया है कि नेहरू को यह डाँटकर बता दिया जाए कि विदेशी आक्रमण को विफल करने की महान् परंपरा का पालन करनेवाले बहादुर चीनी सैनिकों को उनकी जमीन से कोई भी नहीं हटा सकता है। अगर अब भी कुछ सनकी बचे हैं, जो इतने लापरवाह हैं कि हमारी नेक सलाह को मानने को तैयार नहीं और दाँव चलना चाहते हैं तो उन्हें ऐसा करने दो। इतिहास अपना कठोर फैसला सुना देगा।"

तलवारें खिंच चुकी थीं।

संदर्भ–

1. अमीय ऐंड बी.जी. राव, सिक्स थाउजेंड डेज, पृ. 133
2. द टाइम्स ऑफ इंडिया, 5 अक्तूबर, 1959
3. अमीय ऐंड बी.जी. राव, सिक्स थाउजेंड डेज, पृ. 144
4. द साइनो-इंडियन बॉर्डर डिसप्यूट, C.I.A. रिपोर्ट

9

हमले के लिए माओ की तैयारी

चीन में जब नेतृत्व ने मान लिया कि युद्ध होना निश्चित है तो उसने आनन-फानन में तैयारी शुरू कर दी। भारतीय संसद् में अगस्त महीने में युद्ध की आशंका पर नेहरू के बयान के बाद माओ ने उस केंद्रीय सैन्य आयोग को भारत पर हमले की तैयारी का हुक्म दे दिया, जिसके अध्यक्ष वे स्वयं थे। दरअसल माओ के लिए यह युद्ध इतने सही मौके पर आया कि वे इसे अपने हाथों से जाने नहीं देना चाहते थे।

अपने पूरे कार्यकाल के दौरान माओ ने अतिमहत्त्वाकांक्षा का प्रदर्शन किया। वे उस सोशलिस्ट ब्लॉक के निर्विवादित नेता बनना चाहते थे, जिसका नेतृत्व फिलहाल सोवियतों के हाथ में था। स्टालिन जब तक जीवित थे, तब तक माओ सपने में भी इसका खयाल मन में नहीं ला सकते थे। किंतु स्टालिन युग का समापन होते ही माओ की नजर में सोवियत नेतृत्व का कोई महत्त्व नहीं रह गया। 1950 के दशक के अंतिम वर्षों में सोवियत संघ और चीन के संबंधों में खटास आती चली गई। सोवियत संघ की कमान सँभालनेवाले ख्रुश्चेव की माओ से बिलकुल नहीं बनती थी। अब गुप्त दस्तावेजों का खुलासा होने के बाद यह बात सामने आई है कि दोनों नेताओं के बीच संबंधों में कड़वाहट ने दोनों देशों के रिश्तों को भी पूरी तरह बिगाड़ दिया था।

ख्रुश्चेव ने भारत के साथ करीबी रिश्ता कायम किया। भारी मशीनों और साजो-सामान उपलब्ध कराने के साथ ही सोवियतों ने सीमा पर बुनियादी ढाँचा खड़ा करने में भारत की भरपूर मदद की। भारत-सोवियत रिश्तों को और मजबूत करने का इरादा जग-जाहिर करने के लिए दिल्ली में फरवरी 1960 में आयोजित एक प्रेस कॉन्फ्रेंस में ख्रुश्चेव ने कहा था कि सोवियत रूस हमेशा भारत के लिए तैयार है, उन्हें बस अपने हक में अपनी आवाज को बुलंद करना है। ''हम पास ही हैं, बस पर्वत श्रृंखला के उस पार,''

उन्होंने यह खुलकर ऐलान किया था। भारत में अत्याधुनिक लड़ाकू विमान मिग-21 के निर्माण के लाइसेंस के संबंध में भारत और सोवियत संघ के बीच अगस्त 1962 में एक बहुत बड़ा रक्षा समझौता हुआ था। माओ के कलेजे पर इस समझौते के बाद साँप लोट रहा था, क्योंकि सोवियतों ने यह लाइसेंस चीनियों को नहीं दिया था।

कुछ जानकारों की राय यह है कि नेहरू और ख्रुश्चेव की इस दोस्ती के साथ ही अंतरराष्ट्रीय जगत् में छाए रहने की नेहरू की फितरत से भी माओ चिढ़ गए थे। नेहरू की अंतरराष्ट्रीय लोकप्रियता ने निश्चित रूप से माओ के मन में ईर्ष्या पैदा कर दी होगी। उन्हें नेहरू की मंशा पर भी संदेह था। इन सबने मिलकर उनके मन में नेहरू के प्रति घृणा का भाव जगा दिया था। तिब्बत की समस्या पर चर्चा करते हुए माओ ने अपने सहयोगियों से कहा था, "उन्हें (नेहरू को) कुचल देना चाहिए।" उनके मन में नफरत इस हद तक बढ़ चुकी थी।

माओ को यह भी शंका थी कि पूरा विश्व उनके और उनके चीनी जनवादी गणराज्य के विरुद्ध साजिश रच रहा है। अमेरिकियों ने एक नए गठबंधन केंद्रीय संधि संगठन (सेंटो) और दक्षिण-पूर्व एशियाई संधि संगठन (सिएटो) का गठन किया था। उन्होंने भारत के साथ अपने संबंधों को बेहतर बनाने के साथ ही अपने साथी पाकिस्तान से भी करीबी बढ़ा ली थी। उस समय कम्यूनिस्ट विरोधी विचारधारा को भी नजरअंदाज नहीं किया जा सकता था। इन सारी बातों से उनके मन में यह बात बैठ गई थी कि सारे शत्रु मिलकर चीन की घेराबंदी कर रहे हैं।

देश के अंदर कृषि व्यवस्था में सुधार के लिए लागू किए गए माओ के ग्रेट लीप फॉरवर्ड अभियान के भयंकर दुष्परिणाम सामने आए थे। इस अभियान का उद्‍देश्य व्यापक रूप से कृषि व्यवस्था पर आधारित समाज को एक आधुनिक देश में परिवर्तित करना था। किंतु इसकी नीतियाँ और सुधार के नियम इतने कठोर थे कि देश में भयानक अराजक माहौल पैदा हो गया। लाखोंलाख लोग अकाल, भुखमरी और अनाज की किल्लत के कारण मारे गए, जिसका कारण मानव-निर्मित नीतियाँ ही थीं। याँग जिशेंग ने अपनी किताब 'टॉम्ब स्टोन' में यह खुलासा किया है कि सन् 1958 से सन् 1962 के बीच लगभग तीन करोड़ साठ लाख चीनी भुखमरी के कारण मारे गए, जबकि 4 करोड़ बच्चों की जन्म लेने से पहले अपनी माँ के कोख में ही मृत्यु हो गई। इसका अर्थ यह है कि 'भयंकर अकाल के दौरान चीन की लगभग 7 करोड़ 60 लाख आबादी का सफाया हो गया।'

इस दौरान माओ की लोकप्रियता रसातल में जा चुकी थी। उनका कद दोयम दरजे का हो चुका था। चीन की कम्यूनिस्ट पार्टी में भी माओ के खिलाफ असंतोष बढ़ने लगा। सन् 1962 की गरमियों में चीन के राष्ट्रपति लियु शाओकी ने माओ त्से-तुंग को

चेतावनी दी, ''इतने लोगों के भूखे मरने में मेरी और तुम्हारी भूमिका इतिहास के पन्नों में दर्ज हो जाएगी और इस नरमांस भक्षण का स्मारक भी बना दिया जाएगा!''[1]

घटती लोकप्रियता के बीच माओ ने मौके को भुनाया

अपनी लोकप्रियता के ऐतिहासिक पतन और पार्टी पर अपनी पकड़ के जबरदस्त रूप से कमजोर पड़ने के बीच माओ ने खोई हुई जमीन फिर से हासिल करने के लिए भारत के साथ युद्ध के मौके को भुनाया। दरअसल चीन के इतिहासकारों का कहना है कि उनके यहाँ अकसर यह देखा गया है कि घरेलू संकट से उबरने के लिए वहाँ के नेता अपनी गिरती लोकप्रियता के बीच युद्ध का सहारा लेते रहे हैं। सन् 1959 में घरेलू संकट ने चीन को सोवियत संघ के साथ युद्ध के लिए मजबूर कर दिया था। सन् 1979 में, पार्टी और सेना पर नियंत्रण के लिए, डेंग जियाओपिंग अपनी सेना के साथ वियतनाम युद्ध में कूद पड़े थे।

इसी प्रकार, सन् 1962 में, चीन ने भारत के साथ एक निर्णायक युद्ध की तैयारी शुरू कर दी, जिसमें स्वयं माओ युद्ध के लक्ष्य तय कर रहे थे। पार्टी में मौजूद मार्शल यू बोचेंगे जैसे कट्टरपंथियों ने न केवल नेहरू की फॉरवर्ड पॉलिसी के तहत बनी नई चौकियों से भारतीयों को पीछे धकेलने का आह्वान किया, बल्कि 'अधिक निर्णायक जीत' हासिल करने पर जोर दिया।

अक्तूबर 1962 में चेयरमैन माओ (उन दिनों उन्हें इसी नाम से पुकारा जाता था) ने अपनी चोटी के सैन्य कमांडरों और राजनैतिक प्रमुखों को मिलने के लिए बीजिंग बुलाया और उन्हें विस्तार से यह समझाया कि क्यों चीन को भारत के खिलाफ युद्ध लड़ना ही होगा। उन्होंने सदियों पुराने चीन-भारत संबंधों का जिक्र किया और 'डेढ़ चीनी-भारतीय युद्ध' के बारे में बताया, ''पहला युद्ध सन् 648 में हुआ था जब ताँग वंश के राजा ने उस उपमहाद्वीपीय राज्य के वैध उत्तराधिकारों को गद्दी पर बैठने में मदद के लिए अपनी सेना भेजी थी। इससे पूर्व गद्दी के दूसरे दावेदार ने ताँग शासक द्वारा भेजे गए कूटनीतिक दल के 30 सदस्यों को मार डाला था। ताँग सेना के दम पर सिंहासन के दूसरे दावेदार को पराजित किया गया और फिर उसे कब्जे में लेकर ताँग की राजधानी छंगनर (जियान) भेज दिया गया, जहाँ उसने अपना बाकी का जीवन बिताया।'' माओ 'एक पूरे युद्ध' का जिक्र कर रहे थे।

इसके बाद उन्होंने 'आधे युद्ध' के बारे में बताया, जो सन् 1398 में हुआ था, ''जब तैमूर लंग ने दिल्ली पर कब्जा जमा लिया था। यह बहुत बड़ी जीत थी, लेकिन इसके बाद 100,000 से अधिक बंदियों का नरसंहार कर दिया गया था और बेशकीमती हीरे-जवाहरात लूट लिये गए थे। यह 'आधा युद्ध' था, क्योंकि तैमूर और उसके सैनिक

अंदरूनी और बाहरी मंगोलिया के मंगोल थे। मंगोलिया उस समय चीन का एक हिस्सा था, जिस कारण यह हमला 'आधा' चीनी था।''

आखिर में उन्होंने युद्ध के लक्ष्य तय किए। किस्सिंगर के मुताबिक, ''यह विश्लेषण, ध्यान से की गई तैयारी, मनोवैज्ञानिक तथा राजनीतिक कारकों के जरिए सामरिक फैसले करने का चिर-परिचित चीनी तरीका था, जिसमें आश्चर्य में डालनेवाले हमले के साथ ही तुरंत युद्ध को निपटा दिया जाता है।[2]

''पहले तो, P.L.A. को जीत हासिल कर नेहरू को समझौते के लिए मजबूर करना था, दूसरा, चीनी सैनिकों को नियंत्रित और सिद्धांतवादी बनाना था।''

चीनी टिप्पणीकारों के अनुसार, माओ ने भविष्यवाणी की थी, ''यदि चीनियों ने सफलतापूर्वक तथा गर्व करनेवाली शैली से युद्ध किया, तो भारत के साथ कम-से-कम 30 वर्षों के शांतिपूर्ण संबंधों की उम्मीद की जा सकती है।''

केंद्रीय सैन्य आयोग ने ऐलान किया कि चीनी सेना अब और पीछे नहीं हटेगी तथा किसी भी नई भारतीय चौकी का जमकर विरोध करेगी और उनके करीब चीनी चौकियाँ बनाकर उनकी घेराबंदी की जाएगी। माओ ने इसका सार अपने जाने-पहचाने अंदाज में कुछ इस प्रकार बताया, ''तुम बंदूक दिखाओगे, तो हम भी दिखाएँगे, हम आमने-सामने खड़े रहेंगे और पूरे हौसले से मुकाबला करेंगे।''[3]

बीजिंग विश्वविद्यालय में अंतरराष्ट्रीय अध्ययन विभाग के डीन और चीनी रणनीतिकार, वॉंग जीसी का कहना है, ''एक दंतकथा के अनुसार माओ ने अपनी सत्ता खिसकने के डर से सन् 1962 में युद्ध छेड़ा था।'' उन्होंने आगे विस्तार से लिखा है, ''सन् 1962 में, ग्रेट लीप फॉरवर्ड के तीन वर्षों बाद, माओ की शक्ति और सत्ता छिन चुकी थी। वे देश के सर्वोच्च नेता नहीं रह गए थे और सच कहें तो दूसरी कतार में जा चुके थे। स्वाभाविक रूप से, अनेक विषयों पर उनका नियंत्रण नहीं रह गया था इसलिए, वे यह बताना चाहते थे कि सत्ता और विशेष रूप से सेना पर अब भी उनका अधिकार है। यही कारण है कि उन्होंने तिब्बत में तैनात कमांडर झाँग को बुलाया और पूछा, 'क्या तुम्हें विश्वास है कि तुम भारत के खिलाफ युद्ध जीत सकते हो?' तिब्बत में तैनात कमांडर झाँग गुआहुआ ने कहा था, 'हाँ, माओ हम इस युद्ध को आसानी से जीत सकते हैं।' माओ ने कहा, 'ठीक है, आगे बढ़ो और ऐसा कर दिखाओ।' इसका सीमा विवाद से कोई लेना-देना नहीं था। संभवतः तिब्बत से कोई संबंध हो, पर वह भी निश्चित नहीं है।''[4]

माओ ने अंतरराष्ट्रीय तटस्थता सुनिश्चित की

सामरिक मामलों में बेहद चतुर होने के कारण, माओ के मन में दुविधा थी कि

भारत और चीन के बीच युद्ध छिड़ने पर न जाने अमेरिका का रुख क्या होगा। उन्हें शक था कि भारत जहाँ एक तरफ अमेरिका से कहेगा कि वह ताइवान में बैठे चीनी राष्ट्रवादियों को उकसाकर पूर्वी दिशा से हमला करने में मदद करे, वहीं पश्चिमी दिशा से रूसियों से हमला करने को कहेगा। इन हमलों को रोकने के लिए, जून 1962 में माओ ने अपने प्रतिनिधियों को अमेरिका भेजकर एक समझौता किया और यह आश्वासन लिया कि ताइवान में जमा राष्ट्रवादियों की ओर से कोई समस्या नहीं खड़ी होगी।

चीनी राजदूत विंग विंगनान ने एक शानदार चाल चली। उन्होंने अपने अमेरिकी समकक्ष से मुलाकात का समय माँगा। उस बैठक में उन्होंने पूरे भरोसे के साथ कहा कि बीजिंग को यह जानकारी मिली है कि ताइवान में चीन पर हमले की तैयारियाँ चल रही हैं। असल में चीन के पास ऐसी कोई जानकारी नहीं थी। जैसा कि उम्मीद थी, अमेरिकी राजदूत हैरान रह गए, क्योंकि उन्होंने भी ऐसी कोई बात नहीं सुनी थी। वास्तव में भी ऐसा कुछ नहीं चल रहा था। वॉशिंगटन और जिनिवा के बीच आनन-फानन में किए गए कुछ फोन कॉल्स के बाद अमेरिकी राजदूत को निर्देश दिया गया कि वे चीनियों को आश्वस्त कर दें कि अमेरिका ताइवानियों के किसी भी हमले का समर्थन करने पर विचार नहीं कर रहा है।

जैसे ही यह आश्वासन मिला, माओ ने ताइवान के खिलाफ तैनात तोपखानों की रेजिमेंट को तिब्बत की ओर भेज दिया। यहाँ यह बता देना आवश्यक है कि भारतीय रक्षा मंत्री कृष्ण मेनन एक भी सैनिक को पाकिस्तानी सीमा से हटाने पर राजी नहीं हुए, जबकि उस समय के सैनिक तानाशाह अयूब खान ने आश्वस्त कर दिया था, ''भारत को उस युद्ध के दौरान मैंने जो सबसे बड़ा समर्थन दिया, वह यही था कि मैंने उसका विरोध नहीं किया।'' यह दावा बाद में दिए गए एक इंटरव्यू में उन्होंने किया था।

माओ ने अपने हमले के लिए क्यूबा पर हुए मिसाइल के हमलों के समय को चुना। ठीक 20 अक्तूबर, 1962 को, वह तारीख जब चीनियों ने भारत पर हमला किया था, अमेरिका ने क्यूबा पर एक बड़े हमले की शुरुआत की थी। स्वाभाविक रूप से, अमेरिकी और उनके साथ रूसी भी इस संकट में उलझ चुके थे। उस बड़े हमले की ओर विश्व के कई देशों का ध्यान टिक गया था। यह माओ की योजना के अनुसार बिलकुल सही था, 'थोड़ी सी सार्वजनिक चर्चा के बीच बड़ी सामरिक विजय', जो सुन जू का ही फॉर्मूला था।

इस समय युद्ध छेड़ने के कारण रूसी माओ से बुरी तरह नाराज थे और उन्होंने अपने साथी कम्यूनिस्ट राष्ट्र की मदद करने से इनकार कर दिया। इससे भड़के चीन की कम्यूनिस्ट पार्टी के मुखपत्र 'पीपुल्स डेली' ने जमकर अपनी भड़ास निकाली, ''एक कम्यूनिस्ट से कम-से-कम इतनी अपेक्षा तो की ही जाती है कि वह दुश्मन और हमारे

बीच भेद कर सकेगा, यानी उसे दुश्मन के विरुद्ध निर्दयी और अपने कॉमरेड के प्रति दयालु होना चाहिए।''

जहाँ तक रूसियों की बात है तो उन्होंने संकट की घड़ी में युद्ध छेड़ने के लिए माओ की कड़ी निंदा की। सन् 1964 में सोवियत पार्टी के विचारक और पोलित ब्यूरो सदस्य मिखाइल सुसलोव ने माओ पर आरोप लगाते हुए कहा, ''यह सच है कि कैरिबियाई संकट जब चरम पर है, तब चीनी जनवादी गणराज्य ने भारत-चीन सीमा पर युद्ध शुरू करने का फैसला कर लिया। चीनी नेता अपने रवैए को सही ठहराने के लिए उस समय से ही चाहे कोई भी तर्क क्यों न दें, उन्होंने अपनी काररवाई से उन साम्राज्यवादी ताकतों को मदद पहुँचाई है, जो उन्नति के विरोधी हैं।''

3 अक्तूबर को प्रधानमंत्री चाऊ एन-लाई दिल्ली आए। युद्ध से बस एक हफ्ते पहले वे सरलता से विश्वास कर लेनेवाले नेहरू को आश्वासन दे रहे थे कि कोई युद्ध नहीं होगा, जबकि उसकी तैयारियाँ पूरी तेजी से चल रही थीं। नेहरू ने यह संदेश अपने भरोसेमंद कौल को दे दिया, जिन्हें चतुर्थ कोर का कमांडर नियुक्त किया गया था। चाऊ असल में ऊपर से मिले आदेशों का पालन कर रहे थे। उनसे कहा गया था कि वे झूठे आश्वासन देकर भारतीय नेतृत्व को अँधेरे में और निश्चिंत रखें। ऐसा ही वे पिछले 8 वर्षों से करते चले आ रहे थे, जिसकी शुरुआत मध्य सन् 1954 में हुई थी।

चाऊ ने चीन वापस लौटने पर माओ को नेहरू से हुई मुलाकात का ब्योरा दिया और बताया कि नेहरू अब भी पंचशील पर विश्वास करते हैं। माओ मुसकराने लगे और उन्होंने चाऊ से कहा कि वे नेहरू को बता दें कि चीन और भारत को 'शांतिपूर्ण सह-अस्तित्व' का नहीं बल्कि 'हथियारबंद सह-अस्तित्व' का पालन करना चाहिए। नेहरू जब तक इस छल को समझ पाते तब तक बहुत देर हो चुकी थी।

युद्ध की तैयारियों के लिए अंतिम बैठक 6 अक्तूबर, 1962 को हुई। उस बैठक में लिन बियाओ ने बताया कि P.L.A. की खुफिया इकाइयों को थागला रिज स्थित भारतीय टुकड़ियों की 10 अक्तूबर के लिए एक निश्चित साजिश का पता चला है। यह रिपोर्ट झूठी थी। भारतीय सेना की चतुर्थ कमान, जो नेफा का नियंत्रण अपने हाथों में लेनेवाली थी, वह युद्ध के लिए बिलकुल तैयार नहीं थी। उस बैठक में माओ ने चीनी सेना के प्रमुख लाओ रुइ किंग को अधिकृत किया, ''वे भारतीय सेना पर एक भयंकर और कष्टदायी हमला करें। यदि भारतीय सेना जवाबी हमला करे तो उसे करारा जवाब दें (तुम उन्हें) न केवल पीछे धकेलो, बल्कि इतना जोरदार हमला करो कि उन्हें हमले के नुकसान का पता चल सके।''

17 अक्तूबर, 1962 को केंद्रीय सैन्य आयोग ने 'भारतीय आक्रमणकारी फौज को नेस्तनाबूद' करने का औपचारिक आदेश जारी कर दिया। 20 अक्तूबर, 1962 को सुबह

5 बजे चीनी सेना नेफा (आज के अरुणाचल प्रदेश) में और उसी दिन सुबह 7 बजे लद्दाख में दाखिल हो गई। दो घंटे का अंतर इन दोनों इलाकों में सूर्योदय के समय में अंतर के कारण आया, क्योंकि पूर्वी भारत में सूर्योदय जहाँ जल्दी होता है, वहीं लद्दाख में इसमें देरी होती है।[4]

संदर्भ–

1. द न्यूयॉर्क टाइम्स, 7 दिसंबर, 2012
2. हेनरी किसिंगर, ऑन चाइना, पृ. 187
3. हेनरी किसिंगर, ऑन चाइना पृ. 188
4. हेनरी किसिंगर, ऑन चाइना पृ. 192

□

10

वीरता की कहानियाँ

सन् 1962 के युद्ध को बहुत बड़े राष्ट्रीय शर्म के रूप में देखा जा रहा था। सत्ता के शीर्ष पर अनेक मुजरिम बैठे थे। उन सभी ने जीवन में जो भी नाम कमाया था, वह दाँव पर लगा था। ऐसे में उन सभी ने मिलकर युद्ध से जुड़ी जितनी बातें थीं, उन्हें सार्वजनिक दायरे में आने से पहले ही मिटा देने की काररवाई शुरू कर दी। भारत में पाकिस्तान के साथ हुए युद्ध से जुड़ी शौर्य की गाथाएँ जन-जन के बीच कही-सुनी जाती हैं। परंतु सन् 1962 के चीन युद्ध के परदे के पीछे छिपाने की कोशिश की जाती है, जबकि इस युद्ध में प्रत्येक भारतीय, तथा विशेष रूप से राजनैतिक नेतृत्व के लिए ऐसे अनेक सबक हैं जिन्हें सीखना चाहिए।

यही कारण है कि वीरता की कहानियाँ उन युद्धों को लेकर नहीं लिखी जातीं जिनमें जीत मिली है, बल्कि बहुत बड़ी पराजयवाले युद्ध में भी वीरता, शौर्य और बलिदान की अनेक महान् गाथाएँ छिपी होती हैं और उन्हें सामने लाया जाता है। दरअसल किसी सैनिक के साहस और दृढ़संकल्प की परीक्षा विजय अभियान के दौरान नहीं, बल्कि पराजय का सामने होने पर ही होती है। सन् 1962 का युद्ध भी ऐसा ही एक अवसर था, जब अत्यंत साधारण सैनिकों ने भी अदम्य साहस और असाधारण वीरता का परिचय दिया। ऐसी कहानियों को जानबूझकर हिमालय के हिमखंडों में दफन हो जाने के लिए छोड़ दिया गया, क्योंकि इन गाथाओं से न केवल भारतीय सैनिकों के उज्ज्वल पहलू आलोकित होते, बल्कि भारतीय राजनीति के कई काले पन्ने भी देश के सामने आ जाते।

भारतीय सेना को दयनीय स्थिति और बिना साजो-सामान युद्ध में झोंक दिया गया। सैनिकों के पास खाने के लिए पर्याप्त भोजन तक नहीं था। उन्हें जब पीछे हटने का

हुक्म दिया गया, तब कई टुकड़ियों को बेस कैंप तक सुरक्षित लौटने में कई हफ्ते का समय लग गया। इस दौरान उनके पास खाने को कुछ भी नहीं था। पहाड़ों और जंगलों में जंगली कंदमूल-फल खाकर उन्होंने किसी तरह अपने प्राणों की रक्षा की। नेफा में वापस लौटती एक टुकड़ी के साथ ऐसी घटना घटी, जो कलेजे को चीर देती है। कई दिनों से भूखे एक सैनिक ने जंगल में सूअर को देखा। वह उसके पीछे दौड़ पड़ा, लेकिन उसके पास जाने पर उसने अपना विचार बदल दिया और हत्या करने की बजाय उसे सुरक्षित जाने दिया। दरअसल वह मादा सूअर माँ बननेवाली थी।

सन् 1963 की शुरुआत में जब खोजबीन और बचाव अभियान चलाया गया तो अनेक सैनिकों के शव बर्फ में जमे और अकड़े हुए मिले, लेकिन वे तब भी लड़ाई की मुद्रा में अपने राइफल को ताने हुए थे। अलग-अलग मोरचे पर लगभग एक महीने तक चले युद्ध में वीरता की अनेक कहानियाँ लिखी गई हैं। पश्चिमी छोर से लेकर पूर्वी छोर तक शौर्य की गाथाएँ लिखी गईं। उस दौरान असाधारण वीरता का परिचय देनेवालों में अधिकांशतया साधारण सैनिक थे, जिन्होंने दुर्भाग्य से भरे उन दिनों में भयंकर रूप से विपरीत परिस्थितियों में भी शत्रु को रोक रखा था और उनकी हत्या करने के साथ ही जितने दिनों तक संभव हुआ, उनकी प्रगति को धीमा किया।

पश्चिमी मोरचे पर

पश्चिमी मोरचे पर चुसुल लड़ाई का मुख्य मैदान बन गया था। यह राष्ट्रीय सम्मान का विषय बन गया था। भारतीय सैन्य बलों की सबसे सुदूर हवाई पट्टी होने के कारण चीनी इस पर जल्द-से-जल्द कब्जा जमाना चाहते थे, ताकि वे लद्दाख के संपूर्ण क्षेत्र को अपने नियंत्रण में ले सकें। यहाँ से चुसुल महज 25 कि.मी. की दूरी पर था। यहाँ किसी भी मौसम में विमान उड़ान भर सकते थे, जिसके कारण यह भारतीय फौज के लिए एक अत्यंत महत्त्वपूर्ण ठिकाना था। चुसुल घाटी को सुरक्षित रखने की जिम्मेदारी भारतीय सेना की एक छोटी सी टुकड़ी पर थी, जिसे 114 ब्रिगेड कहा जाता था। इसका नेतृत्व ब्रिगेडियर टी. एन. रैना कर रहे थे, जो आगे चलकर भारतीय सेना के प्रमुख भी बने। चीनियों ने जैसे ही हमला बोला, कश्मीर घाटी के बारामुला में तैनात 13 कुमाऊँ रेजिमेंट की सी कंपनी को विमान से चुसुल लाया गया। इसके बावजूद उस बेहद अहम ठिकाने को सुरक्षित रखने के लिए जितने सैनिकों की आवश्यकता थी, उसके मुकाबले अब भी वहाँ एक चौथाई से भी कम सैनिक मौजूद थे। चुसुल में जो कुछ हुआ, वह सन् 1962 के युद्ध के इतिहास में स्वर्णाक्षरों में लिखा जाएगा। ऐसा कहा जाता है, 'एक सैनिक अपने प्राणों की आहूति भयंकर मुश्किलों से लड़ते हुए इससे भी अच्छी तरह कैसे दे सकता है कि उसके सामने अपने पुरखों की अस्थियों और देवों के मंदिरों की

रक्षा करने की चुनौती हो।'' कुमाऊँ रेजिमेंट के अहिरों ने उस युद्ध में वीरता का जो परिचय दिया, उसका वर्णन इन शब्दों में किया जा सकता है। हालाँकि मोहन गुरुस्वामी ने अपने लेख में लिखा है, ''वे न तो अस्थियों और न ही देवों के मंदिरों की रक्षा के लिए लड़ रहे थे, क्योंकि चुसुल में इन दोनों में से कुछ भी नहीं था।'' उन्होंने इन्हीं शब्दों में चुसुल के संघर्ष का वर्णन किया है।

''अहिर तब तक प्रतीक्षा करते रहे जब तक की चीनी उनकी रेंज में नहीं आ गए और फिर अपनी बंदूकों में जितनी गोलियाँ थीं, सब चीनियों पर बरसा दीं। कुछ ही पलों में पूरी गलियाँ मृत और घायल चीनी सैनिकों से पट गईं। धावा बोलकर मुँह की खानेवाले चीनी बौखला गए और उन्होंने अपने तोपखाने का मुँह खोलकर घातक हमला किया। भयंकर बमबारी की आड़ लेते हुए चीनी पैदल सैनिक झुंड-के-झुंड बनाकर आने लगे। इस घातक बमबारी में अपने सैनिकों को खोनेवाली सी कंपनी के पास कुछ ही जवान बचे थे, फिर भी वे पूरी बहादुरी के साथ लड़ते रहे। एक-एक मोरचे पर वे तब तक डटे रहे, जब तक कि उनकी आखिरी गोली खत्म नहीं हो गई। मेजर शैतान सिंह की कमान में सी कंपनी में तीन जे.सी.ओ. और 124 अन्य रैंक के सैनिक थे। लड़ाई जब थमी, तब उनमें से केवल 14 सैनिक बचे थे, जिनमें से नौ बुरी तरह घायल थे। 13 कुमाऊँ के सैनिक फिर से एकजुट हुए और 114 ब्रिगेड ने चुसुल पर अपना कब्जा बनाए रखा। बटालियन की युद्ध डायरी में लिखा गया है कि अब 'हमारे पास सी कंपनी नहीं है'।''[1]

जनवरी 1963 में एक स्थानीय लद्दाखी गड़रिया रेजांग ला की पहाड़ियों पर घूमता हुआ आया। वह उस स्थान पर युद्ध की चौंका देनेवाली तसवीरें देखकर दंग रह गया, जिसमें सैनिक सर्दी से जमकर शहीद हो चुके थे फिर भी उन्होंने अपने टूटे-फूटे हथियारों को लड़ाई लड़ने के अंदाज में थाम रखा था। उनमें से ज्यादातर के राइफल की मैगजीन खाली हो चुकी थी। एक महीने बाद, फरवरी 1963 में, ब्रिगेडियर रैना के नेतृत्व में पहले भारतीय दल ने इंटरनेशनल रेडक्रॉस के बैनर तले रेजांग ला का दौरा किया। इस दल ने वहाँ 96 भारतीय सैनिकों के पार्थिव शरीर देखे, जिन्हें बम के टुकड़ों और गोलियों ने छलनी कर दिया था। सर्दी से अकड़े हुए उनके शरीर ध्वस्त हुए मोरचे में पड़े थे। लेकिन उनके हथियार अब भी हाथों में ही थे। खोजी दल ने इन तसवीरों को भविष्य के लिए इतिहास के पन्नों में दर्ज कर लिया। मेजर शैतान सिंह का शव वहीं से मिला, जहाँ दो जवान उन्हें छोड़ गए थे। अन्य सैनिकों के पार्थिव शरीर का अंतिम संस्कार जहाँ पूरे राजकीय सम्मान के साथ चुसुल में ही कर दिया गया, वहीं मेजर शैतान सिंह के शरीर को राष्ट्रीय ध्वज में लपेटकर लाया गया और उनकी अंत्येष्टि उनके गाँव में सैनिक सम्मान के साथ की गई। मेजर शैतान सिंह को मरणोपरांत परमवीर चक्र से

सम्मानित किया गया। अन्य को वीर चक्र, जबकि चार को सेना मेडल दिया गया। 13 कुमाऊँ रेजिमेंट को 'रेजांग ला' का युद्ध सम्मान दिया गया, जिसे वे आज भी गर्व से धारण करते हैं।

कर्नल एन.एन. भाटिया ने रेजांग ला की लड़ाई का सजीव वर्णन भारत रक्षक वेबसाइट पर अपने लेख में किया है। वे लिखते हैं—

"17-18 नवंबर की रात करीब 22.00 बजे लड़ाई के मैदान में जबरदस्त बर्फीली आँधी चली, जो करीब दो घंटे बाद शांत पड़ी। तूफान के बाद 600 मीटर तक सबकुछ साफ दिखाई दे रहा था। रात 02.00 बजे 8वीं प्लाटून के लुक आउट पोस्ट ने भारी तादाद में उस दर्रे से आ रहे चीनी सैनिकों को देखा, जो गलियों के रास्ते से लगभग 700-800 मीटर की दूरी पर थे। लुक आउट पोस्ट के कमांडर लांस नायक ब्रिज लाल भागकर प्लाटून के हेडक्वार्टर आए और इस असाधारण घटना की सूचना दी। पोस्ट की मदद के लिए उनके साथ सेक्शन कमांडर हुकुम चंद और एक L.M.G. भेजी गई। इस बीच चीनी सैनिक पोस्ट के सामने छोटे हथियारों की रेंज में आ चुके थे। लुक आउट पोस्ट ने सबसे पहले चेतावनी के तौर पर वेरी लाइट सिग्नल के साथ ही...का लंबा बर्स्ट फायर किया, जिसका मकसद सी कंपनी को 'स्टैंड टू' यानी चौकन्ना करना था। इसी दौरान आगे की ढलान पर तैनात 7वीं प्लाटून के लुक आउट ने चीनियों को इकट्ठा होते देखा और पूरी सी कंपनी को सावधान कर दिया। मेजर शैतान सिंह ने फौरन अपने वायरलेस सेट के जरिए सब-यूनिट कमांडरों से संपर्क किया, जिन्होंने बताया कि सभी सैनिक लड़ने के लिए तैयार हैं। चूँकि सैनिकों की कमी के कारण 7वीं और 9वीं प्लाटून के बीच एक बड़ा फासला था, जो असुरक्षित था, इस कारण उन्होंने 9वीं प्लाटून को आदेश दिया कि वह एक पेट्रोल पार्टी भेजकर हालात की जानकारी दे। गश्ती दल ने इस बात की तस्दीक कर दी कि गलियों में चीनी सैनिक भारी तादाद में इकट्ठा हो चुके हैं। खराब मौसम की आड़ में चीनियों ने अपने आक्रमणकारी सैनिकों को लड़ाई के लिए छिपते-छिपाते इकट्ठा तो कर दिया था, लेकिन वे भारतीय सैनिकों को चौंका देनेवाले हमले की चाल में पूरी तरह नाकाम हो चुके थे।

"सी कंपनी के सारे जवान अपने-अपने हथियारों के ट्रिगर पर उँगलियाँ रखकर अपने-अपने मोरचे से पहली रोशनी के बढ़ने और सामने आते पहले बड़े हमले को धैर्य के साथ देख रहे थे। सुबह करीब 05.00 बजे, मोरचा सँभाले अहिरों ने चीनियों के झुंड को देखा, L.M.G., M.M.G. और मोर्टार के गोले ने दुश्मन का स्वागत किया। अनेक चीनी मारे गए, कई घायल हुए, लेकिन जो बचे वे पीछे से आनेवाली मदद के साथ आगे बढ़ते रहे। शीघ्र ही रेजांग ला तक आनेवाली सारी गलियाँ चीनी सैनिकों के शवों से भर गईं। एक के बाद एक चीनियों ने ऐसे चार हमले किए, लेकिन हर बार उन्हें खदेड़ दिया

गया। इधर कई अहिर लड़ते हुए शहीद हो गए और उनकी संख्या तथा गोला बारूद भी बस नाम-मात्र के ही रह गए थे। चीनियों ने जब पाँचवाँ हमला किया तो नायक चाँदी राम, जो एक प्रसिद्ध पहलवान थे, दुश्मनों की ओर बैनट ताने अपने जवानों के साथ धावा बोल दिया तथा 6-7 चीनी सैनिकों को अकेले मार गिराया और तब तक लड़ते रहे, जब तक उनकी साँसें चलती रहीं। इस दौरान चीनी गश्ती दल से भी मुठभेड़ हुई और उनमें से कई दलों को खदेड़ दिया गया, लेकिन एक दल ने जाते-जाते बटालियन हेडक्वार्टर से संपर्क साधनेवाले टेलीफोन लाइन को तहस-नहस कर दिया। लगभग 05.45 बजे तक चीनियों के आक्रमण को विफल किया जा चुका था।

अब तक चीनी समझ चुके थे कि रेजांग ला को जीतना आसान नहीं है और उन्होंने अपनी रणनीति बदल दी। चीनियों ने रेजांग ला पर तोपों के जरिए भारी बमबारी की। इस बमबारी का भारतीय सैनिकों के पास कोई जवाब नहीं था, क्योंकि रेजांग ला में उनके पास न तो तोपखाने थे और न ही बंकर बने थे। तीन महीने बाद फरवरी 1963 में इस इलाके का दौरा करने के बाद दुश्मनों की ओर से की गई भयंकर बमबारी की तसवीर दिखी।

"7वीं प्लाटून में अब कोई जीवित नहीं बचा था और चीनी सैनिक उनके मोरचे पर कब्जा जमाने के लिए भारी तादाद में इकट्ठा हो रहे थे। उनसे कुछ ही दूरी पर नायक सही राम, जो अपने प्लाटून से बिछड़ने के बाद अकेले जीवित बचे थे, वे L.M.G. के सटीक निशाने पर दुश्मनों को लेकर प्रतीक्षा कर रहे थे। उन्होंने मौका पाते ही दुश्मनों पर गोलियों की बौछार कर दी। चीनी तितर-बितर हो गए और उनके बाद पीछे से आए झुंड ने उन पर R.C.L. बंदूकों से भारी गोलीबारी की तथा आखिरी मोरचे को भी ध्वस्त कर दिया। मेजर शैतान सिंह ने अब बचे-खुचे सैनिकों के साथ आगे बढ़ते चीनियों को रोकने का जिम्मा सँभाल लिया। भारी बमबारी के बाद सी कंपनी हेडक्वार्टर पर कब्जे के लिए चीनी सैनिक इकट्ठा होने लगे। दूसरी तरफ, मेजर शैतान सिंह, जो एक मोरचे से दूसरे मोरचे पर जाकर अपने सैनिकों का हौसला बढ़ा रहे थे, उनकी बाँह में दुश्मन की गोली लग गई। फिर भी वे अपने जवानों और बचे हुए हथियारों के साथ दुश्मन को टक्कर देते रहे। उनके कंपनी हवलदार मेजर (C.H.M.) हरफूल सिंह ने उन्हें उन जवानों के साथ एक सुरक्षित ठिकाने तक ले जाने का आग्रह किया। इस बीच मेजर शैतान सिंह के पेट में एक गोली आ लगी। बुरी तरह घायल और लहूलुहान होने के बाद हर फूल सिंह और जयनारायण उन्हें चट्टान के पीछे सुरक्षित स्थान तक ले आए और उनके जख्मों पर पट्टियाँ बाँधी। चूँकि रेडियो से संपर्क का कोई साधन नहीं बचा था, इसलिए उन्होंने हर फूल सिंह और जयनारायण से कहा कि वे उन्हें वहीं छोड़ बटालियन हेडक्वार्टर जाएँ और उसे सतर्क कर दें। उसी रात घायल शैतान सिंह भयंकर ठंड के कारण वीरगति को प्राप्त हुए।

"हरफूल सिंह तीन जवानों के साथ दुश्मनों को रोकने के लिए तब तक लड़ते रहे जब तक कि वे शहीद नहीं हो गए। 3 इंच मोर्टार सेक्शन के गोले खत्म हो चुके थे। इस कारण उसके कमांडर रामकुमार को आदेश दिया गया कि वे मोर्टार को खोलकर इस्तेमाल के लायक न छोड़ें तथा फायर प्लान एवं नक्शे नष्ट कर दें, ताकि वे चीनियों के हाथ न लग सकें। रामकुमार जब मोर्टार को खोल रहे थे, तभी 20 गज की दूरी से चीनियों ने उन्हें गोली मार दी। घायल होने के बावजूद वे अपनी कमांड पोस्ट में डटे रहे और जैसे ही चीनियों ने अंदर झाँका, उन्होंने अपने .303 बोल्ड एक्शन राइफल की गोलियों से उन्हें निशाना बनाया और कई दुश्मनों को मार गिराया। चीनियों ने उन पर हथगोले बरसाए और वहाँ से भाग खड़े हुए। कई घंटे तक उनका खून बहता रहा, फिर उन्हें जैसे ही होश आया, वे अपने शरीर को किसी प्रकार घसीटते हुए बटालियन हेडक्वार्टर तक पहुँचे, जहाँ उन्होंने रेजांग ला की यह रोंगटे खड़े करनेवाली और वीरता की यह अनसुनी कहानी सुनाई, जिसे आज भी कहा-सुना जाता है। दुश्मनों ने पाँच सैनिकों को बंदी बना लिया तथा सिपाही बलबीर सिंह की मौत उनके कब्जे में ही हो गई। आखिरी गोली तथा आखिरी जवान के शांत पड़ जाने के बाद रेजांग ला में चारों तरफ मौत का सन्नाटा था। सी कंपनी ने न ही किसी प्रकार की मदद माँगी और न ही उन्हें मिल सकती थी।"

18 नवंबर, 1962 को हुई रेजांग ला की लड़ाई पूरे युद्ध के काले इतिहास का एक सुनहरा पन्ना है। महज कुछ सौ वीर भारतीय सैनिकों ने चीनी सेना के 3,000 से अधिक सैनिकों को इस रणनीतिक दर्रे पर आगे बढ़ने से रोक दिया और अपनी शहादत से भारत को सबसे शर्मनाक हार से बचा लिया। यदि रेजांग ला में उन सैनिकों ने अपने साहस और शौर्य का परिचय नहीं दिया होता तो पूरा लद्दाख और उसका प्रमुख शहर लेह चीन के कब्जे में आ गया होता।

रेजांग ला की लड़ाई लड़नेवाले और शहीद होनेवाले अधिकांश जवान कुमाऊँ रेजिमेंट के थे तथा हरियाणा के एक गाँव के निवासी थे, जिसे रेवाड़ी के नाम से जाना जाता है। दिल्ली और जयपुर के बीच धान के हरे-भरे खेतों से घिरा यह छोटा सा गाँव गुड़गाँव से कुछ ही दूरी पर स्थित है। यहाँ रेजांग ला की लड़ाई में शहीद हुए 60 से भी अधिक सैनिकों का एक स्मारक है, जो इस गाँव के वीर सैनिकों की गाथा का वर्णन करता है। शहीद सैनिकों में कुछ की उम्र तो महज 20 वर्ष की थी, जिन्हें युद्ध शुरू होने के ठीक पहले कुमाऊँ रेजिमेंट में शामिल किया गया था।

पूर्वी मोरचे पर

सन् 1962 के युद्ध से पहले भारत, तिब्बत और भूटान के त्रिकोण पर स्थित

थागला रिज भारत एवं चीन के बीच टकराव का एक बड़ा कारण था। चीनियों का दावा था कि मैकमोहन रेखा के अनुसार यह उनके हिस्से में आता है, जबकि भारत इसे अपना इलाका मानता था। इस कारण युद्ध के दौरान थागला रिज की रक्षा करना देश के लिए प्रतिष्ठा का प्रश्न बन गया था। पंजाब, राजपूत और गोरखा रेजिमेंट के बहादुर जवानों ने आखिरी सैनिकों के जीवित रहने तक इसकी रक्षा की।

थागला रिज के करीब नमका चू की खाई में हुई लड़ाई भारतीय सैनिकों के शौर्य की कहानी बयान करती है। यहाँ मुट्ठी भर भारतीय सैनिकों ने अपने पास मौजूद थोड़े-बहुत हथियारों की मदद से चीनियों को कड़ी टक्कर दी, जबकि चीनियों ने एक बार फिर अपनी भारी तादाद से जीत हासिल करने की रणनीति बनाई और सैनिकों के झुंड भेजते चले गए। गोरखा, पंजाबी और राजपूत सैनिकों ने असाधारण वीरता का परिचय दिया और अकसर गोलियाँ खत्म हो जाने के बाद दुश्मन के साथ 'गुत्थम-गुत्था' की लड़ाई की। दुश्मनों के अनेक सैनिकों को मार गिराने के बाद ही वे धराशायी हुए। ऐसा कई बार हुआ, जब चीनियों ने सिख पैरागनर सैनिकों को घेर लिया और उनसे आत्मसमर्पण करने को कहा, लेकिन उन्होंने हथियार डालने की बजाय शहादत को चुना।

नामका चू में लगभग 500 भारतीय जवानों ने वीरगति को प्राप्त किया। मरने वाले चीनी सैनिकों की संख्या लगभग पाँच गुना रही होगी, भारतीय सेना के वरिष्ठ अधिकारियों ने वहाँ से अपने जवानों को निकल जाने का आदेश दिया। सैनिकों के कुछ समूह निकल जाना चाहते थे। उन्हें कई दिनों तक पैदल चलना पड़ा और अंत में भूखे-प्यासे भूटान पहुँचे। किंतु कई सैनिक पीछे नहीं हटे, या तो उन तक आदेश नहीं पहुँचा या उन्होंने फैसला किया कि वे पीछे नहीं हटेंगे। आखिरी जवान और आखिरी गोली तक वे लड़ते रहे। जैसा कि ब्रिगेडियर एन. सी. रावले ने भी लिखा है, ''हठी कुमाऊँ के जवान त्रिकोण पर लड़ते रहे और तब तक लड़ते रहे जब तक कि उनके पास कुछ भी नहीं बच गया। इसके बाद एक गहरा सन्नाटा छा गया।''

पूर्वी और पश्चिमी छोर के सुदूर इलाकों में कुमाऊँ, राजपूत, गोरखा और पंजाब रेजिमेंटों द्वारा प्रदर्शित वीरता की कहानियाँ आज भी सुनाई जाती हैं। पश्चिमी मोरचे पर मेजर शैतान सिंह और पूर्वी छोर पर गढ़वाल राइफल के राइफलमैन जसवंत सिंह रावत जैसे वीरों के किस्से अब शौर्य की ऐतिहासिक गाथाओं का रूप ले चुके हैं। दरअसल अरुणाचल प्रदेश के तवांग में भारत-तिब्बत सीमा पर राइफलमैन जसवंत सिंह की कहानी ऐसे सुनाई जाती है, जैसे वे आज भी जीवित हैं।

जसवंत सिंह राइफलमैन थे, जिन्हें तवांग के पास काफी ऊँचाई पर स्थित नूरगंग में तैनात किया गया था। पूरे तीन दिनों तक उन्होंने अकेले ही चीनी सैनिकों को रोके रखा और तब तक लड़ते रहे जब तक कि गोलियों से छलनी उनका शरीर धराशायी नहीं

हो गया। नामका चू की हार के बाद भारतीय सैनिकों से बैरक में वापस लौट आने को कहा गया था। लेकिन जसवंत सिंह ने वहीं रुककर चीनिकों को रोकने का फैसला किया। ऐसा बताया जाता है कि पहाड़ी की चोटी पर अपने बेहतर ठिकाने से बहादुरी के साथ लड़नेवाले जसवंत सिंह की दो लड़कियों—सेला और नूरा ने मदद की।

जसवंत सिंह ने एक जबरदस्त योजना तैयार की थी, जिसके अनुसार वे मोरचे के एक हिस्से से दूसरी ओर तक दौड़ते हुए जाते और अपनी पोजीशन बदल-बदल कर फायरिंग करते रहे। चीनियों को यह जानकारी नहीं थी कि भारतीय फौज लौट चुकी है और मोरचे पर एक अकेला भारतीय सैनिक उनसे लड़ रहा है। उन्हें ऐसा लग रहा था मानो एक बड़ी भारतीय बटालियन ने मोरचा सँभाल रखा है।

सेला और नूरा न केवल जसवंत सिंह की राइफल लोड करने में मदद कर रही थीं, बल्कि समय-समय पर उन तक भोजन भी पहुँचाने में जुटी रहीं। जसवंत सिंह ने 72 घंटे तक चीनियों को रोके रखा, लेकिन लड़कियों के पिता ने उन्हें धोखा दे दिया और फिर चीनी सैनिकों ने उन्हें घेरकर अपने कब्जे में ले लिया। उन्हें टेलीफोन के तार से एक पेड़ से बाँध दिया गया। उन्हें प्रताड़ित किया गया और गरदन काटकर उनकी हत्या कर दी गई। सेला वहाँ से बचकर निकल गई और पहाड़ी की चोटी से नीचे कूद गई। उस स्थान को अब सेला पास के नाम से जाना जाता है। नूरा को आक्रमणकारी सैनिक पकड़कर अपने साथ ले गए।

भारतीय सेना के 11 डोगरा रेजिमेंट के जवानों ने सन् 1987 में तवांग के पास ठीक उसी जगह पर जसवंत सिंह की याद में स्मारक के रूप में दो कमरों का एक मंदिर बनाया है, जहाँ उन्होंने चीनियों से लोहा लिया था। आज भी इस स्मारक की देखरेख सेना के जवानों द्वारा की जाती है। हजारों लोग यहाँ आते हैं और जसवंत के प्रति अपनी श्रद्धा व्यक्त करते हैं। इस इलाके में तैनात प्रत्येक सैनिक इस ऐतिहासिक और वीर सैनिक को याद करना नहीं भूलता है। अनेक सैनिक मानते हैं कि जसवंत सिंह आज भी जीवित हैं और उन इलाकों में घूमते रहते हैं। कई जवानों का दावा है कि उन्होंने अपने मोरचे से उन्हें कुछ दूरी पर देखा है। उन्हें ऐसा लगता है कि वे उनकी मौजूदगी के कारण सुरक्षित और निश्चिंत हैं।

मंदिर के एक कमरे में पूजा होती है, जबकि दूसरा कमरा जसवंत सिंह का शयनकक्ष है। उस कमरे में उनका बिस्तर, जूते, राइफल आदि पूरी तरह सँभालकर और साफ-सुथरा रखा गया है। देश भर से नागरिकों और सैनिकों द्वारा जसवंत सिंह को लिखी गई अनगिनत चिट्ठियाँ वहाँ प्रतिदिन पहुँचती हैं। हर दिन उन चिट्ठियों को उनके कमरे में रखा जाता है, ताकि वे उन्हें पढ़ सकें। ऐसा माना जाता है कि प्रतिदिन जसवंत उस कमरे में आते हैं और उन चिट्ठियों के जवाब देते हैं।

यहाँ तक कि सेना भी जवानों की इस धारणा को खारिज करने या प्रश्न करने के मामले में दखल नहीं देती है। जसवंत सिंह को लगातार वेतन और प्रमोशन दिया जाता रहा तथा उन्हें कैप्टन के पद से 'रिटायर' किया गया। आज भी उनका वेतन देहरादून में रहनेवाली उनकी पत्नी को भेजा जाता है। यही नहीं, उन्हें सालाना छुट्टी भी दी जाती है और उनका बिस्तर एक सैनिक के साथ उनके गाँव तक आता है तथा छुट्टी समाप्त होने पर वापस लौट जाता है।

ऐसी कहानियों और घटनाओं से यह बात साफ हो जाती है सन् 1962 का युद्ध महज हार या जीत का नहीं, बल्कि वीरता और बलिदान की गौरवपूर्ण गाथाओं से भरा पड़ा है। लगभग पाँच दशकों तक वीरता की कारrवाइयों को दबाने और अनगिनत योद्धाओं की जानकारी छिपाने के बाद भारतीय सेना ने उनसे परदा उठाने और उन सैनिकों के परिवारों को सम्मानित करने का फैसला किया, जिन्होंने देश के लिए अपने प्राण न्योछावर कर दिए। सन् 1962 के युद्ध की 50वीं सालगिरह पर सन् 2012 में रक्षा मंत्रालय ने रेवाड़ी के अहिरों और कुमाऊँ तथा अन्य रेजिमेंट के वीरों को सम्मानित किया।

संदर्भ–

1. मोहन गुरुस्वामी, डेक्कन क्रॉनिकल, 15 नवंबर, 2002

□

11

युद्ध और उसके बाद

युद्ध का समापन उसी प्रकार अचानक हुआ, जैसे कि उसकी शुरुआत हुई थी। चीनियों ने जितने नाटकीय अंदाज में घुसपैठ की थी, उसी अंदाज में पीछे भी हट गए। 21 नवंबर, 1962 को चीनियों ने एकतरफा युद्ध विराम की घोषणा की। इस प्रकार लगभग एक महीने तक यह युद्ध लड़ा गया। भारतीय नेतृत्व भी अचानक युद्ध विराम के चीनी फैसले से हैरान रह गया। दरअसल पूरी सरकार और उसके खुफिया विभाग को भी इसकी सूचना मीडिया के माध्यम से ही मिली।

तत्कालीन गृह मंत्री लाल बहादुर शास्त्री उस दिन सुबह की उड़ान से नेफा जाने-वाले थे। उन्हें चीनियों के फैसले की जानकारी उस वक्त दी गई, जब वे लगभग विमान में सवार ही होनेवाले थे। प्रधानमंत्री से चर्चा के बाद उन्होंने असम के तेजपुर तक उड़ान भरने का फैसला किया।

युद्ध समाप्त होने के बाद दोनों देशों को हुई भारी क्षति की जानकारी छन-छन कर सामने आने लगी। चीनियों ने कम-से-कम 10,000 सैनिक गँवा दिए थे। भारतीय पक्ष की बात करें तो जीवन की क्षति तुलनात्मक रूप से कम थी। शहीद होनेवाले सैनिकों की सही संख्या का अनुमान लगाना कठिन था, फिर भी ऐसा अंदाजा है कि लगभग 4,000 भारतीय सैनिकों ने इस युद्ध में अपना बलिदान दिया था। भारतीयों को जितनी क्षति शहादत के मामले में हुई, उससे भी कहीं बड़ा नुकसान अपनी जमीन को गँवाकर उठाना पड़ा।

युद्ध की समाप्ति पर चीनियों ने लगभग 90,000 वर्ग कि.मी. भारतीय जमीन पर अपना कब्जा जमा रखा था। इन क्षेत्रों में पश्चिमी सेक्टर में लद्दाख के इलाके और पूर्वी सेक्टर में नेफा के इलाके शामिल हैं, जिन्हें आज अरुणाचल प्रदेश के नाम से जाना

जाता है। अरुणाचल प्रदेश में चीनी सैनिकों ने असम के तेजपुर सीमा से घुसपैठ की और लगभग भालुकपॉग तक पहुँच गए थे। हालाँकि युद्ध विराम की घोषणा के बाद पूर्वी सेक्टर में चीनी सैनिक सन् 1962 से पहले की स्थिति में लौट गए थे।

पूर्वी सेक्टर में सैनिकों को वापस बुलाने के माओ के फैसले ने कई लोगों को हैरान कर दिया था। दरअसल माओ को इसके लिए चीन में अपनी ही पार्टी की आलोचना झेलनी पड़ी थी। एक आलोचना यह थी कि सन् 1962 के पहले की स्थिति में लौटकर माओ ने अनजाने में ही विवादित मैकमोहन रेखा की वैधता को स्वीकार कर लिया था। कारण चाहे जो भी रहा हो, चीनियों ने युद्धविराम के एक महीने से भी कम की अवधि में तवांग तथा नेफा के अन्य विशाल क्षेत्रों को खाली कर दिया था।

किंतु झगड़े की सबसे बड़ी वजह पश्चिमी सेक्टर को लेकर बनी। चीनियों ने चुसुल और लेह पर कब्जा करने की बेतहाशा कोशिश की थी, ताकि वे पूरे लद्दाख क्षेत्र पर नियंत्रण कर सकें। भारतीय सैनिकों ने उनके इस प्रयास को विफल कर दिया था लेकिन अक्साई चीन में चीन का कब्जा अब भी बरकरार था। इस प्रकार चीनी अब तक जिस क्षेत्र को लेकर लड़ रहे थे उसे उन्होंने अपने कब्जे में कर लिया था और उनके दृष्टिकोण से विवाद लगभग समाप्त हो गया था। पश्चिमी सेक्टर में लगभग 40,000 वर्ग कि.मी. भारतीय जमीन पर उनका पूर्ण नियंत्रण था। नेहरू और प्रत्येक भारतीय की इच्छा इसी क्षेत्र को मुक्त कराने की थी, लेकिन सन् 1962 युद्ध ने इसे चीन की झोली में ही डाल दिया था।

एक वास्तविक नियंत्रण रेखा (L.A.C.) खींच दी गई और दोनों सेनाएँ इसके आर-पास खड़ी हो गईं। इससे नेहरू को बहुत बड़ा झटका लगा। उनका पंचशील का सिद्धांत ध्वस्त हो गया, विश्व शांति का अगुवा बनने का उनका सपना ताश के पत्तों के समान बिखर गया तथा इससे भी कहीं बड़ा झटका घरेलू मोरचे पर लगा, जहाँ काल्पनिक और सुनहरे वैश्विक दृष्टिकोण को लेकर उनकी कड़ी आलोचना की जाने लगी, क्योंकि इस दृष्टिकोण ने ही भारत पर एक अपमानजनक हार का धब्बा लगाया था।

सन् 1962 का युद्ध सिर्फ नेहरू की ही विफलता का परिणाम नहीं था। भारतीय पक्ष कई अन्य मोरचे पर भी बुरी तरह नाकाम साबित हुआ। सशस्त्र सेनाओं के कुछ अफसरों और उनके साथ ही कुछ राजनेताओं के रवैए की भी घोर निंदा की गई। नेताओं से करीबी के कारण जिन अफसरों को समय से पहले तरक्की मिली थी, संकट की घड़ी में उनके विफल होने की कड़ी आलोचना की गई। युद्ध के दौरान सैन्य नेतृत्व ने कई बार अपने शर्मनाक व्यवहार का परिचय दिया। कुलदीप नैयर, जो इस दौरान प्रधानमंत्री नेहरू के सलाहकार थे, उन्होंने बताया कि जब ऊँचे इलाकों तक भोजन और गोला-बारूद पहुँचानेवाली गाड़ियों की भारी कमी थी, तब कुछ अफसरों ने अपने सैनिकों को

कंधे पर कमोड लादकर ले जाने के लिए मजबूर किया, ताकि वे बेस कैंप लगने के दौरान उनका प्रयोग कर सकें।

उन्होंने ऐसी ही एक हैरान करनेवाली घटना का वर्णन कुछ इस प्रकार किया है—

''एक मेजर जो अपने खून के आखिरी कतरे तक लड़ने की बात कर रहा था, वह मेरे शहर सियालकोट का ही रहनेवाला था। मैं उसे बहुत पहले से जानता था। उसने मुझ से कहा कि मैं उसका ट्रंक दिल्ली लेता जाऊँ, ताकि वह अपने सामान की परवाह किए बिना निश्चिंत होकर लड़ सके। मैं जब ट्रंक लेकर उसके घर पहुँचा और उसकी पत्नी ने मेरे सामने ट्रंक खोला तो मैं दंग रह गया, क्योंकि उसमें तस्करी से लाया गया विदेशी सामान भरा पड़ा था। अनजाने में ही मैं गृह मंत्री के विमान में तस्करी का सामान लादकर ले आया था।''

नैयर ने एक नौजवान कैप्टन के बारे में भी लिखा है, जिससे युद्ध के दौरान उन्हें बातचीत का मौका मिला था। उसका कहना था, ''हम अब लड़ाकू नहीं रह गए हैं। हमें खंदकों में भी क्लब और रेस्टोरेंट याद आता है। हम इतने नाजुक हो गए हैं कि किसी काम के नहीं हैं।''

यहाँ एक अमेरिकी अधिकारी के बयान का जिक्र करना भी आवश्यक है। चीन ने जब आक्रमण किया तब नेहरू ने ताबड़तोड़ अमेरिकी राष्ट्रपति जॉन एफ. कैनेडी से हथियार मुहैया कराने की मदद माँगी। उस दौरान वॉशिंगटन डीसी में बी. के. नेहरू भारतीय राजदूत थे। वे जब भारत की ओर से माँगे गए हथियारों की लंबी लिस्ट लेकर पहुँचे तो उस अफसर ने बी.के. नेहरू से कहा, ''बिना किसी बड़े हथियार के चर्चिल ने विश्व युद्ध जीत लिया था और आप हैं कि पीछे हटते समय इतने हथियार माँग रहे हैं।'' उस अफसर का इशारा भारत के हौसले में कमी की ओर था, जैसा कि नैयर ने अपनी किताब 'बियोंड द लाइंस' में लिखा है।

चीनियों को व्यर्थता का अहसास कराने के लिए नेहरू ने आँख मूँदकर पंचशील की शक्ति में विश्वास कर लिया। उन्हें लग रहा था कि आक्रमण के दौरान पूरा गुट-निरपेक्ष जगत् भारत के साथ खड़ा हो जाएगा, लेकिन मिस्र के नासिर ने ही थोड़ी-बहुत सहानुभूति जताई थी। उन्होंने दिल से मान लिया था कि भारत और चीन का युद्ध एक विश्वयुद्ध बन जाएगा, लेकिन किसी भी तीसरे देश ने इसमें दखल नहीं दिया। अंत में, उन्हें विश्वास था कि चीन कभी हमला नहीं करेगा, लेकिन उसने हमला किया और पूरी ताकत से किया।

युद्ध के जब दो हफ्ते गुजर गए, तब नेहरू को अहसास हुआ कि हमारी सेना को अच्छे हथियार और साजो-सामान चाहिए। वह व्यक्ति जो तीन महीने पहले तक सपनों में खोया था और कह रहा था, ''मैं भारत को अपनी जमीन बचाने के लिए विदेशी सेना

के भरोसे नहीं छोड़ूँगा,'' साथ ही यह भी, ''चाहे जो हो, मैं इसके लिए तैयार नहीं हूँ,'' वही वॉशिंगटन में अपने राजदूत बी. के. नेहरू को राष्ट्रपति कैनेडी के पास मदद की गुहार लगाने के लिए भेज रहा था। अमेरिका क्यूबा मिसाइल संकट में फँसा था, फिर भी राष्ट्रपति कैनेडी भारत की मदद करना चाहते थे।

किंतु तब तक बहुत देर हो चुकी थी। यही नहीं, बी. के. नेहरू यह भी नहीं जानते थे कि भारतीय सेना की प्राथमिकताएँ क्या हैं? अमेरिकियों ने जब टैंकों के इस्तेमाल का सुझाव दिया तो बी. के. नेहरू ने उन्हें बताया कि युद्धभूमि तक पहुँचने के लिए उन्हें लंबा और घुमावदार रास्ता लेना पड़ेगा, क्योंकि बीच में पूर्वी पाकिस्तान आता है। ऐसा कहा जाता है कि अमेरिकी विदेश मंत्री डीन रस्क गरज उठे थे और कहा था, ''आप अपने देश की रक्षा कर रहे हैं, कोई पिकनिक नहीं मना रहे हैं। अपने टैंकों को कूच करने का आदेश दीजिए।'' (कुलदीप नैयर, बियोंड द लाइंस, पृ. 117)। यह और बात थी कि भारत में इसका साहस नहीं था।

हार पर स्पष्टीकरण

युद्ध की समाप्ति के बाद नेहरू की काफी बदनामी हुई। शुरुआत में उन्होंने हार को लेकर कई प्रकार की हास्यास्पद सफाई दी। नवंबर 1962 से लेकर सन् 1963 के अंत तक नेहरू ने संसद् या मीडिया को जो स्पष्टीकरण दिए, वे इस प्रकार थे, ''वे हमेशा से ही कह रहे थे कि हमारे खिलाफ उनके मन में इस कारण विद्वेष है कि हम तिब्बत में हमेशा से ही एक क्रांति और विद्रोह को हवा देते रहे हैं। अंततः इसी मुद्दे को लेकर उन्होंने हमला बोल दिया।[1]

''मुझे लगता है कि एक कारण या पिछले अक्तूबर में हुए हमले का प्रमुख कारण यह था कि चीनियों ने यह समझ लिया कि भारत अनेक विघटनकारी ताकतों से जूझ रहा है और इस वक्त उनका हमला हुआ तो हम कई टुकड़ों में बिखर जाएँगे।[2]

''उनका ऐतराज दरअसल शांति और सह-अस्तित्व तथा साम्यवाद को लेकर हमारे रवैए पर है...उनके विचार से, सबसे पहले गुटनिरपेक्षता पर हमला बोलकर उसे तबाह कर देना चाहिए, क्योंकि विश्व में ध्रुवीकरण और कम्युनिस्ट तथा पूँजीवादी समूहों के बीच विश्वयुद्ध की राह का सबसे बड़ा रोड़ा वही है।''[3]

इसी साक्षात्कार में नेहरू ने एक और शानदार सफाई पेश की, ''अपने घरेलू और अंतरराष्ट्रीय समस्याओं से जूझ रहे चीन के लिए भारत गुस्सा उतारने का एक जरिया बन गया,'' इस प्रकार का दावा उन्होंने किया, किंतु वे किन समस्याओं की बात कर रहे थे, यह वे ही जानते थे।

जहाँ तक चीनियों के एकतरफा युद्धविराम और वापस लौट जाने का प्रश्न है तो

उनका कहना था, ''ऐसा लगता है कि उनकी सैन्य शक्ति पर हमारी जनता के नैतिक अधिकार हावी हो गए, जिसके कारण चीनियों को अपना हमला रोकने और अचानक वापस लौटने पर मजबूर होना पड़ा।''

आखिरकार जनरल थापर को हार की जिम्मेदारी लेते हुए इस्तीफा सौंपने को कहा गया। कृष्ण मेनन को रक्षा मंत्रालय से हटाकर कम महत्त्ववाले रक्षा उत्पादन मंत्रालय में भेज दिया गया और आखिर में उन्हें इस्तीफा देने पर मजबूर कर दिया गया।

युद्ध के बीच में 9 नवंबर, 1962 को नेहरू ने संसद् में बयान दिया, ''यह पता लगाने के लिए कैसी चूक या गलतियाँ की गईं और उनके लिए कौन जिम्मेदार था, एक जाँच बिठाई जाएगी।'' सांसदों की तरह ही देश भी यह जानना चाहता था कि इस बड़ी हार और अपमान का जिम्मेदार कौन था?

महावीर त्यागी और आर. पी. एन. सिन्हा जैसे वरिष्ठ सांसदों का एक प्रतिनिधिमंडल कृष्ण मेनन को बर्खास्त किए जाने की माँग को लेकर नेहरू के आवास तक पहुँच गया। नेहरू भावुक हो गए और प्रतिनिधिमंडल से कहा कि वे स्वयं अपनी जिम्मेदारी स्वीकार करेंगे। प्रतिनिधिमंडल के सदस्य समझ गए कि नेहरू दोषियों को बचा रहे हैं। त्यागी का गुस्सा इतना बढ़ गया कि वे उठ खड़े हुए और नेहरू को कड़की आवाज में कहा, ''अगर जिम्मेदारी तुम्हारी हो तो तुम इस्तीफा दो, अभी इस्तीफा दो।''

संसद् का प्रस्ताव

हालाँकि आगे होनेवाली घटनाओं से साबित हो गया कि ऐसा कुछ भी नहीं होने जा रहा था। नेहरू बस यही चाहते थे कि संसद् में चीनी आक्रमण पर एक प्रस्ताव पेश किया जाए, ताकि पूरा देश शर्म में डूब जाए और वे बड़ी आसानी से हार का ठीकरा जनरल थापर और ले. जनरल कौल पर फोड़ दें। 14 नवंबर, 1962 को संसद् में लाए गए प्रस्ताव में चीनी कब्जे से भारतीय जमीन के एक-एक इंच को मुक्त कराने के प्रति प्रतिबद्धता जताई गई, लेकिन इसने भारत में बैठे हार के किसी भी गुनहगार को दोषमुक्त नहीं किया।

प्रस्ताव इस प्रकार था—

''सदन गहरे क्षोभ के साथ व्यक्त करता है कि एक-दूसरे की स्वतंत्रता, अनाक्रमण और अहस्तक्षेप तथा शांतिपूर्ण सह-अस्तित्व के मूल्यों के आधार पर चीन की जनवादी सरकार के प्रति सद्भाव और दोस्ती की समान भावना रखने के बावजूद, चीन ने दोनों देशों के बीच बने इस सद्भाव और दोस्ती तथा पंचशील के सिद्धांतों से धोखाधड़ी की और उसने अपनी सशस्त्र सेनाओं की मदद से बहुत बड़ा हमला किया तथा भारत पर आक्रमण की शुरुआत की।

"यह सदन हमारे सशस्त्र सेनाओं के उन जवानों और अधिकारियों के वीरतापूर्ण संघर्ष के प्रति उच्च कोटि का सम्मान व्यक्त करता है, जिन्होंने हमारी सीमाओं की रक्षा की तथा उन शहीदों को भावभीनी श्रद्धांजलि अर्पित करता है, जिन्होंने हमारी मातृभूमि के सम्मान और अखंडता के लिए अपने प्राण न्योछावर कर दिए।

"भारत पर चीन के इस आक्रमण से उत्पन्न संकट तथा आपातकालीन स्थिति में भारत की जनता ने तत्काल, और पूर्ण समर्थन दिया। हम अपने देश के तमाम वर्गों के बीच एकजुटता के प्रति गहरा आभार प्रकट करते हैं, जिन्होंने राष्ट्रीय संकट की इस आपात घड़ी में अपने सारे संसाधन्नों को देश के प्रति समर्पित कर दिया।

"भारतीय स्वतंत्रता और अखंडता के प्रति फिर से स्वच्छंदता और बलिदान तथा समर्पण की एक ज्योति प्रज्वलित हुई।

"यह सदन हमलों और आक्रमणों के विरुद्ध हमारे संघर्ष की संकटपूर्ण घड़ी में सहानुभूति तथा नैतिक संसाधनों से सहयोग करनेवाले बड़ी संख्या में आगे आए दोस्ताना देशों का आभार प्रकट करता है।

"उम्मीद और विश्वास के साथ यह सदन भारतीय लोगों के प्रण में अपने दृढ़ आस्था को जताता है कि आक्रमणकारी को भारत की पवित्र भूमि से बाहर निकालकर ही दम लेंगे, चाहे इसके लिए कितना ही कठिन और लंबा संघर्ष क्यों न करना पड़े।"

यह प्रस्ताव सर्वसम्मति से पारित किया गया, जिसका समर्थन सदन के सभी सदस्यों ने किया।

ब्रुक्स-भगत समिति

हालाँकि जनता के दबाव और उसके साथ ही संसद् में बढ़ते विरोध ने सरकार को मजबूर कर दिया, जिसने युद्ध के चार महीने बाद, मार्च 1963 में हेंडरसन ब्रुक्स-पी.एस. भगत समिति का गठन किया। ले. जनरल ब्रुक्स और ब्रिगेडियर भगत बेदाग छवि के अफसर थे। मई 1963 के पहले हफ्ते में उन्होंने अपनी रिपोर्ट रक्षा मंत्रालय को सौंप दी। न जाने क्यों सरकार ने रिपोर्ट को जारी नहीं किया। युद्ध के लगभग एक वर्ष बाद, सितंबर 1963 में, तत्कालीन रक्षा मंत्री यशवंत राव चव्हाण ने संसद् को बताया, "यह उसी प्रकार की जाँच है, जैसी जाँच का आश्वासन प्रधानमंत्रीजी ने इस सदन को नवंबर 1962 में दिया था। लेकिन इस रिपोर्ट के प्रकाशन से हमारे शत्रुओं को बिना माँगे बेहद अहम जानकारियाँ मिल जाएँगी। क्योंकि इसमें हमारे सशस्त्र बलों की क्षमता और संख्या तथा तैनाती की जानकारी है। इससे न केवल हमारी सुरक्षा खतरे में पड़ जाएगी बल्कि उनका मनोबल भी प्रभावित होगा, जिन पर हमारी सीमाओं की सुरक्षा की जिम्मेदारी है।"

आज भी सरकार इस रिपोर्ट को सार्वजनिक करने से इनकार कर देती है। यहाँ तक कि सन् 2012 में भी तत्कालीन रक्षा मंत्री ए. के. एंटनी ने इस आधार पर रिपोर्ट को जारी करने की माँग ठुकरा दी थी कि इसमें संवेदनशील सूचनाएँ हैं, जिनके खुलासे से भारत सरकार के 'संप्रभु हित' खतरे में पड़ जाएँगे। यह स्पष्ट है कि ब्रुक्स-भगत रिपोर्ट में उस समय के सरकारी और सैन्य नेतृत्व के संबंध में ऐसी टिप्पणियाँ की गई होंगी जिनके खुलासे से उनकी छवि धूमिल हो सकती है, लेकिन ऐसा कुछ भी नहीं होगा जिससे भारत के 'संप्रभु हितों' को नुकसान पहुँचे। सन् 1960 के दशक में इस रिपोर्ट तक पहुँच हासिल करनेवाले नेविल मैक्सवेल ने भी ऐसा ही कहा था, जिन्होंने उस युद्ध पर विस्तार से लिखा था। यहाँ तक कि सन् 1999 में हुए करगिल युद्ध के दौरान भारतीय सेना के प्रमुख रहे जनरल वेद मलिक ने भी सन् 2012 में सार्वजनिक तौर पर कहा था कि उन्होंने पूरी रिपोर्ट पढ़ी है और उसमें इतना गुप्त कुछ भी नहीं कि उसे अब भी गुप्त दस्तावेजों की सूची में रखा जाए।

संदर्भ–

1. लोकसभा, 8 नवंबर, 1962
2. लोकसभा, 22 अगस्त, 1963
3. इंटरव्यू टू आर के करंजिया, स्टेट्समैन

□

12

भारत के पाँचवें स्तंभकार?

सन् 1962 के भारत-चीन युद्ध पर किसी भी प्रकार की चर्चा तब तक अधूरी है, जब तक उसमें उस दौरान भारतीय कम्यूनिस्टों की भूमिका का वर्णन नहीं होता। उन दिनों कई लोग कम्यूनिस्टों पर वैचारिक भाईचारा के नाम पर चीन का साथ देने का आरोप लगाया करते थे, जो गलत भी नहीं था। आज भी कुछ लोग ऐसा ही सोचते हैं। और इस बात को साबित करने के लिए पर्याप्त ऐतिहासिक और आत्मकथा संबंधी लेख उपलब्ध हैं। हालाँकि युद्ध के बाद भारतीय कम्यूनिस्टों के C.P.I. धड़े ने लोगों को यह विश्वास दिलाने का एक मामूली प्रयास किया कि 'सारे' कम्यूनिस्ट धोखेबाज नहीं होते, बल्कि कुछ ही होते हैं। उनका इशारा साफ तौर पर C.P.I. मार्क्सवादियों की ओर था जिन्होंने 1964 में उनसे अलग होकर एक नए दल के रूप में अपना गठन किया था। इसके बावजूद भारत की जनता ने हमेशा कम्यूनिस्टों को संदेह की नजर से ही देखा। इस अविश्वास की एक बड़ी वजह स्वतंत्रता आंदोलन के दौरान कम्यूनिस्टों की भूमिका भी थी। उन्हें भारत की अखंडता को चुनौती देनेवाली शक्तियों के साथ साँठगाँठ करते देखा गया। उन्होंने मुसलिम लीग के संस्थापक मोहम्मद अली जिन्ना का खुलकर साथ दिया और उनके दो राष्ट्र के कुख्यात सिद्धांत का भी समर्थन किया। असल में वे यहीं तक सीमित नहीं रहे, बल्कि अपने उस दिशाहीन सिद्धांत का प्रचार-प्रसार करने में भी जुट गए, जिसके अनुसार भारत को सिर्फ दो नहीं, बल्कि सोलह या अधिक देशों में बाँट दिया जाना चाहिए, क्योंकि भारत में प्रत्येक भाषा बोलनेवाला समूह अपने आप में एक अलग राष्ट्र है। ऐसी भयंकर रूप से दिग्भ्रमित 'वैचारिक' सनकवाले कम्यूनिस्ट किसी का भी समर्थन करने लग जाते थे। भारत के विरुद्ध जो भी बोलता था, चाहे वे निजामों के पूर्ववर्ती रज्जाक हों या फिर जम्मू-कश्मीर राज्य के शेख अब्दुल्ला और उनके

समर्थक, उन सभी से कम्यूनिस्टों के दोस्ताना संबंध थे। दूसरी तरफ, भारतीय कम्यूनिस्टों ने भारतीय स्वतंत्रता आंदोलन के किसी भी महान् नेता को नहीं बख्शा और गांधी से लेकर नेहरू और पटेल से लेकर सुभाष चंद्र बोस तक को भला-बुरा कहा।

जब माओ की लाल सेना ने उस वक्त पीकिंग पर कब्जा जमाया, जो आज का बीजिंग है, तब भारतीय कम्यूनिस्ट इतने उत्साहित हो गए कि यह सपना देखना शुरू कर दिया कि वही लाल सेना एक दिन संभवत: दिल्ली की सड़कों पर भी मार्च करती नजर आएगी। माओ को चीन में मिली शानदार जीत के लिए बधाई देनेवाला एक तार भेजा गया और उसी उत्साह में उन्हें निमंत्रित किया गया कि वे आएँ और भारत को भी 'मुक्त' कराएँ। यह सन् 1949 की बात है, जब भारत को ब्रिटिश शासन से आजाद हुए दो वर्ष बीत चुके थे और माओ ने भी कॉमरेडों को निराश नहीं किया। तार का उत्तर देते हुए उन्होंने लिखा, ''मेरा अटल विश्वास है कि भारत की बहादुर कम्यूनिस्ट पार्टी और सारे देशभक्तों की एकजुटता पर भरोसा किया जाए तो भारत लंबे समय तक साम्राज्यवाद और उसके साथियों के चंगुल में नहीं रहेगा। चीन की तरह ही भारत का भी साम्यवादी लोकतांत्रिक परिवार में विलय हो जाएगा।''

इस कारण भारतीय कम्यूनिस्ट पूरे मन से यह मान चुके थे कि भारत न तो सन् 1947 या सन् 1949 में और न ही सन् 1959 में सच्चे अर्थों में मुक्त हुआ, बल्कि इस पर अब भी 'साम्राज्यवादियों' के भाड़े के टट्टुओं का नियंत्रण है तथा शीघ्र ही 'मुक्तिवादी सेनाएँ' इसकी सीमाओं की ओर कूच करेंगी, जिनके स्वागत के लिए उन्हें तैयार रहना चाहिए। कम्यूनिस्टों के इस पाँचवें स्तंभकारवाले रवैए को कई नेताओं ने समझ लिया था और उन्होंने नेहरू को इनसे सतर्क रहने की सलाह दी थी। दिसंबर 1950 में नेहरू को लिखे अपने चर्चित पत्र में सरदार पटेल ने विस्तार से भारतीय कम्यूनिस्टों की गतिविधियों का जिक्र किया तथा सरकार को आगाह किया कि वह इनसे उत्पन्न खतरे से निपटने के लिए आंतरिक सुरक्षा को पूरी तरह सुदृढ़ करे।

पटेल ने लिखा, ''या तो भारतीय कम्यूनिस्ट पार्टी को विदेशी कम्यूनिस्टों से संपर्क साधने में कठिनाई हो रही है या उनसे हथियारों, साहित्य आदि की खेप प्राप्त करना मुश्किल हो रहा है। अब तक उनकी गतिविधियों पर पूर्व में बर्मी और पाकिस्तानी सीमाएँ रोक लगा रही थीं या लंबी समुद्री सीमा आड़े आ रही थी। अब उनके लिए चीनी कम्यूनिस्टों और उनके जरिए अन्य कम्यूनिस्टों तक पहुँचना काफी आसान हो गया है। जासूसों, पाँचवें स्तंभकारों और कम्यूनिस्टों की घुसपैठ भी अब आसानी से हो सकेगी। तेलंगाना और वारंगल में अलग-थलग पड़े कम्यूनिस्टों के गढ़ों से निपटने की बजाय अब हमें उत्तरी तथा पूर्वी सीमाओं पर कम्यूनिस्टों के कारण उत्पन्न सुरक्षा की चुनौतियों से जूझना पड़ेगा, जहाँ उन्हें चीन में बैठे कम्यूनिस्टों से गोला-बारूद बड़े आराम से मिल जाएगा।''

इसके बावजूद नेहरू को कम्यूनिस्ट विचारधारा के प्रति आकर्षण को त्यागने और इन शक्तियों से उत्पन्न खतरों को समझने में दस वर्ष लग गए। इस बीच भारत को चीन से युद्ध लड़ना पड़ा तथा भारतीय कम्यूनिस्टों ने चीन की सहायता के लिए जो कुछ संभव था वह सब किया, जैसे रक्षा उत्पादन उद्योग में हड़ताल कराना और पूर्वोत्तर के सामरिक दृष्टि से महत्त्वपूर्ण राज्यों में आम हड़ताल बुलाना।

C.P.I. ने भारत को ही आक्रमणकारी घोषित कर दिया

दरअसल भारतीय कम्यूनिस्ट पार्टी ने भारत को आक्रमणकारी और चीन को भुक्तभोगी करार दिया था। उसका संपूर्ण प्रचार तंत्र भारत सरकार तथा उसकी सेना को साम्राज्यवादी हमलावर बताते हुए उसकी निंदा करने में जुटा था। कद्दावर कम्यूनिस्ट नेता मोहित सेन ने लिखा है, ''C.P.I. अकेली ऐसी पार्टी थी जो चीन का समर्थन कर रही थी और हमारे देश में दक्षिणपंथी ताकतों के आगे घुटने टेक देनेवाले नेहरू की आलोचना कर रही थी।'' चीनी आक्रमणकारियों ने जिस दिन कोंगका पास पर 19 भारतीय सैनिकों की निर्मम हत्या कर दी थी, उस दिन C.P.I. के मुखपत्र 'न्यू एज' में सी.पी.आई. पोलित ब्यूरो सदस्य और सचिव अजॉय घोष का एक इंटरव्यू प्रकाशित किया गया। उस इंटरव्यू में घोष ने दावा किया कि कुछ दिनों पहले जब वह चीन का दौरा कर रहे थे तब माओ ने उनसे कहा था, ''...जब तक यांग्त्से और गंगा में पानी बहता रहेगा, चीन और भारत की दोस्ती बनी रहेगी।'' 'न्यू एज' ने इस इंटरव्यू के जिस हिस्से को प्रकाशित नहीं किया वह यह था कि चीनी नेतृत्व के सामने जब कोंगका पास के नरसंहार का मुद्दा उठाया गया तब तो उन्हें इस प्रकार का टका सा जवाब मिला था, ''हमलावर और दमनकारी सेनाओं की मृत्यु पर कोई अफसोस नहीं जताया जा सकता।''[1]

मोहित सेन ने यह भी बताया कि CPI नेताओं का एक प्रभावशाली वर्ग यह मानने को तैयार नहीं था कि वास्तव में चीन ही हमलावर था।

''सुंदरैया के नेतृत्व में C.P.I. नेताओं का एक प्रभावशाली वर्ग यह नहीं मानता था कि गलती चीनी दल की थी। सुंदरैया ने ऐसे नक्शे और पुराने दस्तावेज पेश किए, जिनसे वे साबित करना चाहते थे कि भौगोलिक क्षेत्रों पर चीन का दावा सही था। इसके साथ ही उन्होंने यह राग भी अलापा कि चीनी कम्यूनिस्ट कभी हमला नहीं कर सकते जबकि बर्जुआ भारत सरकार साम्राज्यवादियों को खुश करने के लिए ऐसा कर सकती है। परिणाम चाहे जो भी हो, एक कम्यूनिस्ट पार्टी के तौर पर C.P.I. को चीनी कम्यूनिस्टों के साथ खड़ा होना चाहिए, क्योंकि सर्वहारा वर्ग के प्रति यही इसका अंतरराष्ट्रीय दायित्व है।''

इस प्रकार के तर्क का समर्थन दिग्गज कम्यूनिस्ट नेताओं, जैसे—बी. टी. राणादिवे,

एम बासवपुनैया, प्रमोदे दासगुप्ता, हरकिशन सिंह सुरजीत तथा अन्य ने भी किया।[2]

कम्यूनिस्ट विचारधारा के रंग में रँगे कलकत्ता (अब कोलकाता) के भद्रलोग समाज के सदस्य असल में बाँहें फैलाए चीनी सेना के स्वागत की प्रतीक्षा कर रहे थे।

'सेमिनार' के जाने-माने पत्रकार राज थापर ने अपनी आत्मकथा 'लर्निंग टू रिलेट' में ऐसी ही एक घटना का वर्णन किया है, "बंगाल में हालात सबसे खतरनाक थे। शांति चौधरी नाम की एक फिल्म निर्माता जो प्रगतिशील विचारों के साथ देशभक्ति की भावना से पूरी तरह ओत-प्रोत थी वह कलकत्ता से आईं और उन्होंने कहा, 'कलकत्ता के नागरिक चीनियों के स्वागत की तैयारी कर रहे हैं। लोगों का कहना है कि इस बात से भला क्या फर्क पड़ता है कि हमारे ऊपर दिल्ली का शासन है या कहीं और का।' इसने मुझे अंदर तक झकझोर दिया। क्या कोई भी भारतीय ऐसा सोच सकता है, ऐसी बात कह सकता है?"[3]

राज की वेदना को समझा जा सकता है, किंतु सच यही है कि उन दिनों ऐसे अनेक भारतीय थे जिन पर भारतीय कम्यूनिस्ट पार्टी का प्रभाव था और वे नई भारत सरकार के प्रति दुर्भावना से ग्रस्त थे। भारत में कम्यूनिस्टों की सोच स्पष्ट थी। चीन की बजाय भारत और नेहरू साम्राज्यवादी और विस्तारवादी हैं। चीन पर युद्ध इन लोगों ने ही थोपा और चीनियों को अपनी रक्षा के लिए आगे आना पड़ा।

उन दिनों छपे एक कम्यूनिस्ट परचे की हेडलाइन थी, 'भारत ने चीन पर युद्ध का ऐलान किया।' दिलचस्प है कि इन सारे तर्कों का स्रोत पश्चिमी मीडिया हुआ करती थी, हालाँकि जब तक यह उनके हितों के अनुकूल थी तब तक वे इसे साम्राज्यवादी दुष्प्रचार कहने से बचते थे। उदाहरण के लिए, उपरोक्त शीर्षक 13 अक्तूबर, 1962 में छपे 'न्यूयॉर्क हेराल्ड ट्रिब्यून' से लिया गया था। वह रिपोर्ट प्रधानमंत्री नेहरू के उस बयान पर आधारित थी जो उन्होंने दिल्ली से कोलंबो रवाना होने से एक दिन पहले दिया था, जिसमें ऐलान किया गया था कि उन्होंने सेना को पूर्वोत्तर में भारत-चीन सीमा क्षेत्र में घुसे चीनियों को बाहर खदेड़ने का हुक्म दे दिया है।

इसमें कोई संदेह नहीं कि यह एक गैर-जिम्मेदार बयान था। किंतु भारतीय कम्यूनिस्ट पार्टी के चालबाजों ने नेहरू के इस बयान को इस प्रकार तोड़-मरोड़ दिया मानो नेहरू ने ही युद्ध की शुरुआत की थी, जबकि सच्चाई यह है कि उस समय तक चीनी सेनाएँ भारतीय सेना के अनेक क्षेत्रों में दाखिल हो चुकी थीं और नेहरू भारतीय सेना से उन क्षेत्रों को फिर से हासिल करने की बात कह रहे थे।

केरल से आनेवाले कम्यूनिस्ट पार्टी के एक वरिष्ठ नेता ई.एम.एस. नंबूदरिपाद ने चीन का बचाव करने के लिए दिल्ली में एक प्रेस कॉन्फ्रेंस बुलाई थी। उनका कहना था, "चीनी उस क्षेत्र में दाखिल हुए जो उनके मुताबिक उनका था और इस कारण उन्हें

आक्रमणकारी घोषित नहीं किया जा सकता है।'' एक पत्रकार ने जब उनसे पूछा कि भारतीय दावा करते हैं कि यह क्षेत्र उनका है, तो उनका दिलचस्प जवाब था, ''भारतीय उस क्षेत्र की रक्षा कर रहे थे जिन्हें वे अपना मान रहे थे।'' श्रीपद डाँगे, जो कम्यूनिस्ट नेता थे, लेकिन चीन विरोधी विचारधारा के लिए जाने जाते थे, वह भी इस प्रेस कॉन्फ्रेंस में मौजूद थे। उन्होंने नंबूदरिपाद पर कटाक्ष करते हुए पूछा, ''और जिस क्षेत्र को लेकर विवाद है उस पर आपका मत क्या है?'' आखिरकार, पार्टी लाइन से अलग होकर डाँगे ने कह दिया कि भारत पर दरअसल चीनी कम्यूनिस्टों ने ही हमला किया था। जैसी कि उम्मीद थी, उनके बयान से भारतीय कम्यूनिस्ट पार्टी में विवाद खड़ा हो गया, जिसके कारण यह दल कुछ वर्षों बाद दो हिस्सों में विभाजित हो गया।

भारतीय कम्यूनिस्ट भारतीय रक्षा मंत्री कृष्ण मेनन की प्रशंसा करते नहीं अघाते थे। संसद् में जब भी विपक्ष मेनन के कार्यों और बयानों को चुनौती देता तब ए. के. गोपालन, रेणू चक्रवर्ती जैसे कम्यूनिस्ट सदस्य तुरंत उनके बचाव में उतर जाते थे। दरअसल सन् 1962 के युद्ध के कई वर्षों बाद तक अपनी इसी दलील के समर्थन में कि चीन की बजाय भारत ने चीन पर हमला किया था, भारतीय कम्यूनिस्ट इनमें से ही कुछ बेतुके बयानों का हवाला देते थे।

कुलदीप नैयर ने अपने एक लेख में कृष्ण मेनन के उस बयान का जिक्र किया है जिसमें कथित तौर पर उन्होंने कहा था, ''भारत में किसी ने भी इस बात के लिए मेरी पीठ नहीं थपथपाई जब मैंने चीन की 4,000 वर्ग मील जमीन पर कब्जा जमा लिया।'' आखिर वह कौन सी जमीन थी? 'उन्होंने' कहाँ की जमीन पर कब्जा किया था? मेनन ने इन प्रश्नों का उत्तर कभी नहीं दिया। किंतु बिना सोचे-समझे दिए गए इन बयानों की मदद से भारतीय कम्यूनिस्ट भारत और उसकी सेना के खिलाफ जहर उगलते रहे।

वास्तव में कम्यूनिस्ट विरोध के कारण ही नेहरू को रक्षा के अनेक उपाय छोड़ देने पर मजबूर होना पड़ा। उदाहरण के लिए, कम्यूनिस्ट दुष्प्रचार के कारण ही भारत सरकार अमेरिका और ब्रिटेन जैसे देशों से मदद माँगने का साहस नहीं जुटा सकी। यहाँ तक कि युद्ध समाप्त होने के बाद भी भारत सरकार ने हवाई रक्षा क्षमता के सर्वेक्षण में अमेरिकी सेना की सहायता लेने की योजना को भी ठंडे बस्ते में डाल दिया। कम्यूनिस्टों ने तुरंत भारत सरकार पर यह इल्जाम लगाना शुरू कर दिया कि वह अमेरिका से एक 'हवाई छतरी' माँग रही है। उनका तर्क था कि इससे एक साम्राज्यवादी शक्ति के सामने भारत के सारे राज खुल जाएँगे और इस योजना को तुरंत वापस लिया जाना चाहिए। भारत सरकार इस योजना को छोड़ने पर मजबूर हो गई। यहाँ यह याद रखा जाना चाहिए कि सोवियत संघ से भारत द्वारा सहायता की माँग किए जाने पर कभी उन्होंने आपत्ति नहीं जताई। उन्हें इस बात को लेकर समस्या नहीं थी कि एक कम्यूनिस्ट देश भारतीय

सेना के सारे रहस्य जान लेगा तो उसके परिणाम क्या होंगे।

इन सबके बीच एक अच्छी बात यह हुई कि सन् 1962 के चीन-भारत युद्ध ने कम्यूनिस्ट पार्टी के अंदर वैचारिक मतभेद उत्पन्न कर दिए, जिसका नतीजा यह हुआ कि 1964-65 में इस दल का विभाजन हो गया। यह विभाजन किसी विचारधारा की बजाय स्वामिभक्ति के आधार पर हुआ। शुरुआत में जब युद्ध के बादल मँडरा रहे थे तब सोवियतों को लगता था कि चीनी सही हैं। ख्रुश्चेव ने माओ और नेहरू से यहाँ तक कहा था कि वह दूसरे पक्ष से बात कर मामले को सुलझा लेंगे, किंतु युद्ध शुरू होते ही सोवियत रूस भारत के समर्थन में आ गया जिसके कई कारण थे। भारतीय कम्यूनिस्ट पार्टी में डाँगे जैसे सोवियत समर्थक नेताओं ने अपना समर्थन नेहरू सरकार को दे दिया, जबकि चीन समर्थक नंबूदरिपाद, राणादिवे, सुरजीत जैसे कट्टरपंथी नेता भारत विरोधी रुख पर कायम रहे। इस मतभेद के कारण विभाजन हुआ जिसमें सोवियत और नेहरू समर्थक समूह भारतीय कम्यूनिस्ट पार्टी (C.P.I.) बना रहा और चीन समर्थक समूह भारतीय कम्यूनिस्ट पार्टी (मार्क्सवादी) या C.P.I. (M.) बन गया।

कम्यूनिस्टों का पर्दाफाश

सन् 1962 के चीन-भारत युद्ध के दौरान कम्यूनिस्टों की भूमिका पर सबसे सनसनीखेज खुलासा C.I.A. के एक खुफिया दस्तावेज से हुआ है। हालाँकि इसकी पुष्टि नहीं हो सकी है, लेकिन इस दस्तावेज से जुड़ी जानकारी को इंटरनेट के जरिए भी हासिल किया जा कता है। यह ऐसे अनेक रहस्यों का उद्घाटन करता है जिसके बारे में भारतीय कम्यूनिस्ट पार्टी की समीक्षा करनेवाले भी थोड़ा-बहुत ही जानते हैं। दरअसल इनमें से कुछ बातें ऐसी हैं जिन्हें संसद् में युद्ध पर छिड़ी बहस के दौरान दर्ज किया गया और लंबे समय तक उन्हें सहेजकर रखा गया। उस तथाकथित C.I.A. दस्तावेज पर आधारित आरोप आज भी इंटरनेट पर मौजूद हैं जिनमें से कुछ का वर्णन यहाँ किया जा रहा है—

- रूस से प्रभावित एस. के. सुरजीत ने एक भूमिगत संगठन खड़ा किया।
- C.P.I. ने भारतीय सेना के अंदर भी एक खुफिया संगठन खड़ा करना शुरू कर दिया।
- चीन और रूस ने इस बात पर जोर दिया कि भारतीय सेना में घुसपैठ बढ़ाने के साथ ही C.P.I. को सैन्य संघर्ष का एक वैकल्पिक तंत्र भी खड़ा करना चाहिए।
- 13 दिसंबर, 1959 को व्यापक विद्रोह की शुरुआत होते ही भारतीय दल को सशस्त्र अभियानों का समर्थन करने के लिए तैयार रहना चाहिए जिसका साथ

देने के लिए P.L.A. भारतीय सीमा पर मौजूद है।

- पीकिंग से होनेवाले प्रसारण को सुनने के लिए कलकत्ता में चाइना रिव्यू के दफ्तर में चार शक्तिशाली रेडियो सेट लगाए गए थे।
- C.P.I. के सदस्यों को विशेष रूप से पश्चिम बंगाल के वापमंथी गढ़ों के लिए चीनी सरकार वित्तीय सब्सिडी दे रही थी।
- तिब्बत पर चीनी कब्जे के बाद और अन्य सीमावर्ती क्षेत्रों में भूमिगत संगठनों को विदेशी जमीन से मदद मुहैया कराए जाने के ठिकाने तैयार हो गए थे।
- भारतीय भूमिगत संगठन से सहयोग माँगनेवाली चिट्ठी का असली मकसद विद्रोह को अंजाम देना था, क्योंकि चीन की सेना अब भारत की सीमा से लग चुकी थी और वह हथियार तथा साजो-सामान उपलब्ध करा सकती थी।
- पार्टी पर कट्टरपंथी वाम धड़े का नियंत्रण हो जाने के बाद मई 1961 में भारतीय सेना के अंदर अवैध संगठन चला रहे जयपाल सिंह ने फिर से उस संगठन को सक्रिय करने का निर्णय लिया।

स्पष्ट रूप से C.I.A. की ओर से जारी खुफिया जानकारी और संदर्भ सामग्री, जिन्हें केंद्रीय खुफिया एजेंसी (C.I.A.), खुफिया निदेशालय (D.A.) ने C.A.E.S.A.R., E.S.A.U. और P.O.L.O. सीरीज नाम दिया। वे C.I.A. की ओर से सन् 1950 से लेकर मध्य 1970 के बीच सोवियत तथा चीनी आंतरिक राजनीति और चीनी-सोवियत संबंधों की गहरी छानबीन का संकेत देते हैं। इनमें भारत के लिए सबसे दिलचस्प तीन भागोंवाली एक सीरीज है जो चीन के साथ सीमा विवाद से संबंधित है, किंतु इससे भी मजेदार है वह फाइल जिसमें भारतीय कम्यूनिस्ट पार्टी से जुड़े दस्तावेज मौजूद हैं।

उनकी कुछ रोचक बातें इस प्रकार हैं—

- नेहरू को लगता था कि चीन के कम्यूनिस्ट नेता प्यार से समझाने पर मान जाएँगे।
- नेहरू की रणनीति रक्षात्मक थी और उनका मानना था कि चीनी सैन्य हमले का मुकाबला करने के लिए भारतीय अर्थव्यवस्था को सुदृढ़ कर देना ही काफी है।
- चीन की अल्पकालिक नीति नेहरू को सीमा पर चीनी और भारतीय दावों के बीच अंतर में उलझाए रखना था। इस कारण वे झूठे चीनी नक्शे दिखाते रहे।
- चीनी नेता यह जान चुके थे कि मंशा और क्षमता दोनों से ही भारत उनके सामने सैन्य खतरा नहीं है।
- चीन की रणनीति थी कि कूटनीतिक माध्यमों से भारतीय प्रेस, जनता और संसद् को अलग-थलग कर दिया। यह छद्म युद्ध पाँच वर्षों तक चला।

इसने एशिया में नेहरू की विस्तारवादी नीति, टालमटोल करने की आदत तथा चीन के साथ शांति की गंभीरता पर प्रश्न खड़े किए।

- चीन ने इस हाथ जो दिया उसे उस हाथ वापस ले लिया।

भारतीय कम्यूनिस्ट पार्टी पर C.I.A. की फाइल

अब हम अपना ध्यान भारतीय कम्यूनिस्ट पार्टी को लेकर तैयार की गई फाइल पर ले जाते हैं।

इस फाइल में 125 पन्ने हैं। यह मुख्य रूप से भारतीय कम्यूनिस्ट पार्टी के सोवियत समर्थक और चीनी समर्थक हिस्सों में विभाजन की चर्चा करते हैं।

फरवरी 1958 में सोवियत दूतावास के एक अधिकारी ने C.P.I. नेताओं से संपर्क साधा और एक बार फिर यह आग्रह किया कि वे फिर से एक भूमिगत संगठन खड़ा करें। अजॉय घोष ने जहाँ इस अनुरोध को ठुकरा दिया, वहीं एच.के.एस. सुरजीत तथा अन्य कुछ नेताओं का मानना था कि घोष इस बात को गंभीरता से नहीं ले रहे हैं और उन्होंने तय किया कि वे पार्टी से अलग हटकर C.P.S.U. से संपर्क साधेंगे।

C.P.I. ने भारतीय सेना के अंदर एक गुप्त संगठन खड़ा करने की दिशा में प्रयास भी शुरू कर दिए।

आनेवाले दिनों में ऐसी घटनाएँ सामने आईं जिस दौरान C.P.I. के कट्टर वामपंथी धड़े का झुकाव चीन की ओर हो गया। फाइल में CPI नेता बासवपुनैया की एक टिप्पणी दर्ज है जिसमें कहा गया है कि C.P.I. को कम्यूनिस्ट चीन से प्रेरणा लेनी चाहिए तथा उन्होंने चीनी नेताओं से इस प्रकार बात करने की योजना बनाई जैसे एक शिष्य अपने शिक्षकों से बातचीत करता है।

फरवरी 1959 में केंद्रीय कार्यकारी समिति को सौंपी गई अपनी एक रिपोर्ट में अजॉय घोष ने बताया कि चीन और रूस चाहते हैं कि C.P.I. एक ऐसा तंत्र खड़ा करे जो सशस्त्र संघर्ष करने की क्षमता रखता हो, साथ ही भारतीय सैन्य बलों में घुसपैठ को भी बढ़ा सके।

31 जुलाई, 1959 को नेहरू सरकार ने जब केरल की कम्यूनिस्ट सरकार को बरखास्त कर दिया तो पार्टी की अवैध गतिविधियों में और भी तेजी आ गई।

अप्रैल 1959 को राणादिवे ने चीनी राजदूत से मुलाकात कर तिब्बत पर चीन को C.P.I. के समर्थन का प्रस्ताव दिया, साथ ही चीन को यह सुझाव दिया कि वह अपना ध्यान दक्षिणपंथी चीन विरोध भारतीय नेताओं पर हमले के लिए केंद्रित करे। इसके बाद, अगस्त में, C.P.I. ने चीनी कम्यूनिस्ट पार्टी को एक पत्र लिखा जिसका मसौदा अजॉय घोष और राणादिवे ने तैयार किया। इसमें चीनियों से अपील की गई कि वे प्रजा

सोशलिस्ट पार्टी और जनसंघ पर विशेष तौर से हमले करे। यह बात अप्रैल में चीनी राजदूत से हुई मुलाकात के दौरान भी कही गई थी।

सितंबर में केंद्रीय कार्यकारिणी समिति की बैठक में अजॉय घोष ने C.P.I. द्वारा अपनाई गई नई संघर्षपूर्ण रणनीति के तहत चीनी सेना के स्वागत की प्रवृत्ति का विरोध किया। उनकी आलोचना को कट्टरपंथी वामपक्ष ने खारिज किया, जिसकी दलील थी कि उग्र जनांदोलन होने पर उनके दल के पास सशस्त्र संघर्ष करने तथा मुक्तिदाता बनने का अवसर है, क्योंकि भारतीय सीमा पर मौजूद P.L.A. से उन्हें सहयोग मिल सकता है।

C.I.A. की रिपोर्ट के मुताबिक इस दलील को बार-बार दुहराया गया। पहली बार इसकी जानकारी 13 सितंबर, 1959 को बासवपुनैया, राणादिवे तथा जयपाल सिंह द्वारा दी गई जो गुप्त अवैध तंत्र के मुखिया थे।

सन् 1960 में कम्यूनिस्ट पार्टी के पश्चिम बंगाल धड़े ने एक प्रस्ताव पारित किया जिसमें नाम लेकर सोवियत कम्यूनिस्ट पार्टी और ख्रुश्चेव की उनके व्यवहार के लिए आलोचना की गई, जबकि चीनी कम्यूनिस्ट पार्टी का समर्थन किया गया। C.I.A., ने बताया कि पूरे विश्व में किसी कम्यूनिस्ट पार्टी द्वारा पारित यह अपनी तरह का इकलौता प्रस्ताव था।

सन् 1960 की समाप्ति तक C.P.I. का यह गुट चीनी दल का समर्थन करता रहा और उससे मार्गदर्शन लेता रहा। अजॉय घोष ने कार्यकारी समिति को यह भी बताया कि उनके पीकिंग दौरे में माओ ने बताया था कि चीन एशिया के कम्यूनिस्ट दलों पर अपना और अधिक नियंत्रण चाहता है।

कम्यूनिस्ट गतिविधियाँ सबसे जोर-शोर से पश्चिम बंगाल में जारी थीं। पश्चिम बंगाल में कम्यूनिस्ट पार्टी के विस्तार पर चीनी प्रभाव स्पष्ट रूप से देखा जा सकता था। सितंबर 1960 में चीनी पार्टी का एक नया दल कलकत्ता आया और उसने पश्चिम बंगाल की पार्टी के सदस्यों के साथ कई बैठकें कीं।

पीकिंग से जारी प्रसारण को सुनने के लिए कलकत्ता में 'चाइना रिव्यू' के दफ्तर में चार शक्तिशाली रेडियो सेट लगाए गए। इन प्रसारणों के आधार पर परचे छपे जिनसे प्रचार का काम शुरू किया गया। C.I.A. ने सन् 1959 में चीनियों द्वारा C.P.I. और विशेष रूप से पश्चिम बंगाल में लेफ्ट के कट्टरपंथी धड़े को वित्तीय मदद दिए जाने की भी जानकारी दी थी। बासवपुनैया ने बाद में C.P.I. के दो नेताओं को बताया कि तिब्बत पर चीनी कब्जे के बाद विदेशी जमीन पर एक ठिकाना बन गया है, जहाँ से भूमिगत संगठनों को मदद मिल सकती है।

सितंबर 1960 में C.P.I. के दो भागों में विभाजित होने के संकेत पहले ही मिल गए थे, जब ज्योति बसु, हरकिशन सिंह सुरजीत, बासवपुनैया, सुंदरैया तथा राणादिवे वाले

नेताओंवाला वामपंथी गुट, चीन-भारत सीमा विवाद में चीन का समर्थन करने लगा।

जेड.ए. अहमद ने जब यह संकेत दिया कि पार्टी को भारत में चीनी घुसपैठ पर राष्ट्रवादी नजरिया अपनाना चाहिए, तो पश्चिम बंगाल के गुट ने उनकी घोर निंदा की।[4]

मोहित सेन, एस.ए. डाँगे जैसे दिग्गज कम्यूनिस्ट नेताओं ने स्वतंत्रता संग्राम और स्वतंत्रता प्राप्ति के बाद भारतीय कम्यूनिस्टों की भूमिका के विषय में कई काले रहस्यों को उजागर किया है। इनमें से मोहित सेन की आत्मकथा 'अ ट्रैवलर ऐंड द रोड—अ जर्नी ऑफ इंडियन कम्यूनिस्ट' में कुछ विशेष रोचक जानकारियाँ हैं। इसी प्रकार मीनू मसानी की किताब, 'द कम्यूनिस्ट पार्टी ऑफ इंडिया—अ शॉर्ट हिस्टरी (1954)' और अरुण शौरी की 'द ओनली फादरलैंड' भी भारत के स्वतंत्रता संग्राम और उसके बाद कम्यूनिस्टों की भूमिका का विस्तार से वर्णन करती है।

संदर्भ–

1. मोहित सेन, अ ट्रैवलर द रोड, पृ. 197
2. मोहित सेन, अ ट्रैवलर द रोड, पृ. 201-2
3. राज थापर, लर्निंग टू रिलेट, पृ. 203
4. http://defenceforumindia.com/forum/military-history/7142-role-indian-communists-1962-war.html).

□

13

अविश्वास प्रस्ताव

युद्ध की समाप्ति पर भारत को घोर अपमान का सामना करना पड़ा। सारे सेक्टरों में इसकी पराजय हुई थी। चीन ने अपनी शर्तों पर भारत पर आक्रमण किया और अपनी मरजी से ही वह वापस लौटा। अंतत: अक्साई चीन पर चीन का कब्जा हो गया, जबकि पूर्वी सेक्टर में उसने वहाँ तक पीछे हटने का फैसला किया, जहाँ तक वह सितंबर में मौजूद था।

भारतीय जनता गुस्से से जल रही थी। उनके गुस्से का शिकार तत्कालीन सरकार बनी। स्वाभाविक रूप से नेहरू पर चौतरफा हमले हुए, क्योंकि उन्होंने शुरुआती चेतावनियों को अनसुना कर दिया था, भोलेपन में चीनियों पर विश्वास कर लिया था, कुछ-न-कुछ उलटा-सीधा बोल रहे थे, भारतीय क्षेत्रीय अखंडता को सुरक्षित रखने में विफल रहे थे, सेना को युद्ध के लिए तैयार करने में घोर लापरवाही दिखाई थी तथा मेनन और कौल जैसे लोगों का न केवल बचाव कर रहे थे बल्कि उन्हें बढ़ावा भी दे रहे थे।

सारी आलोचनाएँ पुख्ता सबूतों के आधार पर की जा रही थीं। हालाँकि नेहरू ने हमलों को अपने ऊपर होनेवाले निजी हमलों के तौर पर ले लिया। लगातार उनका रवैया ऐसा ही रहा। संसद् में जब भी विपक्ष का कोई नेता उनकी आलोचना करता तो वे खड़े हो जाते और कहते कि यदि उन्हें कोई बेहतर प्रधानमंत्री मिल जाए तो वह इस्तीफा देने के लिए तैयार हैं। बेशक उन्होंने कभी इस्तीफा नहीं दिया। यदि चीन के मुकाबले भारतीय सेना की तैयारी से जुड़ा प्रश्न उठाया जाता तो प्रश्न करनेवाले को 'युद्ध का हौवा खड़ा करनेवाला' कह देते, जिस पर सदन में मौजूद कम्यूनिस्ट सदस्य उनके समर्थन में नारेबाजी शुरू कर देते थे।

सच्चाई यह है कि नेहरू ही थे जिन्होंने भारत की सीमा-सुरक्षा के प्रश्न पर युद्ध

की बात करने लग जाते थे। वह विश्वयुद्ध तक की धमकी दे दिया करते थे। क्या वह इतने भोले थे? विवादास्पद किताब 'इंडियाज चाइना वॉर' के लेखक नेविल मैक्सवेल ने उन्हें 'मूर्ख' करार दिया है। संभवतः इस टिप्पणी के पीछे नेहरू की वह सोच थी जिसके कारण उन्हें जो भी भारत पर चीन के हमले की आशंका से सावधान करता, उसे वे 'भोला-भाला' समझते थे।

उदाहरण के लिए, सरदार पटेल द्वारा लिखी गई चिट्ठी के जवाब में नेहरू ने एक नोट में लिखा कि चीन में भारत से युद्ध करने की क्षमता नहीं और उन्होंने इस तरह की बातें करनेवाले पटेल जैसे लोगों की उनके 'भोलेपन' के लिए खिल्ली उड़ाई।

उस नोट में उन्होंने लिखा, "अंदरूनी तौर पर चीन विशालकाय है, लेकिन एक प्रकार से अव्यवस्थित भी है, जिसके कारण उस पर समुद्र तथा हवा के रास्ते आसानी से हमला किया जा सकता है। इस प्रकार युद्ध में चीन का मोरचा मुख्य रूप से दक्षिण और पूर्व में होगा तथा वह शक्तिशाली दुश्मनों से अपने वजूद को बचाने के लिए लड़ता रहेगा। यह सोचा भी नहीं जा सकता कि वह अपने सैनिकों तथा अपनी शक्ति को तिब्बत की कठिनाईवाले क्षेत्र की ओर मोड़ देगा और हिमालय के आर-पार भयंकर युद्ध छेड़ देगा। उसकी ओर से किया जानेवाला कोई भी प्रयास उसे दूसरे मोरचों पर खड़े वास्तविक शत्रुओं से निपटने के लिहाज से कमजोर कर देगा। इस कारण मैं नहीं मानता कि भारत पर चीन कोई बड़ा हमला करनेवाला है...यह मानना कि साम्यवाद का अर्थ विस्तारवाद और युद्ध होता है या और स्पष्ट कहूँ तो चीनी साम्यवाद को भारत की ओर होनेवाला विस्तार मान लेना बेहद भोलेपन की बात है।"

आज इन बातों को पढ़कर क्या उन्हें भोला कहा जा सकता है, या जो मैक्सवेल ने कहा था वही सही है।

घनघोर युद्ध के बीच भी भारत संयुक्त राष्ट्र सुरक्षा परिषद् में चीन के प्रवेश का समर्थन कर रहा था। भारत ने सुरक्षा परिषद् में अपने आप मिले ऑफर को चीन के हवाले कर दिया। उसने U.N.G.A. या U.N.S.C. में तिब्बत का मुद्दा उठाए जाने के सभी प्रयासों का विरोध कर उन्हें विफल कर दिया।

U.N. में भारतीय प्रतिनिधि बी.एन. राव को नेहरू ने स्पष्ट निर्देश दिए थे, "मेरा मानना है कि किसी भी सूरत में हमें तिब्बत की अपील को प्रायोजित नहीं करना चाहिए। मेरी निजी राय है कि अच्छा होगा यदि इस अपील पर सुरक्षा परिषद् या महासभा में सुनवाई न की जाए।"

अंतरराष्ट्रीय मंचों पर भी नेहरू और कृष्ण मेनन ने शुरुआत में उलझन भरे संकेत दिए। दरअसल अमेरिका में कृष्ण मेनन ने चीनी आक्रमण की व्याख्या 'बिगड़ैल लड़के की बेवकूफी भरी हरकत' के रूप में की। अमेरिकियों ने जब उनसे पूछा कि क्या चीनी-

भारतीय युद्ध की आशंका है तो मेनन ने अकड़ दिखाते हुए कहा, ''हम मदद के लिए आपको एक पोस्टकार्ड तक नहीं लिखेंगे।'' मेनन तथा उनके आका को इस बात का इतना यकीन था कि चीन कभी भारत पर हमला नहीं करेगा। जब युद्ध छिड़ गया तो दोनों ही नेता विश्व के अलग-अलग हिस्सों में घूम रहे थे और गैर-जिम्मेदार बयानबाजी कर रहे थे। ऐसा तब हुआ जब अपनी तमाम विफलताओं के बावजूद भारतीय खुफिया विभाग ने भारत सरकार को मई 1962 में संकेत दे दिया था कि चीन बड़े पैमाने पर युद्ध की तैयारी कर रहा है और भारत पर उसका आक्रमण हेमंत ऋतु के दौरान हो सकता है।[1]

''भारतीय नेतृत्व चेन यी द्वारा जुलाई 1962 में रक्षा मंत्री कृष्ण मेनन को दिए निजी आश्वासन पर कुछ अधिक ही भरोसा कर बैठा कि 'सीमा पर दोनों देशों के सैनिकों के बीच झड़प हो सकती है, लेकिन युद्ध की कोई आशंका नहीं है', यह बात मोहन मलिक ने अपनी किताब 'इंडिया ऐंड चाइना' में लिखी है, जिसमें स्टीवन हॉफमैन (स्टीवन हॉफमैन, इंडिया ऐंड चाइना क्राइसिस, पृ. 125) का हवाला दिया गया है।

मेनन को सितंबर के मध्य में यू.एन. से संबंधित कार्यों के लिए न्यूयॉर्क जाने दिया गया, जबकि चीनियों ने थागला रिज स्थित भारतीय चौकियों पर फायरिंग शुरू कर दी थी। सेना के अधिकारियों को अकसर रक्षा मंत्री से आदेश लेने की आवश्यकता पड़ती और वह उस समय न्यूयॉर्क में बैठे थे। प्रधानमंत्री पहले कॉमनवेल्थ देशों की बैठक में व्यस्त थे, उसके बाद नाइजीरिया के राजकीय दौरे पर चले गए। न्यूयॉर्क में एक बार कृष्ण मेनन ने मीडिया से कहा कि चीनी-भारतीय सीमा पर किसी प्रकार की कोई समस्या नहीं है। संसद् में जब विपक्ष ने उनसे पूछा कि यू.एन. में उन्होंने चीनी आक्रमण के मुद्दे को क्यों नहीं उठाया तो उन्होंने बड़ा विचित्र तर्क दिया, ''U.N.O. ने आक्रमण को परिभाषित नहीं किया है। 5-6 वर्षों से वे इस पर विचार कर रहे हैं, लेकिन किसी परिभाषा तक नहीं पहुँच सके हैं।'' तर्क यह था कि चूँकि यू.एन.ओ. ने 'आक्रमण को परिभाषित नहीं किया है' इस कारण हमें चीन का मुद्दा नहीं उठाना चाहिए। इसमें कोई आश्चर्य की बात नहीं कि जब भी भारतीय पक्ष चीनियों के सामने किसी विवाद को उठाता तो चीनी पक्ष इन दो महान् नेताओं में से किसी एक के बयान का हवाला देकर उनका मुँह बंद कर देता था।

युद्ध जारी था और इस बीच अक्तूबर की शुरुआत में नेहरू भारत लौटे, किंतु एक और विदेशी दौरे पर निकल गए। इस बार वे एक हफ्ते के लिए श्रीलंका रवाना हो गए। इसी दौरान कोलंबो के रास्ते में जब वे चेन्नई हवाईअड्डे पर खड़े थे, तब उन्होंने भारतीय सेना से चीनियों को भारतीय क्षेत्र से बाहर खदेड़नेवाला बयान दिया था जिसे बाद में माओ और उनके सहयोगियों ने तोड़-मरोड़कर यह साबित करने का प्रयास किया कि नेहरू ने ही युद्ध का ऐलान किया था।

युद्ध से उत्पन्न परिस्थिति से इतनी बुरी तरह निपटा जा रहा था कि राष्ट्रपति राधाकृष्णन के सब्र का बाँध भी टूट गया और अपने असम दौरे में उन्हें कहना पड़ा, ''हम बहुत भोले-भाले और लापरवाह साबित हुए।''

युद्ध के दौरान संसद् में बहस

युद्ध छिड़ते ही संसद् का सत्र बुला लिया गया। चीनी आक्रमण पर इसके सामने एक प्रस्ताव रखा गया। 8 नवंबर, 1962 को इस प्रस्ताव पर चर्चा के दौरान बेहद गरमागरम बहस हुई।

प्रस्ताव पर चर्चा की शुरुआत करते हुए नेहरू ने चीनी प्रधानमंत्री चाऊ एन-लाई के साथ हुई बातचीत की याद दिलाई (हमेशा की तरह नेहरू को याद नहीं रहा कि यह किस वर्ष की बात थी), और यह दावा किया कि ''चाऊ ने विश्वास दिलाया कि चीनी सरकार वैसे तो मैकमोहन रेखा को एक अवैध और ब्रिटिश साम्राज्यवादी रेखा मानती है, फिर भी अनेक तथ्यों के कारण, क्योंकि वे हमसे दोस्ती चाहते हैं, इस कारण वे इस पर सहमत हो जाएँगे।'' नेहरू इसी निष्कर्ष पर पहुँचे थे। दूसरी तरफ, चाऊ एन-लाई ने बाद में इस बात से इनकार कर दिया।

युद्ध जब चरम पर था तब भी नेहरू यही दुहरा रहे थे, ''हमें गर्व है कि हम अब भी यू.एन. में चीन को शामिल किए जाने की माँग कर रहे हैं,'' और फिर कहा, ''यहाँ मैं कहना चाहता हूँ कि अन्य कई मामलों की तरह ही चीन की मौजूदा सरकार दुर्भाग्य से संयुक्त राष्ट्र संघ की सदस्य नहीं है। सम्मानित सदस्य हैरान रह गए कि हमने चीन की सदस्यता का समर्थन किया। चीन की जनवादी सरकार को यू.एन. में प्रतिनिधित्व दिलाने का समर्थन किया। हमने वर्तमान हमले के बावजूद इस प्रतिनिधित्व का समर्थन किया, क्योंकि हमारा नजरिया कुछ ऐसा है, यह हमारे चाहने या न चाहने की बात नहीं है। यह ऐसा मुद्दा है, जिससे चीनी आक्रमण की समस्या सुलझेगी, इससे भविष्य में उसकी उद्दंडता का हिसाब होगा। ऐसा नहीं हुआ तो विश्व में शस्त्रों को समाप्त करना असंभव हो जाएगा। आप पूरे विश्व को निहत्था कर देंगे और चीन हथियारों से लैस एक शक्तिशाली देश बना रहेगा। इस परिस्थिति की तो कल्पना भी नहीं की जा सकती है। यही कारण है कि उन्होंने जो कुछ किया, उसके प्रति घोर आपत्ति और गुस्से के बावजूद मुझे यह कहते हुए गर्व हो रहा है कि हमने कुछ बातों को ध्यान में रखते हुए अब भी उनका समर्थन किया है।''

हालाँकि डॉ. एल.एम. सिंघवी, जो नेहरू से सहमत नहीं थे, एक दूसरा प्रस्ताव पेश किया और यह भी अपील की कि भारत को चीनी जनवादी गणराज्य का यू.एन. तथा अन्य किसी भी अतंरराष्ट्रीय संगठन में प्रवेश का समर्थन नहीं करना चाहिए।

प्रोफेसर एन.जी. रंगा ने आचार्य कृपलानी के उस बयान को याद दिलाया, जिसमें उन्होंने कहा था कि पंचशील तिब्बत के बलात्कार से पैदा हुआ है, और यह कहा, "माओ इतना चालाक था कि उसने इन बातों को तिब्बत पर हुई भारत-चीन संधि में शामिल भी करा दिया तथा हमारे प्रधानमंत्री और अन्य लोगों को इस भुलावे में भी डाल दिया कि इसे विश्व के सामने भारतीय नेतृत्व की देन के रूप में प्रस्तुत किया जा रहा है। इसलिए पंचशील तो पहले ही समाप्त हो चुका है।" भारत की गुटनिरपेक्षता पर प्रश्न उठाते हुए उन्होंने कहा, "यदि हम इस गुटनिरपेक्षता की नीति से चिपके रहेंगे तो शक्तिशाली कैसे बनेंगे...गुटनिरपेक्षता से हमें लाभ नहीं हुआ है। आगे भी इसका कोई फायदा नहीं होनेवाला। हम इससे जितनी जल्दी पीछा छुड़ा लें, उतना ही अच्छा होगा, जितनी जल्दी इससे मुँह मोड़ लें, उतना ही बेहतर होगा।" हमारी विदेश नीति पर पुनर्विचार करने की अपील करते हुए उन्होंने यह भी कहा कि वे इस बात से खुश हैं कि प्रधानमंत्री ने इस सदन को बताया था कि अमेरिका, ब्रिटेन, कनाडा, फ्रांस जैसे लोकतांत्रिक देशों तथा कई अन्य देशों ने विनम्रता व सौम्यता तथा लोकतांत्रिक होने का परिचय देते हुए बिना शर्त समर्थन देने का प्रस्ताव दिया था।

उन्होंने (नेहरू ने) आगे कहा कि सहानुभूति और समर्थन देनेवाले कई देशों का उत्तर उन्हें मिला था। हालाँकि उन्होंने अरब अमीरात के राष्ट्रपति नासिर के संदेश का ही जिक्र किया, यह याद दिलाते हुए प्रोफेसर रंगा ने अफसोस जताया कि अफ्रीका तथा दक्षिण-पूर्व एशिया के कई देश जिनकी स्वतंत्रता में हमने इतनी दिलचस्पी दिखाई थी, वे हमारे साथ क्यों नहीं आए, वे इसका कारण जानना चाहते थे।[2]

भारतीय सेना के साथ दुर्व्यवहार

संकट से भरे उन वर्षों में सेना के साथ किए गए दुर्व्यवहार ने सही सोच रखनेवाले लोगों को भौंचक्का कर दिया। बी.एन. कौल जैसे चाटुकारों को बड़े-बड़े ओहदे दे दिए गए, जबकि उनके पास कोई वास्तविक अनुभव नहीं था। ईमानदार और वास्तविक राय को सदा नजरअंदाज किया जाता था। अफसरों के साथ अपमानजनक व्यवहार किया जाता था। बरदाश्त से बाहर हो जाने के कारण ही जनरल थिमैया जैसे महान् अफसरों ने सेना को छोड़ दिया।

यह गौर करना महत्त्वपूर्ण है कि भारत-चीन युद्ध से डेढ़ वर्ष पूर्व भारतीय सेना के प्रमुख पद से रिटायर होनेवाले जनरल थिमैया, बी.एन. मलिक जैसे साहसी और तेज-तर्रार अफसरों में शामिल थे, जिन्होंने चीन को खुश करने के नेहरू सरकार के प्रयासों का पुरजोर विरोध किया था। उन्होंने चीन के विरुद्ध कड़ी कारवाई के साथ ही भविष्य में युद्ध की आशंका को देखते हुए तैयारी करने की हिमायत की थी। भारत सरकार जहाँ

1950 के दशक के मध्य में चीनी मनमानी के आगे हथियार डाल चुकी थी, वहीं जनरल थिमैया ने बतौर सैन्य प्रमुख तिब्बत में अपना गुप्त अभियान जारी रखा था।

सन् 1955 में ब्रिटिश पुरातत्वविद् सिडनी विंग्नर ने हिमालय की कुछ ऊँची चोटियों तक पर्वतारोहण अभियान का आयोजन किया था। उनके साथ तीन सदस्योंवाली एक टीम थी, जिसने कुछ चोटियों तक पहुँचने में सफलता प्राप्त की तथा आखिर में तिब्बत की सीमा में प्रवेश कर लिया। वहाँ चीनी सेना ने उन्हें पकड़ लिया और ब्रिटिश तथा अन्य सरकारों के अथक प्रयासों के बाद ही उन्हें रिहा किया गया। पहली बार इसी टीम ने सन् 1955 में चीन द्वारा अक्साई चीन में जिनजियांग को तिब्बत से जोड़नेवाली सड़क के बनाए जाने की जानकारी दी। किंतु इस पूरे अभियान के विषय में जो बात पूरी दुनिया नहीं जानती, वह यह है कि यह एक भारतीय गुप्तचर अभियान था, जिसके मास्टमाइंड कोई और नहीं जनरल थिमैया थे। ऐसी सूझबूझवाला अफसर मेनन को कबूल नहीं था, जिसने उन्हें सन् 1959 में विरोधस्वरूप और फिर सन् 1961 में अंततः थिमैया को इस्तीफा देने पर मजबूर कर दिया।

रक्षा मंत्री कृष्ण मेनन को अफसरों से दुर्व्यवहार करने में बड़ा मजा आता था। वे आधी रात को बैठक बुलाते, अफसरों को अपमानित करते और नीचा दिखाते तथा अपने चमचों के द्वारा सुझाए गए आदेशों को जारी किया करते थे। युद्ध से ठीक पहले सेना प्रमुख बनाए गए जनरल प्राण थापर की भी बेहिसाब बेइज्जती की गई। इन सबके कारण सैन्य नेतृत्व का मनोबल गिर गया और अराजकता कायम हो गई।

युद्ध के बाद अविश्वास प्रस्ताव

युद्ध के बाद सन् 1963 में जब संसद् बुलाई गई, तब नेहरू सरकार के खिलाफ एक अविश्वास प्रस्ताव लाया गया। यह स्वतंत्र भारत के इतिहास का पहला अविश्वास प्रस्ताव था। संसद् में अविश्वास प्रस्ताव पर चर्चा के दौरान युद्ध से जुड़े तमाम विवादित मुद्दों को उठाया गया।

जैसा अनुमान था, उसी के अनुसार नेहरू ने इस बहस को चीखम-चिल्ली करार दिया। सदस्यों ने नेहरू और उनके विश्वासपात्रों, जैसे—कृष्ण मेनन की घोर आलोचना की। सदन में तथा उसके बाहर प्रधानमंत्री से इस्तीफे की माँग की गई। कम-से-कम कृष्ण मेनन को हटाए जाने की माँग तो एक-एक भारतीय कर रहा था।

युद्ध के तुरंत बाद नेहरू डिप्रेशन में चले गए। नेहरू स्वयं को चीनियों द्वारा छला गया महसूस कर रहे थे, जिन्होंने शुरू से ही अपनी वास्तविक मंशा को लेकर उन्हें गुमराह किया था। वे सुन जू के सिद्धांत का पालन करते हुए समय काट रहे थे। नेहरू अपने कॉमरेडों, भारतीय कम्यूनिस्टों से भी बुरी तरह निराश थे, जिन पर उनका पूरा

भरोसा था। वे हमेशा अपने साम्यवादी और वामपंथी विचारों पर गर्व किया करते थे। किंतु युद्ध के दौरान कम्यूनिस्ट पार्टी और उसके मजदूर संगठनों ने जैसा व्यवहार किया उसने उनके भरोसे को चकनाचूर कर दिया। पहली बार नेहरू ने उन्हें देश-विरोध, भारत-विरोध और चीन-समर्थक करार दिया।

इन सबसे उनके मन में यह भावना जगी कि उनके पद छोड़ने का वक्त आ गया है। उस समय की कुछ रिपोर्ट बताती हैं कि वे इस्तीफा देने पर गंभीरता से विचार कर रहे थे। दरअसल, सारे मुख्यमंत्रियों को, जिनमें से सारे कांग्रेस पार्टी के ही थे, उन्हें देश की सरकार का भविष्य तय करने पर होनेवाली चर्चा के लिए दिल्ली बुलाया गया।

किंतु उम्मीद के मुताबिक एक बड़ा नाटक शुरू हो गया। अपने पिता की मंशा को भाँपते हुए इंदिरा गांधी ने मोरचा सँभाला और सारे मुख्यमंत्रियों को इस बात के लिए मनाया कि वे नेहरू को इस्तीफा देने से रोक लें। इसकी बजाय मेनन का इस्तीफा माँगने की सलाह दी गई, जिन्हें हर हाल में हटाया जाना निश्चित था। असल में एक रिपोर्ट बताती है कि नेहरू को इस्तीफा देने से रोकने के लिए इंदिरा गांधी रोने लगी थीं।[3]

सच तो यह है कि कृष्ण मेनन को भी बरखास्त नहीं किया गया था। उन्हें महत्त्वपूर्ण रक्षा मंत्रालय से हटाकर कम महत्त्ववाले रक्षा उत्पादन के मंत्रालय में भेजा गया था।

इन बातों से संकेत मिलता है कि संसद् में पहले अविश्वास प्रस्ताव का सामना करनेवाले नेहरू की सोच कैसी थी। उन्हें न तो खेद था, न ही पछतावा, बल्कि वह उन विपक्षी सदस्यों से झगड़ने को तैयार रहते थे जो उनकी आलोचना करते थे। प्रस्ताव पर दिया गया उनका जवाब इस बात का सबूत है कि वे कितने कठोर और जिद्दी थे।

सन् 1963 का अविश्वास प्रस्ताव ऐसा पहला अवसर लेकर आया जब कम्यूनिस्टों के एक वर्ग को छोड़कर संसद् के सारे दलों ने नेहरू सरकार के विरोध में एकजुटता दिखाई। प्रजा सोशलिस्ट पार्टी, जनसंघ और हिदू महासभा बेशक पहले ही नेहरू विरोधी थीं, किंतु नेहरू विरोधी मोरचे में मुसलिम लीग और तमिलनाडु की डी.एम.के. के सदस्य भी शामिल हो गए। नेहरू को जो बात सबसे अधिक खटकी वह विभिन्न धारावाले दलों के बीच एकता थी, जिन्होंने संसद् में एक सुर में उनका विरोध किया था।

संसद् में हुई बहस के दौरान नेहरू अपनी ही धुन में रहा करते थे। एक छोटी सी आलोचना भी उन्हें चिड़चिड़ा बना देती थी। वह सभी से टिप्पणियों और भाषणों में सौम्यता की अपेक्षा करते थे, किंतु स्वयं अत्यधिक कठोर और बदले की भावना तथा कई बार क्षुद्रता की हद तक उतर जाते थे। वह जिस विपक्ष से व्यवस्था बनाए रखने की अपेक्षा करते थे, उसके खिलाफ ही अपशब्दों का प्रयोग करते थे।

नेहरू और आचार्य कृपलानी के बीच चर्चा के दौरान जैसी नोंक-झोंक हुई उसका जिक्र कृपलानी ने बाद में अपनी आत्मकथा में किया।

"मुझे उम्मीद है कि प्रधानमंत्रीजी मुझे माफ कर देंगे, लेकिन अपने भाषण में कथित रूप से उन्होंने अपने आलोचकों पर व्यंग्य किया था कि जो आज सरकार की आलोचना कर रहे हैं उनमें से कोई भी आवश्यकता पड़ने पर लद्दाख क्षेत्र में 17,000 फीट की ऊँचाई पर नजर नहीं आएगा। बेशक हममें से कोई वहाँ नहीं होगा, लेकिन मुझे लगता है कि कैबिनेट का भी कोई सदस्य वहाँ नहीं दिखेगा। ऐसा इस कारण नहीं कि उनमें से अधिकांश बूढ़े और बीमार हैं, इस कारण भी नहीं कि उनमें साहस नहीं, बल्कि इस कारण क्योंकि सेना उनकी मौजूदगी को फिजूल का शोरगुल करार देगी। वहाँ वैसे भी कोई कुंभ मेला तो लगा नहीं है।"[4]

अविश्वास प्रस्ताव के उत्तर में दिए गए नेहरू के संबोधन में कटाक्षों की भरमार थी। उन्होंने अपना विरोध करनेवाले आचार्य कृपलानी जैसे वरिष्ठ नेताओं को 'जनरल' कहा था और फिर तुरंत व्यंग्य किया, "वे सभी जनरल हैं, किंतु उनकी सेना में एक भी सैनिक नहीं है।"

इस टिप्पणी से यह बात स्पष्ट हो गई कि नेहरू जुझारू मंशा के साथ उतरे थे और अपना बचाव पूरी ताकत से करनेवाले थे और उन्होंने ऐसा ही किया भी। नेहरू के व्यक्तित्व का एक और विशिष्ट पहलू भी है। स्वतंत्रता के बाद, लंबे समय तक वे यह मानते रहे कि वही एकमात्र ऐसे व्यक्ति हैं जिनकी आवश्यकता उस समय भारत को सबसे अधिक थी। उनकी एक सबसे बड़ी चिंता हुआ करती थी, "मेरे जाने के बाद इस देश का क्या होगा।" एक विख्यात इतिहासकार होने के बावजूद उनके दिमाग में यह बात कभी नहीं आई कि भारत का सदियों पुराना इतिहास है जिसमें अनेक महान् और दुष्ट शासक आए और चले गए, किंतु देश वहीं-का-वहीं रहा।

इस लक्षण से यह धारणा उत्पन्न हुई कि जो कोई भी उनकी नीतियों पर आक्रमण करता, वास्तव में उन पर व्यक्तिगत आक्रमण करता है। अविश्वास प्रस्ताव के दौरान भी यही हुआ। अपनी सरकार द्वारा चीन युद्ध संचालन पर की गई सभी आलोचनाओं को उन्होंने स्वयं के ऊपर ले लिया। बहस को नीति से हटाकर व्यक्तित्वों पर लाने की यह भी एक कूटनीति हो सकती है।

"यह स्पष्ट है कि उन्हें सकारात्मक नहीं बल्कि असहमति एक साथ लेकर आई, हमारी सरकार का सरकार को नापसंद करना ही नहीं, लेकिन शायद, यदि मैं कहूँ तो इससे अधिक है। ऐसा कहने के लिए मैं माफी माँगता हूँ कि सरकार का नेतृत्व करने और दूसरे अन्य कारणों से मेरे खिलाफ यह एक व्यक्तिगत मुद्दा है", उन्होंने अपने खिलाफ बोलनेवाले सदस्यों पर यह आरोप लगाया था।

यह तथ्य सबको पता है कि समूचा चीन अभियान का नेतृत्व बस दो व्यक्तियों—नेहरू और मेनन ने किया था। चीन नीति ही नहीं, यहाँ के सरकार की सभी चीजें नेहरू

द्वारा नियंत्रित और उनसे प्रभावित थीं। उन्होंने कभी भी मंत्रिमंडल के अपने सहयोगियों को उनका मंत्रालय चलाने की स्वतंत्रता नहीं दी थी। स्वयं को एक महान् लोकतांत्रिक बताते हुए नेहरू ने संसद् में एक बार कहा था, "प्रधानमंत्री प्रधानमंत्री होता है और वह सरकार की नीतियों का निर्धारण कर सकता है। मुझे लोकतांत्रिक प्रक्रिया, पार्टी की प्रक्रिया पता है, प्रधानमंत्री का कर्तव्य पता है। और संविधान के अनुसार, प्रधानमंत्री की सरकार में सबसे मुख्य भूमिका होती है।"[5]

किसी और ने नहीं, बल्कि स्वयं कृष्ण मेनन ने नेहरू के इस स्वभाव का समर्थन किया। "नेहरू मंत्रिमंडल को महान् सम्मान देते हैं, लेकिन उन्हें मालूम है कि वह जो निर्णय लेना चाहते हैं, ले सकते हैं। संविधान को सामान्यत: जैसा माना जाता है, उनका वैसा स्वाभाविक तरीका नहीं था। प्रधानमंत्री बल प्रयोग नहीं करते थे, लेकिन दूसरे सहकर्मी उनके रास्ते से अपने आप हट जाते थे। उन्होंने एक बार खुलकर यह स्वीकार किया।[6]

नेहरू का यह अधिनायकवादी और अलोकतांत्रिक स्वभाव था, जिस कारण कई प्रमुख नेताओं को निराश होकर हटना पड़ा। ऐसा महसूस होने के बाद कि जानबूझकर नेहरू मंत्रिमंडल की कई समितियों से अंबेडकर को बाहर रख रहे थे, उन्होंने सन् 1951 में त्यागपत्र दे दिया। मुंबई के अन्य दिग्गज सी.डी. देशमुख ने भी नेहरू की मनमानी के कारण त्यागपत्र दे दिया। उस समय के श्रम मंत्री वी.वी. गिरि को भी नेहरू की मनमानी के आगे मंत्रालय का त्याग करना पड़ा था।

इस प्रकार नेहरू और मेनन जैसे उनके विश्वसनीय सहयोगियों की चीन मुद्दे पर सदन के अधिकतर सदस्यों द्वारा आलोचना स्वाभाविक थी। हालाँकि इसे व्यक्तिगत आलोचना करना बहुत ओछी बात थी। नेहरू अपने व्यवहार में इस ओछेपन के लिए जाने जाते थे।

बदतर बात यह थी कि सदस्यों पर व्यक्तिगत आक्रमण का आरोप लगाने के क्रम में नेहरू ने स्वयं व्यक्तिगत आक्रमण का सहारा लिया था। उस समय सदन में कई माननीय और विशिष्ट सदस्य थे, जैसे कि आचार्य कृपलानी, मीनू मसानी, राम मनोहर लोहिया आदि। ये सभी सम्माननीय नेता थे। यह सत्य है कि इन सभी ने बहस में नेहरू सरकार के खिलाफ बोला था। लेकिन उनकी आलोचना का प्रतिउत्तर देने की जगह नेहरू अपमान कर उपहास किया करते थे।

उन्होंने कहा था, "सदन के तीन नए माननीय सदस्यों—आचार्य कृपलानी, एम. आर. मसानी और डॉ. लोहिया के भाषण मैंने अत्यधिक रुचि और ध्यान से सुने। शायद वे उपचुनावों में हुई अपनी जीत को लेकर कुछ उत्साहित थे।" यह निश्चित ही एक निम्न-स्तर की टिप्पणी थी। सभी तीनों सदस्य, जिनका नेहरू ने उल्लेख किया था, देश

के बहुत ही वरिष्ठ एवं सम्माननीय नेता थे। अंतिम दशक में ये सदन के अंदर और बाहर रहे थे। उन्हें नवागंतुक और यह कहना अनुचित था कि वे कुछ उत्साहित थे, लेकिन नेहरू अपने इसी प्रकार के हस्तक्षेपों के लिए जाने जाते थे।

नेहरू यहीं तक सीमित नहीं रहे, बल्कि प्रत्येक नेता पर व्यक्तिगत आक्रमण करते रहे। लोहिया के बारे में उन्होंने कहा था, ''जब मैंने उन्हें सुना मैं अकेला ही निराश था। उन्होंने स्वयं के साथ भी न्याय नहीं किया। मुझे उनसे टीका-टिप्पणी और व्यक्तिगत आक्रमण से हटकर बेहतर उम्मीद थी।''

अब मीनू मसानी की बारी थी। ''श्री मसानी ने आर्थिक मामलों के बारे में अपने विचार व्यक्त किए, और मैं आश्चर्यचकित था कि क्या किसी बुद्धिमान व्यक्ति को इस प्रकार बात करना चाहिए, जैसा वह कर रहे थे। उनकी बातें अर्थहीन थीं, अर्थव्यवस्था के आधुनिक विश्व को आज जैसा माना जाता है, उसकी जैसे उन्हें कोई समझ नहीं थी।''

नेहरू के आर्थिक दृष्टिकोण पर नजर डालना मजेदार है और यह भी कि वे कैसे इसे अभिव्यक्त करते थे या 50 के दशक में शायद ही उन्होंने इसे कभी भी स्पष्ट रुप से अभिव्यक्त किया होगा। सन् 1953 में भारतीय राष्ट्रीय कांग्रेस के अवाडी सम्मेलन में नेहरू ने एक प्रस्ताव पास कराया जिसमें उनकी सरकार के आर्थिक उद्देश्यों को 'समाज के एक समाजवादी पैटर्न' की रचना का रूप घोषित किया गया था। इन सबके पीछे नेहरू के आशय पर भारी चर्चा और बहस हुई। समाजवाद और साम्यवाद के सिद्धांतगत विरोधी मसानी जैसे नेता नेहरू की सनक के कट्टर आलोचक बन गए।

अधिकतर भारतीयों के लिए समाज का समाजवादी पैटर्न एक पहेली था। वे समाजवाद या पूँजीवाद को समझ सकते थे, लेकिन 'समाज के पैटर्न' शब्द के इस्तेमाल से नेहरू का क्या आशय होता था? अमिय राव और बी.जी. राव ने अपनी किताब 'सिक्स थाउजैंड डेज' में उस हास्यास्पद संवाद का विस्तार से उल्लेख किया है, जिसके बाद अवाडी प्रस्ताव आया था और बताया गया है कि बाद के वर्षों में कैसे नेहरू कभी भी 'समाज के समाजवादी पैटर्न' की व्याख्या करने का साहस नहीं कर पाए। संभवत: उन्हें इन शब्दों का अर्थ स्वयं भी स्पष्ट नहीं था। संभवत: यह चुनावी विचार पर संशय बनाए रखने की उनकी एक कूटनीति थी, क्योंकि उन दिनों कांग्रेस पार्टी के मुख्य विरोधी साम्यवादी और समाजवादी थे।

उन्होंने ऑल इंडिया मैनुफैक्चर्स एसोसिएशन के प्रतिनिधियों से कहा, ''समाजवाद के बारे में लिखना या विस्तृत रूप से परिभाषित करना किसी के लिए भी आसान नहीं है।'' सन् 1957 में इंदौर में हुए कांग्रेस के वार्षिक आम सम्मलेन में, जब डेलीगेट समाज के समाजवादी या सामाजिक पैटर्न के बारे अधिक जानकारी चाहते थे, तो उन्होंने

अपने कठोर प्रतिउत्तर से सबको खामोश कर दिया। उन्होंने कहा, "मुझे नहीं लगता कि समाजवाद के यथार्थ को परिभाषित करने के लिए मुझसे कहा जाना चाहिए।"

सन् 1958 के अंत में उन्होंने दिल्ली विश्वविद्यालय के विद्यार्थियों को संबोधित किया। उन्होंने वहाँ पर अपने समाजवादी पैटर्न के बारे में कहा था, "इसका अर्थ सिर्फ आर्थिक संगठन से नहीं बल्कि कुछ ज्यादा गहरा है, जिसमें सोचने का तरीका और जीवनशैली का तरीका शामिल है।"

सबसे मजेदार व्याख्या मई 1959 में सामने आई। कांग्रेस पार्टी के कुछ मुख्य नेता ऊँटी में निर्धारित सम्मेलन के लिए एकत्रित हुए थे। इसी तरीके से नेहरू के अधीन सारे कार्य संचालित होते थे। लोग समाजवादी मुद्दे पर चर्चा के लिए ऊँटी जैसे महँगे स्थान को चुनते थे। गरमी के अवकाश के लिए नीलगिरि से बेहतर जगह और क्या ढूँढ़ी जा सकती थी। हमेशा की तरह नेहरू ने सब लोगों के सामने सभी विषयों पर लंबा भाषण दिया। हालाँकि समाजवाद के यथार्थ को लेकर प्रश्न के बारे में नेहरू ने कहा था, "अब हम चर्चा करते हैं कि समाजवादी समाज की क्या विषयवस्तु होती है। यह चर्चा का बहुत महत्त्वपूर्ण मुद्दा है। अभी मेरा दिमाग उस तरीके से कार्य नहीं कर रहा है।"

स्वतंत्रता से पहले, यहाँ तक कि गांधीजी भी हैरान थे और उन्होंने एक बार नेहरू को यह कहकर डाँटा भी, "दुनिया में यह सबके साथ क्या हो रहा है? मैं समझ नहीं पा रहा हूँ, तुम्हें कुछ स्पष्ट है? जहाँ तक मुझे पता है, मैं बुद्धि क्षय का शिकार नहीं हुआ हूँ। क्या तुम्हें नहीं लगता है कि तुमको मुझे समझाना चाहिए कि तुम किस चीज के बारे में बात कर रहे हो।"

नेहरू के महान् आर्थिक विचारों की वास्तविकता यही थी। मसानी जैसे वरिष्ठ नेताओं की नेहरू द्वारा आलोचना से मालूम होता है कि वे तथ्य को लेकर गंभीर नहीं थे, बल्कि सिर्फ गाली-गलौज में संलग्न थे।

देश प्रगति के बारे में वे जिन आँकड़ों का जिक्र करते थे, वह जनता के आँकड़ों से मेल नहीं खाते थे। अन्य मामले में, सबसे पहले अविश्वास प्रस्ताव में अत्यधिक महत्त्वपूर्ण चर्चा के दौरान, नेहरू बहस का जवाब देते समय बिलकुल भी गंभीर नहीं लग रहे थे। इस तरह की गंभीर चर्चा में लापरवाही दिखाते हुए नेहरू ने अपने उत्तर में कई बार कहा, "मेरे पास बिलकुल सही आँकड़े या विवरण नहीं हैं।"

डॉ. लोहिया द्वारा की गई इस टिप्पणी से नेहरू को निश्चित ही गुस्सा आ गया था कि देश में साठ प्रतिशत लोगों की प्रतिदिन आय तीन आना रुपया से भी कम है, जबकि नेहरू के पालतू कुत्ते का प्रतिदिन खर्चा तीन रुपया है। हालाँकि उस समय लोहिया को तथ्यों और आँकड़ों से जवाब देने के बजाय नेहरू ने वाक्चातुर्य का विकल्प चुना। नेहरू ने कहा, "मुझे लगता है उन्होंने अपने गणित में काफी गलतियाँ की हैं।" और फिर

उन्होंने यह भी कहा, ''मैं नहीं बता सकता कि बिलकुल सही आँकड़ा क्या है। यह कम-से-कम पाँच गुना अधिक होना चाहिए; या फिर उससे भी अधिक। मैंने इसे जोड़ा नहीं है।'' यही नेहरू की विशेषता थी।

अपने सामान्यीकरण और लफ्फाजी के साथ नेहरू ने दावा किया कि देश के आर्थिक स्थिति में काफी सुधार हुआ है, लेकिन एक बार फिर उन्होंने निश्चित आँकड़ा बताने से मना कर दिया।

''इसे मालूम करने के लिए किसी आँकड़े की जरूरत नहीं है। कुछ लोगों को छोड़कर भारत में अब तक की सबसे बेहतर संपन्नता है। लोग बेहतर खाना खाते हैं, बदन पर पहले से अधिक कपड़े हैं, पहले से बेहतर मकान हैं। सभी स्थानों पर स्कूल और स्वास्थ्य सेवाओं का विकास हो रहा है। कुछ लोग भारत में हुए इस चमत्कार पर बयानबाजी करने की गुस्ताखी कर रहे है।'' वास्तव में सन् 1961 में संसद् में तीसरी पंचवर्षीय योजना रखते समय नेहरू ने एक ऐसी मजेदार बात कही जिससे सभी लोग हैरान रह गए थे। उन्होंने कहा, ''मुझे पूर्ण विश्वास है कि हमारे लोग उससे कहीं अधिक भोजन का सेवन कर रहे हैं जितना कि आँकड़े बता रहे हैं और खाद्यान्न आपूर्ति में हो रही समस्या के पीछे यही कारण है, क्योंकि लोग जितना खाद्यान्न निर्वाह कर सकते हैं उससे कही अधिक सेवन करते हैं।''

'निर्वहन से अधिक खाद्यान्न का सेवन करना?', 'भारत का चमत्कार'?

उस समय भारत की अर्थव्यवस्था की स्थिति नेहरू ने जैसी बताई थी, उसके ठीक विपरीत थी। सन् 1964 में भारत की कृषि उत्पादन क्षमता विश्व में सबसे कम थी। भारत ही केवल ऐसा देश था, जिसने आजादी के 17 वर्ष बाद भी देश के प्रमुख शहरों में राशनिंग जारी रखी थी।

नेहरू की मृत्यु के समय भारत पर अंतरराष्ट्रीय कर्जा बढ़कर 2,054 करोड़ रुपए हो गया था और शहरी क्षेत्रों में बेरोजगारी 25 लाख के आँकड़े को भी पार कर चुकी थी।

हर हाल में अविश्वास प्रस्ताव का मुख्य फोकस भारत-चीन युद्ध में असफलता थी। नेहरू ने युद्ध के बारे में बात करने से अधिक समय अर्थव्यवस्था के ऊपर बात करने में दिया। आखिरकार जब उनके सामने यह मुद्दा आया, तो उन्होंने सामान्य बातें, टालनेवाली बहानेबाजी और आधे-अधूरे सचवाले तथ्यों का सहारा लिया।

चीन की चढ़ाई को देश की जनता से छुपाए रखने पर हुई आलोचनाओं पर नेहरू ने अपना बचाव करते हुए पहले आधा सच या फिर झूठ बोला, ''सन् 1958 में जो हुआ, सन् 1958 के आखिर में शरद ऋतु के अंत में, हमने सुना कि अक्साई चीन सड़क बनवाई जा रही है। हमें नहीं पता था कि यह वास्तव में कहाँ स्थित है।''

यदि बी.एन. मलिक पर विश्वास करें तो सरकार को सन् 1954 में सड़क के बारे में मालूम था। सन् 1956 में चीन द्वारा भारतीय तलाशी दल पर पाबंदी लगाए जाने और उसके बाद की यातना से तो अवश्य ही मालूम चल गया था। सन् 1957 में चीन के मीडिया ने घोषणा की थी कि अक्साई से होकर गुजरनेवाली सड़क का निर्माण पूरा हो गया है।

वास्तव में सन् 1959 में नेहरू के चाउ एन-लाई को लिखे गए पत्र से उस बड़े झूठ का खुलासा होता है, जिससे वे बचने की कोशिश कर रहे थे, जिसमें उन्होंने स्पष्ट तौर पर लिखा था कि उन्होंने संसद् और देश से जानकारी को छुपाया है। सन् 1959 में पेकिंग को लिखे गए नोट में नेहरू ने, लोंगजू में हुए गोलीबारी का विरोध करते हुए, चाऊ से कहा था, ''हमारे भू-भाग में सन् 1954 से लेकर अब तक चीन द्वारा घुसपैठ की घटना पर मौजूदा जानकारी, सन् 1958 में अक्साई चीन सीमा पर हमारे कर्मचारियों की गिरफ्तारी और पकड़े जाने को हमने जनता के सामने जाहिर नहीं किया है। हमने इस उम्मीद में मुद्दे को उजागर नहीं किया कि दोनों देशों की जनता में आक्रोश पैदा किए बिना दोनों देशों के बीच सहमति से झगड़े का समाधान हो जाएगा।''[7]

झूठ बोलने के बाद अपने कार्यों का नेहरू अस्पष्ट वक्तव्य की प्रवृत्ति से बचाव करने लगे। हमने संसद् को इस बारे में सन् 1959 में जानकारी दी। इस क्षण मुझे बिलकुल सही तारीख तो याद नहीं, लेकिन यह सन् 1959 था, इससे आगे का समय नहीं था।

उस समय लोग यह सोचते थे कि भारतीय सैनिकों के पास इतने ऊँचे स्थान पर लड़ाई करने के लिए साजो-सामान की कमी है। कई सदस्यों ने सैनिकों को बिना साजो-सामान के आगे भेज दिए जाने पर सरकार की आलोचना की थी। नेहरू का उत्तर बचकाना था, ''मुझे लगा कि माननीय मित्रगण ने अपने भाषण में कहा कि उनके पास जूते और बूट नहीं हैं।'' आचार्य कृपलानी द्वारा की गई आलोचना पर उक्त बात कहते हुए नेहरू ने कहा, ''सभी के पास मजबूत जूते थे, लेकिन यह सत्य है कि बर्फ में जाते समय बर्फीले जूतों की जरूरत पड़ती है।'' उनके पास जूते थे, लेकिन बर्फीले जूते नहीं थे। यह था नेहरू का उत्तर। ''सभी के पास कंबल, जूते, कपड़े आदि सामान थे। हुआ यह था कि वे लोग अधिक सामान साथ नहीं ले गए, क्योंकि वह सामान लादना पड़ता। इसलिए उन्होंने हवाई मार्ग द्वारा उसे बाद में भेजने के लिए कहा था।''

कोई भी आसानी से अंदाजा लगा सकता था कि ऐसे समय में जब पूरा देश मानव, भू-भाग और सबसे अहम, प्रतिष्ठा गँवाने पर एक गंभीर जवाब की उम्मीद कर रहा था, तब किसी प्रधानमंत्री का यह कैसा जवाब था।

इस अव्यावहारिक भाषण के अंत में उन्होंने कहा कि चीन के साथ एक

'सम्मानजनक समाधान' की आवश्यकता है।

"बल्कि, मैं कहना चाहूँगा कि चाहे जब भी हो, चीन के साथ एक सम्मानजनक समाधान के लिए हमें हमेशा दरवाजा खुला रखना चाहिए। ऐसा तुरंत नहीं हो सकता है, लेकिन बाद में हो सकता है।"[8]

नेहरू दुनिया को इस उम्मीद के साथ छोड़कर चले गए कि यहाँ बाद में चीन के साथ कोई सम्मानजनक समझौता हो जाएगा। देश की विदेश नीति उम्मीद के साथ समझौते के लिए दरवाजा खुला रखते हुए आगे बढ़ी।

समस्या यह थी कि भारत ने समझौते के लिए केवल दरवाजा ही खुला नहीं रखा, बल्कि अपनी सीमाएँ भी खोल दीं। और इसका परिणाम आगे पाँच दशकों में सामने आया।

संदर्भ–

1. बी.एन. मलिक, माई ईयर्स विथ नेहरू
2. रूपनारायण दास, द स्टॉर्मी पार्लियामेंटरी डिबेट्स ऑफ 1962
3. राज थापर, लर्निंग टू रिलेट, पृष्ठ 202
4. लोकसभा डिबेट्स, भाग XXXV, पृष्ठ 1731
5. लोकसभा, 30 जुलाई, 1956
6. अमिय और बी.जी. राव, सिक्स थाउजेंड डेज
7. वाईट पेपर 2, पृष्ठ 34
8. लोकसभा डिबेट्स, भाग XIX, पृष्ठ 2191-2221

□

14

पाठ

जब भारत सरकार ने ब्रुक्स-भगत की रिपोर्ट को गुप्त सूची से हटाने से मना कर दिया, जबकि उसी युद्ध के बारे में अमेरिका के खुफिया निकाय, सी.आई.ए. द्वारा अंदरूनी रूप से तैयार की गई रिपोर्ट को गुप्त सूची से हटा दिया गया और सन् 2007 में उसे जनता के लिए जारी कर दिया गया। यह रिपोर्ट वास्तव में सी.आई.ए. ने तैयार करवाई थी, और अपने ही कर्मचारियों द्वारा लिखवाई और 5 मई, 1964 को कार्य पत्र के नाम से इसे सौंपा था। यहाँ तक कि अमेरिकी सरकार ने भी पूरे 43 वर्ष तक इस रिपोर्ट को गोपनीय रखना आवश्यक माना था। आखिरकार सी.आई.ए. के बुद्धिमत्तापूर्ण निर्णय से यह रिपोर्ट मई 2007 में गुप्त सूची से हटा दी गई।

यह रिपोर्ट भारत-चीन युद्ध से ठीक पहले हुए घटनाक्रम के एक-एक पन्ने को खोलती है। इस रिपोर्ट में नेहरू पर कुछ ऐसे कार्यों के लिए आरोप लगाया गया जिनसे भारत और चीन के बीच तनाव बढ़ा, जिसके परिणामस्वरूप अंत में सन् 1962 में युद्ध हुआ। इसी बीच सी.आई.ए. की रिपोर्ट में उक्त समय चीन के छल, हठधर्मिता और कट्टरता का भी खुलासा किया गया है। इस रिपोर्ट में उल्लिखित सी.आई.ए. अधिकारी की समीक्षा, अनुमान और निष्कर्ष से कोई भी सहमत नहीं हो सकता है। हालाँकि यह समझना ज्ञानवर्धक है कि उस समय दुनिया की महत्त्वपूर्ण शक्तियाँ भारत-चीन संबंध को किस नजरिए से देखती थीं।

इस रिपोर्ट में चीन द्वारा नेहरू और भारत से निपटने की सुन त्जू शैली के द्विभाजन पर जोर डाला गया है। एक तरफ चीन यह सोचता था कि नेहरू के साथ जुड़े रहना आवश्यक है, लेकिन दूसरी तरफ उसके खिलाफ विद्रोह करना भी जरूरी मानता था। यह भी चीन का परंपरागत तरीका था—'अपनी क्षमताओं को छुपाना, और मौके की

तलाश में रहना'। सी.आई.ए. रिपोर्ट के कथनानुसार, "चीन को उम्मीद थी कि वार्त्ता की शुरुआत होगी, लेकिन नेहरू सिर्फ अक्साई क्षेत्र से वापस लौटने की बात करेंगे। स्पष्ट रूप से उसे विश्वास था उसके साथ कुछ राजनयिक चालें हैं, लेकिन वास्तव में यह ज्यादा दिन तक नहीं चल सका।"

सी.आई.ए. रिपोर्ट में नेहरू की दुविधा को अच्छी तरह से बताया गया है। वे सीमा दावों के साथ भी समझौता करने के लिए तैयार थे। हालाँकि भारतीय जनता की राय ऐसे किसी समझौते के बिलकुल विपरीत थी। यह उस समय के संसद् में हुए भाषणों और संचार माध्यमों की रिपोर्टों से प्रदर्शित होता है। स्पष्ट है कि नेहरू को जनता के विचारों के आगे झुकना पड़ा। उस पर तकलीफ यह भी थी कि चीन भारतीय भू-भाग से अपनी चौकियाँ हटाने के प्रश्न पर अडिग था।

रिपोर्ट कहती है कि—

"सन् 1961 के अप्रैल से और पूरे वर्ष लगातार लेफ्टिनेंट जनरल कौल ने सेना की सभी तीन कमानों को सीमा पर अपनी संख्या बढ़ाने का निर्देश दिया था। हालाँकि चीन परिणामस्वरूप होनेवाली गतिविधियों के प्रति सतर्क था; इसलिए भारत सन् 1961 में आगे नहीं बढ़ सका, जैसा कि सन् 1957 से 1960 तक चीन आगे बढ़ गया था। एक तरफ भारत के आगे बढ़ने पर चीन के विरोध और दूसरी ओर संसद् में 'फॉरवर्ड' सीमा नीति के प्रस्ताव से मजबूर होने के कारण आक्रांत नेहरू ने नवंबर में सार्वजनिक रूप से एक बार प्रतिबद्धता जाहिर की थी कि नई चौकियों की स्थापना की जाएँगी, ताकि चीन के कब्जेवाला भू-भाग वापस लिया जा सके। उन्होंने कहा कि आधे दर्जन से भी अधिक चौकियों की स्थापना की जा चुकी है और कुछ और की स्थापना की जाएगी।"

सन् 1962 के मध्य में भारत और चीन दोनों ने चूहा-बिल्ली का खेल शुरू कर दिया था। भारत ने अपनी सेना चीन की चौकी से आगे भेजकर और उसके पीछे अपनी चौकी बनाकर चीन के कब्जे को चुनौती देने का निर्णय किया, और इस प्रकार प्रभावकारी तरीके से उसे घेरने का प्रयत्न किया। इसकी व्याख्या फॉरवर्ड पॉलिसी के रूप में की गई। सेनाध्यक्ष प्राण थापर ने नेहरू को इसके विरुद्ध सुझाव दिया था, लेकिन नेहरू ने सेना में मौजूद अपने भरोसेमंद लेफ्टिनेंट जनरल कौल पर विश्वास किया, जिन्होंने ऐसा करने की सलाह दी थी। नेहरू सरकार की फॉरवर्ड नीति पर टिप्पणी करते हुए सी.आई.ए. रिपोर्ट में कहा गया है कि—

"प्रमाण बताते हैं कि जून 1962 में भारत द्वारा पी.एल.ए. सीमा चौकियों के आगे बढ़ने पर चीन के नेताओं को लगने लगा कि दुश्मन को नए कब्जे से हटाने के लिए एक बड़े अभियान की तैयारी करनी चाहिए। जुलाई के आरंभ में जब चीनी राष्ट्रवादियों के हमले की आशंका को खारिज करने के अमेरिकी आश्वासन के कारण चीन सुरक्षित

महसूस कर रहा था, तब चीन ने पश्चिम में गलवान नदी घाटी में नई चौकी को घेरकर भारत की अग्रिम चौकियों के खिलाफ अपनी पहली जवाबी काररवाई की। इस कदम का प्राथमिक उद्‌देश्य नेहरू को यह आश्वस्त करने का था कि वे उनके 'फिर से कब्जे की योजना' को रोकने के लिए लड़ाई हेतु तैयार हैं।''

हालाँकि हुआ ठीक इसके विपरीत ही। नेहरू और मेनन को यकीन था कि चीन इस मामले को लेकर कोई बड़ी लड़ाई नहीं करेगा और भारतीय सेना को गोलीबारी करने के बारे में स्वयं फैसला करने की अनुमति दे दी गई थी।

हालाँकि सी.आई.ए. रिपोर्ट में उल्लिखित है कि मेनन परदे के पीछे युद्ध को रोकने के लिए एक समझौता कराने के लिए प्रयत्न कर रहे थे। मेनन युद्ध के पक्ष में नहीं थे और सभी को मालूम था कि चीन के साथ युद्ध में भारतीय सेना की क्षमता को लेकर उन्हें संशय था।

''रक्षा मंत्री कृष्ण मेनन ने यह समझ लिया था कि सीमा पर दुखद हार से उनका राजनीतिक जीवन खत्म हो जाएगा, जिसकी कि ज्यादा आशंका थी, इसलिए उन्होंने एक लचीली नीति बनाने का काम किया। चीन-भारत वार्त्ता से पहले पीछे हटने की पूर्व शर्त को छोड़ने के लिए उन्हें नेहरू की अस्थायी सहमति मिल गई थी। हालाँकि चीन की गंभीर संशयात्मक लचीलेपन ने भारत के स्पष्ट रूप से पूर्व शर्त हटाए जाने पर जोर दिया था। इस प्रकार प्रतीकात्मक मैत्रीपूर्ण व्यवहार से भी इनकार करते हुए चीन ने मेनन की लचीली नीति को बदनाम करने में भारतीय सेना के नेतृत्वों और नौसिखिया नीति निर्धारकों (उदाहरण के लिए पत्रकार और कुछ खास विपक्षी सांसद) की मदद की। चीन को अपने संदेह पर तब यकीन हो गया जब 22 अगस्त को नेहरू ने संसद् में कहा कि हमने सीमा पर सेना और राजनीतिक दबाव के कारण फिर से कब्जा करने को मंजूरी दी।''

भारतीय सांसदों और संचार माध्यमों की नौसिखिया के रूप में सी.आई.ए. की व्याख्या, उस समय की राजनीतिक सच्चाई की समझ को झूठा साबित करते हैं। वह नेहरू और मेनन ही थे जिन्होंने भारत-चीन संकट के दौरान नौसिखिया की तरह व्यवहार किया था। वास्तव में नेहरू के संसद् में दिए गए बयान, जो रिपोर्ट में उल्लिखित हैं, ऐसे बयानों में से हैं जो उस समय के प्रधानमंत्री के द्वारा निश्चित रूप से नजरअंदाज करने योग्य थे।

रोचक बात यह है कि सी.आई.ए. रिपोर्ट कहती है कि चीन द्वारा भारतीय बलों पर आक्रमण के पीछे उनका मुख्य उद्‌देश्य उस भूमि को कब्जे में बनाए रखना था जिस पर सन् 1962 में पीपुल्स लिबरेशन आर्मी की सेना खड़ी थी और भारतीयों को वह भू-भाग पुनः प्राप्त करने के प्रयत्न के लिए दंडित करना था। सामान्य शब्दों में, उसने भारत को एक बार यह दिखाने का प्रयत्न किया था कि सेना के फिर से कब्जा करने की नीति से चीन सहमत नहीं है। रिपोर्ट के अनुसार, आक्रमण के दूसरे कारण में, 'जिससे

आक्रमण जरूरी तो नहीं, लेकिन अपेक्षित तो हो ही गया था,' दो उद्देश्य थे '(1) भारत की कमजोरी को उजागर कर नेहरू की प्रतिष्ठा को नुकसान पहुँचाने की इच्छा, और (2) किसी साम्यवादी देश के खिलाफ नेहरू का समर्थन करने की ख्रुश्चेव की विश्वासघाती नीति को सामने लाना।

सी.आई.ए. रिपोर्ट में बताया गया है कि कैसे चीन नेहरू के बारे में संदेह पालता रहा और नफरत करता रहा। सन् 1960 में बेल्जियम ने कांगो से 78 वर्ष पुराना शासन खत्म कर दिया और पेट्राइस लुमुंबा ने पहले राष्ट्रीय सरकार का गठन किया। शीघ्र ही कांगो में कबाइली हिंसा भड़क उठी और कतांग तथा कसाई प्रांत अलग हो गए। कांगो को विनाशकारी गृहयुद्ध से बचाने के लिए संयुक्त राष्ट्र सुरक्षा परिषद् ने 21 फरवरी, 1961 को सैन्य हस्तक्षेप करने का निर्णय लिया। कांगो में संयुक्त राष्ट्र नेतृत्व को भारत ने शुरुआत में कुछ लॉजिस्टिक्स यूनिट भिजवाईं, लेकिन बाद में संयुक्त राष्ट्र के आग्रह पर इस सहायता को बढ़ाकर ब्रिगेड में कर दिया गया। ब्रिगेडियर के.ए.एस. राजा के अधीन 99 इन्फेंट्री ब्रिगेड को वायु मार्ग और समुद्री मार्ग से कांगो की राजधानी लियोपोल्टविली में मार्च से जून 1961 तक को भेजा गया।*

चीन के नेता इसे नेहरू की अंतरराष्ट्रीय महत्त्वाकांक्षा के प्रमाण के तौर पर देख रहे थे। नई दिल्ली स्थित चीन के दूतावास ने भारत के एक भरोसेमंद साम्यवादी से फरवरी 1962 में कहा कि नेहरू के कांगो में भारतीय सेना भेजने का निर्णय लिए जाने के बाद चीन के इस विचार की पुष्टि हो गई है कि नेहरू की नीति मुख्यत: अमेरिका के पक्ष में हैं। उसने आरोप लगाया कि नेहरू 1960 के चुनावों में कांग्रेस के लिए बहुमत हासिल करने के उद्देश्य से सीमा विवाद को और बढ़ाना चाहते थे। मार्च के अंत में नई दिल्ली में हुई विश्व शांति परिषद् की बैठक में चीन के मुख्य प्रतिनिधि लियु निंग-आई ने भारत की कांगो नीति और नेहरू की शांतिवादी प्रवृत्ति की आलोचना करने के प्रस्ताव पर बल दिया। यह आलोचना हालाँकि मूल प्रति में लिखी हुई थी, लेकिन भारतीय प्रतिनिधि के दबाव डालने के बाद अंतिम प्रारूप में से इसे हटा दिया गया था।

सी.आई.ए. के दस्तावेज कहते हैं कि—

"चीनी दूतावास के अधिकारी ने 31 मार्च को नेहरू पर 'केनेडी के वकील' होने का आरोप लगाया था और जून तक चेन यी ने स्वयं व्यक्तिगत वार्त्तालाप में नेहरू की बुराई करना आरंभ कर दिया था। चेन यी ने 2 जून को ब्लॉक अधिकारी से जेनेवा में कहा कि नेहरू भारत के बड़े मध्यवर्गी प्रवक्ता की भूमिका को और अधिक विनम्र होकर नहीं निभा सकते हैं, और दावा किया कि यह तथ्य चीन के प्रति उनके अमैत्रीपूर्ण

---

* http://www.bharat-rakshak.com/LAND-FORCES/Army/Galleries/Wars/UN/Congo/.

व्यवहार और भारत द्वारा सीमा घटनाक्रम के उकसावे को स्पष्ट करते हैं। चेन ने केवल तार्किक निष्कर्ष निकालने के लिए इस तार्किक टिप्पणी से आगे बढ़े। चीन की इस धारणा का कारण भारत और अमेरिका के बीच करीबी रिश्ते थे। अंत में उसने ख्रुश्चेव पर यह भी कलंक लगा दिया कि नेहरू उन्हें कई सालों तक बेवकूफ बनाते रहे। नेहरू अमेरिकी-रुझान के थे।''

सी.आई.ए. के दस्तावेज कहते हैं कि नेहरू को सबक सिखाने और उन्हें वार्त्ता के लिए सहमत करने के लिए चीन तीव्र गति से आगे बढ़ा और उसने पाकिस्तान को तैयार करना शुरू कर दिया। उसने दिसंबर 1960 में पाकिस्तान के साथ सीमा वार्त्ता का सुझाव दिया और जनवरी 1961 तक उन्होंने प्रारंभिक समझौते पर बातचीत करने के लिए सहमति प्राप्त कर ली। इस चाल ने पाकिस्तान के अधिकारिक भारतीय संदेहों को हवा दे दी और उसके इस विचार की पुष्टि हो गई कि चीन भारत विरोधी राजनीतिक अवसरवादी है।

सी.आई.ए. रिपोर्ट में आगे कहा गया है कि—

''पाकिस्तान की ओर बढ़ने से चीनी नीति का विरोधाभास का भी पता चला। उसने वार्त्ता की इच्छा जाहिर की और इसकी आवश्यकता पर बात भी की, लेकिन इसके लिए उसने कोई रियायत नहीं दी। इसके ठीक विपरीत, उसके राजनीतिक कदमों ने भारत को उचित मानसिक व्यवहार से दूर कर दिया। ठीक उसी समय चीन के रवैए ने भारत-पाकिस्तान के रिश्ते में दरार डालने में सफलता पा ली थी, जिस कारण भारतीय अधिकारियों में चीन के प्रति और अधिक कड़वाहट भर गई थी ।''

यहाँ तक कि सन् 1961 के पूर्वार्ध में प्रधानमंत्री नेहरू द्वारा चीन का सीमा विवाद पर उसकी शर्तों पर वार्त्ता का प्रस्ताव ठुकरा दिया गया था, जिसमें मुख्य माँग अक्साई मैदान पर कब्जे को स्वीकार करना था, लेकिन इसके बाद भी विवाद सुलझाने का प्रयास खत्म नहीं हुआ। चीन-भारत के बीच संपर्क बना रहा। नेहरू ने एक और नेहरू आर. के. नेहरू को अपना दूत बनाकर यह सुनिश्चित करने के लिए चीन भेजा कि क्या चीन इस पर पुनर्विचार करे और मैदान पर अपने कब्जे को लेकर नरमी बरते।

पीकिंग में जो हुआ वह नेहरू के लिए एक शर्मनाक अपमान था। सी.आई.ए. रिपोर्ट में बताया गया है—

''जब आर.के. नेहरू ने उनसे पूछा कि क्या वे पीछे हटने के लिए तैयार हैं, तो वे खड़े हो गए और उस भारतीय पर गुस्से से टूट पड़े। महासचिव की चीन के अक्साई मैदान से पीछे हटने की माँग पर लीउ ने गुस्से से जबाब दिया और कहा कि ऐसा सोचना मूर्खतापूर्ण है कि नेहरू आराम से आदेश देंगे और चीन अपने कब्जे की भूमि को आसानी से वापस कर देगा। उन्होंने महासचिव से कहा कि यदि भारत किसी वार्त्ता से

पहले उस मैदान को खाली करवाना चाहता है, तो इसके लिए भारतीयों को भी नेफा को खाली करना होगा, और 'केवल' इसी शर्त पर चीन मैदान के बारे में बात करने पर सहमत हो सकता था।'' लीउ की इस जवाबी माँग को बाद में 30 नवंबर, 1961 को चीन के नोट में शामिल किया गया।

आर. के. नेहरू को 'किसी विद्यार्थी की तरह' उलाहना देने के बाद चीन ने माओ के साथ साक्षात्कार करने की अनुमति से भी इनकार कर दिया था। कृष्ण मेनन जैसे चीन के करीबी मित्र ने भी स्वीकार किया कि चीन के नेताओं के असहनीय अहंकार का यह एक और उदाहरण था। नेहरू को तब इससे भी अधिक चातुर्य, लेकिन समान रूप से दो टूक जवाब का सामना करना पड़ा, जब उन्होंने चाउ एन लाई और चेन यी के साथ 16 जुलाई को शंघाई में छह घंटे की वार्त्ता के दौरान सीमा विवाद को उठाया।

सी.आई.ए. रिपोर्ट के अनुसार—

''चाउ ने पीपिंग के उसी रवैए को दोहराया कि सीमा परिभाषित नहीं है और इसलिए यह वार्त्ता का मुद्दा बनना चाहिए। एक बिंदु पर आकर जब नेहरू ने शिकायत की कि भारत ने सीमा विशेषज्ञों की रिपोर्ट को प्रकाशित कर दी है, लेकिन चीन ने ऐसा नहीं किया, तो इस पर चाउ ने जबाब दिया कि भारत को प्रकाशित करने की ज्यादा जल्दबाजी थी इसलिए अकेले ही इसे प्रकाशित कर दिया, भारत ने इसके प्रचार से फायदा उठाना चाहा था। इस मामले पर चाउ की टिप्पणी एक दूसरा प्रमाण थी कि चीन अपने कानूनी मामले को भारत की अपेक्षा कमजोर मानता था। जब आर.के. नेहरू 17 जुलाई को शंघाई से वापस आ गए, तो तीन दिन बाद ही भारतीय राजदूत पार्थसारथी को वापस बुला लिया गया, जिन्होंने चीन-भारत उच्चस्तरीय संपर्क को बीच में ही छोड़ दिया था, जो जेनेवा में मार्च 1962 में हुई चर्चा तक चला।''

रिपोर्ट में आगे लिखा है कि प्रयास के आरंभिक कुछ महीनों तक चीन ने यह भी सोचना छोड़ दिया था कि भारतीय प्रधानमंत्री वार्त्ता के लिए कुछ भी पहल करेंगे। चीन ने उनके साथ कठोर शत्रु के रूप में व्यवहार करने का निर्णय लिया।

सन् 1962 के मध्य में राजदूत पार्थसारथी को वापस बुला लिया गया, दोनों देशों के बीच संबंध तेजी से खराब होने लगे। चीन ने मित्रों और शत्रुओं के बीच भ्रम उत्पन्न करने के उद्देश्य से नेहरू के बयानों को तोड़ना-मरोड़ना और गलत हवाला देना शुरू कर दिया था। उनके कुछ वक्तव्यों की चीन ने ऐसी व्याख्या की थी जैसे कि वह सोवियत संघ को आलोचना कर रहे हों। घटनाक्रम का विवरण देते हुए सी.आई.ए. रिपोर्ट में लिखा गया है कि—

''भारत के औपचारिक प्रत्युत्तर के बाद आरोप-प्रत्यारोप का दौर शुरू हो गया,

जिससे वैमनस्यता और बढ़ गई तथा चीनी नेता नेहरू की और ज्यादा निंदा करने लगे और इस तरह से सीमा निपटारे की अपनी नीति का ही विरोध करने लगे। विदेश सचिव देसाई ने 14 सितंबर को राजदूत पान त्जू-ली के सामने विरोध जताया और Peiping में भारतीय प्रभारी ने नेहरू के बेलग्राड भाषण को पीपिंग को तोड़ने-मरोड़ने की शिकायत उसी दिन चीन के विदेश मंत्री के सामने मौखिक रूप से ही कर दी। इन विरोधों पर चीन की प्रतिक्रिया यह रही कि चीन के उप विदेश मंत्री केंग पियाओ ने 24 अक्तूबर को भारतीय प्रभारी को तलब किया और भाषण को तोड़े-मरोड़े जाने से साफ इनकार कर दिया। केंग ने नेहरू और उनके सहयोगियों पर निजी हमले किए।

"भारत ने माना कि केंग के यह अपशब्द सोचे-समझे अपराध की तरह थे। यह लग रहा था कि यह चीन का सोचा-समझा हिसाब है। चीन ने केंग का इस्तेमाल मुख्य तौर पर अपनी वही अवमानना का संदेश देने के लिए चुना था जो वह नेहरू के दोहरे चरित्र से महसूस कर रहा था, क्योंकि नेहरू ने आर. के. नेहरू को केवल आक्रामकता दिखाने के लिए ही भेजा था।

सी.आई.ए. की रिपोर्ट में चीन की काररवाई को सोची-समझी और सुविचारित कूटनीति मानकर खारिज किया गया और इसकी जगह उसकी मंशा को भारतीय नेताओं के खिलाफ वैमनस्य उगलने के रूप में विश्लेषित किया गया। रिपोर्ट के अनुसार संभवतः इसके पीछे भावना केवल स्वयं को हराने और भारत को विनम्रतापूर्वक डराने की थी। माओवादियों का ऐसा व्यवहार सीमा समाधान के लिए उनके प्रयास के ठीक उलटा था। चीन की नीति का यह 'संघर्ष' पहलू एक बार फिर 'एकता' पहलू के रूप में बदल गया।

जल्द ही भारत और चीन के बीच आरोपपत्रों के रूप में शब्दयुद्ध छिड़ गया। अगस्त 1961 में चीन ने सबसे पहले 'भारत के अप्रैल की शुरुआत में आगे बढ़ने' का औपचारिक विरोध दर्ज कराया। शिकायतों की शृंखला के उनके 12 अगस्त, 1961 को जारी पहले पत्र में चीन ने आरोप लगाया कि भारतीय सैनिक मई से ही चीनी भूमि पर हवाई सर्वेक्षणों का अभियान चलाए हैं। उनकी शिकायतों में निम्न बातें भी शामिल थीं—

- 'पिछले अप्रैल से' भारतीय सैनिकों ने चीन के डेमचोंग क्षेत्र में आगे बढ़ना शुरू कर दिया।
- मई में भारतीय सैनिकों ने ओगा के पास एक सुरक्षा चौकी स्थापित की
- जुलाई में 30 भारी सशस्त्र सैनिकों ने चारदिंग ला तक दो गश्तें कीं।
- जुलाई में ही सैनिकों ने थंगला दर्रे तक गश्तें कीं और
- जून में भारतीय सैनिकों ने वूजे (बारा होती) में आधिकारिक रूप से कार्यालय ही बना लिया।

चीनी नोट के जवाब में भारत ने भी एक नोट जारी किया, जिसमें चीनी सैनिकों

द्वारा सन् 1960 के बाद से की गई घुसपैठ की अनेक शिकायतें उठाई गईं। इसमें शिकायत की गई थी कि 'आक्रामकता से आक्रामकता मिल गई थी,' और घुसपैठ तथा नई चौकियों की स्थापना को 'सन् 1956 की चीनी दावा रेखा से भी परे' बताया गया था।

टिप्पणियों का यह युद्ध तब सार्वजनिक जानकारी में आ गया जब नवंबर में प्रधानमंत्री नेहरू ने 31 अक्तूबर के भारत के नोट के उद्धरणों को संसद् में पटल पर रखा। पाँचवाँ भारतीय श्वेत पत्र भी जारी किया गया, जिसमें सीमा के संदर्भ में चीन-भारतीय विनिमय का विवरण पेश किया गया था। नेहरू ने बताया कि 'हाल के सप्ताहों में' चीन ने कुछ नई चौकियाँ बनाई हैं, जो उसके सन् 1956 के दावे से परे हैं, लेकिन उनकी 1960 की रेखा के अंदर हैं। सी.आई.ए. की रिपोर्ट के अनुसार, 'नए' चीनी अतिक्रमण के सामने आने से भारतीय अखबारों में तूफान आ गया, जो कि प्रधानमंत्री की 'सीमा के सवालों को कम महत्त्व देने' और सैन्य कारवाई की उनकी अनिच्छा को निशाना बना रहे थे।

रोचक बात यह रही कि सी.आई.ए. के नोट ने खुलासा किया कि नेहरू चीन को अक्साई चिन रोड को 'अस्थायी' तौर पर इस्तेमाल करने देने की अनुमति देने के इच्छुक थे, अगर वह—(1) दिसंबर 1960 की सीमा विशेषज्ञों की बैठक के बाद भारतीय दावे के क्षेत्र में पाई गई चौकियों को खाली करने पर सहमत हो जाए, (2) मान ले कि अक्साई मैदानी सड़क लद्दाख में भारतीय क्षेत्र को पार करती है और कोई वैकल्पिक मार्ग बनाने पर सहमत हो जाए, और (3) सीमा विशेषज्ञों की रिपोर्ट के पूरे मसौदे को प्रकाशित करे। नेहरू ने मई में राष्ट्रपति राजेंद्र प्रसाद से कहा था कि ये शर्तें 'अनौपचारिक राजनयिक स्रोतों' के जरिए चीन तक पहुँचा दी गई हैं।

हालाँकि चीन ने ऐसे किसी क्षेत्र से पीछे हटने से इनकार कर दिया जहाँ उसकी सेनाएँ पहले से मौजूद हैं। इस प्रकार से उसने वार्त्ता शुरू करने के लिए नेहरू की आवश्यक शर्तें मानने से इनकार कर दिया।

सी.आई.ए. की रिपोर्ट में कहा गया है, ''पीछे देखें तो चीन अक्तूबर 1962 के आक्रमण के बाद से चरणों में आगे बढ़ता दिखता है। उसके शुरुआती चरण रक्षात्मक प्रकृति के अधिक थे, जिनका इरादा उस परिस्थिति में अपनी सीमा की स्थितियों को मजबूत करना था, जिसमें प्रमुख भारतीय सैन्य अभियान में पहले भारत की गतिविधियाँ हुई थीं।''

चीन ने इस अवसर का इस्तेमाल तिब्बतियों में भारत-विरोधी भावनाएँ पैदा करने और अपने सैनिकों में लड़ाकूपन पैदा करने के प्रयास तेज करने में भी किया। 11 अक्तूबर को ढोला क्षेत्र (खास तौर पर, चीह तुंग पर ची जाओ पुल के पास, जहाँ चीन की 33 जनहानियाँ हुई थीं) के सबसे गंभीर अग्निकांड के एक दिन बाद, भारतीय विदेश मंत्रालय के एक अधिकारी ने ल्हासा में एक अमेरिकी भारतीय महावाणिज्य दूत को सूचना दी थी

कि वाणिज्य दूतावास के सामने भारतीय लोगों के प्रदर्शन करने के बारे में टेलीग्राम मिला है। टेलीग्राम में यह भी संकेत किया गया था कि समूचे तिब्बत में यह प्रचार शुरू किया गया है कि स्थानीय स्तर पर खाद्यान्न की कमी भारत के आक्रामक रुख के कारण है और यह तीव्र भारत विरोधी अभियान को तिब्बत में पीपुल्स लिबरेशन आर्मी की सेना के बीच फैलाया गया।

सी.आई.ए. रिपोर्ट The CIA report also throws light on 'आक्रमण की चीनी तैयारी के अंतिम चरण' पर भी प्रकाश डाला गया, जिस पर युद्ध संबंधी टिप्पणियों की एक श्रृंखला दी गई, जो दरअसल आसन्न प्रतिरोध की चेतावनी थी। 'द पीपुल्स डेली' के 12 अक्तूबर के संपादकीय में चीन को तुरंत हथियारों की जरूरत बताई गई थी और वह भारत के लिए अंतिम चेतावनी थी—

इस तरह से प्रतीत होता है कि नेहरूजी ने अधिक बड़े स्तर पर चीनी सीमा सुरक्षा सैनिकों पर आक्रमण का मन बना लिया था। यही समय है कि जब नेहरूजी को चिल्लाकर बताया जाए कि विदेशी आक्रमणों का सामना करने की गौरवशाली परंपरा वाले बहादुर चीनी सैनिकों को कभी भी उनके क्षेत्र से नहीं हटाया जा सकता है। अगर अब भी कुछ सनकी हैं जो हमारी भली सलाह तथा एक और प्रयास करने के दबाव की अनदेखी करते हैं। चलिए, ठीक है, उन्हें ऐसा ही करने दिया जाए। इतिहास अपना निष्ठुर निर्णय सुनाएगा।

सारे कॉमरेड कमांडर और चीन-भारत सीमा की निगरानी कर रहे पी.एल.ए. लड़ाकुओं ने अपनी सतर्कता सौ गुनी बढ़ा ली। भारतीय सैनिक किसी भी समय तुमसे छुटकारा पाने के लिए नेहरू के हुक्म का पालन करने लगेंगे। तुम्हें अच्छी तरह से तैयार होना चाहिए। अपनी भूमि की रक्षा करना ही तुम्हारा पवित्र कार्य है और किसी भी हमलावर का करारा जवाब देने के लिए हमेशा तैयार रहिए।

इस महत्त्वपूर्ण क्षण में...हम एक बार फिर नेहरूजी से अपील करना चाहते हैं—ढाल के किनारे पर नियंत्रण में रहना चाहिए और अपने दाँव के लिए भारतीय सैनिकों के प्राणों का इस्तेमाल न करें।

ब्रुक्स और भगत रिपोर्ट तथा सी.आई.ए. रिपोर्टों के अतिरिक्त भारतीय रक्षा मंत्रालय ने एक और अध्ययन कराया था जिसे 'चीन के साथ सन् 1962 के विवाद का इतिहास' कहा गया। इसे दो विद्वानों—डॉ. पी.बी. सिन्हा और कर्नल अनिल ए. अठाले ने तैयार किया था और इसका संपादन एस.एन. प्रसाद ने किया था। सन् 1992 में भारत सरकार के रक्षा मंत्रालय के इतिहास प्रभाग द्वारा प्रकाशित इस अध्ययन को भी 'प्रतिबंधित' और सार्वजनिक जानकारी के लिए निषिद्ध घोषित कर दिया गया।

रिपोर्ट की भूमिका लिखते हुए तत्कालीन रक्षा सचिव एन. एन. वोहरा ने माना, "तमाम कारणों और कुछ खास क्षेत्रों में जारी संवेदनशीलता को देखते हुए यह महसूस

किया गया कि अभी हमें सन् 1962 के युद्ध के इतिहास को प्रकाशित नहीं करना चाहिए।'' वह खास क्षेत्र कौन से थे, यह कोई भी सम्झ सकता है। हालाँकि उन्होंने यह स्वीकार किया, ''सन् 1962 के चीन-भारत युद्ध का मौजूदा रिकॉर्ड हमारी तमाम राजनीतिक, सामरिक और रणनीतिक असफलताओं को उजागर करता है।''

पूरी रिपोर्ट तो अब भी जनता के लिए उपलब्ध नहीं है, क्योंकि इसे केवल 'सीमित वितरण के लिए स्वीकृत' किया गया है, लेकिन विभिन्न स्रोतों से कुछ उद्धरण पहुँच में हैं। इस रिपोर्ट में सन् 1962 के युद्ध के रणनीतिक, सामरिक और राजनीतिक स्तर पर अलग-अलग चर्चा की गई है। रिपोर्ट की भूमिका में प्रसाद ने लिखा है, ''रणनीतिक स्तर पर, 7 इन्फैंट्री ब्रिगेड को नमका चू में भेजने की भारी गलती के कारण तवांग की हार हो गई थी, जबकि सेला-दिरांग-बोमदियाल मोरचे की शर्मनाक पराजय का पूरा कारण मौके पर सैन्य कमांडरों की असफलता थी।'' उन्होंने आगे कहा है, ''मेजर ज़नरल ए.एस. पठानिया और लेफ्टीनेंट जनरल बी.एम. कौल को इसका अधिकतम दोष है, लेकिन जनरल थापर और लेफ्टीनेंट जनरल सेन भी अपनी जिम्मेदारी पूरी न करने के दोषी थे।''

सामरिक स्तर पर, रिपोर्ट की राय है कि फॉरवर्ड पॉलिसी 'बहुत दूर चली गई, बहुत जल्दबाजी में रही, और बाद के चरणों में अपना संतुलन खो बैठी।'

हालाँकि रिपोर्ट में प्रमुख आलोचना विवाद के राजनीतिक निपटारे पर है। वास्तव में इसका निष्कर्ष यही है कि '1962 की बहस बुनियादी तौर पर राजनीतिक असफलता थी।'

राष्ट्रीय स्तर पर निर्णय लेने के तौर-तरीके की तीव्र आलोचना करते हुए रिपोर्ट में कहा गया है—

स्वाधीनता के बाद स्थापित भारतीय प्रतिरक्षा तंत्र में राष्ट्रीय स्तर पर निर्णय लेने में संस्थागत सहयोग का अभाव था। राजनीतिक-सैन्य संपर्क मुहैया करानेवाली सुस्थापित और सुप्रतिष्ठित एजेंसियाँ वहाँ नहीं थीं। राष्ट्रीय सुरक्षा के महत्त्वपूर्ण क्षेत्र में यह व्यक्तित्वाधारित निर्णय था। इसी तरह से रक्षा मंत्री कृष्ण मेनन, इंटेलीजेंस ब्यूरो के प्रमुख बी.एन. मलिक ने राष्ट्रीय प्रतिरक्षा नीति पर ही नहीं, बल्कि अग्रिम मोरचे पर टुकड़ियों की व्यूह रचना पर भी एक तरह से पूरा नियंत्रण कर लिया था।

इसमें पराजय का दोष कृष्ण मेनन को दिया गया है और कहा गया है, ''वे घमंडी, कठोर, असहिष्णु होने के साथ-साथ राजनीतिक रूप से हलके भी थे।''

□

15

गँवाए गए अवसर

भारत-चीन युद्ध के तीन वर्षों बाद, सन् 1965 में, भारत-पाकिस्तान के बीच युद्ध हुआ। सन् 1965 के युद्ध में मिली जीत ने भारतीय सशस्त्र सेनाओं के मनोबल को निश्चित रूप से बढ़ा दिया, जो चीन युद्ध के बाद बुरी तरह प्रभावित हुआ था। ऐसा कहा जाता है कि सन् 1965 युद्ध में भारतीय सेना लाहौर की सीमा तक पहुँच गई थी, जो उस समय पाकिस्तान की राजधानी थी। रूसियों ने दोनों देशों के बीच मध्यस्थता कर समझौते का एक फॉर्मूला निकाला, जिसके बाद भारतीय फौज को 'ग्रैंड रिट्रीट' का आदेश दिया गया और वह पुरानी अंतरराष्ट्रीय सीमा पर लौट गई।

इस विजय ने भारतीय सेना की उस ख्याति को फिर से हासिल करने का अवसर दिया, जिसके अनुसार उसे युद्ध के लिए सदैव तैयार माना जाता था। दो वर्षों से भी कम समय में एक और अवसर तब मिला जब भारतीय सेना भारत-तिब्बत सीमा पर अपना लोहा मनवा सकती थी। अक्तूबर 1967 में भारतीय और चीनी सैनिकों के बीच सिक्किम में एक संग्राम छिड़ा जो बहुत लंबा तो नहीं चला, लेकिन सन् 1962 युद्ध के बाद पहली बार दोनों सेनाओं का आमना-सामना हुआ था।

चोला की घटना

सिक्किम उस समय तक भारत का हिस्सा नहीं था। यह तब एक स्वतंत्र रियासत था, जिसकी सुरक्षा की जिम्मेदारी भारतीय सेना पर थी। भारतीय संघ में यह एक पूर्ण राज्य के रूप में काफी बाद में, यानी सन् 1975 में शामिल हुआ। उससे पहले यह एक संरक्षित राज्य था, जहाँ भारतीय फौज तिब्बत से लगनेवाली इसकी सीमा पर तैनात थी। सिक्किम की उत्तरी सीमा पर अनेक चौकियों की रखवाली जम्मू ऐंड कश्मीर राइफल्स

के जवान कर रहे थे। इनमें से एक चौकी, जिसका नाम चोला था, वहाँ 1 अक्तूबर, 1967 को दोनों सेनाओं के बीच पूरे दिन लड़ाई जारी रही।

इसकी शुरुआत चोला की सीमा पर स्थित एक चट्टान के पास मामूली हाथापाई से हुई। उस चट्टान के आर-पार एक-दूसरे से महज दो मीटर की दूरी पर चीनी और भारतीय सेनाओं के तीन-तीन सैनिक तैनात थे। सुबह-सुबह सैनिकों के बीच हाथापाई हुई, जिसने 10 बजे तक लड़ाई का रूप ले लिया। यह लड़ाई शाम को तब तक जारी रही, जब तक कि पूरे इलाके को कोहरे ने अपनी चपेट में नहीं ले लिया। अगली सुबह लड़ाई फिर से शुरू हो गई और चीनी सैनिकों की ओर से युद्धविराम की घोषणा तथा कुछ देर बाद पीछे हटने के बाद समाप्त हो गई। सुबह 9 बजे तक एक बार फिर भारतीय सैनिक उस स्थान पर आ डटे थे जहाँ अंतरराष्ट्रीय सीमा थी।

इस लड़ाई ने चीनी सैनिकों को दिखा दिया था कि भारतीयों को पीछे धकेलना आसान नहीं है। दिन भर चली लड़ाई के बाद भारतीय सैनिकों ने न सिर्फ सीमा को सुरक्षित रखा, बल्कि चीनियों को जान-माल का भारी नुकसान पहुँचाकर अपना मनोबल भी ऊँचा कर लिया। लड़ाई में जहाँ चार भारतीय जवान शहीद हुए, वहीं चीनी सेना के बारह सैनिक मारे गए तथा नौ गंभीर रूप से घायल हो गए। सामान्य परिस्थिति में ऐसी तुलना को अमानवीय कहा जाता, लेकिन युद्ध में जान की क्षति से जुड़ी संख्या का भाव ही अलग होता है।

सन् 1962 के युद्ध की तुलना में चोला की घटना मामूली थी। किंतु उसने बता दिया था कि भारत अपनी सीमाओं की सुरक्षा किसी भी कीमत पर करेगा। इसने यह भी साबित कर दिया कि सीमा पर नोक-झोंक और जानबूझकर उकसाने की हरकतों से चीनी बाज नहीं आए हैं। हालाँकि चोला की घटना ने चीनियों को शांत रहने का ऐसा सबक सिखाया कि अगले दो दशकों तक भारत-तिब्बत सीमा पर हालात तब तक सामान्य रहे, जब तक कि सन् 1986 में यह शांति फिर से भंग नहीं हो गई।

सन् 1971 का भारत-पाकिस्तान युद्ध चीन की ईर्ष्या का कारण बना

सन् 1971 के भारत-पाकिस्तान युद्ध का एक बड़ा परिणाम यह हुआ कि पाकिस्तान दो टुकड़ों में बँट गया और बँगलादेश का जन्म हुआ। इस कारण चीन के कलेजे पर साँप लोट गया। चीनियों ने अपने नए दोस्त अमेरिका से शिकायत की और भारतीय योजनाओं को लेकर निक्सन के कान भरे। वैसे भी उस समय तक पाकिस्तान दोनों देशों का करीबी दोस्त बन चुका था।

सन् 1973 में चीनी प्रधानमंत्री चाऊ एन-लाई ने अमेरिका का दौरा किया, जहाँ उनकी मुलाकात अमेरिकी राष्ट्रपति निक्सन से हुई। इस दौरान हुई बातचीत के खुफिया दस्तावेज

अब इंटरनेट पर जॉर्ज वॉशिंगटन यूनिवर्सिटी आर्काइव्स में उपलब्ध हैं और वे बताते हैं कि चीनी नेतृत्व सन् 1971 के युद्ध से निपटने में अपने भरोसेमंद मित्र और पाकिस्तान के तानाशाह जनरल याहया खान से कितना निराश था। चाऊ ने निक्सन के सामने यह खुलासा किया था कि चीनियों ने इस युद्ध में पाकिस्तान की हथियारों से मदद की थी।

चाऊ ने निक्सन को बताया—

''याहया ने पूर्वी पाकिस्तान में अपने सैनिकों का नेतृत्व अच्छी तरह नहीं किया। हालाँकि हमने हथियारों से मदद की थी। युद्धविराम के समय भी उनके (पाकिस्तान) पास पूर्वी पाकिस्तान में 80,000 सैनिक थे। वहाँ ऐसी स्थिति नहीं थी कि वे लड़ नहीं सकते थे। हम जानते हैं कि पाकिस्तान अच्छे लड़ाके हैं और सैनिक लड़ने के लिए तैयार भी थे। समस्या यह थी कि कमांडर बेहद खराब थे। उन्होंने सैनिकों को इधर-उधर बिखरा दिया था। याहया को अपने सैनिकों को जीत का लक्ष्य देना चाहिए था, और एक बार भारतीय फौज की हार हो जाती, तो वे अपने आप रुक जाते...याहया अच्छा आदमी था, लेकिन उसमें सेना के नेतृत्व की क्षमता नहीं थी, उसे लड़ना नहीं आता था।''[1]

मोहन मलिक ने लिखा है, ''चाऊ ने उसके बाद 10 दिसंबर, 1971 को किसिंगर और यू.एन. में चीन के राजदूत हुआंग हुआ के बीच गुप्त बैठक का जिक्र किया।' उन्होंने उस गुप्त बैठक के विषय में कुछ और बातें बताईं, भारत के कठोर निंदा किए जाने की माँग करते हुए हुआंग ने कहा, ''सोवियत संघ से मिल रही मदद की बदौलत, यदि भारत को उपमहाद्वीप में मनमानी का मौका मिल गया, तो कई देशों की सुरक्षा को खतरा उत्पन्न हो जाएगा और वहाँ शांति का नामो-निशान भी मिट जाएगा। उप-महाद्वीप में सोवियत संघ और भारत एक बेहद खतरनाक रास्ते पर चल पड़े हैं। और जैसा कि हम पहले बता चुके हैं यह चीन को घेरने की दिशा में उठा कदम है।''[2]

G.W.U. के राष्ट्रीय सुरक्षा अभिलेखागार के एक अन्य दस्तावेज के अनुसार, चाऊ ने चेताया था कि भारत की गतिविधियों को रोका नहीं गया तो उसके परिणाम भयंकर होंगे। बीजिंग में किसिंगर के एक गुपचुप दौरे के दौरान, जो चाऊ के अमेरिकी दौरे के कुछ ही महीने पहले हुई थी, चाऊ ने किसिंगर से कहा, ''भारत पाकिस्तान पर आक्रमण कर रहा है। उसने हम पर भी हमला किया है। इसके पीछे भारत की विस्तारवादी नीति है जो नेहरू के समय की लागू की गई थी। पूर्वी पाकिस्तान में मची उथल-पुथल के पीछे भी भारत ही है। यदि वे ऐसे हालात को भड़काने पर तुले हैं तो हम भी चुप नहीं बैठेंगे।''[3]

सुनदोरांग चू का टकराव

सुनदोरांग चू अरुणाचल प्रदेश के तवांग इलाके में जिमिथांग सर्कल की एक जलधारा है। यह इलाका उस थागला रिज के करीब है जहाँ सन् 62 के युद्ध के दौरान

एक बड़ी लड़ाई लड़ी गई थी। पारंपरिक तौर पर यह इलाका भारत के नियंत्रण में ही रहा था। 1984 में सेना ने यहाँ सशस्त्र सीमा बल (S.S.B.) की स्थायी चौकी स्थापित की थी। इस क्षेत्र में अत्यंत प्रतिकूल मौसम होने के कारण जवानों की तैनाती केवल गरमियों में हुआ करती थी।

सन् 1986 की सर्दियों के तुरंत बाद भारतीय मीडिया ने सुनदोरांग में चीनियों की घुसपैठ से जुड़ी खबरें देनी शुरू कर दीं। उस समय राजीव गांधी देश के प्रधानमंत्री थे। संसद् में जब इस मुद्दे को उठाया गया तो सरकार ने ऐसी किसी भी घुसपैठ पर अनभिज्ञता जताई। किंतु जून के आरंभ में जब S.S.B. के जवान फिर से अपनी चौकी पर तैनाती के लिए पहुँचे तो वहाँ उन्होंने 200 से भी अधिक चीनी सैनिकों को पाया, जो एक हेलीपैड समेत कई पक्के ढाँचे खड़ा करने में जुटे थे।

भारत सरकार ने रक्षात्मक और सावधानी बरतनेवाला रवैया अख्तियार कर लिया। राजीव गांधी ने यह माना कि चीनी घुसपैठ हुई है, लेकिन संसद् में सफाई देते हुए कहा कि इसका कारण सीमा पर 'इलाके को लेकर समझ में अंतर' हो सकता है। इसके बाद 'इलाके को समझने में अंतर' का यह तर्क सारे भारतीय अधिकारियों की दलील का एक जाना-माना हथियार बन गया। 26 जून, 1986 को भारत सरकार ने चीनी घुसपैठ के खिलाफ औपचारिक विरोध दर्ज कराया। बीजिंग ने ऐसी किसी भी घुसपैठ से तुरंत इनकार करते हुए कहा कि वह घाटी चीन के हिस्से में आती है।

भारतीय सैन्य नेतृत्व तब हैरान रह गया जब भारत सरकार ने चीन को यह प्रस्ताव दिया कि वह घाटी से सर्दियों की शुरुआत में अपनी सेनाएँ हटा लेता है तो भारतीय सेना सर्दियों के बाद वहाँ फिर से कब्जा नहीं जमाएगी। भारत ने स्पष्ट रूप से अहसास कराया कि उन्होंने हथियार डाल दिए थे। सौभाग्य से किसी कारणवश चीनियों ने सुनदोरांग घाटी को एक तटस्थ क्षेत्र बनाने के भारतीय प्रस्ताव को स्वीकार नहीं किया।

भारतीय सेना ने इसके बाद त्वरित काररवाई की। जनरल सुंदरजी उस समय भारतीय सेना के प्रमुख थे। उन्होंने तत्काल भारतीय सेना की एक पूरी ब्रिगेड को विमानों से जिमिथांग एयरबेस पर उतार दिया। यह 'ऑपरेशन फाल्कन' के नाम से जाना जाता है। इंडिया टुडे ने तत्कालीन सेना प्रमुख जनरल सुंदरजी की मृत्यु पर उन्हें श्रद्धांजलि देते हुए लिखा—

इतिहास में सुंदरजी को संभवत: ऑपरेशन फाल्कन के लिए ही जाना जाएगा। सुनदोरांग चू में चीनियों द्वारा सन् 1981 में धोखे से कब्जा करने के बाद सुंदरजी ने एयरफोर्स की एयरलिफ्ट करने की नई क्षमता का इस्तेमाल किया और तवांग के उत्तर में स्थित जिमिथांग में एक ब्रिगेड उतार दी। भारतीय सेना हाथुंगला रिज के पास तैनात हो गई, जो नामका चू नदी के उस पार उसी स्थान पर है जहाँ सन् 1962 में भारत की

शर्मनाक हार हुई थी। भारतीय सैनिक मैकमोहन रेखा पर तैनात थे, फिर भी चीनी परेशान हो गए और उन्होंने भी अपने सैनिकों की संख्या बढ़ा दी तथा सन् 1987 की शुरुआत में बीजिंग के सुर वैसे ही हो गए जैसे कि सन् 1962 में हुआ करते थे। पश्चिमी राजनयिकों ने युद्ध की भविष्यवाणी कर दी और प्रधानमंत्री राजीव गांधी के सलाहकारों ने आरोप लगाया कि इसके लिए सुंदरजी का गैर-जिम्मेदार रवैया उत्तरदायी है। किंतु जनरल अड़े रहे और एक बार तो राजीव गांधी के एक वरिष्ठ सलाहकार से कहा दिया, 'अगर सही पेशेवर सलाह न मिल रही हो तो किसी और को ढूँढ़ लीजिए।'

ऑपरेशन फाल्कन से हुई शुरुआत ऑपरेशन चेकरबोर्ड के रूप में जारी रही, जिसमें भारतीय सेना ने एयरफोर्स के कई स्क्वाड्रन और सेना के कई रेजिमेंट उस इलाके में उतार दिए। कई महीनों तक दोनों देशों की सेनाएँ एक-दूसरे को घूरती हुई आमने-सामने खड़ी रहीं। अक्तूबर 1987 में डेंग जियाओपिंग ने वह प्रसिद्ध और अहंकार से भरा बयान दिया कि ''चीन भारत को सबक सिखा देगा।''

राजनीतिक दौरों की पुनः शुरुआत

प्रधानमंत्री ली पेंग के न्योते पर सन् 1988 में राजीव गांधी ने चीन का दौरा किया। उन्होंने यांग शांगकुन और सुप्रीम लीडर तथा केंद्रीय सैन्य आयोग के अध्यक्ष डेंग जियाओपिंग से भी मुलाकात की।

राजीव गांधी का दौरा किसी प्रधानमंत्री के आखिरी दौरे के पूरे 34 वर्षों बाद हुआ। आखिरी बार अक्तूबर 1954 में राजीव गांधी के दादा प्रधानमंत्री जवाहरलाल नेहरू ने चीन का दौरा किया था। सन् 1962 के युद्ध ने दोनों देशों के बीच ऐसी दुश्मनी पैदा कर दी कि सन् 1979 तक कोई भी उच्च-स्तरीय आधिकारिक दौरा नहीं हुआ। जनता पार्टी सरकार ने इस दीवार को तोड़ा और तत्कालीन विदेश मंत्री अटल बिहारी वाजपेयी को सन् 1979 में बीजिंग भेजा।

वाजपेयी को अपना दौरा बीच में ही छोड़कर लौटना पड़ा, क्योंकि चीन भी वियतनाम युद्ध में कूद गया था, लेकिन इस दौरे से रिश्तों में जमी बर्फ का पिघलना शुरू हो चुका था। सन् 1981 से दोनों देशों के अधिकारियों के बीच सीमा पर बातचीत शुरू हो गई। राजीव गांधी ने जब सन् 1988 में चीन दौरे का फैसला किया, तब तक अधिकारियों के बीच आठ दौर की बातचीत हो चुकी थी।

राजीव गांधी के दौरे से पहले सुनदोरांग चू की घटना हुई थी और भारत ने सीमा पर चीन की चालबाजी का मुँहतोड़ जवाब दिया था। राजीव गांधी ताकतवर स्थिति में चीन का दौरा कर रहे थे। किंतु स्पष्ट तौर पर उनके सलाहकार उन्हें अलग ही सलाह दे रहे थे। उन्हें सलाह देनेवालों में से एक विदेश मंत्री नटवर सिंह भी थे, जिन्होंने जनरल

सुंदरजी को 'युद्धोन्मादी' कहा था। वे भारत की चीन नीति को सन् 1962 के युद्ध की काली छाया से मुक्त कराना चाहते थे। दरअसल पी.वी. नरसिम्हाराव, जी. पार्थसारथी और सर्वपल्ली गोपाल जैसे अनुभवी नेताओं और विशेषज्ञों को नटवर सिंह मजाक में 'सन् 1962 के युद्ध में फँसे लोग' कहा करते थे। 'ट्रिब्यून' में छपे एक लेख में नटवर सिंह ने इस पूरी घटना का वर्णन इस प्रकार किया था, "मैंने उन्हें (राजीव) बताया, 'लोकसभा में आपके पास 413 सांसद हैं। आप जवाहरलाल नेहरू के पोते और इंदिरा गांधी के बेटे हैं। कोई भी आप पर विदेश नीति के स्तर पर झुक जाने का आरोप नहीं लगाएगा। समय आ गया है जब किसी प्रधानमंत्री को बीजिंग का दौरा करना चाहिए।" मुझे उनका जवाब बहुत अच्छी तरह याद है, उन्होंने कहा था, "मैं सन् 1962 से बाहर निकल चुका हूँ। आप दौरे की तैयारी कीजिए।"

इस प्रकार राजीव गांधी ने दिसंबर 1988 में एक अलग सोच के साथ चीन का दौरा किया। 'मैं सन् 1962 से बाहर निकल चुका हूँ' की बात को उन्होंने अपनी ताकत बनाया था। वैसे भी सीमा विवाद पर आठ दौर की बातचीत से भी कोई हल नहीं निकला था, यहाँ तक कि डेंग ने भी इसकी धीमी प्रगति का मजाक उड़ाते हुए कहा था, "यह सड़े चावल पर मक्खियों के भिनभिनाने से ज्यादा कुछ भी नहीं है।"

चीन के लिए निकलने से पहले राजीव गांधी ने अखिल भारतीय कांग्रेस वर्किंग कमेटी में एक प्रस्ताव पारित कराया, जिसमें 'सीमा विवाद सुलझने तक' चीन के साथ सांस्कृतिक और सामाजिक संबंध सुधारने की अपील की गई। दूसरे शब्दों में यह कहा गया कि सीमा के मुद्दे को कुछ समय के लिए वहीं छोड़कर अन्य क्षेत्रों में संबंध को बढ़ाया जाए। 5 नवंबर, 1988 को पारित C.W.C. के प्रस्ताव ने सरकार से 'परस्पर हित' और 'दोनों देशों को स्वीकार्य' समझौते का प्रयास करने की अपील की।

यहाँ यह बात याद रखनी चाहिए कि यह प्रस्ताव भारतीय संसद् में नवंबर 1962 में पारित उस प्रस्ताव से अलग था जिसमें चीन के कब्जे से भारत की 'पवित्र भूमि के एक-एक इंच' को मुक्त कराने की शपथ ली गई थी। चीन दौरे में राजीव गांधी ने इस बाध्यकारी प्रस्ताव को अनदेखा कर दिया। नीति में आए इस बड़े बदलाव पर विपक्षी दल भी मौन रहे। यदि कोई दल इस मुद्दे को सार्थक रूप से उठा सकता था तो वह भारतीय जनता पार्टी थी। किंतु उस समय संसद् में बी.जे.पी. के सदस्यों की संख्या न्यूनतम स्तर पर थी और निचले सदन के प्रभावी 542 सदस्यों के मुकाबले उसके केवल दो सदस्य थे।

इस प्रकार सुनदोरांग चू की घटना के फौरन बाद हुआ राजीव गांधी का दौरा एक गँवाया जानेवाला अवसर साबित हुआ। दूसरी तरफ, यह पूरी तरह से चीनियों के अनुकूल था। वे हमेशा से ही सीमा को अन्य मुद्दों से अलग करना चाहते थे। राजीव स्वेच्छा से

उस जाल में फँस गए। इस प्रकार जब जिमिथांग इलाके में भारत और चीन की सेनाएँ खतरनाक रूप से एक-दूसरे के आमने-सामने थीं, तब भारत और चीन ने कई क्षेत्रों में द्विपक्षीय समझौता किया। समझौते में पुराने व्यवसाय शुरू करने और वैज्ञानिक तथा तकनीकी और सांस्कृतिक क्षेत्रों में आदान-प्रदान बढ़ाने की बातें शामिल थीं। एक संयुक्त कार्यसमूह का गठन किया गया जो 'न्यायोचित और निष्पक्ष निपटारा कर सके' तथा 'सीमा क्षेत्र में शांति बनाए रखने का काम करे।' यद्यपि सीमा विवाद पर बातचीत की नई शुरुआत हुई, लेकिन वह दिन दूर नहीं था जब इसकी राह में रोड़ा आनेवाला था।

शांति और सौहार्द का समझौता

इस दौरे के बाद ही सन् 1993 में भारत के प्रधानमंत्री पी. वी. नरसिम्हाराव का चीन दौरा हुआ। राव के दौरे में दोनों देशों के बीच शांति और सौहार्द के समझौते पर दस्तखत किए गए। कई लोगों ने दोनों देशों के बीच विश्वास बढ़ाने की दिशा में उठाए गए कदम का स्वागत किया। हालाँकि यह समझौता भी दो दशक पूर्व भारतीय संसद द्वारा लिए गए कठोर निर्णय को पीछे छोड़नेवाला कदम था।

7 सितंबर, 1993 को हुए इस नौ-सूत्री समझौते में दोनों देश आपसी सूझ-बूझ और बातचीत से समस्याओं को सुलझाने के रस्मी बयानों के अलावा, सीमा पर सेना की मौजूदगी को कम करने पर सहमत हुए थे।

इस समझौते की बड़ी विफलता यह थी कि इसने सीमा पर तनाव के मुद्दे को लेकर भारत और चीन को समतुल्य बना दिया। बढ़ते तनाव और सीमा पर उल्लंघन के लिए जहाँ चीन पूरी तरह जिम्मेदार था, वहीं यह समझौता 'दोनों देशों को' इनसे बचने का आवाहन करता है। इससे भी कहीं अधिक महत्त्वपूर्ण यह है कि इस समझौते ने पूरे भारतीय-तिब्बती सीमा को वास्तविक नियंत्रण रेखा (L.A.C.) नाम दिया। इस समझौते के अंतर्गत चीन या भारत वास्तविक नियंत्रण रेखा (L.A.C.) का 'सम्मान' करने पर सहमत हुए थे। चीन के लिए यह बड़ी सामरिक जीत थी, जबकि भारत के लिए यह बहुत बड़ी गलती साबित होनेवाली थी। L.A.C. के 'सम्मान' पर सहमति जताकर प्रधानमंत्री राव ने सन् 1962 के भारतीय संसद् के प्रस्ताव को विदाई दे दी थी। सितंबर 1993 में चीनी प्रधानमंत्री ली पेंग और भारतीय प्रधानमंत्री नरसिम्हाराव ने इस पर दस्तखत किए। यह समझौता न्याय की बजाय उम्मीद का प्रतीक बन गया।

दरअसल शांति और सौहार्द के इस समझौते को चार दशक पूर्व हुए पंचशील समझौते की ही तरह 'पाप में जन्मा' कहा जा सकता है। पंचशील समझौते से जहाँ नेहरू ने तिब्बत की स्वतंत्रता और उस देश में भारत के अधिकारों का त्याग कर दिया था, वहीं शांति और सौहार्द के समझौते से नरसिम्हाराव ने चीन के कब्जेवाले अक्साई चीन वाले

क्षेत्र पर भारत के दावे को छोड़ दिया और वास्तविक नियंत्रण रेखा की 'शांतिपूर्ण' सुरक्षा पर सहमत हो गए। इससे यह साबित होता है कि भारतीय नेतृत्व कभी अपने पड़ोसी को समझ नहीं पाया और न ही कभी अतीत से कोई सबक सीख सका।

वाजपेयी की चीन नीति

सन् 1998 में अटल बिहारी वाजपेयी भारत के नए प्रधानमंत्री बने। भारतीय जनता पार्टी के नेता तथा राष्ट्रीय स्वयंसेवक संघ के आजीवन सदस्य होने के नाते वाजपेयी को राष्ट्रीय सुरक्षा और विदेश नीति के नजरिए पर पूरी तरह से अलग प्रशिक्षण प्राप्त हुआ था। भारतीय संसद् सदस्य की हैसियत से, संसद् के अंदर और बाहर प्रमुख नीतिगत मुद्‌दों पर दखल देने के दौरान उन्होंने कई बार इस विशिष्ट नजरिए का परिचय दिया था।

प्रधानमंत्री के तौर पर वाजपेयी के कार्यकाल का आरंभ जबरदस्त रहा। मई 1998 के दूसरे हफ्ते में भारत ने सफलतापूर्वक थर्मोन्यूक्लियर उपकरणों का परीक्षण किया। 11 से 13 मई, 1998 के बीच, तीन दिनों तक पश्चिमी भारतीय राज्य राजस्थान के पोखरन में किए गए पाँच सफल परीक्षणों ने दुनिया को हिलाकर रख दिया। अमेरिका जैसे देश इस बात से नाराज हुए कि भारत ने ऐसा उग्र रवैया क्यों अपनाया और इन परीक्षणों को गुप्त कैसे रख लिया। भारत के खिलाफ प्रतिबंध लगाए गए, साथ ही सबक सिखाने के उपदेश भी दिए गए। इसके बावजूद वाजपेयी सरकार किसी भी दबाव के आगे झुकने या हिलने के बजाय डटकर खड़ी रही।

परमाणु शक्ति बनने का भारत का फैसला वाजपेयी सरकार के सत्ता में आने से पहले ही लिया जा चुका था। भारत अपने आस-पास खड़ी होती चुनौतियों से घिरने के कारण यह कदम उठाने पर मजबूर हो गया था। इस क्षेत्र में चीन एक प्रमुख परमाणु शक्ति के रूप में उभर चुका था। भारत के लिए सीधा खतरा उत्पन्न करने के साथ ही चीन गुपचुप तरीके से परमाणु शक्ति के प्रसार में भी शामिल हो गया था। चीन जहाँ उत्तर कोरिया जैसे बीमार देशों को परमाणु शक्ति से लैस कर रहा था, वहीं अमेरिकी उपग्रहों ने काराकोरम हाइवे पर चीन और पाकिस्तान के बीच बढ़ती गतिविधियों का पता लगा लिया था। 90 के दशक तक साफ हो गया था कि चीन परमाणु शक्ति विकसित करने में मदद के साथ ही पाकिस्तान को मिसाइल और तकनीक बेच रहा था। 80 और 90 के दशक के मध्य में भारत की सरकारों को उन गतिविधियों की जानकारी थी, किंतु वे या तो महाशक्तियों को नाराज करने का साहस नहीं जुटा पा रही थीं या परीक्षण गुप्त रखने की मजबूरी के दबाव में थी।

यह वाजपेयी की सरकार थी, जिसने साहसिक कदम के लिए न केवल राजनीतिक

दृढ़ता का परिचय दिया, बल्कि ऐसे प्रयोगों को गुप्त रखने की क्षमता का भी प्रदर्शन किया। यह होना तय माना जा रहा था, क्योंकि भारतीय जनता पार्टी (बी.जे.पी.) ने हमेशा परमाणु क्षमतावाले भारत की हिमायत की थी और सन् 1998 में पार्टी के चुनावी घोषणा-पत्र ने स्पष्ट रूप से बताया था कि दिल्ली में बी.जे.पी. सरकार भारत को परमाणु शक्ति बनाने का हरसंभव प्रयास करेगी।

12 मई, 1998 को, परीक्षणों के पहले दौर के तुरंत बाद, अमेरिकी राष्ट्रपति बिल क्लिंटन को लिखी चिट्ठी में वाजपेयी ने घुमाए-फिराए बिना भारत के चारों ओर खड़ी सुरक्षा की चुनौतियों का वर्णन किया। उन्होंने भारत के बाहरी खतरे के लिए चीन को दोषी ठहराया तथा इस देश में सामरिक बराबरी को बनाए रखने के लिए भारत द्वारा परमाणु शक्ति को प्राप्त करने के अधिकार को सही ठहराया। वाजपेयी ने अपनी चिट्ठी में लिखा, ''बीते कुछ वर्षों में भारत को सुरक्षा के बिगड़ते माहौल का, परमाणु खतरे की चुनौतियों का सामना करना पड़ रहा था।'' यद्यपि उन्होंने नाम नहीं लिया, किंतु स्पष्ट था कि वे इस क्षेत्र में चीन की गतिविधियों का वर्णन कर रहे थे।

उन्होंने आगे लिखा, ''हमारी सीमा पर भारी तादाद में परमाणु हथियारों से लैस देश खड़ा है, वह देश जिसने सन् 1962 पर भारत में आक्रमण किया था। हालाँकि पिछले दशक में हमारे संबंध सुधरे हैं, फिर भी सीमा की अनसुलझी समस्याओं के कारण अविश्वास का एक माहौल बना हुआ है।'' इस क्षेत्र में चीन द्वारा परमाणु प्रसार की गतिविधियों का जिक्र करते हुए वाजपेयी ने लिखा था, ''प्रत्यक्ष रूप से 'परमाणु क्षमता से लैस पड़ोसी' ने 'हमारे एक और पड़ोसी को, गुपचुप तरीके से परमाणु हथियारोंवाला देश बनने में मदद की है।''

भारत के रक्षा मंत्री जॉर्ज फर्नांडिस ने परमाणु परीक्षणों को सही ठहराते हुए चीन को भारत का पहला दुश्मन भी करार दे दिया था। वाजपेयी की चिट्ठी ने पिछले कुछ दशक से चीन को लेकर भारत की ढुलमुल नीति को पीछे छोड़ दिया था। उन्होंने भारत के परमाणु शक्ति बनने को चीन के साथ सीमा-विवाद के मुद्दे से जोड़कर एक बार फिर उस अक्साई चीन के मुद्दे को उठाने का प्रयास किया, जिसे उनकी पिछली सरकार ने बीजिंग वार्त्ता में ठंडे बस्ते में डाल दिया था।

सन् 2003 में प्रधानमंत्री वाजपेयी ने बीजिंग का दौरा किया। इस दौरे पर जानकारों की राय अलग-अलग है। कुछ ने जहाँ यह कहा कि वाजपेयी सिक्किम को भारत का अभिन्न अंग बताने के दावे पर चीन की मुहर लगवाने में कामयाब रहे, वहीं दूसरे कहते हैं कि जिस प्रकार चीनियों ने पंचशील वार्त्ता के दौरान नेहरू को फँसाया था, उसी प्रकार तिब्बत को चीन का 'अभिन्न' अंग मान लेने पर वाजपेयी को मजबूर कर दिया।

इन दावों के बावजूद, प्रधानमंत्री वाजपेयी के दौरे के बाद भी चीनी सेना द्वारा

भारत–तिब्बत सीमा से सिक्किम में घुसपैठ जारी रही, जिससे साफ हो गया कि चीनियों के मुताबिक यह मुद्दा समाप्त नहीं हुआ था। चीनी विदेश मंत्रालय लगातार घुसपैठ के आरोपों को यह कहकर खारिज करता है कि "भारत और चीन के बीच सीमा का निर्धारण नहीं हुआ है।"

चीन के साथ सीमा विवाद सामने आने से लेकर युद्ध होने तक तथा आधिकारिक बातचीत से लेकर हल निकालने के राजनीतिक प्रयासों तक, इन तमाम वर्षों में भारत को बहुत थोड़ा ही हासिल हुआ है। सन् 1962, युद्ध के पचास वर्ष बीत गए, किंतु दोनों देश अब भी भयंकर सीमा विवाद से जूझ रहे हैं, जिसमें कोई प्रगति नहीं हुई है। भारत के जिन क्षेत्रों पर चीन ने कब्जा जमाया वे अब तक उसके पास हैं, साथ ही उसने आज तक अरुणाचल प्रदेश और सिक्किम को लेकर अपनी स्थिति स्पष्ट नहीं की है।

सुनदोरांग चू की लड़ाई ने, जहाँ छह वर्षों तक दोनों देशों की सेनाएँ एक–दूसरे को घूरती हुई आमने–सामने खड़ी रहीं, यह दिखाया कि भारतीय सेना सीमा सुरक्षा से जुड़ी किसी भी चुनौती से लड़ने के लिए तैयार है, वहीं इस विकल्प पर भारतीय राजनीतिक रणनीति पर काम करनेवालों ने कभी गौर नहीं किया। पिछले ढाई दशक से भारत जिस राजनीतिक विकल्प को आजमा रहा है, उससे भी कुछ हासिल नहीं हो सका।

आखिर गलती कहाँ हुई है? क्या भारत अपने पड़ोसी को समझने में विफल रहा हैं, जिसके कारण उसे समस्याओं का हल भी नहीं मिल पा रहा है?

संदर्भ–

1. नेशनल सिक्योरिटी आर्काइव्स, GWU, दस्तावेज 3
2. मोहन मलिक, इंडिया ऐंड चाइना—ग्रेट पावर राइवल्स, पृ. 81
3. इंडिया ऐंड चाइना, मोहन मलिक द्वारा उद्धृत, पृ. 82

□

16

अपने पड़ोसी को जानो

एक दिलचस्प भारतीय कहानी है। भगवान् ब्रह्मांड की सृष्टि करने निकले थे। पहले उन्होंने अमेरिका बनाया और उसे सारी दौलत तथा समृद्धि दे दी। फिर उन्होंने यूरोप को बनाया और उसे बुद्धि और उद्यमी व्यक्ति दिए। इसके बाद अफ्रीका की बारी आई, जिसे भगवान् ने सारे प्राकृतिक साधन, जैसे—नदियाँ, पहाड़, जंगल, जानवर, वनस्पति, खनिज आदि दे दिए। फिर उन्होंने एशिया की रचना की और उसे परिश्रमी तथा जुझारू लोग दिए।

अंत में भगवान् भारत की रचना करने बैठे। चूँकि यह उनका भी निवास था, इस कारण उन्होंने वे सारी वस्तुएँ दीं जिन्हें उन्होंने प्रत्येक महादेशों को अलग-अलग दिया था। यह कार्य संतोषजनक रूप से पूर्ण करने के बाद भगवान् विश्राम करनेवाले थे कि तभी वहाँ नारद आ पहुँचे। उन्होंने यह अहम प्रश्न उठाया कि मानवता की आनेवाली पीढ़ियाँ भगवान् के विषय में क्या सोचेंगी। उन्होंने कहा, ''भगवान् ने भारत का पक्ष लिया और इस कारण सबको एक-एक वस्तु दी, जबकि भारत को सबकुछ दे दिया। क्या यह ठीक है?''

ऋषि नारद के प्रश्न ने भगवान् को फेर में डाल दिया। उन्होंने कार्य के परिणामों के विषय में नहीं सोचा था। स्वाभाविक रूप से उन्होंने इस समस्या का हल ऋषि से ही पूछ लिया। ऋषि नारद मुसकराए और कहा, ''आपने भारत को जो दिया उसे वापस नहीं ले सकते। बस एक काम कीजिए, इसके दोनों तरफ पाकिस्तान और चीन बना दीजिए, और फिर आपने जो कुछ दिया है उसका खयाल वे दोनों रख लेंगे।''

यह कहानी विचित्र है, किंतु काफी हद तक सही भी लगती है। यह दोनों ही पड़ोसी भारत के लिए लगातार एक चुनौती बने हुए हैं। पाकिस्तान से भारत तीन युद्ध

लड़ चुका है और कभी न खत्म होनेवाले छद्‌म युद्ध को झेल रहा है। इस प्रकार चीन के साथ भारत ने सन् 1962 की सीधी लड़ाई लड़ी और पिछले कुछ दशक में एक-दो छोटी लड़ाइयाँ भी लड़ चुका है। चीनी घुसपैठ के कारण पिछले एक दशक से भारत-तिब्बत सीमा पर तनाव बहुत अधिक बढ़ गया है।

ये दोनों ही देश भारत के भारी-भरकम रक्षा खर्च के लिए जिम्मेदार हैं। भारत अपनी रक्षा पर प्रतिवर्ष 2 लाख करोड़ रुपयों से अधिक खर्च करता है, और यह खर्च साल-दर-साल बढ़ता ही जा रहा है। प्रतिवर्ष भारतीय सशस्त्र सेनाओं की जरूरतें बढ़ती जा रही हैं। भारतीय रक्षा प्रतिष्ठानों पर अधिक-से-अधिक पैसा खर्च किए जाने का कारण चीन से बढ़ती सैन्य प्रतिस्पर्धा है।

अमेरिका के बाद चीन सेना पर सबसे अधिक खर्च करनेवाला दुनिया का दूसरा देश है। यद्यपि अमेरिका अपनी सेना पर चीन के मुकाबले 12 गुना अधिक खर्च करता है, फिर भी भारत के मुकाबले चीन का खर्च 2.5 गुना अधिक है। चीन प्रतिवर्ष रक्षा पर 110 बिलियन अमेरिकी डॉलर खर्च करता है और यह राशि प्रतिवर्ष बढ़ती जा रही है।

भारत अपनी सेना पर लगभग 40 बिलियन अमेरिकी डॉलर खर्च करता है, जो वास्तव में चीन के आधे से भी कम है। किंतु दोनों देशों की जी.डी.पी. के आधार पर भारत चीन के मुकाबले अपनी जी.डी.पी. का दोगुना खर्च सेना पर करता है। चीन जहाँ अपनी जी.डी.पी. का 1.3 प्रतिशत खर्च करता है वहीं भारत अपनी जी.डी.पी. का 2.5 प्रतिशत खर्च करता है। इस कारण ही चीन की तुलना में भारत का यह खर्च उसके लिए एक बोझ से कम नहीं है।

इस भारी-भरकम खर्च के बावजूद चीन की रक्षा तैयारी के मुकाबले भारत को कमजोर आँका जाता है। सामरिक विषयों पर अध्ययन करनेवाली लंदन की संस्था इंटरनेशनल इंस्टीच्यूट फॉर स्ट्रैटेजिक स्टडीज (IISS) के अनुसार, भारत रक्षा जरूरतों के लिए पर्याप्त धन मुहैया कराता है, लेकिन भ्रष्टाचार, लाल फीताशाही तथा खरीद में गड़बड़ी के कारण इस पैसे का सही इस्तेमाल नहीं हो पाता है। I.I.S.S. ने भारतीय सेना के पूर्व प्रमुख जनरल वी. के. सिंह के बयान का हवाला दिया है जिसमें उन्होंने कहा था कि युद्ध लड़ने की भारतीय सेना की क्षमता को साजो-सामान की खरीद में वर्षों की देरी का खामियाजा भुगतना पड़ता है।[1] भारत को चीन की सैन्य तैयारी से मुकाबला करने के लिए बहुत कुछ करना होगा। हालाँकि वास्तविक समस्या कहीं और है।

समस्या चीन को समझने की है। चीन की असलियत क्या है यह आज भी दुनिया के कई लोगों के लिए एक पहेली और रहस्य है। इसकी अर्थव्यवस्था, इसकी राजनीति, इसकी कूटनीति, चीन से जुड़ा सबकुछ कई लोगों के लिए एक अबूझ पहेली के समान है। ऐसे अनेक लोग थे जिन्होंने कई वर्षों तक यह उम्मीद लगाई कि एक-न-एक दिन

चीन की अर्थव्यवस्था ध्वस्त हो जाएगी। अनेक नामचीन अर्थशास्त्रियों और आर्थिक विषय की पत्रिकाओं ने भविष्यवाणी कर दी कि जिसे वे 'चीनी बुलबुला' कहते थे वह फूट जाएगा। किंतु चीन की अर्थव्यवस्था फलती-फूलती जा रही है और आज जापान को पीछे छोड़कर अमेरिका के बाद चीन दुनिया की सबसे बड़ी आर्थिक शक्ति बन गया है।

चीन की राजनीतिक व्यवस्था भी कई लोगों के लिए बहुत बड़े रहस्य के समान है। 90 के दशक की शुरुआत में, जब सोवियत संघ बिखर गया तो कई लोगों ने अनुमान लगाया कि आज नहीं तो कल चीन का हश्र भी वैसा ही होनेवाला है। दरअसल सन् 1989 में बीजिंग में छात्रों की जिस क्रांति को चीनी सत्ता ने अत्यंत निर्दयता से कुचल दिया, उसे कई लोगों ने लोकतांत्रिक क्रांति के पहले चरण के रूप में देखा था—किंतु उस क्रांति को लेकर वे आज भी प्रतीक्षा कर रहे हैं, जबकि दूर-दूर तक उसका कोई संकेत नहीं दिखता है।

केवल कुछ ही लोग चीन की राजनीतिक व्यवस्था को समझ सके हैं। उनमें से एक हैं, 90 वर्षीय पूर्व अमेरिकी विदेश मंत्री हेनरी किसिंगर। अपनी लंबी-चौड़ी किताब 'ऑन चाइना' में उन्होंने चीनी राजव्यवस्था और सोच का विस्तार से वर्णन किया है—

"इस प्रकार विश्व-व्यवस्था के प्रति जैसा नजरिया चीनियों का था वह पश्चिमी देशों की सोच से पूरी तरह भिन्न था। अंतरराष्ट्रीय संबंधों को लेकर आधुनिक पश्चिमी धारणा का उद्भव सोलहवीं और सत्रहवीं सदी में उस वक्त हुआ जब यूरोप की मध्य-युगीन व्यवस्था चरमराई और समान शक्तिवाले कई देशों का एक समूह बन गया, तथा कैथोलिक चर्च अनेक धाराओं में बँट गया। समान शक्ति पर आधारित कूटनीति जरूरत से कहीं अधिक एक मजबूरी थी। कोई भी राज्य इतना शक्तिशाली नहीं था कि दूसरे पर अपनी मरजी थोप सके, कोई भी धर्म इतना प्रभावशाली नहीं था कि अपनी सार्वभौमिकता को बनाए रख सके। संप्रभुता और राज्यों की वैध समानता की अवधारणा अंतरराष्ट्रीय कानून और कूटनीति का आधार बन गई।

"इसकी बजाय चीन कभी दूसरे देश के साथ तुलनात्मक स्थिति में समानता के आधार पर लगातार संपर्क में नहीं रहा था, क्योंकि उसका सामना तुलनात्मक संस्कृति या विशालतावाले समाज से नहीं हुआ था। यह माना जाता था कि प्रकृति के सिद्धांत के रूप में तथा स्वर्ग से मिले आदेश के तहत चीनी साम्राज्य अपने भौगोलिक दायरे पर नियंत्रण रखेगा। चीनी सम्राटों के लिए जनादेश का अर्थ पड़ोसी देशों के साथ प्रतिस्पर्धात्मक संपर्क बनाने का नहीं था। अमेरिका की तरह ही चीन भी विश्व में एक भूमिका निभाने की बात सोचा करता था।

"यह कोरिया जैसे राज्य पर इस बात के लिए निर्भर था कि वे चीन के विशेष दरजे को स्वीकार करें और बदले में वह उन्हें व्यापार के अधिकार देता था। जहाँ तक

बर्बर लोगों, यानी यूरोपियनों का सवाल है, तो चीनी उनके विषय में कम ही जानते थे, फिर भी उनसे दोस्ताना संबंध रखने के बावजूद, अलग-थलग से रहते थे। यूरोपीय भी चीनी तरीकों को अपनाने में दिलचस्पी नहीं रखते थे। मिंग साम्राज्य की स्थापना करनेवाले सम्राट् ने सन् 1372 में इस विचार को सामने रखा था, ''पश्चिमी महासागर के महादेशों को दूर के क्षेत्र कहना सही है। वे समुद्र को पार कर (हमारे) पास आते हैं। और उनके लिए (अपने पहुँचने का) साल और महीना बताना कठिन होता है। उनकी संख्या कितनी भी हो, हमारा व्यवहार ऐसा होता है कि जैसे जो विनम्रता से आते हैं उन्हें दयालुता के साथ भेजा जाता है।''

किसिंगर का अभिप्राय यह था कि चीनी हमेशा अपने आपको दूसरों से परे और ऊपर समझते थे। उन्हें राजनीतिक सिद्धांत के रूप में संप्रभु समानता की अवधारणा आज भी स्वीकार्य नहीं है। उनकी ऐसी सोच के पीछे सांस्कृतिक और ऐतिहासिक कारण है।

चीनी राजनीतिक परिदृश्य को इतनी ही गहराई से समझने का प्रयास रिचर्ड मैकग्रेगर ने भी किया है, जो फाइनेंशियल टाइम्स के रिपोर्टर और उसके चीन ब्यूरो के पूर्व प्रमुख हैं। उनकी किताब 'द पार्टी—द सीक्रेट वर्ल्ड ऑफ चाइनाज कम्यूनिस्ट रूलर्स' बेशक चीन की कम्यूनिस्ट पार्टी (C.P.) को समझने के लिए सर्वश्रेष्ठ रचना है।

चीनी मॉडल को समझना कितना कठिन है इसकी व्याख्या मैकग्रेगर ने इस प्रकार की है—

''डेंग जियाओपिंग द्वारा 70 के दशक के अंत में लागू किया गया माओवादी युग के बाद का मॉडल अब तक समझा नहीं जा सकता है। क्या यह सिंगापुर शैली का दयालु निरंकुश राज्य है? एक पूँजीवादी विकास की स्थिति है, जैसा कि कई लोग जापान के विषय में कहते हैं? सोवियत संघ के बाद के रूस का स्लोमोशन संस्करण है, जिसमें कुलीनों ने निजी लाभ के लिए उत्पादक के सार्वजनिक संपत्ति पर कब्जा जमा लिया? लुटेरा-नवाब समाजवादी? या यह पूरी तरह से अलग है, एकदम नया मॉडल, जिसे प्रचलित कहावत के अनुसार 'बीजिंग कनसेंशस' कहा जाता है, जो व्यावहारिक, समस्या हल करनेवाली नीतियों और तकनीकी आविष्कार पर आधारित है?''

मैकग्रेगर ने इन प्रश्नों के उत्तर की तलाश C.P.C. की कार्यशैली में करने का प्रयास किया, जो देश पर शासन करती है, किंतु एक बात वे समझ चुके थे—

''केवल कुछ ही लोग अब इस मॉडल को कम्यूनिस्ट कहते हैं, यहाँ तक कि चीनी कम्यूनिस्ट पार्टी भी ऐसा नहीं मानती।''[2]

मैकग्रेगर ने जो कहा वह सही है। चीनी नेता अपनी विचारधारा को 'चीनी विशेषतावाला साम्यवाद' कहते हैं। आखिर इसका अर्थ क्या है! चीनी सोच को समझना

बड़ी चुनौती साबित हुई, जिसमें भारत पिछले छह दशकों में भी सफल नहीं हो सका, जबकि एक युद्ध भी लड़ा गया जो अनेक रहस्यों से घिरा था। भारतीय नेतृत्व ने इतिहास से कोई सबक नहीं सीखा। इसकी बजाय चीन से संबंधों को लेकर भारतीय सोच आज भी ढुलमुल और अव्यावहारिक है।

सन् 1962 के युद्ध से पहले माओ, चाऊ एन-लाई और चेन यी भारतीय नेतृत्व को गुमराह कर रहे थे। अक्तूबर 1962 के अंत तक नेहरू अपने कमांडरों और अन्य लोगों से कह रहे थे कि उनके पास 'विश्वसनीय' जानकारी है कि चीन भारतीय चौकियों पर हमला नहीं करेगा, बल्कि भारतीय सेना यदि उन्हें चुनौती देती है तो वह पीछे हट जाएगा। उन्हें यह 'विश्वसनीय जानकारी' अपने भरोसेमंद रक्षा मंत्री मेनन से मिली थी, जिनकी मुलाकात जुलाई 1962 में जेनेवा में अपने समकक्ष चेन यी से हुई थी। चेन यी ने कथित तौर पर कृष्ण मेनन से कहा था, "दोनों देशों की सेनाओं के बीच सीमा पर झड़प हो सकती है, किंतु बड़े पैमाने पर युद्ध की बात सोची भी नहीं जा सकती।" दरअसल इसी सोच ने नेहरू को श्रीलंका जाने के रास्ते में मद्रास एयरपोर्ट पर यह कहने के लिए उत्साहित किया था कि उन्होंने भारतीय सेना को आदेश दिया है कि वह चीनियों को खदेड़ दे। कहने की आवश्यकता नहीं कि नेहरू की 'विश्वसनीय जानकारी' गलत साबित हुई और चीन ने नेहरू के बयान का इस्तेमाल दुनिया को यह दिखाने के लिए किया कि असल में नेहरू ने ही चीन पर हमला किया था।

बाहरी विश्व से व्यवहार के चीनी तरीके को समझना महत्त्वपूर्ण है। उनके कदमों के सामान्य विश्लेषण से धोखा देने की प्रवृत्ति का पता चलता है। हालाँकि यह प्रवृत्ति उनकी सामरिक सोच का एक हिस्सा है। जैसा कि विख्यात लेखक अरुण शौरी का कहना है जो कुलदीप नैयर के लोकप्रिय वाक्य को दोहराते हैं कि उनके प्रत्येक बयान में 'बिटवीन द लाइंस' यानी सामान्य बात के पीछे छिपे असली मकसद को समझना आवश्यक होता है। शौरी के अनुसार 50 के दशक में चीनी सरकार जब भी विवादित नक्शे लेकर आती थी और नेहरू आपत्ति जताते तो चाऊ एन-लाई नेहरू को भरोसा देते कि वे पुराने नक्शे हैं और नई चीनी कम्यूनिस्ट सरकार उनका समर्थन नहीं करती है। नेहरू ने समझ लिया कि चीनी उन नक्शों को खारिज कर रहे हैं। हालाँकि एक दिन अचानक चाऊ ने नेहरू से कहा कि चीनी कम्यूनिस्ट सरकार ने उन नक्शों का अध्ययन किया और उन्हें सही पाया, और इस कारण जिन इलाकों पर उनका कब्जा है, वे दरअसल उनके ही हैं।

चीनियों का भारत पर अविश्वास

सन् 1962 के युद्ध के पहले तक नेहरू नहीं समझ सके कि चीनियों के व्यवहार

का यही तरीका है। वे स्वयं बाद में पछता रहे थे कि उन्हें धोखा दिया गया। माओ, चाऊ एन-लाई और उनके नेता अकसर भारत और नेहरू की तारीफों के पुल बाँधा करते थे। 1958 में चीन दौरे पर आए नेहरू का भव्य स्वागत किया गया। स्कूली बच्चे सड़क के दोनों ओर हाथों में भारत-चीन एकजुटता के पोस्टर लिए खड़े थे। चीनी नेतृत्व ने पूरी गर्मजोशी से उनका स्वागत किया। चाऊ ने यहाँ तक कह दिया कि भारत और चीन स्वाभाविक मित्र हैं। किंतु यह सब लोगों को दिखाने के लिए था। निजी तौर पर माओ और चाऊ भारत और नेहरू से नफरत करते थे।

हेनरी किसिंगर ने इस बात पर सन् 1971 में अपने पहले चीन दौरे और चाऊ एन-लाई से मुलाकात पर गौर किया था। अमेरिका लौटते ही उन्होंने राष्ट्रपति निक्सन के अपने ऐतिहासिक और उल्लेखनीय दौरे के साथ ही यह भी बताया कि 'चीनियों का भारतीयों पर कितना अविश्वास है' और चीन 'ऐतिहासिक रूप से भारत के प्रति अविश्वास रखता है।' अपने तमाम दोस्ताना रवैए और भलमनसाहत के प्रदर्शन के बावजूद, अंदर-ही-अंदर, अपने आका माओ के समान ही चाऊ के मन में नेहरू और उनकी मंशा पर गहरा संदेह था। नेहरू की किताब 'डिस्कवरी ऑफ इंडिया' का जिक्र करते हुए चाऊ ने कहा था—

"हाँ, वह (नेहरू) एक महान् भारतीय साम्राज्य का सपना देख रहा था—मलेशिया, सिलोन आदि। संभवत: उसमें हमारा तिब्बत भी शामिल रहा होगा। चेन यी ने इस ओर मेरा ध्यान आकृष्ट किया। उन्होंने कहा कि संभवत: भारत की यही सोच इस किताब में समाहित है।"[3]

भारत के प्रति इस शंका में उनकी प्रभुत्ववादी प्रवृत्ति की मनगढ़ंत धारणा शामिल थी। वह अनेक पड़ोसी देशों पर कब्जा जमाना चाहता था, साथ ही अपने आपको 'मध्य में स्थित साम्राज्य' समझनेवाले चीन की सोच भारत के विषय में क्या थी, यह भी स्पष्ट हो जाती है। माओ और चाऊ यही मानते थे कि भारत को पश्चिमी देशों ने मौन सहमति दे रखी है और इन सबकी मंशा चीन के उदय को चुनौती देने की है। चीनी मीडिया कथित तौर पर नेहरू को पश्चिम का चमचा कहती थी।

सन् 1973 में माओ ने किसिंगर से कहा था, "भारत ने स्वतंत्रता कभी हासिल नहीं की। यदि अब ब्रिटेन के अधीन नहीं रहा तो यह सोवियत संघ की शरण में चला गया और अब उनकी आधे से अधिक अर्थव्यवस्था आप पर (अमेरिका) निर्भर है।"[4]

जॉन गार्वर ने लिखा है, "माओ और चाऊ की जोड़ी के लिए नेहरू पहले ब्रिटिश के और फिर एक सोवियत चमचा बन गए, जो अपने मन से चल नहीं सकता था तथा पहले भारत एक ब्रिटिश उपनिवेश था और बाद में सोवियत उपनिवेश बन गया।"[5]

गार्वर ने माओ द्वारा लिखी गई कविता को भी उद्धृत किया है, जिसमें भारत के

लिए घोर अपमानजनक शब्दों का प्रयोग किया गया है। सन् 1974 में लिखी अपनी कविता में माओ ने अपने वैश्विक दृष्टिकोण को अभिव्यक्त किया है। उनके मुताबिक अमेरिका एक बाघ था, ब्रिटेन शेर, सोवियत संघ भालू और इसलामी देश चाँद थे। किंतु माओ की कविता में भारत एक गाय था। ''एक गाय केवल खाए जाने या लोगों की सवारी या गाड़ियाँ खींचने के लिए होती है। उनमें कोई विशेष गुण नहीं होता। यदि मालिक इसे घास न दे तो वह भूखी मर जाएगी...अगर यह गाय महत्त्वाकांक्षी भी हो तो उसकी महत्त्वाकांक्षा व्यर्थ है।''[6]

ऊपर से दोस्ती का दिखावा करनेवाली चीनी कम्यूनिस्ट पार्टी के सदस्यों में भारत के प्रति ऐसी घिनौनी सोच आज भी बनी हुई है। भारत को ऐसे देश के रूप में देखा जाता है जो आधिपत्य कायम करने की मंशा रखता है और यह मंशा चीन के भविष्य के लिए एक चुनौती है। चीन की यह सोच समय-समय पर चीनी नेतृत्व की विदेशी मेहमानों से बातचीत के दौरान बाहर आ जाती है।

दरअसल रिचर्ड निक्सन ने भारत के प्रति चीन की प्रवृत्ति का सटीक वर्णन किया है, ''वे रूसियों से घृणा करते हैं। जापानियों से वे डरते हैं और जहाँ तक कि भारतीयों की बात है, वे उनकी निंदा करते हैं।''

सभ्य आचरण के पीछे का सच

आज भी भारतीय नेतृत्व से बातचीत के दौरान चीनी नेता सभ्य और कोमल भावनाएँ प्रकट करते हैं। हू जिंताओ, वेन जियाबाओ, सबने भारतीय नेताओं से अच्छी-अच्छी बातें कीं। यहाँ तक कि सन् 2013 में भी नए चीनी नेतृत्व ने भारत की जमकर सराहना की।

भारत के प्रधानमंत्री डॉ. मनमोहन सिंह के निमंत्रण पर, चीनी प्रधानमंत्री वेन जियाबाओ ने सन् 2010 में, 15-17 दिसंबर के बीच भारत का आधिकारिक दौरा किया। इस दौरान एक निजी कार्यक्रम में उन्होंने कहा, ''भारत और चीन दो घनी आबादीवाले देश हैं, जिनकी सभ्यता प्राचीन हैं। दोनों देशों के बीच ऐतिहासिक मित्रता है, जो 2000 वर्ष पूर्व शुरू हुई थी तथा दोनों देशों के बीच कूटनीतिक संबंधों की स्थापना के बाद तथा विशेष रूप से 10 वर्षों में, दोस्ती और सहयोग में महत्त्वपूर्ण प्रगति हुई है।''[7]

इससे पहले, अप्रैल 2003 में कथित तौर पर उन्होंने कहा था, ''पिछले 2200 वर्षों में चीन और भारत ने 99.9 प्रतिशत समय दोस्ताना माहौल में बिताए। केवल 0.1 प्रतिशत समय ऐसा था जब संबंध अच्छे नहीं रहे।''[8]

इन वक्तव्यों से ऐसा लगता है कि चीनी नेतृत्व की सोच में बदलाव आया है।

किंतु दूसरे पहलू को नजरअंदाज नहीं किया जा सकता है। चीनी नेतृत्व द्वारा अलग-अलग अवसरों पर भारत का अपमान इतना खुलकर किया गया है कि उसे भूलना नहीं चाहिए। मोहन मलिक ने चीनी उप-विदेश मंत्री वांग यी और अमेरिकी राजनयिक के बीच हुई बातचीत का हवाला दिया है, जिसमें यी ने भारत के लोकतांत्रिक अनुभव से सीख लेने की बात को फिजूल बताया और कहा, ''भारत में जनजातीय लोकतंत्र है, जिसकी लंबी परंपरा का कोई अता-पता नहीं है।''

सामरिक विषयों पर गहन अध्ययन करनेवाले विद्वान् ब्रह्म चेलानी ने दिल्ली से प्रकाशित अखबार 'द हिंदुस्तान टाइम्स' में 31 जनवरी, 2000 को एक लेख लिखा था। 'जियांग जेमिन ने भारत की खिल्ली उड़ाई—बेवजह का उकसावा' शीर्षकवाले इस लेख में बताया गया है कि किस प्रकार चीनी प्रधानमंत्री जियांग जेमिन ने एक विदेश मेहमान के सामने भारतीय सेना की युद्ध लड़ने की क्षमता का मजाक उड़ाया था। इस लेख में यह भी बताया है कि जेमिन ने अपमानजनक बयान किस राष्ट्राध्यक्ष के सामने दिया था, लेकिन मोहन मलिक ने अपनी किताब में इस पूरी घटना का वर्णन विस्तार से किया है—

''सन् 1999 के अंत में फ्रांस के राष्ट्रपति याक शिराक से बातचीत में राष्ट्रपति जियांग जेमिन ने भारतीय सेना पर व्यंग्य किया। 1999 के मध्य में जब भारत और पाकिस्तान के बीच करगिल युद्ध जारी था तब L.A.C. पर भारत की तैयारी को परखने के लिए भेजी गई P.L.A. की पेट्रोल पार्टी का जिक्र करते हुए जियांग ने शिराक से मजाक में कहा था, 'जब भी हम उनकी तैयारी का जायजा लेने के लिए सीमा के उस पार अपने गश्ती दल को भेजते थे, तो जवाब में भारतीय सैनिक अपने हाथ खड़े कर दिया करते थे।' जियांग ने अपनी बात शिराक को समझाने के लिए अपने हाथ ऊपर उठाकर दिखाए। सन् 1962 के युद्ध के लिए 'भारतीय आक्रमण' को जिम्मेदार ठहराते हुए जियांग ने धमकी दी, 'यदि भारत ने दोबारा हमला किया तो हम उसे कुचल देंगे' फिर उन्होंने अपनी बात पर जोर डालने के लिए अपनी मुट्ठियाँ भींच ली।''[9]

दरअसल आज दोनों देशों के बीच एक नई 'शीत युद्ध' जैसी स्थिति बनी हुई है। कम-से-कम चीन में उन लोगों की तादाद लगातार बढ़ रही है, जो भारत को अपना दुश्मन मानते हैं। हर नया ओपिनियन पोल और नया सर्वे बताता है कि लोग भारत को चीन के लिए सबसे बड़ा खतरा मानते हैं।

हालाँकि भारतीय नेतृत्व इस चीनी मानसिकता से पूरी तरह बेखबर दिखता है। यह अंदर की बात और चीनी कदमों के पीछे छिपे अर्थों को समझने में विफल रहा है। 1962 के युद्ध के फौरन बाद चीन ने पाकिस्तान से दोस्ती गाँठना शुरू कर दिया था। चीन-भारत युद्ध के एक वर्ष बाद, सन् 1963 में चीन-पाकिस्तान की दोस्ती और बढ़

गई जब दोनों देशों ने सीमा पर समझौता कर सारे विवाद समाप्त कर दिए। इस समझौते के तहत पाकिस्तान ने पाक अधिकृत कश्मीर में काराकोरम क्षेत्र के पार के इलाके चीन को सौंप दिए। इस समझौते पर पाकिस्तान की ओर से जेड. ए. भुट्टो और चीन की ओर से चेन यी ने दस्तखत किए। सन् 1988 में प्रधानमंत्री राजीव गांधी चीन का दौरा करनेवाले थे, जो दशकों में किसी भी भारतीय प्रधानमंत्री का पहला दौरा था। इस दौरे से ठीक पहले चीनी सैनिकों ने सुनदोरांग चू में घुसपैठ की और तनाव को बढ़ा दिया। सन् 1993 में प्रधानमंत्री नरसिम्हाराव ने जब चीन का दौरा किया तब उस समय दोनों देशों के बीच सीमा पर शांति का एक समझौता हुआ, जो 'शांति और सौहार्द' समझौते के नाम से लोकप्रिय है। किंतु समझौते के दो वर्षों के भीतर चीन ने परमाणु हथियारों पर अपनी स्थिति में परिवर्तन करते हुए भारत को पहले इस्तेमाल न करने की नीति से बाहर कर दिया और यह कमजोर तर्क दिया कि भारत परमाणु अप्रसार संधि में शामिल नहीं है। एक बार फिर, सन् 1998 के मध्य में, करगिल युद्ध के दौरान चीनी राष्ट्रपति जियांग जेमिन ने खुद माना कि चीनी सैनिक 'भारतीय सेना की क्षमता को परखने के लिए' लगातार घुसपैठ कर रहे हैं।

सन् 2003 में प्रधानमंत्री वाजपेयी ने चीन का दौरा किया। कई समझौतों में से एक समझौता दोनों देशों के बीच सिक्किम में नाथू ला के रास्ते व्यापार से जुड़ा था। इस समझौते से भारतीय पक्ष को यह अहसास कराया गया कि चीनी सरकार ने सिक्किम को भारत का अभिन्न अंग मान लिया है। किंतु दो वर्षों के भीतर ही चीनी सरकार के प्रवक्ता ने स्पष्ट किया कि 'सीमा के मुद्दों पर और स्पष्टता आवश्यक है', और इस प्रकार एक बार फिर सिक्किम पर प्रश्न खड़ा हो गया।

अरुणाचल प्रदेश को लेकर आज भी विवाद बना हुआ है। चीन इस राज्य से आनेवाले सेना के अधिकारियों से लेकर नेताओं और सामान्य नागरिकों को वीजा देने से इनकार कर देता है। यहाँ तक कि दिल्ली में चीनी दूतावास से कुछ विशेष व्यक्तियों, जैसे—चीन में अंतरराष्ट्रीय खेल समारोहों में शामिल होने वाले खिलाड़ियों को जारी किए गए पेपर वीजा को चीन मानने से इनकार कर चुका है। चीन ने एशिया विकास बैंक की ओर से भारत को मिलनेवाली मदद में रोड़े डालने का भरसक प्रयास किया, क्योंकि इसका लाभ अरुणाचल प्रदेश की कुछ परियोजनाओं को मिलनेवाला था।

इन सारी बातों से संकेत मिलता है कि भारत के प्रति चीन का रवैया दुश्मनी का नहीं, तो दोस्ती का भी नहीं है।

संदर्भ—

1. http://articles.economictimes.indiatimes.com/2012-03-11/news/31143348_1_defence-

budget-china-sea-south-china

2. हेनरी किसिंगर, ऑन चाइना, पृ. 16-17
3. रिचर्ड मैकग्रेगर, द पार्टी, पृ. 101
4. मोहन मलिक, इंडिया ऐंड चाइना—ग्रेट पावर राइवल्स, पृ. 73
5. मोहन मलिक, इंडिया ऐंड चाइना—ग्रेट पावर राइवल्स, पृ. 74
6. जॉन गार्वर, प्रोट्रैक्टेट कंटेस्ट, पृ. 113
7. जॉन गार्वर, प्रोट्रैक्टेट कंटेस्ट, पृ. 113
8. 15 दिसंबर, 2010 में नई दिल्ली के टैगोर इंटरनेशनल स्कूल में दिया गया एक भाषण।
9. मोहन मलिक, इंडिया ऐंड चाइना—ग्रेट पावर राइवल्स, पृ. 4

□

17

युद्ध की कला

चीन की इस प्रवृत्ति को समझने के लिए चीन के इतिहास को समझना भी आवश्यक है। चीन को भारतीय नहीं बल्कि चीनी नजरिए से समझना चाहिए।

अतीत से ही चीनी शासक यह मानते हैं कि ईश्वर ने ही उनके देश को चुना है। प्राचीन काल से चीन को चीनी नाम 'झोंगू' से जाना जाता है, जिसका अर्थ मध्य या केंद्रीय साम्राज्य है। चीनी शासकों ने अपने आपको हमेशा श्रेष्ठ, सभ्य और स्वर्ग से चुना हुआ माना। वे स्वयं को सम्राट् और उन सभी को अधिपति और राजा कहते हैं, जो उनका गुणगान करते थे।

चीनी यह बरदाश्त नहीं कर सकते कि कोई भी देश अपनी तुलना चीन को अपनी बराबरी पर रखकर करे। सारे चीनी संस्थानों में श्रेष्ठता की यह भावना बसी है। दसअसल कुछ जानकार मानते हैं कि भारत और चीन को एक ही दायरे में रखने से चीनी चिढ़ जाते हैं। कुछ तो यहाँ तक कहते हैं कि सन् 1962 के युद्ध का कारण ही यही था कि चीन भारत और पूरी दुनिया को यह बताना चाहता था कि दोनों देश समान नहीं हैं। एक पुरानी चीनी कहावत है, 'एक पर्वत पर दो बाघ नहीं रह सकते।'

मध्य साम्राज्य मानने की सनक

भारतीय संसद् में एक बार प्रधानमंत्री जवाहरलाल नेहरू ने कहा था, ''इतिहास गवाह है कि चीनियों में महानता की भावना हमेशा से ही रही है। वे अपने आपको 'मध्य साम्राज्य' कहते हैं और उनके लिए ऐसा सोचना भी स्वाभाविक है कि दूसरे देश उनके सामने सिर झुकाएँ। वे सोचते थे कि बाकी दुनिया निकृष्ट कोटि की है। यही कारण है कि हमारे लिए उनकी सोच को समझना मुश्किल हो गया है और इससे भी कहीं

मुश्किल उनके लिए हमारी सोच को समझना है।''[1]

चीन के अंदर श्रेष्ठता की इस भावना के कारण उनका मानना है कि अपनी श्रेष्ठता को बनाए रखने के लिए उन्हें सुनिश्चित करना है कि पूरी दुनिया उनके आगे सिर झुकाए। इस प्रकार विश्व के प्रति उनका जो नजरिया बना वह संप्रभु सह-अस्तित्व की बजाय आधिपत्य के सिद्धांत पर आधारित था। इसी आधार पर उसने सुरक्षा में जुटे अपने हितों के विषय में सोचना शुरू कर दिया।

ऑस्टिन कोट्स लिखा है, ''चीन की विस्तारवादी नीति (जो कम्यूनिस्ट नीति भी है) का लक्ष्य यह है कि पड़ोसी देश सम्मान देनेवाले, आज्ञाकारी तथा चीनी जमीन से लगनेवाले देश नपुंसक और पर्याप्त रूप से कमजोर हों तभी अच्छा है।''[2]

जॉन गार्वर ने इसी को थोड़ा और आगे बढ़ाते हुए लिखा है, ''एशिया में चीन के दूरगामी प्रभुत्व के विकास और सुरक्षा के दूरगामी हितों के लिए चीन की दक्षिणी सीमा पर एक विशाल देश की बजाय छोटे-छोटे देशों का होना ही सही है। इसके अनुसार विशाल देश बनने की संभावना सिर्फ भारत में है। इस कारण चीन की नीति भारत के प्रभुत्व या दक्षिण एशिया के हितों की एकजुटता की संभावना को रोकने पर आधारित है।''[3]

पिछली कुछ सदियों में ये सारी बातें ही चीन की सामरिक हस्ती का अभिन्न हिस्सा बन गई हैं। केवल कुछ ही लोगों ने इस पहलू को समझने का प्रयास किया है, जबकि यह उस देश की सभ्यता की एक अनिवार्य देन के समान है।

सुन जू

चीन की सामरिक सोच का मार्गदर्शन सुन जू की पुस्तक 'आर्ट ऑफ वार' करती है। पिछले कुछ दशकों में चीन की सोच और उसके कदमों पर सैन्य रणनीति पर आधारित इस पुस्तक का गहरा प्रभाव रहा है। सुन जू को एक सेनापति, कुशल रणनीतिकार और दार्शनिक बताया जाता है। हालाँकि उनकी सच्चाई कोई नहीं जानता। दरअसल कई लोग यह संदेह भी जताते हैं कि सुन जू नाम का कोई व्यक्ति कभी रहा भी होगा।

उनका तर्क इस धारणा पर आधारित है कि जिस प्रकार की चालबाजी और बड़े पैमाने पर होनेवाला युद्ध की रणनीति का वर्णन उनकी पुस्तक 'द आर्ट ऑफ वार' में किया गया है, वैसा ईसा पूर्व 6ठी शताब्दी के लिए संभव नहीं था, क्योंकि तब युद्ध छोटे पैमाने और आदिम तरीकों से लड़े जाते थे। इसके बावजूद संदेह जतानेवाले चीनी नेतृत्व पर इस पुस्तक के प्रभाव से इनकार नहीं कर पाते।

इस पुस्तक का अनुवाद अंग्रेजी में करनेवाले जॉन मिनफोर्ड ने लिखा है कि सुन जू (544-496 ई.पू.) और उनके जीवन के विषय में ज्यादा जानकारी नहीं है, सिवाय

इसके कि इस दौरान संघर्षरत राज्यों की अवधि बाद झाऊ वंश का पतन हो गया, किंतु यह माना जाता है कि 'द आर्ट ऑफ वार' ग्रंथ पिछले 2500 वर्षों से चीनी साहित्य की सबसे महत्त्वपूर्ण रचनाओं में से एक है।

चीन की पूरी सैन्य रणनीति सुन जू पर आधारित थी और इस बात को निम्नलिखित कथन से समझा जा सकता है—

'युद्ध का तरीका
छल का तरीका है।
जब सक्षम हों,
अक्षमता का अभिनय करो,
सैनिकों की तैनाती में,
प्रकट कुछ भी न हो।
निकट आओ,
फिर भी दूर दिखो।
जब दूर हो,
तो निकट दिखो
चारे से फँसाओ,
वार कर भगदड़ मचाओ,
शत्रु यदि भरपूर हो, होशियार रहो,
यदि शक्तिशाली हो,
तो उसे जाने दो,
यदि वह क्रुद्ध हो,
उसे नष्ट करो।
यदि कमजोर हो,
उसका गौरव बढ़ाओ।
यदि निश्चिंत हो,
तो उसे सताओ।
यदि उसके सैनिक शांत हों,
उन्हें बाँट दो।
जहाँ वह तैयार न हो,
वहाँ हमला करो।
वहाँ प्रकट हो,
जहाँ तुम्हारी आशंका न हो।'

आज भी सुन जू के ऐसे और कई अन्य सिद्धांत चीनी राजनीति और कदमों को तय करते हैं।

भारत के खिलाफ चीन की अघोषित नीति तीन शब्दों पर चलती है। ये शब्द हैं— भिड़ना, घेरना और भारत के दुश्मनों को उकसाना। चीन की नीति की और सटीक व्याख्या के लिए ब्रह्म चेलानी ने 'रोकथाम के साथ भिड़ना' कहावत को प्रचलित किया है।

सुन जू का एक सिद्धांत बिना युद्ध लड़े देशों पर विजय प्राप्त करने का था। पश्चिमी रणनीतिकार लड़ाई में जीत की हिमायत करते हैं, सुन जू ने जीत की हिमायत वहाँ की जहाँ लड़ाई आवश्यक हो जाती है। "अतुलनीय श्रेष्ठता हर लड़ाई में जीत हासिल करने में नहीं बल्कि शत्रु को लड़े बिना ही पराजित करने में है।"

युद्ध का सर्वोच्च रूप,
(शत्रु की) रणनीति पर हमले का,
कुशल रणनीतिकार
बिना लड़े
शत्रु को पराजित करता है।
घेराबंदी के बिना,
शहर पर कब्जा जमाता है।
शत्रु राज्य को बिना लंबी लड़ाई के ही
उखाड़ फेंकता है।
विजयी सेना पहले जीतती है,
फिर लड़ती है।
पराजित सेना पहले लड़ती है,
फिर जीत का प्रयास करती है। सुन जू की यही सीख है।

भिड़ना या रोकथाम के लिए भिड़ना

सन् 1962 के युद्ध के बाद भारत और चीन के बीच कोई बड़ी लड़ाई नहीं हुई है। हालाँकि सन् 2010 से सन् 2013 के बीच महज तीन वर्षों में चीन ने भारतीय सीमा में घुसपैठ की 600 से भी अधिक घटनाओं को अंजाम दिया। फिर भी, भारत का यह प्रयास रहा कि इन घटनाओं से दोनों देशों के बीच तनाव न बढ़े। दरअसल, भारतीय विदेश मंत्रालय के अधिकारी गर्व के साथ कहते हैं कि जहाँ भारत-पाकिस्तान सीमा पर नियंत्रण रेखा (L.o.C.) के ऊपर तनाव और झड़प आम तौर पर होते रहते हैं, वहीं पिछले कई वर्षों से भारत-तिब्बत सीमा पर वास्तविक नियंत्रण रेखा (L.A.C.) के ऊपर काफी हद तक शांति कायम है।

सन् 1988 में प्रधानमंत्री राजीव गांधी का चीन दौरा दोनों देशों के बीच रिश्तों में आई कड़वाहट को कम करने और द्विपक्षीय संबंध बहाल करनेवाला साबित हुआ। चीन ने इस अवसर का लाभ भारत के साथ राजनीतिक, व्यापार, आधिकारिक, सैन्य तथा नागरिक स्तरों पर आदान-प्रदान के लिए उठाया। दोनों देशों ने सन् 2007 को 'पर्यटन के माध्यम से भारत-चीन की दोस्ती का वर्ष' घोषित किया। फिर भी चीन ने सन् 2012 को 'चीन-भारत दोस्ती और सहयोग का वर्ष' घोषित किया। इस वर्ष कॉन्फ्रेंस, युवा और संसदीय दलों के दौरे, सांस्कृतिक आदान-प्रदान जैसी गतिविधियाँ हुईं। यह घोषणा चीन के राष्ट्रपति हू जिंताओ के मार्च 2012 में नई दिल्ली दौरे के समय की गई। 'द्विपक्षीय संबंधों को जनता के बीच सही रूप में प्रचारित' करने के लिए अनेक कदमों की शुरुआत की गई, जिनमें इस उद्देश्य को बढ़ावा देने के लिए मीडिया फोरम के गठन समेत सांस्कृतिक और लोगों के बीच परस्पर आदान-प्रदान शामिल थे।

मई 2013 में भारत दौरे पर आए चीन के नए प्रधानमंत्री ली के कियांग ने सन् 2014 को 'दोनों राष्ट्रों के बीच समझ और दोस्ती बढ़ाने के लिए आदान-प्रदान का वर्ष' घोषित किया।

इन प्रयासों से विभिन्न स्तरों पर दोनों देशों के बीच संपर्क निश्चित रूप से बढ़ा है। एक प्रकार से चीन ने एक जोरदार जनसंपर्क अभियान चलाया है, जिसका मकसद भारतीय समाज के विभिन्न वर्गों, जैसे—अफसरशाहों, विद्वानों, मीडिया, राजनीतिक वर्ग तथा अन्य गैर-सरकारी संगठनों के साथ संपर्क बढ़ाना और उनका दिल जीतना है। इस पहल के अंतर्गत अनेक मीडियाकर्मियों, युवा राजनीतिज्ञों और सामाजिक कार्यकर्ताओं ने चीन का दौरा किया।

माओ और चाऊ के साथ वर्षों तक जुड़े रहनेवाले किसिंगर ने कहा था, "चीनी पक्षकार कूटनीति का प्रयोग एक व्यापक रणनीतिक योजना में राजनीतिक, सैन्य और मनोवैज्ञानिक तत्त्वों को एक साथ जोड़ने के लिए करते हैं। उनके लिए कूटनीति सामरिक सिद्धांत का ही विस्तार है।"[4]

पिछले कुछ वर्षों में चीन ने राज्य-प्रायोजित एन.जी.ओ. का एक नेटवर्क खड़ा किया है, जो बाहरी दुनिया से संपर्क साधने का काम करता है। यह एन.जी.ओ. आनेवाले समूहों की मेजबानी का काम करते हैं। गणमान्य अतिथियों का स्वागत पारंपरिक चीनी पद्धति और पूरी ऐहतियात से किया जाता है। इन सारे प्रयासों से चीन को अच्छे परिणाम प्राप्त हुए हैं।

आज पहले की अपेक्षा चीनी-भारतीय संबंधों को अधिक समर्थन और सराहना मिल रही है। न केवल भारतीय कम्यूनिस्ट पार्टी, बल्कि अन्य राजनीतिक भी चीन के समर्थन में माहौल बना रहे हैं। 1950 के दशक की शुरुआत में 'पंचशील' भारत-चीन

संबंधों का मूलमंत्र था। आजकल दोनों देशों के बीच करीबी संबंधों की हिमायत करनेवाले सम्मानित नेताओं ने 'चीनडिया' नाम का नया शब्द गढ़ा है।

इस शब्द को ईजाद करने का श्रेय कांग्रेस पार्टी नेता और प्रोफेसर मनमोहन सिंह की कैबिनेट के सदस्य रहे जयराम रमेश को दिया जाता है। इस शानदार अवधारणा को अन्य लोगों के मुकाबले आर्थिक और वाणिज्यिक जगत् से जुड़े लोगों ने हाथों-हाथ ले लिया। इस विषय पर किताबें लिखी जाने लगीं कि भारत और चीन किस प्रकार वैश्विक कारोबार जगत् में क्रांति ला रहे हैं। चीन में एक उद्यमी समूह ने सन् 2012 में चीनडिया चैंबर ऑफ कॉमर्स की शुरुआत की है।

अब भारत और चीन सैन्य आदान-प्रदान, साझा नौसैनिक युद्धाभ्यास और नियमित आधिकारिक बातचीत में शामिल हैं। इसके अलावा दोनों पक्षों के बीच सीमा पर अधिकारी स्तर की बात भी जारी है, जिसकी शुरुआत सन् 2000 में प्रधानमंत्री वाजपेयी के दौरे से हुई थी। दरअसल दोनों देशों के बीच विभिन्न स्तरों पर इतना आदान-प्रदान हो रहा है, जितना भारत अन्य किसी भी देश के साथ नहीं कर रहा है।

इसे किस प्रकार देखा जाना चाहिए? दो देशों के बीच मजबूत संबंधों के रूप में जिनकी दुश्मनी युद्ध तक जा पहुँची थी? वैसे दोनों देशों के बीच किसी भी प्रकार का संपर्क स्वागत योग्य है। असल में सिर्फ चीनडिया की हिमायत करनेवाले ही नहीं, बल्कि आशावादी रणनीतिकार भी मानते हैं कि दोनों देशों के बीच बातचीत जितनी बढ़ेगी, उतना ही फायदा दोनों देशों को होगा।

किंतु भारत में एक तीसरा समूह भी है, जिसे कुछ लोग 'अति-यथार्थवादी' कहते हैं। इन अति-यथार्थवादियों के अनुसार इस मेल-जोल को समझने से पहले भी एक बार सुन जू की ओर पलटकर देखना चाहिए।

सुन जू के लिए जासूसी बहुत महत्त्व रखती थी। युद्ध और शांति के दौरान जासूसी के महत्त्व को बताते हुए वे कहते हैं, "एक लाख सैनिकों की सेना खड़ी करना और फिर उन्हें 300 मील तक कूच कराने में आम आदमी की जेब और सरकारी खजाना खाली हो जाता है। इससे देश-विदेश में अफरा-तफरी मच जाती है और अनगिनत थके-माँदे लोग राजमार्ग को रौंदते नजर आते हैं। शत्रु की स्थिति का पता लगाने के लिए चाँदी की मुद्रा के भंडार को खर्च कर देने का पछतावा बरदाश्त से बाहर है।" उन्होंने आगे कहा, "पूर्व सूचना मिल जाने पर ही चतुर शासक और कुशल सेनापति आगे बढ़ते हैं तथा विजय प्राप्त करते हैं। यही सफलता उन्हें सैकड़ों लोगों से अलग करती है।"

आज भी प्रत्येक देश जासूसी का प्रयोग अंतरराष्ट्रीय कूटनीति के अभिन्न अंग के रूप में करते हैं। इस लिहाज से भारत-चीन की आम जनता के बीच संबंधों को जासूसी से जोड़ना आपत्तिजनक हो सकता है। हालाँकि यह समझना महत्त्वपूर्ण है कि दो देशों के

बीच संबंध किस प्रकार के संभावित मोड़ ले सकते हैं, इस पर सुन जू ने कितने विस्तार से बताया है। आज के विश्व में हर तरफ C.I.A. और मोसाद की चर्चा आम तौर पर की जाती है। किंतु सुन जू ने भी जासूसी का वर्णन कम विस्तार और गहराई से नहीं किया है।

"जासूस पाँच प्रकार के होते हैं," और इस प्रकार सुन जू ने शुरुआत की। "स्थानीय, आंतरिक, दोहरे, मृत और जीवित।" आगे वे कहते हैं, "जब इन पाँच प्रकार के जासूस सक्रिय हों तो कोई नहीं जानता कि वे क्या कर रहे हैं? इसे रहस्यमयी गड़बड़झाला कहते हैं, यह ईश्वर का खजाना होता है।"

इसके बाद वे पाँच प्रकार के जासूसों का एक-एक कर वर्णन करते हैं—

"स्थानीय जासूस हमारे शत्रु देश के नागरिकों के बीच के होते हैं।

"आंतरिक जासूस हमारे शत्रु देश के अधिकारियों के बीच के होते हैं।

"दोहरे जासूस हमारे शत्रुओं के ही अपने जासूस होते हैं।

"मृत जासूस वे होते हैं, जिनके विषय में हम जानबूझकर झूठा जाल बुनते हैं फिर उन्हें दुश्मन तक भेजा जाता है।

"जीवित जासूस वे होते हैं, जो सूचना के साथ वापस लौट आते हैं।"

इस बात पर गौर करना चाहिए कि पाँच में से चार प्रकार के जासूस दुश्मन के ही बीच से आते हैं। उनमें नागरिक, अधिकारी और दुश्मन देश के जासूस शामिल रहते हैं। जानकारों के मुताबिक, जासूसी के धंधे की खास बात यह है कि स्वयं जासूस भी नहीं जानता कि दूसरा देश उसका इस्तेमाल एक जासूस के रूप में कर रहा है।

युद्ध से पहले तक 50 और 60 के दशक में भारत का चीन के लोगों से मेल-जोल चरम पर था। चीनी घुसपैठ के खिलाफ नागरिकों और सांसदों में भारी रोष था और वे नेहरू सरकार से काररवाई की माँग कर रहे थे, वहीं भारत सरकार बीजिंग में सांस्कृतिक दल भेज रही थी, जिन्हें 'हिंदी-चीनी भाई-भाई' का गीत गुनगुनाने पर मजबूर किया जा रहा था।

आज भारत से भी कहीं अधिक चीन भारतीयों के चीन दौरे पर जोर दे रहा है। चीनी राष्ट्रीय पर्यटन प्रशासन के आँकड़े बताते हैं कि सन् 2013 के पहले छह महीने में ही, 4,00,000 से अधिक भारतीय चीन के दौरे पर आए, जबकि चीन के महज 85,000 नागरिकों ने भारत का दौरा किया। इसे और बढ़ाने के लिए चीन भारत में सेमिनार, रोड शो और पर्यटन मेलों की योजना बना रहा है।

आपसी संपर्क केवल पर्यटन तक सीमित नहीं है। चीन में 10 से ज्यादा विश्वविद्यालय चीनी छात्रों के लिए हिंदी पाठ्यक्रम चला रहे हैं। एक अनुमान के अनुसार, इन विश्वविद्यालयों में लगभग 25,000 से 30,000 छात्र हिंदी पढ़ रहे हैं। हिंदी के अलावा कई विश्वविद्यालयों में भारत के अध्ययन से जुड़े विषयों पर काम किया जा

रहा है। इसके मुकाबले भारत में चीन पर शायद ही कोई बड़ा अध्ययन किया जा रहा है। कुछ एक विश्वविद्यालयों को छोड़कर अधिकांश संस्थान चीन के अध्ययन में दिलचस्पी नहीं रखते हैं। भारत में फ्रेंच या जर्मन जैसी विदेशी भाषाओं की तुलना में मंदारिन सीखनेवालों की संख्या नगण्य है। इसे भी चीन द्वारा ही बढ़ावा दिया जा रहा है, जो कनफ्यूसियस संस्थानों के विशाल नेटवर्क के माध्यम से चीन के बाहर 10 लाख लोगों को मंदारिन सिखाने की नीति पर काम कर रहा है।

व्यापारिक संबंध

भारत के साथ चीन का संपर्क आर्थिक, व्यापार और वाणिज्य संबंधी विषयों में एक अन्य स्तर पर तेजी से बढ़ रहा है। सन् 2008 में अमेरिका को पीछे छोड़ते हुए चीन भारत का सबसे बड़ा साझीदार बन गया। सिर्फ सन् 2010-11 में ही दोनों देशों के बीच व्यापार ने 70 बिलियन अमेरिकी डॉलर के स्तर को छू लिया। अगले 2 वर्षों में, द्विपक्षीय व्यापार में कुछ कमी आई। किंतु सन् 2013 में चीन के नए प्रधानमंत्री के दौरे से तथा भारतीय प्रधानमंत्री के संभावित चीन दौरे से इस गिरावट में कुछ कमी आई।

हालाँकि यह व्यापारिक लेन-देन भारत के हक में नहीं है। दरअसल इस संबंध से चीन को भारी मुनाफा हो रहा है। अनेक भारतीय जानकारों ने व्यापारिक लेन-देन की भयंकर खाई और उसके संभावित परिणामों से भारत सरकार को सावधान कर दिया है। सन् 2013 के पहले छह महीनों में यह व्यापार घाटा 20 बिलियन अमेरिकी डॉलर तक पहुँच गया। भारत जहाँ चीन से लगभग 25 बिलियन अमेरिकी डॉलर मूल्य का आयात कर रहा था, वहीं चीन को होनेवाले निर्यात की कीमत महज 5 बिलियन अमेरिकी डॉलर थी।

इसमें भी भारत द्वारा चीन को होनेवाले निर्यात का लगभग आधा हिस्सा लौह अयस्क का है। भारत में चीन से आयात किए जानेवाले उत्पादों में इलेक्ट्रॉनिक सामान, मशीनी औजार, लोहा और स्टील जैसे उत्पाद शामिल हैं। कहने का अर्थ यह है कि भारत चीन को कच्चा माल निर्यात करता है और तैयार माल आयात करता है। किंतु इस प्रक्रिया में उसे भारी व्यापार घाटा उठाना पड़ रहा हैं।

भारतीय नेताओं द्वारा व्यापार पर लगे प्रतिबंधों को हटाने तथा चीन में भारतीय निर्यात को बढ़ाने की अपील को लगातार अनसुना किया जा रहा है। यहाँ तक कि I.T. सेवा के क्षेत्र में जहाँ-जहाँ भारत स्पष्ट बढ़त रखता है, वहाँ चीनी दरवाजे पूरी तरह बंद हैं, जिसके कारण बड़ी भारतीय I.T. कंपनियाँ उस विशाल बाजार तक पैठ बनाने में भारी दिक्कतों का सामना कर रही हैं।

व्यापार घाटा को पूरा करने की जद्दोजहद में भारत अब अपने दरवाजे अधिक-से-अधिक चीनी निवेश के लिए खोलने पर तैयार है। इसका राज यह है कि अगर आप

अपने उत्पाद चीन को नहीं बेच सकते तो अपनी परियोजनाओं को बेचिए। इस चतुराई भरे तरीके से चीन भारतीय बाजार पर कब्जा करने का प्रयास कर रहा है। बुनियादी क्षेत्र में चीन भारी प्रत्यक्ष निवेश कर रहा है। भारतीय मीडिया ने बताया है कि चीन की दिलचस्पी भारत में औद्योगिक पार्क बनाने तथा अन्य विशाल बुनियादी परियोजनाओं को खड़ा करने में है तथा उसने अपनी नजरें गुजरात, उत्तर प्रदेश, आंध्र प्रदेश जैसे राज्यों पर गड़ा दी हैं।

यह चीनी तरीका है। यह घाटे को पूरा करने के लिए भारतीय उत्पाद खरीदने से मना कर देता है। इसकी बजाय, यह बुनियादी ढाँचे में भारी निवेश कर भारतीय अर्थव्यवस्था को अपने साथ जोड़ लेना चाहता है। भारत की ऊर्जा और दूरसंचार के बुनियादी विकास में चीनी कंपनियों ने भारी निवेश किया है। किसी भी देश के लिए ये क्षेत्र महत्त्वपूर्ण होते हैं। भारत के ऊर्जा ढाँचे से जुड़े बाजार पर चीनी कंपनियाँ किस प्रकार कब्जा जमा रही हैं, उसे वैश्विक कंसल्टेंसी कंपनी, प्राइस वाटरहाउस कूपर्स (P.W.C.) की रिपोर्ट से समझा जा सकता है।

P.W.C. की एक रिपोर्ट में बताया गया है, ''देश (भारत) में माँग में आई तेजी के कारण चीन की कंपनियों (जैसे शंघाई इलेक्ट्रिक, डॉंगफेंग इलेक्ट्रिक ग्रुप और हारबिन पावर इक्यूपमेंट्स) से घरेलू B.T.G. उद्योग को कड़ी प्रतिस्पर्धा का सामना करना पड़ रहा है, क्योंकि कई निजी कंपनियाँ चीन से B.T.G. सेट आयात कर रही हैं। इसकी वजह सामानों की तेज डिलीवरी और कम कीमत है। घरेलू O.E.M. के लिए चीनी निर्माता दो करोड़ भारतीय रुपए प्रति मेगावाट की कीमत बताते हैं, जबकि भारतीय कंपनियों की कीमत 2.8-3.2 करोड़ रुपए प्रति मेगावाट है।''[5]

कम कीमत के साथ ही चीन द्वारा ऊर्जा उद्योग को सस्ती दरों पर मुहैया कराए जानेवाले कर्ज का खामियाजा B.H.E.L. जैसे भारतीय निर्माताओं को उठाना पड़ रहा है। भारतीय बुनियादी ऊर्जा क्षेत्र जहाँ फल-फूल रहा है, वहीं B.H.E.L. जैसे निर्माता को मिलनेवाले ऑर्डर कम हो रहे हैं और वे चीनी निर्माता कंपनियों की तुलना में पिछड़ रहे हैं। सन् 2010-11 में B.H.E.L. का कारोबार 60,000 करोड़ रुपए से घटकर सन् 2011-12 में 22,000 करोड़ के ऑर्डर तक गिर गया है और फिर सन् 2012-13 में थोड़े सुधार के बाद 31,000 करोड़ पर पहुँचा। सन् 2012-13 में B.H.E.L. का कुल मुनाफा जहाँ 50 प्रतिशत से कम हो गया, वहीं चीनी कंपनियों ने भारत से मिले ऑर्डर के बदौलत ही दिन दूनी रात चौगुनी कमाई की।[6]

दूरसंचार क्षेत्र की कहानी तो और भी परेशान करनेवाली है। चीन की बड़ी टेलीकॉम कंपनी हुआवेई ने भारतीय टेलीकॉम बाजार में गहरी पैठ बना ली है। हुआवेई कुख्यात कंपनी है। अक्तूबर 2012 में 'न्यूयॉर्क टाइम्स' में छपी खबर के अनुसार, ''अमेरिकी खुफिया समिति ने एक चौंकानेवाली दो-दलीय रिपोर्ट जारी की थी, जिसमें

चीन की दो सबसे बड़ी दूरसंचार कंपनियों पर आरोप लगाया गया था कि वे अपनी सरकार के अंग हैं और उन्होंने अमेरिकी कंपनियों की बौद्धिक संपदा चुराई है, तथा वे अमेरिकी नागरिकों की जासूसी करने की क्षमता रखती हैं।''

इस रिपोर्ट ने आगे कहा, ''साल भर चली जाँच के बाद यह इस निष्कर्ष पर पहुँची कि चीनी कंपनियाँ हुआवेई टेक्नोलॉजी तथा Z.T.E. राष्ट्रीय सुरक्षा के लिए खतरा हैं, क्योंकि उन्होंने अमेरिकी कंपनियों की संवेदनशील जानकारी जुटाने के प्रयास किए तथा वे चीनी सरकार के प्रति समर्पित हैं।''[7]

यहाँ इस पर गौर करना महत्त्वपूर्ण है कि अमेरिकी समिति को इस बात पर ऐतराज था कि यह कंपनी चीनी सेना के करीब है और कंपनी के कर्ता-धर्ता P.L.A. के पुराने अधिकारी हैं। 'न्यूयॉर्क टाइम्स' ने आगे लिखा है कि वर्षों से हुआवेई आलोचना और सुरक्षा चेतावनियों का कारण बना है, जिसे सुरक्षा विभाग ने भी आगाह किया है। अमेरिकी में इसके विस्तार को कांग्रेस का विरोध झेलना पड़ा है, जो चीनी सेना से इनके संबंधों पर सवाल उठाते रहे हैं।[8]

अमेरिकी कंपनियों ने दुनिया भर में हुआवेई के कर्मचारियों को नौकरी पर रखना बंद कर दिया। भारत के बंगलुरू में एक विशाल प्रतिष्ठानवाली अमेरिकी दूरसंचार कंपनी C.I.S.C.O. ने अपने दरवाजे हुआवेई के कर्मचारियों के लिए बंद कर दिए हैं। 'द टाइम्स ऑफ इंडिया' में छपी एक रिपोर्ट बताती है, ''C.I.S.C.O. केवल उन्हीं कर्मचारियों को नौकरी देने पर विचार कर सकती है, जिन्होंने हुआवेई छोड़ने के बाद कम-से-कम तीन साल तक किसी और कंपनी में काम किया है।''[9]

हालाँकि भारत में हुआवेई का उदय एक बड़ी कंपनी के रूप में हुआ है। बंगलौर में इसका R&D सेंटर है, जिसे दुनिया का सबसे बड़ा केंद्र कहा जाता है। इसके दफ्तर में 6200 से भी अधिक कर्मचारी काम करते हैं। भारत के दूरसंचार उपकरण बाजार पर एरिकसन और नोकिया जैसी विदेशी कंपनियों का दबदबा था। हुआवेई के आने से भारतीय बाजार की तसवीर बदल गई है। दोनों कंपनियों को पीछे छोड़ते हुए यह भारत की दूरसंचार उपकरण बनानेवाली सबसे बड़ी कंपनी बन गई है। भारत के सभी प्रमुख दूरसंचार ऑपरेटर, जिनमें सरकार के स्वामित्व वाले B.S.N.L. समेत भारती एयरटेल, वोडाफोन-एसार, आइडिया सेलुलर आज हुआवेई से उपकरण खरीदते हैं। एक अनुमान के अनुसार भारतीय बाजार में हुआवेई की हिस्सेदारी लगभग 45 प्रतिशत है।

भारतीय बाजार में इस गहरी पैठ से चीन अपने सामरिक हितों के लिए बाजार का इस्तेमाल एक औजार के रूप में कर सकता है। चीन पर अपनी अर्थव्यवस्था के पूरी तरह निर्भर हो जाने के बाद भारत उसका विरोध करने की स्थिति में नहीं रह जाएगा। यह ड्रैगन ट्रैप के जैसा है। चीन ऐसा कुछ देशों के साथ कर चुका है। हाल ही में अपनी

वित्तीय ताकत से जर्मनी जैसे विशाल देश को मजबूर कर दिया कि वह महामान्य दलाई लामा के दौरे को कोई महत्त्व न दे। चीन जानता है कि उसे अपने आर्थिक प्रभुत्व का प्रयोग फायदे के लिए कैसे करना है। चीन पर ऐसे आरोप लगते हैं कि उसने अफ्रीकी महादेश के कई शासकों को अपने साथ मिला लिया है। दरअसल अफ्रीका के जितने राष्ट्रपति और प्रधानमंत्री चीन द्वारा आयोजित किसी समारोह में शामिल होते हैं, उतने संयुक्त राष्ट्र संघ द्वारा आयोजित कार्यक्रम में भी नहीं आते हैं।

एक अमेरिकी कहावत है—आप पर किसी बैंक का एक मिलियन डॉलर कर्ज है और आप चुका नहीं पाते, तो आप खतरे में हैं। किंतु आप पर किसी बैंक का कई बिलियन बकाया है और आप नहीं चुकाते तो बैंक खतरे में पड़ जाएगा। भारत के साथ कुछ ऐसी ही स्थिति है। इसके बाजारों में चीनी सामानों की बाढ़ है। भारी मशीनों से लेकर छोटे उत्पादों, जैसे—मोमबत्ती, माचिस, घरेलू इलेक्ट्रॉनिक्स और त्योहारों में खरीदी जानेवाली देवी-देवताओं की मूर्तियाँ भी चीन में बनी होती हैं। इसका परिणाम यह हुआ है कि भारत में निर्माण उद्योग लगभग पूरी तरह धराशायी हो गया है।

भारत के लिए यह व्यापारिक आर्थिक लेन-देन भी धीरे-धीरे खतरनाक क्षेत्र में बदलता जा रहा है। चीन में भारतीय राजदूत जयशंकर ने कई बार चीनी नेतृत्व से यह आवाहन किया कि वे अधिक-से-अधिक भारतीय कंपनियों को चीन में आने की इजाजत देकर व्यापार घाटे को कम करने का प्रयास करें। इसका कोई व्यापक असर तो नहीं पड़ा है, फिर भी भारतीय लोगों के बीच यह जागरूकता बढ़ रही है कि इस लेन-देन के साथ भी सबकुछ ठीक नहीं है।

संदर्भ—

1. मोहन मलिक, इंडिया ऐंड चाइना—ग्रेट पावर राइवल्स, पृ. 26
2. ए कोट्स, चाइन इंडिया ऐंड रुइंस ऑफ वॉशिंगटन, पृ. 349
3. जॉन गार्वर, प्रोट्रैक्टेड कॉन्टेस्ट, पृ. 30
4. हेनरी किसिंगर, ऑन चाइना, पृ. 221
5. इमर्जिंग अपॉर्चुनिटीज ऐंड चैलेंजेज, इंडिया एनर्जी कांग्रेस, 2012-रिपोर्ट, 222-www.pwc.com/india
6. स्रोत—लाइव मिंट, 19 अक्तूबर, 2013
7. यू.एस. पैनल साइट्स रिस्क्स इन चाइनीज इक्विपमेंट, न्यूयॉर्क टाइम्स, 8 अक्तूबर, 2012
8. न्यूयॉर्क टाइम्स, 8 अक्तूबर, 2013
9. सिस्को ने भारत में हुआवेई से बहाली रोकी, टाइम्स ऑफ इंडिया, 17 जुलाई, 2013

□

18

सामरिक घेराबंदी

कनफ्यूसियस का 2000 साल पुराना बोर्ड पर खेला जानेवाला एक खेल है, जिसका नाम वेई-की या वेई-ची है। अनेक लड़ाइयों और सामरिक घेराबंदीवाले इस खेल का उच्चारण वे-ची के रूप में किया जाता है, जिसका अर्थ है 'घेराबंदी का खेल'।

पश्चिम में GO के नाम से मशहूर वे-ची में एक निर्णायक मुठभेड़ की बजाय लड़ाई का विस्तृत दायरा होता है, जिसमें अनेक मोरचे होते हैं। यह त्वरित रणनीतिक फायदे की बजाय दूरगामी योजना पर जोर देता है। यह एक उलझाऊ खेल है, जो कई घंटे तक चल सकता है।

अमेरिका के हवाई में होनोलूलू स्थित आर्मी वॉर कॉलेज के चीनी मूल के प्राध्यापक प्रो. डेविड लाई कहते हैं, "गो चीनी सामरिक सोच और उनके अभियान कौशल की शानदार झलक मिलती है।" चीनी सामरिक सोच को समझने के लिए वे 261 काले और सफेद पत्थरवाले इस खेल के विषय में बताते हैं, जो 19 बटा 19 के गो बोर्ड पर खेला जाता है।[1]

चीन 13 देशों से घिरा है और इतने ही विवाद उसे विरासत में मिले हैं। अपने लंबे और उथल-पुथल भरे इतिहास के कारण सुन जू जैसे व्यक्ति ने अपने देशवासियों को यह सलाह दी, "सारी समस्याएँ सुलझाई नहीं जा सकती हैं।" उसके अनेक शत्रु थे, खतरों की आशंका भी बहुत अधिक थी। इस कारण चीनियों की सोच है कि परिस्थितियों पर पूर्ण नियंत्रण की उम्मीद करना अव्यावहारिक है। इस कारण उन्हें पूर्ण लाभ की अपेक्षा लंबे संघर्ष की आदत पड़ गई है।

किसिंगर लिखते हैं, "चीनी परंपरा में जहाँ निर्णायक युद्ध और बहादुरी के कारनामों पर जोर दिया जाता है, वहीं चीनी विचारधारा कुटिल, अप्रत्यक्ष और धैर्य से प्राप्त लाभ

पर जोर देती है।''[2]

भारत में पश्चिम की तरह ही युद्ध का लोकप्रिय खेल है, शतरंज। इसकी जड़ें भारत में हैं। भारत ने इस खेल को विश्वनाथन आनंद जैसे ग्रैंड मास्टर दिए हैं। शतरंज के खेल का एकमात्र ध्येय शत्रु पर विजय प्राप्त करना होता है। इस खेल में प्रत्येक खिलाड़ी दूसरे की सेना का सफाया कर तथा राजा को शह देकर स्पष्ट जीत हासिल करना चाहता है। शतरंज के खेल में पूर्ण विजय या ड्रॉ होता है, जहाँ दोनों पक्ष जीत की आस छोड़कर पीछे हट जाते हैं।

इसकी अपेक्षा चीनी खेल वेई–ची सामरिक घेराबंदी का खेल है। वेई–ची में 19 बटा 19 कतारों का एक बोर्ड होता है, तथा प्रत्येक खिलाड़ी उन खानों को अपने टुकड़ों से भरना चाहता है, जिनकी संख्या प्रति खिलाड़ी 180 होती है। प्रत्येक पक्ष धीरे–धीरे बोर्ड पर विभिन्न स्थानों पर मोरचे तैयार करता है और दुश्मनों के टुकड़ों की घेराबंदी करता है। एक बेहतरीन खेल के अंत में बोर्ड पर आपस में गुत्थमगुत्था लड़ाई के अनेक मोरचे बन जाते हैं। इस खेल से अनभिज्ञ लोग बोर्ड को देखकर विजेता का पता नहीं लगा सकते।

किसिंगर ने अपनी पुस्तक 'ऑन चाइना' में चीनियों की सामरिक सोच का वर्णन करने के लिए वेई–ची के बारे में विस्तार से बताया है। उन्होंने दोनों खेलों के निम्नलिखित महत्त्वपूर्ण अंतर गिनाए हैं—

''यदि शरतरंज निर्णायक युद्ध का खेल है, तो वेई–ची संघर्षपूर्ण अभियान है। शतरंज का खिलाड़ी पूर्ण विजय का लक्ष्य रखता है। वेई–ची का खिलाड़ी अधिक बढ़त का प्रयास करता है। शतरंज में खिलाड़ी हमेशा विरोधी की क्षमता को अपने सामने देख पाता है। सारे मोहरे सदा ही बोर्ड पर रखे दिखते हैं। वेई–ची के खिलाड़ी को न केवल बोर्ड पर मौजूद मोहरों का अनुमान लगाना पड़ता है, बल्कि विरोधी द्वारा संभावित तैनाती का भी खयाल रखना पड़ता है। शतरंज 'गुरुत्वाकर्षण के केंद्र' तथा 'निर्णायक बिंदु' की क्लाजविट्जी अवधारणाओं को सिखाता है, जिसमें खेल की शुरुआत बोर्ड के केंद्र के लिए होती है। वेई–ची सामरिक घेराबंदी का कौशल सिखाता है। कुशल शतरंज खिलाड़ी जहाँ आमने–सामने की भिड़ंत में विरोधी के मोहरों को लगातार पीटता चला जाता है, वहीं एक चतुर वेई–ची खिलाड़ी विपक्षी के मोहरों को नाकाम करते हुए बोर्ड के 'खाली' खानों में अपने मोहरे रखता चला जाता है। शतरंज से एक दिशा की ओर केंद्रित सोच विकसित होती है, जबकि वेई–ची से सामरिक लचीलापन प्राप्त होता है।''

भारत–चीन संबंधों पर यदि इस तुलनात्मक विश्लेषण को लागू किया जाए तो यह दोनों देशों के बीच दाँव पर लगे सारे मुद्दों की व्याख्या कर सकता है। भारत धूर्तता, खाली क्षेत्रों को भरना, सामरिक घेराबंदी, शत्रु के सामरिक सामर्थ्य को विफल करना

जैसे शब्दों से परिचित है। चीन जिस चालाकी से भारत की सीमाओं पर चोट करता है, जिस प्रकार यह उन क्षेत्रों पर घुसपैठ करता है, जिन्हें भारतीय नेता खाली या अचिह्नित बताते हैं, और जिस प्रकार चीन भारत को रणनीतिक विकल्पों को छोड़ने पर मजबूर कर देता है, उससे साफ हो जाता है कि भारत की घेराबंदी के लिए चीन किस प्रकार वेई-ची के सिद्धांतों का पालन कर रहा है।

दूसरी तरफ, यह भी चीनी वेई-ची का ही तरीका है कि चीन अनेक मोरचे खोलता है, साथ ही यह ध्यान भी रखता है कि कोई पूरी लड़ाई का रूप न ले पाए। समुद्री लुटेरों पर काबू पाने के बहाने हिंद महासागर में चीनी नौसेना की हाल में हुई घुसपैठ भी उनकी वेई-ची तकनीक का ही हिस्सा है। भारत समेत पूरा विश्व जहाँ यह समझ रहा है कि चीनियों की गतिविधि से उनके जहाजों को समुद्री लुटेरों से सुरक्षा मिलेगी, वहीं चीन की कम्यूनिस्ट पार्टी के केंद्रीय समिति के सामरिक दस्तावेज का कुछ और ही नजरिया है। समुद्री लुटेरों के खिलाफ मुहिम के नाम पर चीन को उस महत्त्वपूर्ण क्षेत्र में पैर जमाने का मौका मिल जाएगा। दस्तावेज के अनुसार, "चीन इस परिस्थिति का उपयोग अफ्रीका में अपनी सैन्य मौजूदगी को बढ़ाने के लिए कर सकता है।"

भारत के लिए वेई-ची प्रेरित यह घेराबंदी दूसरी बड़ी चुनौती है।

जून 2009 में संसद् में रक्षा राज्य मंत्री पल्लम राजू ने छोटे पड़ोसी देशों की मदद से 'चीन द्वारा भारत की घेराबंदी के प्रयासों' पर भारत की आशंका को लेकर बयान दिया था। उन्होंने कहा था, "चीनी प्रभाव केवल पाकिस्तान में नहीं है। वे श्रीलंका और म्याँमार में बंदरगाह बना रहे हैं। हम इन सारी बातों को जानते हैं। हम ऐसे कदम उठा रहे हैं, जिनसे चीन को खतरा पैदा करने से रोका जाए।"

चीन और भारत के पड़ोसी

हाल में चीन को कुछ समस्याओं का सामना करना पड़ा है, लेकिन म्याँमार में उसका अच्छा-खासा प्रभाव है। चीन के युन्नान प्रांत से बर्मा के लाशियो शहर को जोड़ने-वाली सड़क चीनी-म्याँमारी रिश्तों की जीवंतता का प्रतीक है। 7,170 मील लंबी इस सड़क के जरिए आज चीनी माल, पैसा और म्याँमार में लोगों का बेतहाशा आना-जाना जारी है। चीन ने इस रास्ते के इर्द-गिर्द पावर स्टेशनों और अन्य बुनियादी ढाँचे का निर्माण किया है।

म्याँमार को सबसे बड़ी सैन्य मदद चीन से ही मिलती है। बर्मी सेना को प्रशिक्षण देने के अतिरिक्त लड़ाकू विमान, नौसैनिक जहाज और बख्तरबंद गाड़ियाँ भी वही मुहैया कराता है। इसके बदले म्याँमार ने चीन के बंगाल की खाड़ी तक पहुँचने का रास्ता उपलब्ध कराया है। क्यांकप्यू में उसने गहरे पानी का बंदरगाह बनाया है। इससे भी कहीं

अधिक महत्त्वपूर्ण यह है कि उसने ग्रेट कोको द्वीप पर अपने निगरानी पोस्ट को उन्नत बना लिया है, जो अंडमान निकोबार द्वीप समूह स्थित भारतीय नौसैनिक अड्डे से सिर्फ 18 कि.मी. की दूरी पर है। चीनी पोस्ट 85 मीटर लंबे जलबंध पर बना है, जहाँ नौसैनिक सुविधाओं के अतिरिक्त टोह लेने के लिए खुफिया इलेक्ट्रॉनिक प्रणाली लगाई गई है।

म्याँमार के पश्चिमी तट पर भारत के कोलकाता बंदरगाह के करीब चीन सत्वे में एक विशाल बंदरगाह बना रहा है।

दक्षिण की ओर श्रीलंका में चीन के बढ़ते प्रभाव ने भारत के रणनीतिकारों की चिंता बढ़ा दी है। म्याँमार की ही तरह चीन श्रीलंका को सैन्य साजो सामान मुहैया करानेवाला सबसे बड़ा देश है। ऐसा माना जाता है कि L.T.T.E. के खिलाफ अपनी लड़ाई के आखिरी और निर्णायक दौर में श्रीलंका की सेना पूरी तरह चीनी मदद पर निर्भर हो चुकी थी।

चीन की चाइना हार्बर इंजीनियरिंग कंपनी (C.H.E.C.) 400 मिलियन अमेरिकी डॉलर खर्च कर दक्षिणी श्रीलंका के शहर हमबन टोटा में हवाईअड्डा तथा हमबन टोटा बंदरगाह का निर्माण कर रही है। इसी शहर में अन्य विकास परियोजनाओं पर वह 250 मिलियन अमेरिकी डॉलर और भी निवेश कर रही है। वह कोलंबो इंटरनेशनल एयरपोर्ट से हमबन टोटा तक 200 मिलियन अमेरिकी डॉलर का निवेश कर एक एक्सप्रेस वे का निर्माण कर रही है।

चीन-श्रीलंका के रिश्ते कितने मजबूत हो चुके हैं, इसका अंदाजा इस बात से लगाया जा सकता है कि नवंबर 1912 में अपने पहले सैटेलाइट के लॉञ्च के लिए श्रीलंका ने भारत की बजाय चीन को चुना। सैटेलाइट को पश्चिमी चीन के झी चांग सैटेलाइट लॉञ्च सेंटर से छोड़ा गया, जबकि भारत में आंध्र प्रदेश के श्रीहरिकोटा में बेहतर सैटेलाइट लॉञ्च सुविधा है और जो पश्चिमी चीन के सुदूर केंद्र की तुलना में श्रीलंका के करीब भी है।

बँगलादेश में विकास से जुड़ी गतिविधियों पर भी चीन की छाप हर तरफ नजर आती है। बँगलादेश की आर्थिक राजधानी चटगाँव शहर की कर्णाफूली नदी के रास्ते दिन-रात रंग-बिरंगे कंटेनरों को ढोते दर्जनों जहाजों की आवाजाही चटगाँव पोर्ट तक जारी रहती है। 5 बर्थवाला चटगाँव बंदरगाह आज व्यस्ततम पोर्ट है, जिसका निर्माण चाइना हार्बर इंजीनियरिंग कंपनी ने किया। फ्लाईओवर से लेकर वाटर ट्रीटमेंट प्लांट और पावर स्टेशन से लेकर कॉक्स बाजार के नए अंतरराष्ट्रीय हवाईअड्डे तक आज बँगलादेश में चीनी निवेश हर तरफ मौजूद है।

हिंद महासागर के एक और देश मालदीव की राजधानी माले में सन् 2011 में नए

दूतावास की स्थापना के साथ ही चीनी प्रभाव धीरे-धीरे बढ़ रहा है। मालदीव में पर्यटन प्रमुख उद्योग है। वहाँ के पर्यटन उद्योग में 25 प्रतिशत हिस्सेदारी चीन की है। इस देश के होटलों में चीनी पत्रिकाओं और अखबारों की भरमार रहती है, जिससे दोनों देशों के करीबी रिश्ते का पता चलता है, जबकि भारत के करीब होने के बावजूद यहाँ भारतीय पत्रिकाएँ मुश्किल से ही मिलती हैं।

चीन-पाकिस्तान के कूटनीतिक रिश्तों की शुरुआत सन् 1951 में हुई। सन् 1963 में सीमा समझौते पर दस्तखत के बाद दोनों देश अच्छे दोस्त बन गए। दोनों देशों के बीच मजबूत सैन्य संबंध हैं। विमानों, युद्धक टैंकों, मिसाइल और बख्तरबंद गाड़ियों तक की सप्लाई पाकिस्तान को चीन द्वारा ही की जाती है। यहाँ तक कि पाकिस्तान के परमाणु कार्यक्रम को भी चीन ने ही प्रायोजित किया। पाकिस्तान के सिंध प्रांत में बने ग्वादर बंदरगाह में भी चीन ने भारी निवेश किया है। यह पोर्ट सामरिक दृष्टि से महत्त्वपूर्ण हारमुज की खाड़ी के मुहाने पर स्थित है। अब तक इसका प्रबंधन सिंगापुर पोर्ट अथॉरिटी के पास था, लेकिन सन् 2010 में नया समझौता हुआ और अब सामरिक महत्त्ववाले इस बंदरगाह का प्रबंधन चीन के हाथों में है।

मोतियों की माला

डोनाल्ड रम्सफेल्ड द्वारा तैयार की गई रिपोर्ट में इसे चीनी रणनीति करार दिया गया है, जिसके तहत चीन दक्षिण सागर से हारमुज की खाड़ी तक के महत्त्वपूर्ण बंदरगाहों और हवाईअड्डों पर कब्जा जमाकर सामरिक महत्त्व के समुद्री मार्गों पर इन 'मोतियों की माला' रणनीति से प्रभुत्व स्थापित करना चाहता है।

रम्सफेल्ड की रिपोर्ट के अनुसार चीन मध्य-पूर्व के समुद्री मार्गों पर सैन्य बलों को जुटा रहा है तथा ठिकाना बना रहा है, जिससे कि दुनिया के सामने वह अपनी शक्ति का प्रदर्शन कर सके और तेल की खेप को सुरक्षा दे सके।

"चीन मध्य-पूर्व से दक्षिण चीन सागर के बीच समुद्री मार्ग पर इस प्रकार सामरिक संबंध बना रहा है, जिससे लगता है कि वह रक्षात्मक और आक्रामक मौजूदगी से न केवल अपने ऊर्जा हितों को सुरक्षित कर रहा है, बल्कि सुरक्षा के व्यापक उद्देश्यों को भी साध रहा है," ऐसा उस रिपोर्ट का कहना है, जिसे नेट एसेसमेंट के निदेशक ने प्रायोजित किया है, जो भविष्योन्मुखी रणनीतियों का अध्ययन करनेवाले रम्सफेल्ड के दफ्तर के प्रमुख भी हैं।

डिफेंस कॉनट्रैक्टर बूज एलन हैमिल्टन द्वारा तैयार की गई 'एनर्जी फ्यूचर्स इन एशिया' नाम की शुरुआती रिपोर्ट ने बताया कि चीन मध्य-पूर्व से लेकर दक्षिण चीन तक 'मोतियों की माला' की रणनीति को अपनाते हुए ठिकाने और कूटनीतिक संबंध

बना रहा है, जिसमें पाकिस्तान के ग्वादर बंदरगाह का निर्णाणाधीन नौसैनिक ठिकाना भी शामिल है।[3]

इस रिपोर्ट के अनुसार, बीजिंग ने फारस की खाड़ी से सबसे करीब पाकिस्तान के दक्षिण-पश्चिम कोने में स्थित ग्वादर में टोह लेनेवाले एक इलेक्ट्रॉनिक पोस्ट की स्थापना की है। रिपोर्ट बताती है कि इस पोस्ट से हारमुज की खाड़ी और अरब सागर के बीच आने-जाने वाले जहाजों पर नजर रखी जाती है।

समुद्री मार्ग पर इस रणनीति के तहत अन्य 'मोतियों' में शामिल हैं—

- बँगलादेश—चीन इस देश की सरकार से संबंधों को प्रगाढ़ बना रहा है और चटगाँव में एक कंटेनर पोर्ट का निर्माण कर रहा है। चीनी चाहते हैं कि बँगलादेश उन्हें 'और अधिक नौसैनिक तथा वाणिज्यिक आवाजाही की सुविधा दे।'
- बर्मा—चीन ने रंगून की सैन्य सरकार से करीबी संबंध बनाए और जो देश से सावधान रहता था उसे बीजिंग का एक 'उपग्रह' बना दिया, जिसने मलक्का की खाड़ी तक पहुँचने का रास्ता दिया, जिसके जरिए चीन द्वारा आयातित 80 प्रतिशत तेल गुजरता है।

  चीन बर्मा में नौसैनिक ठिकाने बना रहा है तथा बंगाल की खाड़ी और मलक्का की खाड़ी में उसके पास खुफिया जानकारी जुटाने की इलेक्ट्रॉनिक सुविधा मौजूद है। रिपोर्ट के अनुसार, बीजिंग ने बर्मा को 'करोड़ों डॉलर की सैन्य सहायता देकर सैन्य गठबंधन को मजबूत बनाया है।'
- कंबोडिया—चीन ने नवंबर 2003 में एक सैन्य समझौता किया, जिसके तहत उसने प्रशिक्षण और साजो-सामान उपलब्ध कराया। कंबोडिया दक्षिण चीन से समंदर तक एक रेल लाइन बिछाने में बीजिंग की सहायता कर रहा है।
- दक्षिण चीन सागर—रिपोर्ट बताती है कि इस क्षेत्र में चीनी गतिविधियाँ 'टैंकरों की आवाजाही को सुरक्षित रखने या उसे रोकने की बजाय क्षेत्रीय दावों से अधिक जुड़ी हैं।'

  चीन इस क्षेत्र में सैन्य बलों की संख्या भी बढ़ा रहा है, जिससे कि वह देश में अंदर से या हैनान द्वीप से 'हवाई और सैन्य शक्ति का प्रदर्शन' कर सके। चीन ने हाल ही में वूडी द्वीप पर एक सैन्य हवाईपट्टी को बेहतर बनाया है और तेल के लिए खुदाई प्लेटफॉर्म बनाने तथा महासागर का सर्वेक्षण करनेवाले जहाजों से अपनी मौजूदगी को बढ़ाया है।
- थाईलैंड—20 बिलियन अमेरिकी डॉलर की लागत से चीन क्राइस्थमस के आर-पार एक नहर बनाना चाहता है, जिससे जहाजों को मलक्का की खाड़ी

से नहीं जाना होगा। रिपोर्ट के अनुसार, नहर परियोजना से चीन को थाईलैंड में बंदरगाह की सुविधा, गोदाम और अन्य बुनियादी ढाँचे मिलेंगे, जिससे इस क्षेत्र में चीन का प्रभाव बढ़ जाएगा। 1990 के दशक के आखिर में अमेरिकी सेना के दक्षिणी कमान ने ऐसी ही एक खुफिया रिपोर्ट तैयार की, जिसने चेतावनी दी कि चीन पूरी दुनिया में व्यावसायिक बंदरगाह की सुविधा का इस्तेमाल सामरिक 'चोक प्वॉइंट' को नियंत्रित करने के लिए करना चाहता है।

रिपोर्ट ने कहा, "चीन न केवल एक नीले पानीवाली नौसेना तैयार कर रहा है, जो समुद्री मार्गों को नियंत्रित करे, बल्कि जो समुद्र के अंदर खानों और मिसाइल की क्षमता भी विकसित करे, ताकि ऊर्जा की आपूर्ति को अमेरिकी नौसेना समेत अन्य संभावित शक्तियों से विशेषकर ताइवान से संघर्ष होने पर सुरक्षित बना सके।"[4]

हिमालय क्षेत्र

भारत की घेराबंद पूर्ण करने के लिए चीन उस हिमालय क्षेत्र में अपनी मौजूदगी और प्रभाव को बढ़ाने का भरसक प्रयास कर रहा है, जिसमें नेपाल, भूटान और पाकिस्तान अधिकृत कश्मीर के हिस्से शामिल हैं। पिछले कुछ दशकों में चीन-नेपाल संबंध काफी बेहतर हुए हैं। चीन की दक्षिण-एशिया नीति में नेपाल एक महत्त्वपूर्ण स्थान रखता है। माओ जेदाँग की 'पाँच उँगलियों' वाली नीति को याद करें तो नेपाल उन पाँच उँगलियों में से एक है, जबकि अन्य चार हैं—लद्दाख, भूटान, सिक्किम और अरुणाचल प्रदेश। इन पाँच उँगलियों की भूमिका भारत और चीन के बीच एक नए 'बफर क्षेत्र' के रूप में मानी जाती है, क्योंकि 'पुराना बफर' (तिब्बत) सन् 1951 में चीन के नियंत्रण में चला गया था।

यहाँ भी चीन का प्रमुख उद्देश्य भारत को इन देशों से तथा दूसरी तरफ अपने ही तिब्बत से घेरकर सामरिक बढ़त हासिल करना है। भारत के साथ हिमालय के इस देश के संबंध चीन के लिए चिंता का विषय है, वहीं नेपाल में तिब्बती शरणार्थी, जिनकी संख्या लगातार बढ़ रही है, वे नेपाल के मामले में दखल की माँग कर रहे हैं। धर्मशाला और ल्हासा के बीच संपर्क को तोड़ने के मकसद से चीन की मंशा भारत पर नेपाल की निर्भरता को कम करना है। इस कारण नेपाल से अपने संबंधों को चीन प्राथमिकता दे रहा है।

नेपाल और चीन के बीच व्यापार और रक्षा के मामले में अच्छे संबंध हैं। प्रतिवर्ष वरिष्ठ नेपाली अधिकारियों की एक बड़ी संख्या को बीजिंग में देखा जा सकता है, जिन्हें

पूरे सम्मान के साथ ग्रेट हॉल में निमंत्रित किया जाता है। काठमांडू को अपने पक्ष में करने के लिए चीन सैन्य मदद से लेकर नागरिक सहयोग तक, जो कुछ संभव है, वह सब कर रहा है। हाल के वर्षों में चीन से नेपाल को लाखों डॉलर की सैन्य सहायता मिली है। इसके साथ ही विकास के लिए भी उसने लाखों डॉलर दिए हैं।

चीन की समाचार एजेंसी झिनुआ के अनुसार, जुलाई 2013 में बीजिंग का दौरा करनेवाले नेपाल के रक्षा मंत्री जनरल गौरव शमशेर राणा ने कहा कि नेपाल चीन के साथ सैन्य संबंध बढ़ाने को 'काफी महत्त्व देता है' और वह 'पूरी तरह एक-चीन नीति का पक्षधर है तथा किसी भी सूरत में चीन विरोधी गतिविधियों के लिए किसी भी ताकत को नेपाली जमीन का इस्तेमाल करने नहीं देगा।' उन्होंने यह भी कहा कि वे 'चीनी सेना को एक भरोसेमंद मित्र' के रूप में देखते हैं।[5]

हिमालय में, विशेषकर गिलगित-बलतिस्तान में चीन की मौजूदगी घेराबंदी को पूर्ण करती है।

सन् 1963 में पाकिस्तान ने गिलगित-बलतिस्तान की 5800 वर्ग कि.मी. से भी अधिक जमीन स्थानीय लोगों से पूछे बिना चीन को सौंप दी। पाकिस्तानी अधिकारियों ने हुंजा के शासक को गिरफ्तार करने और प्रताड़ित करने की धमकी दी, जो अघील दर्रे तक की घाटी पर अपना दावा कर रहा था तथा इस समझौते पर आपत्ति जता रहा था। आज गिलगित-बलतिस्तान में चीन ने 20,000 वर्ग कि.मी. से भी अधिक के क्षेत्र पर कब्जा जमा रखा है, जिसमें सक्षगम, रक्सगम और अघील घाटियाँ शामिल हैं।

पाकिस्तान और चीन ने भारत को घेरने की सामरिक संधि की और उसके तहत ही इन घाटियों पर कब्जा किया गया। सीमावर्ती समझौते की योजना के तहत पाकिस्तानी विदेश मंत्री जुल्फिकार अली भुट्टो और चीनी विदेश मंत्री चेन यी ने 2 मार्च, 1963 को बीजिंग में एक समझौते पर दस्तखत किए, जिसमें गिलगित-बलतिस्तान के विवादित क्षेत्र में चीन को सक्षगम, रक्सगम, शीमशाल और अघील घाटियों पर कब्जा जमाने का मौका दे दिया।

संधि के तहत, ''दोनों पक्ष इस बात पर सहमत हुए कि पाकिस्तान और भारत के बीच कश्मीर विवाद के निपटाने के बाद संबंधित संप्रभु सत्ता चीनी गणराज्य के साथ सीमा पर बातचीत फिर से शुरू करेगी, जैसा कि कश्मीर के वर्तमान समझौते के अनुच्छेद 2 में कहा गया है, ताकि वर्तमान समझौते के स्थान पर एक सीमा संधि पर दस्तखत किए जाएँ।''

भारत ने इस मुद्दे पर चीन से अपना विरोध दर्ज कराया, साथ ही संयुक्त राष्ट्र संघ को भी इस आधार पर अपनी चिंता से अवगत कराया कि जिन क्षेत्रों पर समझौता हुआ है, वे भारत का हिस्सा हैं और उन पर पाकिस्तान का अवैध कब्जा था। चीनी

अधिकारियों ने भारत को यह भरोसा दिया कि वे गिलगित-बलतिस्तान को एक विवादित क्षेत्र मानते हैं और बताया कि यह समझौता सिर्फ अस्थायी है तथा जम्मू और कश्मीर के विवाद के सुलझने पर नए सिरे से बातचीत की जाएगी।

हालाँकि व्यावहारिक तौर पर चीनियों ने उस समय से ही विशाल बुनियादी ढाँचे का निर्माण शुरू कर दिया जैसे सक्षगम के रास्ते गिलगित को भूटान से जोड़ने के लिए पूर्वी दिशा में फीडर सड़कें बनाई गईं। भूटान एक महत्त्वपूर्ण सैन्य मुख्यालय है, जो तिब्बत जिनजियांग हाइवे—भूटान गोलमंड हाइवे के बीच स्थित है। गिलगित-बलतिस्तान की उत्तरी घाटियों पर नियंत्रण रखने की चीनी क्षमता ने उत्तर-पश्चिमी तिब्बत के सैनिक और औद्योगिक प्रतिष्ठानों को पाकिस्तान तथा फारसी बंदरगाहों से जोड़ने में मदद की है।

आज न केवल सक्षगम, रक्सगम और अघील, बल्कि पाकिस्तान ने पूरा गिलगित-बलतिस्तान चीन के हवाले कर दिया है। स्थानीय अखबारों में छपी खबरों के मुताबिक चीन ने गिलगित-बलतिस्तान को 50 वर्षों की लीज पर ले लिया है।

चीन अब गिलगित बलतिस्तान में 18 बिलियन अमेरिकी डॉलर खर्च कर 200 किलोमीटर लंबी सुरंग बना रहा है, जिससे कासगर और बलुचिस्तान ग्वादर पोर्ट के बीच रेल सेवा शुरू की जा सके। इस समझौते पर पाकिस्तानी प्रधानमंत्री नवाज शरीफ ने दस्तखत किए, जो इस बात पर भी राजी हुए कि काराकोरम हाइवे पर चीन की मदद से औद्योगिक क्षेत्र बनाए जाएँगे और काराकोरम पर्वत पर फाइबर ऑप्टिक बिछाई जाएगी।[6]

इस प्रकार मोतियों की माला में जहाँ समुद्र की ओर से भारत को घेरने में पाकिस्तान ने चीन की मदद की है, वहीं अक्साई चीन-सक्षगम घाटी ग्वादर रेल लिंक ने हिमालय की तरफ से भारत को घेरने का काम किया है।

संदर्भ–

1. कीथ जॉनसन, व्हाट काइंड ऑफ गेम इज चाइना प्लेइंग, W.S.J., 11 जून, 2011
2. हेनरी किसिंगर, ऑन चाइना, पृ. 22
3. चाइना बिल्ड्स स्ट्रैटेजिक सी लाइंस, वॉशिंगटन टाइम्स, 17 जनवरी, 2005
4. http://www.washingtontimes.com/news/2005/january/17/20050117-115550-1929-r/#ixzz2ib04KNV
5. चाइना, नेपाल एग्री को मिलिटरी टाइज, द हिंदू, 25 जुलाई, 2013
6. चाइनाज इंटरेस्ट इन सक्षगम वैली, शरनॉफ्स ग्लोबल व्यूज, सेंज सेरिंग, 10 अक्तूबर, 2013

□

19

दुश्मनों को बढ़ावा

'दुश्मन का दुश्मन मित्र होता है,' इस सामरिक सिद्धांत का प्रतिपादन प्राचीन भारत के राजनीतिक विचार कौटिल्य ने अपनी ऐतिहासिक रचना अर्थशास्त्र में मंडल सिद्धांत के अंतर्गत किया था। भारत ने शायद ही कभी अपने आखिरी सामरिक विचारक के बहुमूल्य सुझाव को अपनाया। इसकी बजाय ऐसा लगता है कि चीन ने उस विख्यात विद्वान् की सलाह को अपनाया, उसी देश के विरुद्ध इसका इस्तेमाल किया, जहाँ से यह निकलकर आया था।

चीन-पाकिस्तान गठजोड़

भारत के आस-पड़ोस के सभी देशों के सैनिक साजो-सामान का स्रोत चीन ही है। चीन की दरियादिली का सबसे ज्यादा फायदा उठानेवाला देश भारत का पड़ोसी पाकिस्तान है। मोहन मलिक ने लिखा है, ''अंतरिक्ष, उपग्रह और खुफिया जानकारी जुटाने की बढ़ती क्षमता के साथ, बीजिंग ने पाकिस्तान को C^4SIR (कमांड, कंट्रोल, कम्युनिकेशन, कंप्यूटिंग, इंटेलिजेंस कलेक्शन, सर्विलांस और रेकनाइजेंस) को छतरी उपलब्ध कराई है। पाकिस्तान की लगभग सत्तर फीसदी साजो-सामान की जरूरत चीन ही पूरा करता है।''[1]

पाकिस्तान का पूरा परमाणु कार्यक्रम भी चीन की ओर से ही तोहफे में दिया गया था। यदि यह कहा जाए कि चीन के बिना पाकिस्तान परमाणु शक्ति बनने की बात सोच भी नहीं सकता था तो इसमें कोई अतिशयोक्ति नहीं होगी। यही कारण है कि परमाणु परीक्षणों के बाद मई 1998 में पाकिस्तान के प्रधानमंत्री नवाज शरीफ ने चीन का तहे-दिल से शुक्रिया अदा किया था।

भारत के चिर-प्रतिद्वंद्वी पाकिस्तान के साथ चीन के संबंधों की व्याख्या ऊपर दिए गए सामरिक कारणों के अतिरिक्त किसी अन्य तर्क से नहीं की जा सकती है। पाकिस्तान ऐसा देश है, जिसके साथ तभी दोस्ती गाँठी जाती है, जब कोई मजबूरी होती है। पड़ोसी होने के नाते भारत की मजबूरी है कि वह उसके साथ संबंध बनाए रखे। किंतु अन्य देशों के साथ ऐसी कोई मजबूरी नहीं है।

पाकिस्तान कोई आर्थिक शक्ति नहीं है। दुनिया में इसकी अर्थव्यवस्था सबसे कमजोर है। यहाँ किसी भी प्राकृतिक संसाधन का कोई विशाल भंडार नहीं है, जिससे कोई देश उसके प्रति आकर्षित हो। सामाजिक तौर पर यह बेहद हिंसक है। यहाँ कहने भर को ही लोकतंत्र है, जबकि वास्तविक सत्ता सेना के हाथों में रहती है। सरकार और समाज पर सेना के सख्त नियंत्रण के कारण ही यह अब तक एक देश के रूप में बना हुआ है। पिछले एक दशक में यह वैश्विक आतंकवाद के गढ़ के रूप में कुख्यात हो गया है।

ऐसे में यह प्रश्न महत्त्वपूर्ण है कि इस देश से चीन की दोस्ती का मकसद क्या है? इस दोस्ती से चीन को एक फायदा जिनजियांग और अक्साई चीन से ग्वादर बंदरगाह तक जाने के रास्ते के रूप में मिला है। इससे चीन की पहुँच अरब सागर तक हो गई है।

किंतु इससे भी अधिक फायदा भारत को परेशान करने की सामरिक क्षमता के रूप में मिला है। भारत और चीन के बीच मेल-जोल का एक छोटा सा दौर दो भारतीय प्रधानमंत्रियों—सन् 1988 में राजीव गांधी और सन् 1993 में पी.वी. नरसिम्हाराव के चीन दौरे से कायम हुआ था। किंतु पीवी नरसिम्हाराव के दौरे के बाद ही रिश्तों में कड़वाहट और दुश्मनी एक बार फिर बढ़ने लगी थी। चीन ने पहले परमाणु हमला न करने की अपनी प्रतिबद्धता में संशोधन किया और इसे उन देशों के लिए ही लागू किया, जो परमाणु हथियार मुक्त क्षेत्र में हैं और जिन्होंने परमाणु अप्रसार संधि (N.P.T.) पर हस्ताक्षर किए हैं। इस प्रकार भारत को पहले हमला न करने की प्रतिबद्धता से बाहर कर दिया गया।

इसके बाद सन् 1999 में करगिल युद्ध छिड़ गया। भारत और पाकिस्तान के बीच जहाँ भयंकर युद्ध जारी था, वहीं लद्दाख सेक्टर में चीनी सेना ने सीमा पर घुसपैठ की गतिविधियाँ बढ़ा दीं, जिसका एकमात्र मकसद भारतीय सेना पर दबाव बढ़ाना था। तिब्बत और जिनजियांग में सैन्य ढाँचा सुदृढ़ करने के नाम पर राष्ट्रपति जियांग जेमिन ने सन् 1999 में करगिल युद्ध के दौरान ही 'ग्रेट वेस्टर्न डेवलपमेंट प्रोजेक्ट' का ऐलान कर दिया।

संयुक्त राष्ट्र सुरक्षा परिषद् में भी भारत और पाकिस्तान के विवाद से जुड़े मुद्दे पर जब भी चर्चा होती है तो चीन हमेशा पाकिस्तान का पक्ष लेता है। पाकिस्तान की

जमीन पर पल रहे आतंकवादी संगठन लश्कर-ए-तैयबा को एक आतंकवादी संगठन घोषित करने का प्रयास U.N.S.T. में चीनी राजदूत के विरोध के कारण ही विफल हो गया। भारत इसमें तभी सफल हुआ, जब L.E.T. ने नवंबर 2008 में मुंबई पर भयंकर आतंकवादी हमला किया, जिसमें 6 विदेशी समेत 188 लोग मारे गए। भारत की ओर से एक और आतंकवादी संगठन, जैश-ए-मोहम्मद (J.E.M.) के खिलाफ प्रतिबंध लगाने और इसके सरगना मौलाना मसूद अजहर पर शिकंजा कसने के प्रयास भी चीन द्वारा इस माँग का समर्थन करने की ना-नुकर के कारण ही सफल नहीं हो पाए।

भारत के पूर्वोत्तर में उपद्रव के पीछे चीन

पिछले पाँच दशकों से चीन इस मकसद से भारत के पूर्वोत्तर में असंतोष को भड़का रहा है, ताकि वह भारत से अलग हो जाए। भारत को कमजोर करने के साथ ही चीन अपने पश्चिमी प्रांत को अपने भरोसेमंद साथी बँगलादेश की मदद से हिंद महासागर के करीब लाना चाहता है।

नवंबर 2003 में अंतरराष्ट्रीय मीडिया ने यह बताया कि C.I.A. को अज्ञात चीनी स्रोत से ऐसे दस्तावेज मिले हैं, जो चीन की उस योजना का रहस्योद्घाटन करते हैं, जिसके मुताबिक दो-तीन दशक के भीतर जब चीन आर्थिक और सैन्य शक्ति के चरमोत्कर्ष पर पहुँच जाएगा, तब वह भारतीय पूर्वोत्तर राज्यों को अलग-थलग कर देगा। जानकारी की तलाश में C.I.A. को कुछ अपुष्ट दस्तावेज मिले, जिन्हें उनके चीनी स्रोतों ने महत्त्वपूर्ण तो नहीं माना, फिर भी उनमें पूर्वोत्तर पर चीन की नीतियों से जुड़े चौंकानेवाले खुलासे शामिल थे।

दस्तावेजों के अनुसार, चीन भारत के साथ सन् 1962 जैसा युद्ध चाहता है, जिसमें वह तेजी से अंदर दाखिल होकर भारतीय फौज को कुचलने की मंशा रखता है। इस संग्राम का समय विश्व में चीन की एक महाशक्ति के तौर पर उभरने के साथ तय किया गया है, तथा दस्तावेज बताता है कि सामाजिक उथल-पुथल भारत को तोड़ देगा और उसकी अर्थव्यवस्था तबाह हो जाएगी। इसमें यह भी बताया गया है कि चीनी नेता भारत के साथ बेहतर संबंध बनाए रखना चाहते हैं, ताकि वह लंबे समय तक फौज की तैनाती को न बढ़ाए। 1980 के दशक में डेंग जियाओपिंग ने सीख दी थी, ''अपनी क्षमता छुपाओ, समय काटते जाओ।'' चीन पूर्वोत्तर में इस नीति पर काम कर रहा है।

दस्तावेज ने उस सामरिक आवश्यकता पर भी विशेष जोर दिया, जिसमें चीन को मजबूत करने तथा उसके विस्तार की योजना को बढ़ाने के लिए पूर्वोत्तर को भारत से काटकर अलग करने की योजना है।

चीन और नागा विद्रोही

25 जनवरी, 2011 को चीनी जासूस वांग क्विंग को गिरफ्तार कर चीन भेज दिया गया था। उसे उस वक्त पकड़ा गया, जब वह एक टी.वी. रिपोर्टर बनकर भारत के सबसे बड़े और खतरनाक उग्रवादी संगठन नेशनल सोशलिस्ट काउंसिल ऑफ नागलिम (इसाक-मुइवा) या N.S.C.N.-I.M. के हेडक्वार्टर पहुँची थी। भारतीय अधिकारियों के अनुसार क्विंग ने स्वीकार किया कि वह चीनी खुफिया एजेंसी, पीपुल्स सिक्योरिटी ब्यूरो के लिए जासूसी कर रही थी तथा उसने N.S.C.N.-I.M. के विद्रोही नेता थुइंगालेंग मुइवा से चार घंटे तक बंद दरवाजों के पीछे गुपचुप बैठक की थी। इस गुट के साथ भारत सरकार शांति के लिए बातचीत कर रही थी। हालाँकि विद्रोही गुट ने दावा किया कि वह भारत सरकार के साथ सच्चे मन से बात कर रही है और उसके 'चीन से कोई संबंध नहीं हैं।'

जैसा कि अकसर होता है, भारत में इस खबर पर किसी ने ध्यान नहीं दिया। इसके बावजूद, इस घटना को भारत-चीन संबंधों से जोड़कर कोई रोक नहीं सकता, क्योंकि इसने साबित कर दिया कि चीनी खुफिया एजेंसियाँ भारत के संवेदनशील पूर्वोत्तर क्षेत्र के उग्रवादी संगठनों के संपर्क में हैं। क्विंग का मामला ऐसी अनेक घटनाओं में से एक है, जो दिखाती है कि बीजिंग शांति भंग करने और दबाव बढ़ाने के प्रयास में किस प्रकार जुटा है, जबकि दोनों देश एक तरफ सीमा विवाद को सुलझाने की जद्दोजहद कर रहे हैं।

चीन की संदिग्ध साँठगाँठ का खुलासा हाल ही में भारत के 100 पेज की एक रिपोर्ट में विस्तार से किया गया है, जो अंग्रेजी पत्रिका आउटलुक को मिली है। रिपोर्ट में अक्तूबर 2010 में भारतीय अधिकारियों द्वारा एंथोनी शिमरे की गिरफ्तारी का जिक्र है, जो N.S.C.N.-I.M. का एक महत्त्वपूर्ण अधिकारी होने के साथ ही बैंकॉक में बैठकर उग्रवादी संगठन के लिए हथियार जुटाने का काम कर रहा था। रिपोर्ट का आरोप है कि पूछताछ में शिमरे ने खुलासा किया कि चीनी खुफिया एजेंसी के जासूस ने N.S.C.N.-I.M. को धरती से हवा में मार करनेवाली मिसाइलें (SAMS) बेचने का प्रस्ताव दिया था।

यह डील कथित तौर पर चेंगदू नाम की जगह पर दिसंबर 2009 में हुई, जिसमें जासूसों ने मिसाइलों के लिए एक मिलियन अमेरिकी डॉलर की माँग की और इस पैकेज के अंतर्गत विद्रोहियों को मिसाइल की तकनीकी जानकारी और ट्रेनिंग देना भी शामिल था। हालाँकि यह डील नहीं हो सकी, क्योंकि विद्रोही इतने पैसे नहीं जुटा सके। शिमरे ने स्वीकार किया कि चीनी समर्थन के बदले नागा उग्रवादी अरुणाचल प्रदेश के तवांग में चीन-भारत सीमा क्षेत्र में भारतीय सेना की तैनाती समेत, भारत के विमानों

और मिसाइलों की तैनाती के स्थान से जुड़ी जानकारियाँ दे रहे थे। नेशनल सोशलिस्ट काउंसिल ऑफ नागालैंड (N.S.C.N.) की स्थापना 1980 के दशक में इसाक चीसी स्वू, थुइंगालेंग मुइवा तथा एस.एस. खापलांग द्वारा शिमला समझौते के खिलाफ विरोधस्वरूप की गई थी, जिस पर तत्कालीन नागा नेशनल काउंसिल (N.S.C.N.) ने भारत सरकार के साथ दस्तखत किया था। आगे चलकर भारत सरकार के साथ बातचीत जारी रखने के मुद्दे पर संगठन में मतभेद उभर आए।

फलस्वरूप सन् 1988 में N.S.C.N. दो गुटों में बँट गया—अपने नेता खापलांग के सम्मान में N.S.C.N.-K. का गठन हुआ और इसाक तथा मुइवा के नेतृत्ववाला N.S.C.N.-I.M. बना।

बताया जाता है कि N.S.C.N. के पास लगभग 4,500 लड़ाके हैं और यह अपने लिए धन का बंदोबस्त बर्मा के रास्ते मादक द्रव्यों के व्यापार तथा अन्य उग्रवादी संगठनों को हथियार बेचकर करता है। अपने राज्य नागालैंड के अतिरिक्त नागा लोग अन्य राज्यों में भी रहते हैं तथा स्वायत्त 'ग्रेटर नागालैंड' की माँग को लेकर छह दशकों से लड़ रहे हैं, जिसमें मणिपुर, असम और अरुणाचल प्रदेश के हिस्से शामिल हैं। एक अनुमान के मुताबिक इस संघर्ष में अब तक 100,000 लोग मारे जा चुके हैं। सन् 1997 में सरकार से बातचीत के बाद से युद्धविराम की स्थिति है, लेकिन कई दौर की बातचीत के बावजूद कोई ठोस हल नहीं निकला है।

नागा विद्रोहियों को चीनी समर्थन कोई नई बात नहीं है। भारत-चीन के बीच हुए सन् 1962 के युद्ध के बाद ढाका में पाकिस्तानी खुफिया एजेंसी की मदद से शरण लेनेवाले स्वयंभू नागा प्रधानमंत्री कुघातो सुखाई ने चीनी नेताओं को एक चिट्ठी लिखी, जिसमें भारत पर सताने और दबाने का आरोप लगाया और चीन से कहा, "वह मंगोलियन जाति के किसी भी सताए जानेवाले राज्य की रक्षा करने के अपने सिद्धांत का सम्मान करे।"

बर्टिल लिंटनर ने लिखा है कि सांस्कृतिक क्रांति के दौरान, चीन को अपनी चपेट में लेनेवाली धर्मविरोधी लहर का नागाओं पर कोई प्रभाव नहीं पड़ा। चीनी अधिकारियों ने अपने नए साथियों को खुश करने के लिए सबकुछ किया। चीन के लिए उनकी उपयोगिता भारत के साथ सामरिक संघर्ष के दृष्टिकोण से थी न कि किसी वैचारिक आधार पर संबंधों को बढ़ाया जा रहा था।

लिंटनर[2] इस कथन के साथ-साथ अपनी बात समाप्त करते हैं—

"इस संबंध का परिणाम क्रांति साम्यवाद और परोपकारी इसाई धर्म के चौंकाने वाले घालमेल के रूप में सामने आया, जो नेशनल सोशलिस्ट काउंसिल ऑफ नागालैंड, N.S.C.N. की पहचान बन गया, जो समूह जनवरी 1980 में N.N.C. से अलग होकर

गठित किया था। कहीं की ईंट कहीं का रोड़ा जोड़कर मुइवा ने नए संगठन का घोषणा-पत्र तैयार किया और कहा कि माओ जेदांग ने एक क्रांतिकारी संगठन पर जोर दिया है, जिसकी नीतियाँ सही हैं और ईसाई भगवान् और ब्रह्मांड के शाश्वत भगवान् की तारीफ की और कहा, ''हमारे लिए अपने देश का संप्रभु अस्तित्व, साम्यवाद में हमारे लोगों की मुक्ति, जिसमें ईसा मसीह की कृपा से उनकी आध्यात्मिक मुक्ति शामिल है। वह शाश्वत और निर्विवाद है...हम साम्यवाद के साथ हैं। हम ईश्वर में विश्वास और जीसस के द्वारा मानवता की मुक्ति के साथ हैं, वे ईसा मसीह, जो नागालैंड के भी ईसा मसीह हैं।''

नवंबर 1986 में माओवादी क्रांति का समर्थन करने के लिए चीन ने गुपचुप तरीके से 300 नागा विद्रोहियों के समूह को प्रशिक्षित किया और उन्हें हथियार दिए। यह समूह जनवरी 1968 में भारत लौटा और जोटसोमा के जंगलों में अपना कैंप लगाया। उस वर्ष जून में जब भारतीय सेना ने उनके ठिकाने पर हमला किया तो कथित तौर पर उन्हें चीनी हथियार और ऐसे दस्तावेज मिले, जो चीनी समर्थन का संकेत देते थे। सन् 1988 में राजीव गांधी के चीन दौरे के बाद चीन ने भारतीय उग्रवादियों को समर्थन देने में कटौती कर दी। हालाँकि भारतीय सेना यह पुख्ता तौर पर मानती है कि भारतीय उग्रवादियों को चीनी खुफिया एजेंसी अप्रत्यक्ष रूप से समर्थन दे रही है।

एक खुफिया भांडाफोड़

शिमरे की गिरफ्तारी भारतीय खुफिया एजेंसियों के लिए एक बहुत बड़ी कामयाबी साबित हुई। सितंबर 2010 में भारतीय अधिकारियों को यह जानकारी मिली की शिमरे बैंकॉक में छिपा है, किंतु अंतरराष्ट्रीय कानून के तहत वे तब तक उसे गिरफ्तार नहीं कर सकते थे जब तक कि वह भारतीय जमीन पर कदम न रखे। इस बीच खबर मिली कि शिमरे अपनी वीजा का नवीनीकरण कराने और मणिपुर एवं नागालैंड में बैठे अपने आकाओं से मिलने के लिए थाईलैंड से बाहर निकलेगा, हालाँकि वह नेपाल के रास्ते आएगा। 27 सितंबर को शिमरे काठमांडू के लिए रॉयल नेपाल एयरलाइंस के विमान में सवार हुआ और भारतीय सीमा को पार करता हुआ बिहार में दाखिल हो गया, जहाँ एक रेलवे स्टेशन पर भारतीय अधिकारियों ने उसे गिरफ्तार कर लिया।

पूछताछ के दौरान ऐसा बताया जाता है कि भारतीय खुफिया अधिकारियों के तब होश उड़ गए, जब उनके सामने यह खुलासा हुआ कि चीनी एजेंसियों तथा N.S.C.N.-I.M. के बीच संबंधों का जो ताना-बाना बुना गया था, उसमें नेपाल, बँगलादेश, थाईलैंड और उत्तर कोरिया की कंपनियों तथा मध्यस्थों के एक लंबे-चौड़े नेटवर्क का इस्तेमाल किया गया था। शिमरे ने बताया कि उसने पहली बार सन् 1994 में चीन का दौरा किया, जब वह भारतीय उग्रवादी संगठन नेशलन डेमोक्रेटिक फ्रंट ऑफ बोडोलैंड

(N.D.F.B.) के साथ हथियारों की साझा डील करने गया था।

हथियार और गोला बारूद की खरीदारी चीनी नागरिक रक्षा कंपनी N.O.R.I.N.C.O. (बिफॉग गौंगे) से की गई और 1800 नग हथियार, ए.के. सीरीज राइफल, MI6 स्वचालित राइफल, मशीन गन, स्नाइपर राइफल तथा रॉकेट लॉञ्चर किए। बताया जाता है कि हथियारों के लिए पैसे एक नागा कारोबारी ने दिए, जिससे कलकत्ता में बैठे एजेंटों ने संपर्क साधा था। बताया जाता है कि 1996 में हथियारों की एक और खरीदारी की गई, जिसमें बीजिंग से हथियारों का जखीरा उत्तर कोरिया के जहाज से बँगलादेश के कॉक्स बाजार पहुँचा, जो मछलियों के लिए मशहूर है। बीच समुद्र में हथियारों को छोटी-छोटी नावों में उतारा गया और फिर ट्रंकों में लादकर उन्हें भारत में N.S.C.N.-I.M. के हेडक्वार्टर तक लाया गया।

ऐसा माना जाता है कि यह डील बैंकॉक के एक बिचौलिए विली नारू ने कराई थी, जिसका हाथ हथियारों की खरीद से जुड़े ऐसे कई सौदों में था। नारू की मदद से ही 2007 के अंत में शिमरे ने चीनियों से हथियारों की खरीदारी की थी, जब नई दिल्ली में N.S.C.N.-I.M. के नेताओं ने फैसला किया कि संगठन को और हथियारों की जरूरत है। नारू में बैंकॉक में शिमरे की मुलाकात 'यूथुना' नाम के एक व्यक्ति से कराई, जो 'T.C.I.' का चीनी प्रतिनिधि था—उस कंपनी का जो चीनी आर्म्स कंपनी चाइना जिनशिदाई की आधिकारिक सहयोगी है।

इसकी वेबसाइट के अनुसार, "जिनशिदाई चीन के रक्षा उद्योगों द्वारा विशिष्ट उत्पादों और सामान्य नागरिक उत्पादों के आयात और निर्यात का काम करती है।" इस खरीदारी में 600 ए. के. सीरीज राइफल, 6 लाख गोलियाँ, 200 सब-मशीनगन, पिस्टल, रॉकेट लॉन्चर, लाइट मशीनगन और 200 किलोग्राम R.D.X. (बम बनाने में प्रयोग की जाने वाली विस्फोटक सामग्री) शामिल था। 1.2 मिलियन अमेरिकी डॉलर मूल्य की यह खेप चीन के बेईहेई पोर्ट पर बैंकॉक की इंटरमरीन शिपिंग कंपनी के जहाज में लादी जानेवाली थी, जिसे बँगलादेश के कॉक्स बाजार पहुँचाया जाना था। पत्राचार के लिए केवल एक इ-मेल अकाउंट था, जिसका यूजर नेम और पासवर्ड विली नारू, दिल्ली तथा नागालैंड में बैठे नागा नेताओं और चीनी खुफिया जासूसों को मालूम था।

यहाँ तक कि सितंबर 2011 में भी अपनी गिरफ्तारी से कुछ हफ्ते पहले तक शिमरे हथियारों की खरीदारी कर रहा था और बताया जाता है कि वह विली नारू के साथ आगे की बातचीत कर रहा था। एक खरीदारी जिस पर चर्चा चल रही थी, उसकी खेप अरुणाचल प्रदेश पहुँचनेवाली थी। उसने हथियार बेचनेवालों से यह भी पूछा कि क्या वह इस खेप को 'चीन की तरफ से अरुणाचल के ऊपरी हिस्से में' भेज सकते हैं। जाँचकर्ताओं को पूरी आशंका है कि अक्तूबर में ही शिमरे हथियारों के किसी सौदे के

सिलसिले में ही भारत आया था।

आखिर चीन और N.S.C.N.-I.M. के बीच प्रगाढ़ संबंध का कारण क्या था? एक वजह यह खुलासा करता है, जिसके अनुसार सन् 2008 में चीन इस बात के लिए तैयार हो गया था कि वह N.S.C.N.-I.M. के साथ एक प्रतिनिधि को यूनान प्रांत के कुनमिंग में स्थायी रूप से रहने की इजाजत देगा। शिमरे के अनुसार मुइवा ने वरिष्ठ चीनी खुफिया अधिकारियों को एक चिट्ठी लिखकर अनुरोध किया कि वे नागालैंड की सेमा जनजाति के 60 वर्षीय सदस्य खोलोसे सुवो सुमी को चीन में स्थायी प्रतिनिधि नियुक्त करें, जिस अनुरोध को चीनियों ने स्वीकार कर लिया। ऐसा बताया जाता है कि खोलोसे चीन में N.S.C.N.-I.M. का एक महत्त्वपूर्ण व्यक्ति बन गया, जो नियमित रूप से चीन अधिकारियों से मुलाकात कर उन्हें भारत में शांति पर बातचीत से जुड़ी गतिविधियों और N.S.C.N.-I.M. से चीन-भारत सीमा पर तैनात भारतीय सेना पर मिली जानकारी दिया करता था।

ऐसा बताया जाता है कि खोलोसे, जो बेशकीमती पत्थरों का कारोबार करता था, उसने एक बार चीन के दौरे पर आए शिमरे और उसकी पत्नी का स्वागत कुनमिंग एयरपोर्ट पर किया था तथा उसे अनेक चीनी खुफिया अधिकारियों से मिलवाया था, जिनमें से एक का नाम छांग था, जो पश्चिमी यूनान के देहांग प्रोफेक्चर का खुफिया प्रमुख था। संभवतः शिमरे की मुलाकात यूनान प्रांत के खुफिया प्रमुख ली यू एन से भी हुई, जिसमें उसने यह संदेश दिया कि N.S.C.N.-I.M. चीन की मदद और सहायता चाहता है।

हाल के वर्षों तक यह बात सामने आती रही है कि चीन उग्रवादियों को हथियारों की बिक्री और फंड मुहैया कराने का काम तटस्थ देशों के माध्यम से कर रहा था तथा जब कभी भारतीय अधिकारी ऐसे लेन-देन की जाँच करते तो आरोपों को सफाई से खारिज भी कर देता है। बीजिंग की सफाई यह होती कि हथियारों की खरीदारी गुमनाम चीनी हथियार निर्माताओं से ऐसे काला बाजार से की जाती है, जिनका संबंध पाकिस्तान, बर्मा या बँगलादेश उग्रवादी गुटों से है, और वह अपनी प्रत्यक्ष जानकारी या हिस्सेदारी से हाथ झाड़ लिया करता था। हालाँकि शिमरे के खुलासे ने इस झूठ का पर्दाफाश कर दिया है।

केवल नागा ही नहीं

केवल नागाओं की ही नहीं, बल्कि उत्तर-पूर्व के कई उग्रवादी संगठनों, जैसे—मिजो, मणिपुरियों आदि की भी चीनियों ने भरपूर मदद की। 60 के दशक में चीन और पाकिस्तान की दोस्ती ने इसे और भी आसान बना दिया, क्योंकि पूर्वी पाकिस्तान इस प्रकार की अवैध गतिविधियों का गढ़ बन गया था। मिजो नेशनल फ्रंट के नेताओं को भी ढाका स्थित चीनी दूतावास में अधिकारियों से मुलाकात का न्योता भेजा गया था। उन्हें पैसों के अलावा वायरलेस सेट जैसे उपकरण मुहैया कराए गए थे। लालडेंगा और

उनके सचिव जोराम थांगा जैसे मिजो उग्रवादी नेताओं को सन् 1970 में बीजिंग में आयोजित राष्ट्रीय दिवस समारोह में विशेष अतिथि के रूप में बुलाया गया था।

यह समर्थन धीरे-धीरे और मजबूत तथा औपचारिक होता चला गया। सन् 1972 से ही मिजो गुरिल्ला बर्मा के विद्रोही राज्य काचिन के रास्ते चीन में आने-जाने लगे। अगले कुछ वर्षों में सैकड़ों मिजो उग्रवादियों ने चीन में प्रशिक्षण प्राप्त किया।

बर्टिल लिंटनर लिखते हैं, "जिसकी शुरुआत जनजातीय विद्रोह के रूप में हुई, उसने जल्दी ही उस क्षेत्र में सत्ता संघर्ष का रूप ले लिया।"[3]

भारत के माओवादियों को भी चीन पिछले कई दशकों से मदद देता आ रहा है। सन् 1967 में पश्चिम बंगाल के नक्सलबाड़ी में भड़की पहली चिनगारी की खबर चीनियों तक पहुँची तो उनकी खुशी का ठिकाना न रहा। पूर्वोत्तर की जनजातियों के अतिरिक्त, उनके पास एक नया ग्राहक था, जो क्रांतिकारी जोश से लबरेज था और इस कारण चीनी साजिश में बिलकुल फिट बैठता था।

चीनियों ने उस विद्रोह को समर्थन देने में जरा भी देर नहीं लगाई। 5 जुलाई, 1967 में, कम्यूनिस्ट पार्टी सेंट्रल कमेटी के मुखपत्र, 'पीपुल्स डेली' ने एक संपादकीय प्रकाशित किया, जिसका शीर्षक था, 'स्प्रिंग थंडर ओवर इंडिया'। इस संपादकीय ने पूरे आत्मविश्वास के साथ यह शेखी बघारी[4]—

"भारत के ऊपर बसंत की एक जोरदार गर्जना हुई है। दार्जिलिंग क्षेत्र के किसानों ने विद्रोह कर दिया है। भारतीय कम्यूनिस्ट पार्टी के क्रांतिकारी नेताओं के नेतृत्व में ग्रामीण सशस्त्र का एक लाल क्षेत्र तैयार हो गया है...(उन्होंने) आधुनिक संशोधनवाद की बेड़ियों को उतार फेंका और उन बंधनों को ध्वस्त कर दिया है, जिसने उन्हें बाँध रखा था...अब चाहे साम्राज्यवादी, भारतीय प्रतिक्रियावादी और आधुनिक सुधारवादी आपस में मिलकर उसे दबाने और कुचलने के कितने ही प्रयास क्यों न कर लें, भारतीय कम्यूनिस्ट पार्टी के क्रांतिकारियों और किसानों द्वारा जलाई गई सशस्त्र संघर्ष की यह मशाल नहीं बुझेगी। 'एक चिनगारी जंगल की आग बन सकती है।' दार्जिलिंग की चिनगारी जंगल की आग का रूप ले लेगी, जिसकी चपेट में निश्चित रूप से भारत के विशाल क्षेत्र भी आ जाएँगे।"

नक्सलबाड़ी विद्रोह के कुछ ही महीने बाद 12 क्रांतिकारियों का एक समूह चीन पहुँच गया, जिसका नेतृत्व कानू सान्याल कर रहे थे, जिन्हें नक्सलबाड़ी आंदोलन के बड़े नेता चारू मजूमदार के अलावा आंदोलन का अगुवा माना जाता है। वहाँ पहुँचते ही उनका शाही अंदाज में स्वागत किया गया। उन्हें कई महीने तक हथियार चलाने का प्रशिक्षण दिया गया। उनकी खुशी का ठिकाना नहीं रहा, जब उन्हें सुप्रीम नेता माओ से मिलने का मौका मिल गया। यह दिखाता है कि भारत के लिए समस्याएँ खड़ी करने के

लिए चीन किसी से भी हाथ मिलाने को तैयार रहता है।

भारत में आज भी माओवादियों को चीनी समर्थन मिल रहा है, जबकि सरकार उन्हें बीमार मानसिकतावाला मान चुकी है। किंतु इस बात को नजरअंदाज नहीं किया जा सकता कि माओवादियों और चीन के बीच गहरी साठगाँठ है, जो माओवादियों की गिरफ्तारी के बाद उनसे मिले हथियारों से साबित होती है। इनमें से कई हथियार, जिनमें एंटी-एयरक्राफ्ट गन भी शामिल थे, उन्हें चीन से हासिल किया गया है।

संदर्भ–

1. मोहन मलिक, इंडिया ऐंड चाइना—ग्रेट पावर राइवल्स, पृ. 182
2. बर्टिल लिंटनर, ग्रेट गेम ईस्ट, पृ. 42
3. बर्टिल लिंटनर, ग्रेट गेम ईस्ट, पृ. 113
4. http://www.marxists.org/subject/china/documents/peoples-daily/1967/07/05.htm

□

20

एक सामरिक दृष्टिकोण

"स्वतंत्रता प्राप्ति के बाद से ही प्रधानमंत्री जवाहरलाल नेहरू ने एशिया में पश्चिमी प्रभाव के विरुद्ध साझा चीनी-भारतीय नेतृत्व का सपना देखा था, जबकि चीनियों ने नेतृत्व साझा करने के प्रति कोई उत्साह नहीं दिखाया, वह भी भारत के साथ तो बिलकुल ही नहीं।" ऐसा प्रोफेसर मोहन मलिक ने लिखा है।[1]

भारत के लिए इस सबसे महत्त्वपूर्ण संदेश को समझना आवश्यक है। चूँकि भारत और चीन एक ही भौगोलिक क्षेत्र में एक ही समान लक्ष्य की ओर बढ़ रहे हैं, ऐसे में दोनों का एक दोस्त की बजाय प्रतिस्पर्धी होना निश्चित था। देशों की सोच और उनके उद्देश्य उनके ऐतिहासिक अनुभवों से तय होते हैं। लगभग 2000 वर्ष पुराने अपने इतिहास में भारत और चीन की सभ्यता में पले-बढ़े राज्य इस क्षेत्र और उसके आस-पास अपना प्रभाव जमाने की होड़ में शामिल थे।

भारत और चीन का आर्थिक इतिहास

हजारों वर्ष पुरानी वैश्विक अर्थव्यवस्था पर अपनी उपयोगी पुस्तक में ब्रिटिश अर्थशास्त्री और विश्व के वृहत अर्थशास्त्र के अंतरराष्ट्रीय ज्ञाता एंगस मैडिसन ने लिखा है कि 16वीं-17वीं सदी के बाद से ही भारत और चीन एक-दूसरे से प्रतिस्पर्धा कर रहे थे। पहले 1000 वर्षों (0-1000 ई.पू.) में भारत श्रेष्ठ आर्थिक शक्ति था, जिसके बाद चीन का स्थान आता था। दूसरे हजार वर्षों के पूर्वार्ध (1000-1500 ई.पू.) में चीन ने भारत को पीछे छोड़ आर्थिक महाशक्ति का स्थान प्राप्त कर लिया। भारत उसके ठीक बाद दूसरे नंबर पर था। मैडिसन के अनुसार, दूसरी सहस्राब्दि की शुरुआत तक भारत की जी.डी.पी. लगभग 30 प्रतिशत थी। इसके बावजूद चीन ने दूसरी सहस्राब्दि में भारत

को पीछे छोड़ दिया था, 1800 की शुरुआत में भारत और चीन ने वैश्विक जी.डी.पी. में लगभग आधी हिस्सेदारी के साथ विश्व की अर्थव्यवस्था पर दबदबा बना रखा था।[2]

20वीं सदी के मध्य में भारत और चीन ने अपना सफर अलग-अलग तय करना शुरू किया। दोनों ही देशों के सामने विशाल जनसंख्या, असमान आर्थिक विकास, आंतरिक असंतोष और मानव विकास के क्षेत्र में विकास की कमी जैसी एक समान चुनौतियाँ हैं। स्वतंत्रता के बाद दोनों देश अलग-अलग रास्तों पर निकल पड़े। भारत ने जहाँ नेहरू समाजवादी अर्थव्यवस्था को अपनाया, वहीं चीन ने माओवादी मॉडल को लागू किया। हालाँकि अपने-अपने देश में तीव्र आर्थिक विकास और समृद्धि के लिए दोनों ही देशों को अपने मौलिक मॉडल को छोड़कर उस लहर पर सवार होना पड़ा, जो अब वैश्वीकरण और उदारीकरण के नाम से मशहूर है। चीन में डेंग ने इसकी शुरुआत सन् 1979 में की। भारत में यह प्रक्रिया 12 वर्ष बाद सन् 1991 में पी. वी. नरसिम्हाराव के नेतृत्व में शुरू हुई। इस परिवर्तन ने दोनों देशों में अनेक बदलाव किए और प्रमुख शक्तियों को मुक्त कर दिया, जिससे आर्थिक परिदृश्य ने क्रांतिकारी स्वरूप ले लिया। कभी गरीब और तीसरी दुनिया के पिछड़े देश कहे जानेवाले चीन और भारत ने विकास की रफ्तार पकड़ी और आर्थिक शक्ति के रूप में एक स्थान हासिल कर लिया।

मलिक लिखते हैं[3]—

''चीन और भारत सैन्य क्षमता और कूटनीतिक रूप से शक्तिशाली और प्रभावशाली बन जाएँगे, लेकिन अपनी विशाल जनसंख्या के कारण उनकी प्रति व्यक्ति आय बहुत कम रहेगी। दोनों के पास मानव शक्ति का विशाल संसाधन है, एक वैज्ञानिक तथा तकनीकी आधार है। उसके पास दुनिया के सबसे तेजी से विकसित होनेवाली सेना भी है। पश्चिम और जापान की अर्थव्यवस्था जहाँ सिकुड़ रही है, वहीं ये दोनों बढ़ते जा रहे हैं। ये दोनों ही पड़ोसियों पर अपनी अर्थव्यवस्था से हावी होना चाहते हैं। दोनों ही संशोधनों, विदेशी निवेश, व्यापार, बाजारों और विदेशी ठिकाने बढ़ाने की होड़ में शामिल हैं। दोनों ही अपनी राष्ट्रीय शक्ति को चरम पर पहुँचाने पर तुले हैं।''

इस प्रकार, भारत और चीन के साथ आने की आशावादी धारणाओं के विपरीत, यह आशंका अधिक प्रबल है कि दोनों विश्व में एक-दूसरे के कट्टर प्रतिद्वंद्वी बने रहेंगे। इस तथ्य के बावजूद कि दोनों देश का कुल व्यापार 70 बिलियन अमेरिकी डॉलर का है, आपस में इनके बीच निर्भरता नहीं के बराबर है। वास्तव में, भारत विश्व की एकमात्र अर्थव्यवस्था है जो चीन के प्रति ऋणी नहीं है।

चीनी और भारतीय अर्थव्यवस्था सहकारी होने की अपेक्षा प्रतिस्पर्धी हैं। उनके बीच प्रतिस्पर्धा का विस्तार पश्चिम, अफ्रीका यहाँ तक कि आर्कटिक तक है। संसाधनों और बाजार की तलाश में विश्व के दो सबसे अधिक आबादीवाले दोनों देश अकसर

टकराते रहते हैं। यह प्रतिद्वंद्विता अब वैश्विक कूटनीति और उन अंतरराष्ट्रीय संस्थानों तक जा पहुँची है जहाँ बीजिंग और दिल्ली विकास ऋण तथा संयुक्त राष्ट्र संघ सुरक्षा परिषद् में भारत के लिए एक सीट के विषय पर आमने-सामने आ जाते हैं।

यहाँ घाना जैसे देश में बुनियादी ढाँचे के निर्माण में देखा जा सकता है, जो सोना, कहवा और लकड़ी के मामले में धनी है और नया तेल उत्पादक है। फरवरी में घाना की सरकार एक नए राष्ट्रपति भवन में स्थानांतरित हुई, जिसे भारत की वित्तीय सहायता से बनाया गया था। एक महीने बाद चीन ने विदेश मंत्रालय की नई इमारत तैयार कर सौंप दी।[4]

चीन अपनी आर्थिक ताकत के इस्तेमाल से भारत को हरसंभव अंतरराष्ट्रीय मंच से हटाने का प्रयास करता है। पिछले एक दशक में, यह प्रतिद्वंद्विता संयुक्त राष्ट्र संघ, सुरक्षा परिषद्, पूर्व एशिया सम्मेलन (E.A.S.), एशिया यूरोप मीटिंग (A.S.A.M.), एपेक, न्यूक्लियर सप्लायर ग्रुप (N.S.G.) तथा एशिया विकास बैंक में देखी जा सकती है।

सामरिक संस्कृति

यह प्रतिद्वंद्विता अन्य क्षेत्रों, जैसे—सैन्य, क्षेत्रीय प्रभुत्व आदि तक जा सकती है जिसके लक्षण पहले से ही दिख रहे हैं। दुर्भाग्यवश भारतीय तंत्र पर अब भी नेहरूवादी मानसिकता हावी है। इसका मानना है कि 50 के दशक में लोकप्रिय पंचशील के समान अब चीनडिया ही दोनों देशों का भविष्य है।

इस मानसिकता से तत्काल निकलने की आवश्यकता है। इसे यह समझ लेना होगा कि यह किसी सामान्य पड़ोसी देश से नहीं, बल्कि एक अन्य सभ्यता से प्रतिद्वंद्विता में शामिल है। चीन का हर कदम एक विशेष सामरिक लक्ष्य से निर्देशित होता है। मोहन मलिक इसे 'सामरिक संस्कृति' कहते हैं। चीन ने एक विशिष्ट सामरिक संस्कृति विकसित की है, जो अधिकांशतः सुन जू के आर्ट ऑफ वार पर आधारित है। चीन की महान् दीवार जिसके निर्माण में एक हजार वर्ष से भी अधिक समय लगा था, उसका प्रमुख उद्देश्य उत्तर की बर्बर जातियों मंगोल और मंचुओं के आक्रमण को रोकना था। यह दीवार चीनी सामरिक सोच की जिंदा मिसाल है। यह पूर्व में सान-हे-गुआज से लेकर पश्चिम में लोप लेक तक और घेरा बनाती हुई दक्षिण तक इस प्रकार जाती है जिससे अंदरूनी मंगोलिया पूरी तरह अलग-थलग पड़ जाता है। एक गहन पुरातात्विक सर्वेक्षण जिसमें तकनीकों का प्रयोग किया गया है, उसने बताया है कि मिंग वंश द्वारा बनाई गई यह दीवार 8850 कि.मी. लंबी है। (विकिपीडिया)

चीन ने केवल बर्बर आक्रमणकारियों को रोकने के लिए इतनी विशाल दीवार खड़ी करना आवश्यक समझा, जबकि भारत भी लगभग उसी दौरान उत्तर-पश्चिम से

हिंदुकुश पर्वतशृंखला के दर्रों से आनेवाली एलेक्जेंडर की प्रशिक्षित सेना के हमले झेल रहा था। किंतु उसके द्वारा ऐसा कोई प्रयास न किया जाना दोनों देशों की सामरिक सोच में अंतर पर बहुत कुछ कहता है। पाटलिपुत्र, जिसे आज पटना के नाम से जाना जाता है, वहाँ चंद्रगुप्त के साम्राज्य में मंत्री कौटिल्य ने मालवा जैसे सीमावर्ती गणराज्यों को सुदृढ़ करने की आवश्यकता महसूस की थी। वह सम्राट् चंद्रगुप्त को सीमावर्ती गणराज्यों के साथ समझौता करने के लिए राजी करने में सफल रहा था। कहा जाए तो किसी भारतीय विचार द्वारा उठाया गया यह आखिरी सामरिक कदम था।

भारतीय युद्ध में वीरता और अपने शौर्य के लिए जाने जाते हैं। एलेक्जेंडर से ही भारत पर हिंदुकुश के रास्ते आक्रमणकारियों के द्वारा एक के बाद कई हमले किए गए, जिन्होंने इसे लूटा और तबाह किया, लड़ाई लड़ी और युद्ध हारे तथा थककर अंत में अपने-अपने देश लौट गए। भारत का इतिहास युद्ध में शौर्य और पराक्रम का रहा है। किंतु रणनीति पर भारतीयों की पकड़ अच्छी नहीं रही है। चीन में आक्रमणकारी उत्तर दिशा से आए। जब मंगोलों और मंचुओं का आक्रमण हुआ तो हान चीनी शासकों ने उन्हें रोकने के लिए महान् चीनी दीवार का निर्माण किया, अपने साम्राज्य का विस्तार मंगोल और मंचुओं के देश तक किया तथा अंत में उन्हें हान बहुल प्रांतों में परिवर्तित कर दिया। तिब्बत में जल्द ही ऐसा ही होनेवाला है।

हालाँकि भारत में आए आक्रमणकारी वापस लौट गए। भारतीयों ने जीत का जश्न मनाया, लेकिन उन क्षेत्रों की जातीय स्थिति को बदलने पर गौर नहीं किया, जिसके कारण युद्ध तो जीत लिए गए, लेकिन क्षेत्र हाथों से निकलते चले गए। एक प्रकार से यही भारत की पहचान बन गई।

भारत के लिए नया सामरिक सिद्धांत

भारत को चीन से निपटने के लिए एक नई रणनीति की आवश्यकता है, एक सिद्धांत जो भारत को बता सके कि चीन जैसे पड़ोसी के साथ शांतिपूर्ण तरीके से वह कैसे रह सकता है। भारत में चीन के प्रति सोच के विपरीत चीन में औसत चीनी भारत से घृणा करते हैं और इसे चीन की अखंडता के लिए एक बड़ी चुनौती मानते हैं। वॉशिंगटन के प्रतिष्ठित P.E.W. शोध केंद्र द्वारा कराए गए सर्वे के अनुसार, 33 प्रतिशत चीनी भारत को अपने देश के लिए एक खतरा मानते हैं।[5]

जून 2009 में 'ग्लोबल टाइम्स' द्वारा कराए गए एक ऑनलाइन पोल में 90 प्रतिशत लोगों ने यह माना कि किसी भी अन्य देश के मुकाबले चीन की सुरक्षा को भारत से अधिक खतरा है। हालाँकि यह उतनी ही चौंकानेवाली बात है कि भारत में भी चीन के प्रति सोच दुश्मनी भरी ही है। उसी P.E.W. शोध केंद्र के सन् 2010 के आँकड़ों

ने बताया कि लगभग 44 प्रतिशत भारतीयों ने चीन को शत्रु देश करार दिया।

इस सच्चाई को ध्यान में रखते हुए भारत को अपने सामरिक उद्देश्य नए सिरे से तय करने होंगे। गहरा संदेह रखनेवाले चीन के साथ बातचीत के अलावा अन्य वैकल्पिक परिदृश्यों पर गौर करना भी उतना ही आवश्यक है।

सोवियत संघ के विखंडित होने और इसके फलस्वरूप शीतयुद्ध के समाप्त होने से, विश्व में अचानक एक निर्वात जैसी स्थिति बन गई, जिसे देखते हुए फ्रांसिस फुकुयामा जैसे राजनीतिक विचारक ने अपनी किताब 'ऐंड ऑफ हिस्ट्री ऐंड द लास्ट मैन', में यह घोषित किया कि अब 'इतिहास का अंत' हो चुका है। उन्होंने अपनी किताब में लिखा, "हम जो कुछ देख रहे हैं वह महज शीतयुद्ध की समाप्ति, या युद्ध के बाद की किसी अवधि का अंत नहीं है, बल्कि इतिहास का अंत है। यानी मनुष्य वैचारिक विकास का अंत है, जहाँ पश्चिमी उदारवादी लोकतंत्र ने मानवीय शासन का अंतिम रूप ले लिया है।"

हालाँकि यह सच नहीं है। सोवियत संघ के विखंडन और शीतयुद्ध की समाप्ति ने नए गठबंधनों और अवसरों के दरवाजे खोल दिए। सबसे पहले इसका अहसास चीन ने ही किया। इसने 'लुक साउथ' की नीति के साथ अपना ध्यान दक्षिण एशिया के देशों पर केंद्रित किया। डेंग के नेतृत्व में चीन ने अपने दबंग राष्ट्र के स्वरूप को छोड़ एक ऐसे देश का अवतार लिया, जो कारोबार और आर्थिक संबंधों को लेकर दोस्ताना रवैया अपनाता है। फलस्वरूप अगले 10-15 वर्षों में यह दक्षिण तथा दक्षिण-पूर्व एशिया के अधिकांश देशों के सबसे बड़े या दूसरे सबसे बड़े व्यापारिक साझीदारी के रूप में सामने आया।

भारत की लुक ईस्ट नीति

90 के दशक की शुरुआत में प्रधानमंत्री नरसिम्हाराव के नेतृत्व में भारत ने भी लुक ईस्ट अभियान की शुरुआत की। उसके बाद से ही आनेवाली सरकारों ने इसे आगे बढ़ाया। प्रधानमंत्री वाजपेयी के कार्यकाल में अभियान ने 'ऐक्ट ईस्ट' नाम से जोर पकड़ा। उस सरकार के दौरान भारत ने मेकांग-गंगा कॉरपोरेशन (M.G.C.), बहुक्षेत्रीय तकनीक तथा आर्थिक सहयोग के लिए बंगाल की खाड़ी में पहल (बिम्सटेक) जैसे संगठनों की शुरुआत की। सन् 2002 में चीन, जापान और कोरिया के समान ही भारत आसियान में शिखर स्तर का साझीदार बन गया। सन् 2002 में दिल्ली में पहला भारत-आसियान सम्मेलन आयोजित किया गया। सन् 2003 में भारत ने भी आसियान की दक्षिण एशिया में सौहार्द और सहयोग की संधि को स्वीकार किया।[6] हालाँकि पिछले 20 वर्षों में भारत सरकार की लुक ईस्ट नीति मोटे तौर पर सैन्य संबंधों तक ही सीमित रही। भारतीय नौसेना हिंद महासागर में इस क्षेत्र के कई देशों के साथ साझा अभ्यास करती रही। किंतु इसके अतिरिक्त इन देशों के

साथ भारत के आर्थिक संबंध निष्प्रभावी रहे, जिसके कारण अंतरराष्ट्रीय विशेषज्ञों को इसे 'लेम पॉलिसी' कहने का अवसर मिल गया।

भारत के प्रमुख समाचार पत्र 'इंडियन एक्सप्रेस' को दिए गए एक इंटरव्यू में सेंटर फॉर स्ट्रैटेजिक ऐंड इंटरनेशनल स्टडीज के पैसिफिक पार्टनर्स इनिशिएटिव के सह-निदेशक और साउथ ईस्ट एशिया स्टडीज के वरिष्ठ सलाहकार तथा सुमित्रो चेयर डॉक्टर अर्नेस्ट बोअर ने कहा कि सुरक्षा के अतिरिक्त भारत द्वारा 'लुक ईस्ट' नीति का प्रयोग अन्य क्षेत्रों में न किया जाना समझ से परे हैं और यह भारत के साथ व्यापारिक संबंधों की राह का सबसे बड़ा रोड़ा है। उन्होंने इस बात पर हैरानी जताई कि भारत साझा संस्कृति और विरासत होने के बावजूद दक्षिण-पूर्व एशिया के देशों के साथ संबंधों का लाभ क्यों नहीं उठा पा रहा है।

उन्होंने कहा, ''कुछ भारतीय कंपनियाँ पूर्व की ओर देख रही हैं,'' किंतु अधिकांश ऐसा नहीं कर रही हैं। पूर्व के विषय में भारतीय सेना ने अधिक सोचना शुरू कर दिया है। भारतीय नौसेना भी लगभग सभी दक्षिण एशिया के देशों के साथ नियमित रूप से साझा अभ्यास करती है तो निश्चित रूप से यह एक शुभ संकेत है। किंतु भारत सरकार सुरक्षा के अतिरिक्त लुक ईस्ट नीति को अन्य क्षेत्रों में आगे नहीं बढ़ाती, जो व्यापार के लिए बेशक एक बड़ी समस्या है।''

बोअर ने कहा कि यह हैरान करता है कि जब पूरे दक्षिण-पूर्व एशिया ने अपनी संस्कृति और विरासत भारतीय उप-महाद्वीप से प्राप्त की है तो भारत एक सक्रिय लुक ईस्ट नीति को क्यों नहीं अपनाता।[7]

पूर्व अमेरिकी विदेश मंत्री हिलेरी क्लिंटन ने भी कहा कि भारत को अपनी लुक ईस्ट नीति को पूरे उत्साह से अपनाना चाहिए। जुलाई 2011 में चेन्नई के अन्ना सेंटेनरी लाइब्रेरी में दिए गए भाषण में हिलेरी ने कहा था, ''पूर्व के संदर्भ के नेतृत्व की चर्चा करने के लिए इस चेन्नई शहर से बेहतर जगह कोई और नहीं हो सकती है। बंगाल की खाड़ी की ओर देखते समुद्री तट पर बसे इस शहर के सामने पूर्व और दक्षिण-पूर्व एशिया के देश हैं। यहाँ खड़े होकर हमें सहज ही इस विशाल क्षेत्र में भारत की ऐतिहासिक भूमि की याद आ जाती है। हजारों वर्षों तक भारतीय व्यापारी समुद्र के रास्ते दक्षिण-पूर्व एशिया और उससे आगे तक नौकाएँ लेकर जाते रहे हैं। अंकोरवाट के मंदिरों पर तमिल स्थापत्य की छाप है। इंडोनेशिया में आज भी घर-घर में एक रक्षक की भाँति भगवान् गणेश विराजमान हैं।''[8]

ऐतिहासिक, सांस्कृतिक और सभ्यता संबंधी रिश्तों के इस्तेमाल से भारत को अपने दक्षिण-पूर्व एशिया के पड़ोसियों से लाभ उठाना चाहिए। हिंद महासागर क्षेत्र के अनेक देशों ने भारत के साथ लगभग 1000 वर्ष से अपने संबंध को बनाए रखा है। इन

देशों के साथ भावनात्मक संबंध होने के कारण भारत के लिए इनसे जुड़ना सरल होगा। दुनिया के इन देशों के प्रति भारत का योगदान अभूतपूर्व रहा है। दक्षिण-पूर्व एशिया के देशों पर भारतीय प्रभाव के विस्तार की व्याख्या 'विश्व इतिहास की एक असाधारण घटना' तथा 'एक ऐसी घटना जिसने मानवता की एक बड़ी आबादी का प्रारब्ध तक करनेवाला' बताते हुए फ्रांस के इंडोलॉजिस्ट सिल्वे लेवी ने लिखा है—

"बुद्धिमत्ता की जननी भारत ने अपनी पौराणिक कथाओं की भेंट अपने पड़ोसियों को दी, जिन्होंने उसे पूरी दुनिया को सुनाया। विधि और दर्शन की जननी ने तीन-चौथाई एशिया को एक धर्म, एक सिद्धांत, एक कला का उपहार दिया। अपनी पावन भाषा, अपने साहित्य, अपने संस्थानों को लेकर वह इंडोनेशिया और दुनिया के ज्ञात हिस्सों तक पहुँची और वहाँ से उनका मैडागास्कर तथा अफ्रीका तट तक विस्तार हुआ, जहाँ परदेशी भारतीयों के आज भी आने-जाने से अतीत की धुँधली यादें ताजा हो जाती हैं।"[9]

दरअसल जी. कोट्स तो यह भी कहते हैं कि एक सदी पहले तक स्वयं भारत के लोग विश्व के इस हिस्से में भारत की ऐतिहासिक भूमिका से अनजान थे। उन्होंने लिखा, "दिलचस्प है कि भारत इतनी जल्दी यह भी भूल गया कि उसकी संस्कृति का विस्तार पूर्व और दक्षिण-पूर्व के विशाल क्षेत्र में हुआ था। भारतीय विद्वान् हाल के दिनों तक इस तथ्य से अवगत नहीं थे। यह तब तक कोई नहीं जानता था, जब तक कि उनके एक छोटे से समूह ने फ्रेंच और डच सीखने के बाद, पेरिस और लेडेन विश्वविद्यालय के प्राध्यापकों के साथ अध्ययन से उसे नहीं जान लिया जिसे वे आज गर्व से 'ग्रेटर इंडिया' कहते हैं।"[10]

भारत और चीन के बीच इस क्षेत्र की संस्कृति और सभ्यता को लेकर भी प्रतिस्पर्धा होना निश्चित है। हालाँकि भारत को निश्चित रूप से एक बढ़त प्राप्त है, जिसकी ओर कोट्स जैसे इंडोलॉजिस्ट ने ध्यान खींचा था।

वे लिखते हैं—

"इसका कारण चीनियों और भारतीयों द्वारा उपनिवेशवाद के तौर-तरीकों में भारी अंतर है। चीनियों ने विजय और कब्जे का तरीका अपनाया, जिसमें सैनिक देश पर कब्जा जमाते और अधिकारी चीनी सभ्यता का प्रसार करते थे। भारतीयों का प्रवेश यानी उनकी पैठ हमेशा शांतिपूर्ण प्रतीत होती है, जिसमें कहीं भी ऐसी तबाही नहीं मचाई गई, जिसके लिए मंगोलों का विस्तारवाद कुख्यात हुआ या जिस प्रकार स्पेनियों ने अमेरिकी विजय अभियान को अंजाम दिया। ऐसे आक्रमणकारियों की बजाय दक्षिण-पूर्व एशिया के लोगों ने भारतीय समाज में ऐसा सुसंस्कृत सभ्य ढाँचा देखा, जिसमें वे अपने समाज को जोड़कर विकसित कर सकते थे।

"भारतीयों ने कहीं भी किसी देश या मूल राष्ट्र के नाम पर सैन्य विजय अभियान

और कब्जा जमाने की गतिविधियों को अंजाम नहीं दिया। दूर के भारत में ईस्वी सन् की पहली सदी में जिन भारतीय साम्राज्य की स्थापना हुई, उनका भारत में शासन करनेवाले वंशों से केवल पारंपरिक संबंध थे। उनमें राजनीतिक निर्भरता नहीं थी। बंगाल की खाड़ी के इस पार और उस पार के तटों के बीच दूतावासों का आदान-प्रदान जहाँ समानता के आधार पर हुआ करता था, वहीं चीनियों की माँग सदैव यही रहती थी कि 'दक्षिणी बर्बर लोग' चीनी आधिपत्य को स्वीकार करें और उन्हें नियमित रूप से अपनी भेंट दिया करें।

"इस प्रकार चीनियों ने भले ही इन देशों पर सदियों तक कमोबेश राजनीतिक नियंत्रण स्थापित किया, लेकिन उसकी सभ्यता का विस्तार उसकी सैन्य विजय का स्थान नहीं ले सकी। दूसरी तरफ भारतीयों का शांतिपूर्ण प्रवेश पहले ही चरण से विस्तार हासिल करने लगा था।

"चीन द्वारा सैन्य शक्ति से जीते गए देशों को उसके संस्थानों, उसके रिवाजों, उसके धर्मों, उसकी भाषा और लिपि को या तो अपनाना पड़ा था या उसकी नकल करनी पड़ी थी। इसके विपरीत, जिन देशों को भारत ने शांति से जीता, उन्होंने अपनी-अपनी संस्कृति की मौलिक विशेषताओं को सहेजकर रखा तथा उन्हें अपनी सूझ-बूझ से विकसित किया। यही वजह है कि एक समान भारतीय मूल्य के बावजूद खमेर, चांग और जावाई सभ्यताओं में कुछ मौलिक अंतर हैं।"[11]

धार्मिक कूटनीति

इस कारण इस क्षेत्र में भारत के प्रति अच्छाई और उम्मीदों की गुंजाइश कहीं अधिक होगा। हालाँकि भारतीय रणनीतिकारों को इन देशों के साथ जुड़ने के लिए सैन्य और सामरिक तरीकों की बजाय कुछ नए तौर-तरीके ढूँढ़ने होंगे। जब भी कूटनीति के गैर-पारंपरिक तरीकों की बात होती है तो भारत की सरकार अनिच्छा प्रकट करती रही है। ब्रिटिश परंपरा में प्रशिक्षित और अकसर पश्चिमी तथा अंग्रेजी पृष्ठभूमि में पले-बढ़े, भारतीय विदेश सेवा के राजनयिकों के लिए संस्कृति, धर्म आदि का कूटनीतिक साधन के रूप में इस्तेमाल असहज प्रतीत होता है।

चीन में इस प्रकार का कोई संकोच नहीं है। दुनिया भर के अनेक देशों में इसके सैकड़ों कनफ्यूसियस संस्थान हैं जिनका एकमात्र उद्देश्य चीनी भाषा और संस्कृति का प्रचार-प्रसार करना है। हालाँकि चीन एक घोषित कम्यूनिस्ट देश है, फिर भी, यह अपने सामरिक और कूटनीतिक हित साधने के लिए बौद्ध धर्म का इस्तेमाल करने में संकोच नहीं करता है। दक्षिण-पूर्व एशिया के देशों से पर्यटकों को आकर्षित करने के लिए चीन में अनेक बौद्ध स्थलों का जीर्णोद्धार किया गया है।

चीन यह अच्छी तरह जानता है कि भारत एक दिन इन देशों के साथ अपने संबंध

घनिष्ठ करने के लिए 'बुद्ध की भूमि' होने के तथ्य का कारगर तरीके से इस्तेमाल करेगा। चीन के लिए भारत को इस प्रयास में रोकना सबसे बड़ी चुनौती है। इसे एक मिशन के तौर पर लेते हुए, चीन ने सन् 2006 में त्रिवार्षिक अंतरराष्ट्रीय बौद्ध सम्मेलन के आयोजन की शुरुआत कर दी। सन् 1949 में कम्यूनिस्ट शासन की स्थापना के बाद तथा चीन में अब तक का पहला अंतरराष्ट्रीय सम्मेलन विश्व बौद्ध मंच (वर्ल्ड बुद्धिस्ट फोरम) की शुरुआत पूर्वी चीनी शहर हानझाऊ में सन् 2006 में हुई। दूसरा सम्मेलन तीन वर्ष बाद 2009 में ताईवान के बुक्शी में हुआ। तीसरे सम्मेलन का आयोजन सन् 2012 में हांगकांग में किया गया।

चीन ने नेपाल के लुंबिनी में विकास की एक वृहत परियोजना की योजना बनाई। लुंबिनी में ही गौतम बुद्ध का जन्म हुआ था। चीन के खर्चे से लुंबिनी को दुनिया भर के पर्यटकों के लिए विकसित करने के तीन बिलियन अमेरिकी डॉलर की परियोजना का ऐलान सन् 2000 के मध्य में नेपाल की सरकार चला रहे माओवादी नेता प्रचंड द्वारा किया गया था। यहाँ भी चीन का मकसद यह बताना था कि 'बुद्ध की भूमि' भारत नहीं नेपाल है। वह दक्षिण-पूर्व एशिया के मित्र देशों की मदद से लुंबिनी में पर्यटन बढ़ाने के आधिकारिक प्रयास कर रहा है। यह सुनिश्चित करता है कि लुंबिनी जानेवाले अधिकारी दिल्ली-काठमांडू रूट की बजाय, बैंकॉक-काठमांडू रूट से जाएँ।

वैश्विक नीति पर अपने ब्लॉग में अमेरिकी पत्रकार और लेखिका एलिजाबेथ पॉन्ड ने लिखा है, "चीन अपने आप को दुनिया भर में बौद्ध धर्म का सबसे बड़ा पालक सिद्ध करने के सबसे बड़े प्रयास में जुटा है।"

वह आगे लिखती हैं[12]—

"घरेलू स्तर पर बीजिंग सरकार बौद्ध मंदिरों के सामाजिक परोपकार के प्रति सहिष्णु और चीनी धार्मिक पर्यटन में भारी बढ़ोतरी की प्रशंसा भी करने लगी है। सन् 2006 में इसने पहली बार बौद्ध धर्म को संदेह की नजर से देखने और वैचारिक प्रतिद्वंद्वी मानने की बजाय, इसे बसाने का काम किया तथा पहली बार इसकी व्याख्या 'शांतिपूर्ण प्राचीन चीनी धर्म' के रूप में की। बौद्ध धर्म को इस शर्त पर एक बार फिर देश में पंजीकृत पाँच धर्मों के समान प्रचार-प्रसार कर गौरव प्राप्त करने का अवसर मिला कि मान्यताप्राप्त बौद्ध, ताओ, कैथोलिक, प्रोटेस्टेंट और मुसलिम बुजुर्ग अपने शीर्ष नेताओं के चुनाव में सरकार के दखल को स्वीकार करेंगे।"

इसके विपरीत अपनी बौद्ध पहचान को कायम करने के लिए भारतीय प्रयास बड़े भीरू से रहे हैं। इस कारण ही बौद्ध धर्म के नाम पर भारत में पर्यटकों का आना सरकारी प्रयासों के बावजूद अपेक्षित स्तर तक नहीं पहुँच पा रहा है। बोधगया जैसे सबसे महत्त्वपूर्ण शहर में बुनियादी सुविधाओं का भयंकर अभाव है। भारत ने बोधगया, सारनाथ और

साँची जैसे बौद्ध धार्मिक स्थलों को सड़क या रेलमार्ग से सीधे जोड़ने की बात कभी सोची ही नहीं।

चीन की जागरूकता से एक झटका लगने के बाद भारत की नींद अचानक खुली और उसने नकल का कमजोर प्रयास करते हुए अपना ही अंतरराष्ट्रीय बौद्ध सम्मेलन आयोजित किया। चीन के पाँच वर्ष बाद, इस क्षेत्र में पहल करते हुए, नवंबर 2011 में, नई दिल्ली में वैश्विक बौद्ध समागम का आयोजन किया गया, जिसमें दुनिया भर के बौद्ध संगठनों और संस्थानों के 800 से अधिक प्रतिनिधियों और पर्यवेक्षकों ने हिस्सा लिया। समागम का आयोजन नई दिल्ली स्थित बौद्ध एन.जी.ओ. अशोका मिशन के अध्यक्ष माननीय लामा लोबजांग द्वारा किया गया और नवंबर 2012 में इसने अपना पूर्ण स्वरूप प्राप्त किया। हालाँकि भारतीय प्रयास कितने आधे-अधूरे मन से किया गया था इसका अंदाजा इसी बात से लगाया जा सकता है कि राष्ट्रपति और प्रधानमंत्री तथा विपक्ष के एक प्रमुख नेता बिना कोई कारण बताए इस समागम में शामिल नहीं हुए, हालाँकि ऐसी संभावना है कि महामान्य दलाई लामा को समापन भाषण बुलाए जाने को लेकर वे सशंकित थे। उन्हें डर था कि चीन इससे नाराज हो जाएगा।

हिंद महासागर बना नया समरक्षेत्र

इस भय और हिचक से इस क्षेत्र में भारत के दूरगामी हितों तथा अंतरराष्ट्रीय जगत् में वह जैसी भूमिका निभाना चाहता है, उसे नुकसान पहुँचेगा। भारत को इस सच्चाई को स्वीकार करना पड़ेगा कि प्रभुत्व के लिए हिंद महासागर ही आनेवाले समय का समरक्षेत्र बननेवाला है। 21वीं सदी में वैश्विक सत्ता का संतुलन पूर्व के हिस्से की ओर झुक गया है। ऊर्जा, अर्थव्यवस्था, व्यापार और वाणिज्य का केंद्र अब भारत-प्रशांत का ही क्षेत्र है। यूरोप या अमेरिका की बजाय विश्व की धन संपदा इन क्षेत्रों में जमा हो चुकी है।

भारत को अपने हित के लिए तत्काल एक स्पष्ट और दूरगामी हिंद महासागर की रणनीति तैयार करनी होगी। भारत का प्रमुख लक्ष्य सर्वप्रथम यह सुनिश्चित करना होना चाहिए कि इस क्षेत्र को सभी देश के साझा विरासत के रूप में देखें। चीन द्वारा केवल इस कारण दक्षिण चीन सागर के दो-तिहाई हिस्से पर दावा किया जाना, क्योंकि इसे 'दक्षिण चीन सागर' कहा जाता है, इस दृष्टिकोण के विपरीत है। दरअसल दक्षिण चीन सागर पर चीन की दलील को माने तो पूरे हिंद महासागर पर भारत का अधिकार होना चाहिए।

दूसरा महत्त्वपूर्ण लक्ष्य यह होना चाहिए कि पश्चिमी शक्तियाँ, विशेष रूप से अमेरिका, इस क्षेत्र में मनमुटाव का इस्तेमाल अपना हित साधने के लिए न कर सके। हिंद महासागर के डिएगो गार्सिया में अमेरिकी सेना ने अपना ठिकाना बना रखा है। उस ठिकाने से वह सत्ता का खेल खेलता रहता है। चीन और अमेरिका के बीच नए शीतयुद्ध

की शुरुआत के बाद से ही हिंद महासागर में तनाव बना हुआ है। अमेरिका अपने ही तरीके से पैठ बनाता रहा है। 1950 के दशक में इसने C.I.A. की मदद से तिब्बत में अपना ठिकाना बनाने का प्रयास किया, ताकि इसे हिमालय क्षेत्र में पैर जमाने का मौका मिल जाए। इसके बाद उसने पाकिस्तान जैसे संदिग्ध देश से दोस्ती गाँठनी चाही, हालाँकि यह कोशिश भी नाकाम रही।

इसके बावजूद हिंद महासागर में पैर जमाने की अमेरिकी कोशिश रंग लाती दिख रही है। सन् 2003 में ईस्ट तिमोर का जन्म इसी ओर संकेत देता है। पिछली सदी के मध्य में दुनिया के नक्शे पर दो नए देशों—पाकिस्तान और फिलिस्तीन का उदय हुआ। दोनों का ही निर्माण धार्मिक आधार पर हुआ। दुनिया ने सोचा कि यह आधुनिक इतिहास की आखिरी भूल होगी, किंतु यह अनुमान गलत साबित हुआ। सन् 2003 में इंडोनेशिया को तोड़कर धर्म के आधार पर एक अलग देश ईस्ट तिमोर का निर्माण किया गया। इसके लिए यह दलील दी गई कि ईस्ट तिमोर के अल्पसंख्यकों को इंडोनेशिया के मुसलिम सता रहे थे। अमेरिका ने संयुक्त राष्ट्र संघ की सहायता से ईस्ट तिमोर का निर्माण कराया। इसने कुछ यूरोपीय देशों की मिली-भगत से अलग तमिल राज्य की माँग को समर्थन देकर श्रीलंका मामले में हस्तक्षेप किया। इन तरीकों के जरिए अमेरिका इस क्षेत्र में अपने पिछलग्गू देश बनाकर प्रभाव जमाने की कोशिश जारी रखना चाहता है।

भारत को इस क्षेत्र से ऐसी शक्तियों को दूर रखने की हिदायत खुलकर देनी होगी। जापान, दक्षिण कोरिया, वियतनाम, सिंगापुर, मलेशिया और इंडोनेशिया जैसी क्षेत्रीय शक्तियाँ भारत की साझीदार हो सकती हैं। इन देशों के साथ ही श्रीलंका, म्याँमार, थाईलैंड, कंबोडिया, ताइवान आदि जैसे देश इस क्षेत्र में भारत से सक्रिय भूमिका की आस लगाए बैठे हैं।

बर्टिल लिंटनर का कहना है, ''दक्षिण एशिया में यदि चीन को अपने आर्थिक हितों की रक्षा का प्रयास कहीं सबसे अधिक करने की आवश्यकता होगी तो वह इन सागरों (हिंद महासागर) में ही होगी। और भारत को उस स्थिति का सामना करना होगा जिसमें हिंद महासागर में हिमालय की चोटियों और उथल-पुथल वाले उत्तर-पूर्व से भी बड़ा तूफान खड़ा हो सकता है।''[13]

तिब्बत और ताइवान

चीन से परेशान इन दो देशों—तिब्बत और ताइवान की कहानी बड़ी दिलचस्प है। तिब्बत के मामले में भारत काफी पहले ही हाथ खड़े कर चुका है। आज चीनी नेतृत्व हर संभव अवसर पर तिब्बत का मुद्दा न उठाने के लिए भारतीय नेतृत्व की प्रशंसा करना नहीं भूलता, जबकि पश्चिमी देशों विशेषकर अमेरिका का वह जिक्र तक नहीं करता है।

'तिब्बत का मुद्दा न उठाने' के लिए भारत की प्रशंसा से चीन यह भी बता देता है कि तिब्बत पर भारत को बोलने की आवश्यकता नहीं है।

आम तौर पर भारतीय नेतृत्व भी इस स्थिति को स्वीकार करता है। किंतु यह स्थिति भारत के सामरिक उद्देश्यों पर भारी पड़नेवाली है। भारत के लिए भय या सांत्वना की एक बात यह हो सकती है कि तिब्बत के बदले चीन कश्मीर का मुद्दा नहीं उठाएगा। किंतु तिब्बत और कश्मीर को एक ही तराजू पर रखना सही नहीं है। यही नहीं, भारत के पास पाकिस्तान द्वारा सन् 1948-49 में कब्जे में लिये गए क्षेत्र में चीन की मौजूदगी पर सवाल उठाने का एक पुख्ता कारण है।

भारत को यह भी याद रखना चाहिए कि उसके यहाँ लगभग 150,000 शरणार्थी रह रहे हैं, जिनमें अधिकांश ने अब भी इस उम्मीद में भारतीय नागरिकता स्वीकार नहीं की है कि वे एक दिन अपने वतन तिब्बत लौट जाएँगे। उनमें से कई ने भारत में जन्म लिया है, लेकिन तिब्बत को आजाद करने का दृढ़संकल्प पहले कहीं अधिक मजबूत हो चुका है। भारत की चुप्पी से तिब्बतियों की मदद कैसे संभव है? अमेरिका से कहीं अधिक भारत को पहल कर चीन से बातचीत करनी चाहिए, ताकि वह इस समस्या का हल निकाले और भारत के विभिन्न हिस्सों में बसे शरणार्थी तिब्बती वापस लौट सकें। इसके लिए भारत की तिब्बत नीति में साहसिक परिवर्तन की आवश्यकता है।

ताइवान के मामले में भी ऐसी ही निर्भीक पहल जरूरी है। हिंद महासागर के इस संपन्न और आर्थिक रूप से सशक्त लोकतंत्र को भारत का स्वाभाविक मित्र होना चाहिए। हालाँकि भारत सरकार इसके साथ अब भी दोयम दरजे का व्यवहार कर रही है। भारत अब भी उसे मान्यता देने को तैयार नहीं, जिसके कारण दोनों देशों के बीच कोई कूटनीतिक संबंध नहीं है। साथ ही भारत अपने अधिकारियों को उस देश के आधिकारिक देश के दौरे पर भी जाने नहीं देता है। केंद्र या राज्य का कोई भी मंत्री आधिकारिक हैसियत में ताइवान का दौरा कर पूँजी निवेश या किसी अन्य सहयोग की बात नहीं कर सकता है। इस प्रकार भारत ताइवानी अधिकारियों को उनकी आधिकारिक हैसियत में अपने यहाँ नहीं आने देता है।

इसी से जुड़ी एक विशेष घटना है जिसमें ताइवान का एक वरिष्ठ अधिकारी अपनी निजी हैसियत में भारत आया, तथा महामान्य दलाई लामा से मिलने धर्मशाला चला गया। भारत ने तत्काल तेईपेई में भारतीय व्यापार प्रतिनिधि के माध्यम से ताइवानी सरकारी से अपना कड़ा विरोध दर्ज किया और उनसे माफी की माँग की।

भारत और ताइवान के बीच परस्पर व्यापार महज 6 बिलियन अमेरिकी डॉलर का है। अगस्त 2013 में, भारत ने ताइवान के राजदूत, सी. के. तिएन ने कहा कि दोनों देशों के बीच व्यापारिक क्षमता का उपयोग पूरी तरह नहीं किया गया है। यह भी कहा कि

भारत और ताइवान को I.T., सॉफ्टवेयर, हार्डवेयर, इलेक्ट्रॉनिक्स, मोटर के पुरजे, खाद्य प्रसंस्करण, कृषि तकनीक और शिक्षा के क्षेत्र में हाथ मिलाकर अंतरराष्ट्रीय ब्रांड विकसित करना चाहिए।

तिएन ने कहा[14]—

"हम भारत सरकार के साथ मुक्त व्यापार समझौते (F.T.A.) की तर्ज पर एक आर्थिक सहयोग समझौता (E.C.A.) करने की दिशा में काम कर रहे हैं, जिससे कि दोनों देशों के बीच व्यापार और आर्थिक सहयोग को बढ़ाया जा सके। हमारे पास वह पूँजी और उपकरण है जिनकी मदद से हम भारतीय I.T. और सॉफ्टवेयर कंपनियों के साथ मिलकर अंतरराष्ट्रीय ब्रांड तैयार कर सकते हैं। खाद्य प्रसंस्करण में हमारे पास भरपूर क्षमता है तथा इस क्षेत्र में तकनीक के समावेश की आवश्यकता है, क्योंकि फलों और सब्जियों की लगभग 40 प्रतिशत पैदावार खेतों से बाहर आने के बाद सड़ जाती है। हम प्रति एकड़ अधिक पैदावार के क्षेत्र में भी भारत की सहायता कर सकते हैं। भारतीय संसद् ने खाद्य सुरक्षा का महत्त्वपूर्ण बिल पास किया है, जिसके बाद देश को अधिक अनाज उपजाने की आवश्यकता होगी और ताइवान प्रति एकड़ सर्वाधिक पैदावारवाले देशों में से एक है।"

यदि चीन अपने व्यापार और वाणिज्य को बढ़ाने के लिए पाकिस्तान का इस्तेमाल कर सकता है तो भारत को ताइवान के साथ ऐसा करने में क्यों संकोच करना चाहिए। एक लोकतांत्रिक देश होने के साथ ही ताइवान प्रमुख थेरवडा बौद्ध संप्रदाय का भी देश है, जो भारत को सम्मान की दृष्टि से देखते हैं। चीन में जहाँ बौद्ध धर्म सरकारी पिंजड़े में कैद है, वहीं ताइवानी बौद्ध धर्म स्वतंत्र, जीवंत और गैर-राजनीतिक है।

ब्रह्म चेलानी ने लिखा है, "नई दिल्ली को चीन के साथ होने वाली बातचीत को समान धरातल पर लाना होगा, जिससे कि वह अपने सामरिक हितों को निश्चिंत होकर एकतरफा तरीके से न साधता रहे। यह कोई नहीं कह रहा है कि भारत को आक्रामक रुख अख्तियार कर लेना चाहिए। किंतु भारत अपनी स्थिति तिब्बत और चीन को लेकर इस प्रकार रख सकता है जिससे उसे चीनी चालों पर लगाम लगाने और बढ़त हासिल करने में मदद मिल सके।"[15]

उत्तर दिशा में चीन की घेराबंदी को तोड़ने के लिए पाक-अधिकृत कश्मीर (P.o.K.) को मुक्त कराना बेहद अहम है। यह भारत की अफगान नीति से संभव है, क्योंकि P.o.K. के गिलगित-बलतिस्तान (G.B.) क्षेत्र में ही भारत और अफगानिस्तान के बीच 107 कि.मी. लंबी सीमा गुजरती है। G.B. इलाके में पाकिस्तान के उस फैसले के खिलाफ भारी रोष है, जिसके अंतर्गत एक विशाल भू-भाग चीन के हवाले कर दिया गया। भारत को ऐसी भूमिका निभानी होगी जिससे G.B. के लोगों को पाकिस्तान और

चीन के साझा उत्पीड़न से मुक्त कराया जा सके। इस कदम से जहाँ एक तरफ ऐसे क्षेत्र को लेकर दो देशों के बीच बने नापाक गठजोड़ को तोड़ा जा सकेगा, बल्कि इससे भारत को अफगानिस्तान और ईरान तक जाने का सीधा रास्ता भी मिल जाएगा, जो भारत की बढ़ती ऊर्जा की जरूरतों को पूरा करने के लिए आवश्यक है। निस्संदेह इससे भारत के दरवाजे एक बार फिर मध्य एशिया के लिए खुल जाएँगे। यह भी दिलचस्प है कि G.B. ही वह क्षेत्र है जिससे कभी भारत और चीन के प्रांत जिनजियांग के बीच एक छोटी सी सीमा हुआ करती थी।

अंतिम किंतु सबसे महत्त्वपूर्ण बात यह है कि भारत को अपने खुफिया तंत्र की क्षमता और नेटवर्क में व्यापक विस्तार करना होगा। 2000 वर्ष से भी पहले महान् भारतीय दार्शनिक कौटिल्य (चाणक्य) ने कहा था और जैसा कि वेदों में वर्णन है कि 'हजारों आँखोंवाले व्यक्ति राजतंत्र के अनिवार्य अंग होते हैं।' कौटिल्य के अनुसार, जासूसों, खुफिया अधिकारियों और हत्यारों जैसे विशेषज्ञोंवाले गुप्तचर तंत्र को खड़ा करना उस राजा की सर्वोच्च जिम्मेदारी है, जिसे शत्रु का मनोबल तोड़ने के लिए 'षड्यंत्रों की लड़ाई' तथा 'छद्म युद्धों' की शुरुआत करनी चाहिए। कौटिल्य ने लिखा है कि खुफिया अधिकारी चलते-फिरते साधुओं, गरीब किसानों और व्यापारियों का वेश का धारण कर सकते हैं। साथ ही उन्होंने ऐसे बंदियों का भी वर्णन किया, जो दुश्मन के किले में व्यापारी बनकर रहते हैं तथा जो शत्रु के सीमावर्ती जिलों में चरवाहों या साधुओं का रूप धरकर निवास करते हैं। भारत में विद्रोही तत्त्वों के विरुद्ध जासूसी, जासूसों पर नजर रखने और मुखबिरी कराने की कला कोई नई बात नहीं है। कौटिल्य ने इस विषय पर तभी लिख दिया था जब पश्चिम के लोग गुफाओं में रह रहे थे।

संदर्भ–

1. चाइना ऐंड इंडिया—ग्रेट पावर राइवल्स, मोहन मलिक, पृ. 29
2. एंगस मैडिसन, द वर्ल्ड इकोनॉमी—अ मिलेनियल पर्सपेक्टिव, OECD डेवलपमेंट सेंटर स्टडीज
3. मोहन मलिक, इंडिया ऐंड चाइना, पृ. 1
4. चाइना ऐंड इडियाज राइवेलरी एक्सटेंड्स टू द आर्कटिक, याहू न्यूज, 8 मई, 2013
5. 'ग्लोबल एटीट्यूड्स', PEW रिसर्च, 2010
6. http://en.wikipedia.org/wiki/Look_east_policy
7. (http://newindiaexpress.com/business/news/indias-lame-look-east-policy-hitting-trade-Bower/2013/08/19/article1741388.ece)
8. http://www.state.gov/secretary/rm/2011/07/168840.htm
9. जी. कोट्स द्वारा द इंडियनाइज्ड स्टेट्स ऑफ साउथ ईस्ट एशिया किताब के इंट्रोडक्शन से उद्धृत।
10. जी. कोट्स, द इंडियनाइज्ड स्टेट्स ऑफ साउथ ईस्ट एशिया, पृ. XVII

11. जी. कोट्स, द इंडियनाइज्ड स्टेट्स ऑफ साउथ ईस्ट एशिया, पृ. 34–35
12. http://www.worldpolicy.org/blog/2012/04/19china-patron-global-buddism
13. बर्टिल लिंटनर, ग्रेट गेम ईस्ट, पृ. 304
14. http://thehindu.com/todays-paper/tp-national/tp-newdelhi/taiwan/seeks-better-trade-ties-with-india/article5066629.ece.
15. द हिंदुस्तान टाइम्स, 19 जून, 2003

□

21

समसामयिक चुनौतियाँ

पहली चुनौती—सीमा पर बुनियादी ढाँचा

भारत-चीन संबंधों के सामने इस समय कुछ बड़ी चुनौतियाँ हैं। ये ऐसी चुनौतियाँ हैं, जिनसे इस क्षेत्र के माहौल में संघर्ष छिड़ सकता है। इनमें सबसे महत्त्वपूर्ण मुद्दा सीमा पर बुनियादी ढाँचे का निर्माण है। चीन ने इसकी शुरुआत सन् 2000 के आरंभ में विशाल पश्चिमी विकास परियोजना के अंतर्गत शुरू किए गए बुनियादी ढाँचे खड़ा करने के अभियान से की। पिछले 15 वर्षों में चीनी बुनियादी ढाँचे का विकास भयंकर तेजी से हुआ है।

हमेशा की तरह भारत का ध्यान भारतीय-तिब्बती सीमा पर आवश्यक निर्माण की ओर देरी से गया। आज भी वे या तो 'शुरू होने वाला है' की स्थिति में हैं या बेहद शुरुआती चरण में हैं, जिसके कारण भारत-चीन से करीब डेढ़ दशक पीछे है।

चीन की पश्चिमोन्मुखी गतिविधि की शुरुआत डेंग के जीवनकाल में ही हो गई थी। उनके द्वारा चार आधुनिक सुधारों को लागू किए जाने के फलस्वरूप चीन के दक्षिणी हिस्सों में आर्थिक प्रगति ने रफ्तार पकड़ ली। इनमें से ज्यादातर इलाके लंबे समुद्री तट के किनारे बसे हैं। हालाँकि डेंग ने यह भी महसूस किया कि असमान समृद्धि के कारण संघर्ष होंगे। इस कारण तटीय चीन की पर्याप्त प्रगति और समृद्धि के बाद उन्होंने चीनी नीति-निर्धारकों को अपना ध्यान पश्चिमी चीन के क्षेत्र की ओर ले जाने का सुझाव दिया।

आज तिब्बत क्षेत्र में बुनियादी ढाँचे का जबरदस्त विकास हुआ है। उन्होंने यहाँ रेलवे, एयरपोर्ट, उद्योगों, रेलवे एवं सड़कों का निर्माण किया है तथा इनके साथ ही पूरी भारत-तिब्बत सीमा पर अपने हिस्से में मजबूत सैन्य ढाँचा भी खड़ा कर लिया है।

किंघाई-तिब्बत रेलवे (Q.T.R.) रेलवे ने किंघाई प्रांत के जिनिंग से तिब्बत के ल्हासा तक 1400 कि.मी. से अधिक लंबी रेल लाइन का निर्माण 5 बिलियन अमेरिकी डॉलर के भारी-भरकम खर्च से किया है। यह तकनीक का शानदार नमूना है। इस रेल लाइन की शुरुआत जुलाई 2006 में हुई। 26 घंटे की शानदार रेल यात्रा के दौरान ट्रेन तिब्बत के हिमाच्छादित पर्वतों के ऊपर से गुजरती है।

हालाँकि इस विकास का मकसद स्पष्ट रूप से उस तिब्बती स्वायत्त क्षेत्र में विकास को तेज रफ्तार देना है, जिसे चीनी सरकार मध्य एवं पूर्वी एशिया के बीच आर्थिक और व्यापारिक गतिविधियों के केंद्र के रूप में विकसित करना चाहती है, लेकिन Q.T.R. की यह परियोजना सैन्य-रणनीति बढ़त हासिल करने के लिहाज से महत्त्वपूर्ण हो गई है।

चीन सरकार की योजना चीनी राष्ट्रीय रेल नेटवर्क को भारत की सीमा तक ले जाने की है, जिसने भारत के सामरिक जानकारों की नींद उड़ा रखी है।

मोनिका चानसोरिया लिखती हैं, "चीन ने चीनी राष्ट्रीय रेल नेटवर्क को भारत की सीमा तक ले जाने की योजना का रहस्योद्घाटन किया है। रेल लाइन संभवत: तिब्बती शहर ड्रोमो के करीब नाथू ला और सिक्किम तक जाएगी। इसके अलावा आनेवाले दशक में तिब्बती क्षेत्र में नई रेल लाइनें बिछाने में 1.2 बिलियन अमेरिकी डॉलर तक का खर्च आ सकता है, जिनमें से एक लाइन पश्चिम की ओर ल्हासा से शिगात्से तक और दूसरी पूर्व में ल्हासा से यारलुंग साँगपो नदी (ब्रह्मपुत्र) के किनारे निंगची (कांगपो) तक जाएगी।"[1]

Q.T.R. के अलावा चीन ने तिब्बत में सड़कों का भी लंबा-चौड़ा जाल बिछा दिया है, जो इस क्षेत्र के 90 प्रतिशत शहरों और गाँवों को आपस में जोड़ता है। ल्हासा अनेक राजमार्गों से चीन से जुड़ा है। ये हाइवे पूर्व में यूनान से लेकर उत्तर में जिनजियांग तक (भारत के अक्साई चीन क्षेत्र से होते हुए) जाते हैं। ल्हासा को बीजिंग से जोड़ने वाले राजमार्ग को जिनिंग-ल्हासा हाइवे कहते हैं। यह 2200 कि.मी. लंबा हाइवे, Q.T.R. की तरह ही तिब्बत तक जाने वाली जीवनरेखा है। चीन ने भारत, नेपाल, भूटान और म्याँमार सीमा तक जानेवाली सड़कों के जाल को या तो बिछा लिया है या बिछाने में जुटा है।

तिब्बत में हवाईअड्डों का निर्माण भी बड़े पैमाने पर हो रहा है। आज पूरे तिब्बती स्वायत्त क्षेत्र में 15 से भी अधिक हवाईअड्डे चालू हालत में हैं। यहाँ गौर करनेवाली बात यह है कि इन हवाईअड्डों और एडवांस लैंडिंग ग्राउंड (A.L.G.) में से केवल तीन ही नागरिक प्रयोग के लिए उपलब्ध हैं। अन्य का प्रयोग केवल सैन्य उद्देश्यों के लिए किया जाता है। इनसे चीनी वायुसेना को जबरदस्त सैन्य-सामरिक ताकत मिलती है।

फ्री रिपब्लिक में सन् 2009 की एक रिपोर्ट ने चीन की सैन्य तैयारियों पर रोशनी डाला। इस रिपोर्ट के अनुसार[2]—

"मध्यवर्ती साम्राज्य सड़कों, रेल, हवाईपट्टियों, पाइप लाइनों और ठिकानों का एक विस्तृत नेटवर्क खड़ा कर रहा है, जो आक्रामक सैन्य अभियान की ओर इशारा करता है। कुछ रिपोर्टों के मुताबिक, चीन ने उत्तरी तिब्बत में इंटर कॉनटिनेंटल मिसाइल तैनात कर दिया है, जो उत्तर भारत के ठिकानों को निशाना बना सकता है।"

दूसरी तरफ, भारतीय सेना ऊँची पहाड़ियों पर तैनात है, जिन्हें ऊँची चोटियों तक खड़ी चढ़ाई, घने जंगलों और कठिनाई भरे दर्रों को पार करना पड़ता है। भारतीय सेना की कुछ चौकियों तक अनुकूल मौसम में पहुँचा जा सकता है, जबकि कुछ अन्य तक जरूरी सामान हेलीकॉप्टरों से ही पहुँचाया जा सकता है। इससे साफ है कि सुविधाओं के लिहाज से P.L.A. भारतीय सेना की तुलना में अनुकूल स्थिति में है।

चीन ने बीजिंग से तिब्बत की राजधानी ल्हासा तक जानेवाली लंबी रेल लाइन का निर्माण पहले ही कर लिया है। यह लाइन पहले ल्हासा के दक्षिण में जिगाजे तक और फिर याटुंग तक ले जाई जाएगी। इसके बाद ल्हासा को निंगची से जोड़ा जाएगा, जो अरुणाचल प्रदेश के उत्तर में है। यहाँ से रेल लाइन ब्रह्मपुत्र नदी के किनारे होती हुई यूनान प्रांत के कुनमिंग तक जाएगी।

चीन ने मध्यवर्ती साम्राज्य को पाकिस्तान से जोड़नेवाले काराकोरम हाइवे को चौड़ा करने की योजना का ऐलान किया है। इसे वर्तमान के 10 मीटर से बढ़ाकर 30 मीटर चौड़ा किया जाएगा। इससे पूरे साल यहाँ से भारी वाहनों की आवाजाही संभव हो जाएगी। भारतीय सूत्रों के अनुसार P.L.A. ने पूर्वी सेक्टर में 13 सीमा रक्षक रेजिमेंटों और पश्चिमी सेक्टर में ऊँचे तिब्बती पठार पर एक डिवीजन को तैनात किया है।

P.L.A. की वायुसेना ने कई नई हवाईपट्टियों का निर्माण किया है। वे न केवल लड़ाकू विमानों की आवाजाही के लिए उपयुक्त हैं, बल्कि उनमें एक डिवीजन (20,000 सैनिक) को एयरलिफ्ट करने, एक ब्रिगेड (3,500 सैनिक) को हवा से उतारने तथा दो बटालियनों को हेलीकॉप्टर से लाने-ले जाने की क्षमता है। अगस्त 2009 में P.L.A. ने एक बड़ा सैन्य अभियान चलाया, जो दो महीनों तक चला। इनमें दक्षिणी चीन के 50,000 सैनिकों ने हिस्सा लिया। इसका एक लक्ष्य लंबी दूरी तक अभियान चलाना है। अब ऐसी ट्रेनें उपलब्ध हैं, जो 350 कि.मी. प्रतिघंटा की रफ्तार से चल सकती हैं और उनके जरिए सैनिकों को किसी ठिकाने तक जल्द पहुँचाया जा सकता है।

पेंटागन की एक ताजा रिपोर्ट चीनी सेना के आधुनिकीकरण की तेज रफ्तार की चर्चा करती है। यह बताती है—

"वैसे भी चीन अपने पहले स्टेल्थ विमान J-20, तथा विमानवाहक जहाज के

निर्माण की ओर तेजी से अग्रसर है। साथ ही यूक्रेन से गुपचुप तरीके से हासिल की गई 67500 टन के जहाज वरीयाग का पहला समुद्री ट्रायल भी कर रहा है।

"यही नहीं, अपने विशाल परमाणु हथियारों के भंडार को बढ़ाते हुए चीन अतिसक्रिय युद्धक तथा क्रूज मिसाइल कार्यक्रम पर भी काम कर रहा है। उनमें PF-21D जैसे मिसाइल शामिल हैं, जो 500 कि.मी. से भी दूर विमान वाहकों या विशाल जहाजों को तबाह कर सकते हैं, FD-21A रोड मोबाइल, जो 11,200 कि.मी. दूर के ठिकाने पर हमला कर सकते हैं, तथा JL-2 पनडुब्बी से लॉञ्च की जानेवाली मिसाइल भी हैं, जो 7200 कि.मी. दूर तक मार कर सकती हैं। चीन के परमाणु अस्त्र-शस्त्र भंडार में इस समय 55-65 I.C.B.M. (इंटर कॉनटिनेंटल बैलिस्टिक मिसाइल), के अतिरिक्त 5-20 I.R.B.M., 75-100 M.R.B.M. और 1000 से 1200 तक S.R.B.M. हैं।

"चीन ने तिब्बत को एक परमाणु गोदाम में तब्दील कर दिया है। भारत-तिब्बत सीमा पर अनेक मिसाइल तैनात हैं, जिनमें अज्ञात संख्या में परमाणु हथियार भी शामिल हैं। न्यूयॉर्क स्थित महामान्य दलाई लामा के दफ्तर ने आरोप लगाया है कि चीनी सैन्य भंडार इस पठार पर बसे लाखों तिब्बतियों के लिए बहुत बड़ा खतरा बन गया है।

"उत्तरी-तिब्बती पठार पर चीन का प्रमुख परमाणु हथियार, शोध और विकास कारखाना 'लोस आलामोस' में स्थित था और उत्तरी तिब्बत में सबसे पहले सन् 1972 में परमाणु हथियारों को तैनात किया गया। आज तिब्बत में तीन या चार परमाणु मिसाइल लॉञ्च स्थल हैं, जिनमें अनगिनत हथियार हैं। ऐसी आशंका है कि इस कारखाना से निकलनेवाला परमाणु कचरा आस-पास के मैदानों में गिरा दिया जाता है। तिब्बती आदिवासियों ने आरोप लगाया है कि वे ऐसी विचित्र बीमारियों और उसके बाद मृत्यु का शिकार हो रहे हैं, जिनका कारण विकिरण को माना जाता है।"[3]

दूसरी चुनौती—नदियों का पानी

भविष्य में होनेवाले संघर्ष का दूसरा बड़ा कारण नदियों के पानी का बँटवार हो सकता है। तिब्बत से पाँच प्रमुख नदियाँ निकलती हैं, जो भारत समेत उसके अन्य पड़ोसी देशों तक जाती हैं। पूर्व दिशा की ओर भारत के अरुणाचल प्रदेश में प्रवेश करनेवाली ब्रह्मपुत्र के अलावा सिंधु और सतलज जैसी नदियाँ हैं, जो तिब्बत से निकलती हैं और पश्चिम की ओर बहती हुई भारत के जम्मू तथा हिमाचल में प्रवेश करती हैं। इनके अतिरिक्त कोसी, करनाली और गंडक जैसी नदियाँ हैं, जो तिब्बत से नेपाल की ओर बहती हैं तथा आखिर में भारत में गंगा नदी में मिल जाती हैं। मेकांग जैसी नदियाँ लाओस, थाईलैंड और वियतनाम की ओर बहती हैं।

चीन इन सारी नदियों पर बाँध बनाने की अंधाधुंध गतिविधियों में व्यस्त है। एक

अनुमान के अनुसार चीन ने पिछले छह दशक में 22000 से अधिक बाँध बनाए हैं, जो पूरी दुनिया में बाँधों की कुल संख्या का लगभग आधा है। इन गतिविधियों को गुपचुप तरीके से किया गया है। चूँकि चीन का भारत के साथ जल साझा करने का कोई समझौता नहीं है, इस कारण वह उसे कोई भी जानकारी देने की जरूरत नहीं समझता है। ऐसे में भारत को पानी के बहाव की अनिश्चितता से जूझना पड़ता है। पिछले एक दशक में अरुणाचल प्रदेश तथा हिमाचल प्रदेश जैसे राज्यों को कई बार अचानक आई बाढ़ का सामना करना पड़ा है। ऐसी ही एक घटना में कुछ वर्ष पहले अचानक आई बाढ़ से हिमाचल प्रदेश के किन्नौर जिले में भारी तबाही मची थी। ऐसा बताया जाता है कि चीन ने भारतीय इंजीनियरों को तिब्बत स्थित पारछू डैम तक जाने की इजाजत नहीं दी, जहाँ अचानक छोड़े गए पानी को ही बाढ़ का कारण माना जा रहा था। ऊपरी हिमालय क्षेत्र में जारी भूगर्भीय गतिविधियों को भारत के उत्तराखंड राज्य में बादल फटने और उसके बाद अचानक आनेवाली बाढ़ से मची भारी तबाही का कारण माना जाता है, जिसमें हजारों लोग मारे गए थे।

चीन ने ब्रह्मपुत्र नदी पर पहले ही कई बाँध बना लिए हैं। चीन ने यारलुंग सांगपो के नाम से जानी जानेवाली इस नदी तथा उसकी उप-नदियों पर 100 से अधिक छोटे-बड़े बाँध बनाने की इजाजत भी दे दी है। वह इस नदी पर कई नई पनबिजली परियोजनाओं का भी निर्माण कर रहा है। तिब्बत में यारलुंग सांगपो के मोटुओ में 38,000 मेगावाट की एक महत्त्वाकांक्षी परियोजना का निर्माण प्रस्तावित है। इस परियोजना से न केवल तिब्बती पठार, बल्कि भारत के लिए भी एक गंभीर खतरा पैदा हो जाएगा। चीन ब्रह्मपुत्र (सांगपो) का पानी उत्तर दिशा की ओर सूख रही नदियों में फिर से जलप्रवाह को सुनिश्चित करने के लिए मोड़ रहा है।

मेकांग पर बने चीन के बाँधों से कृषि और मछली-पालन प्रभावित हो रहा है। लाओस और थाईलैंड में कटाई से ठीक पहले बाँधों द्वारा पानी छोड़े जाने से फसलें नियमित रूप से बह जाती हैं। पोषक तत्त्वों से भरपूर गाद मेकांग डेल्टा तक नहीं पहुँच पाता है, जिसके कारण मछलियों की संख्या कम हो रही है। बर्मा और थाईलैंड में चीन के नू/सालवीन प्रस्तावित बाँधों से वन्य जीव तथा आबादी को होने वाले खतरे के खिलाफ पर्यावरणवादी समूहों ने आवाज उठाना शुरू कर दिया है।[4]

चीन शांतिपूर्ण परमाणु विस्फोटों, P.N.E. के प्रयोग से ब्रह्मपुत्र जैसी नदियों का रास्ता बदलता रहा है।

प्रख्यात रणनीतिक विश्लेषक ब्रह्म चेलानी ने लिखा है, "सच्चाई यह है कि नदियों के पानी को रोकने या उनकी दिशा बदलने के लिए चीन तिब्बती पठार पर परमाणु विस्फोटों में खुले तौर पर शामिल है। दरअसल चीन की सहकारी मीडिया में

सन् 2000 के दौरान छपी अनगिनत रिपोर्ट में चीन के उत्तरी मैदानों में पानी की किल्लत को दूर करने के लिए ब्रह्मपुत्र को आधार बनाकर तैयार की गई योजना का जिक्र था। इसके बाद पश्चिमी प्रेस में ऐसी अटकलें तेज हो गईं कि चीन इस नदी का रास्ता बदलने के लिए हिमालय में P.N.E. का प्रयोग करनेवाला है।''[5]

ब्रह्मपुत्र की दिशा बदले जाने का भारत को, विशेष तौर पर उत्तर-पूर्व के राज्यों को गंभीर नतीजा भुगतना होगा। जिस प्रकार चीन की कम्यूनिस्ट पार्टी तिब्बत को चीन का 'वाटर टावर' कहती है, उसी प्रकार पंजाब से लेकर असम तक के उपजाऊ क्षेत्र में पानी के लिए काफी हद तक तिब्बत पर निर्भर हैं। भारत के लिए यह परेशान करनेवाली बात है कि जहाँ धारा के निचले हिस्से में बसे बँगलादेश और पाकिस्तान के साथ इसने नदियों के पानी के बँटवारे पर समझौते कर लिए हैं, वहीं चीन भारत से ऐसी कोई भी संधि करने के लिए तैयार नहीं है। इस कारण भारत को मजबूरन धारा के निचले हिस्से में बसे पड़ोसियों से पानी साझा करना पड़ता है, जबकि बाहर से आनेवाले उस जल पर स्वयं उसका नियंत्रण नहीं है। अब इसे चाहे भारत की महानता कहें या मूर्खता, यह तो अपने-अपने दृष्टिकोण पर निर्भर करता है।

तीसरी चुनौती—अनसुलझे सीमा विवाद

दोनों देशों के बीच इस समय तीसरी चुनौती सीमा प्रबंधन की है। चीन की प्रवृत्ति सीमा को बढ़ाने की रही है। भारत अब तक यह नहीं समझ पाया है कि वह इन घुसपैठों को कैसे रोके। दौलत बेग ओल्डी (D.B.O.) में चीनी घुसपैठ नाजुक मोड़ पर पहुँच गई। D.B.O. की हवाईपट्टी भारतीय सेना के लिए अत्यंत महत्त्वपूर्ण है, जहाँ ऊपरी इलाके में तैनाती से पहले सैनिकों और सामानों को इकट्ठा किया जाता है। पूरी देपसांग पहाड़ी भारत के लिए सामरिक दृष्टिकोण से अत्यंत महत्त्वपूर्ण है। यह पाकिस्तान के कब्जे-वाले कश्मीर और चीनी कब्जेवाले लद्दाख को अलग करती है। उत्तरी लद्दाख की इस पहाड़ी से ही भारत काराकोरम की चोटियों तक पहुँचता है, जहाँ भारतीय सेना ने काराकोरम हाइवे पर चीन और पाकिस्तान की गतिविधियों पर नजर रखने के लिए अपनी फौज तैनात कर रखी है।

संभवत: इस कारण ही चीन इस अहम इलाके में घुसपैठ कर रहा है। हाल ही में देपसांग की पहाड़ी में हुई घुसपैठ से यह खतरा उत्पन्न हो गया था कि भारत का संपर्क उत्तरी लद्दाख के लगभग 750 वर्ग कि.मी. के इलाके से, यानी दिल्ली से लगभग आधे आकार का क्षेत्र पूरी तरह कट जाएगा। संघर्ष का बिंदु काराकोरम दर्रे से महज 35 कि.मी. दक्षिण में वह त्रिकोण है, जहाँ चीन-पाकिस्तान-भारत की सीमाएँ मिलती हैं, और जो पश्चिम में सियाचीन ग्लेशियर-सालटोरो रिज पर नजर रखता है और पूर्व में

चुमार सेक्टर में भारत की निगरानी चौकियाँ हैं।

भारतीय सेना और I.T.B.P. के गश्ती दलों को दौलत बेग ओल्डी और काराकोरम दर्रे तक पहुँचने के लिए सासेर तथा देपसांग दर्रे की चढ़ाई करनी पड़ती है। इसलिए देपसांग पहाड़ी पर नियंत्रण खोते ही इन इलाकों से संपर्क कट जाएगा।

इन चुनौतियों के प्रति भारतीय नेतृत्व की प्रक्रिया ऐसी रही है, जिसे अंतरराष्ट्रीय राजनीति में निंदात्मक तरीके से 'फिनलैंडवादिता' कहा जाता है। अप्रैल 1948 में फिनलैंड ने सोवियत संघ के साथ मित्रता, सहयोग और आपसी सहयोग का एक समझौता किया था। इस समझौते के अंतर्गत फिनलैंड को 'जर्मनी या उसके सहयोगियों' से अपने खिलाफ या फिनलैंड के रास्ते सोवियत संघ के खिलाफ होनेवाले हमलों से लड़ना बाध्यकारी था तथा आवश्यकता पड़ने पर सोवियत संघ से सहायता की माँग करना जरूरी था। इसके साथ ही इस समझौते ने महाशक्तियों के झगड़े से फिनलैंड की दूर रहने की इच्छा को भी माना, जिससे कि वह शीतयुद्ध के दौरान तटस्थ रह सके। फलस्वरूप फिनलैंड ने मार्शल प्लान में हिस्सा नहीं लिया तथा विदेशी सोवियत अभियानों के दौरान तटस्थ रहा। नाटो तथा पश्चिमी सैन्य शक्तियों के प्रति उदासीन रहने के कारण फिनलैंड वारसॉ की संधि में शामिल होने के दबाव को टाल सका था। स्टालिन और फिनलैंड के बीच जब से यह समझौता हुआ, तब से बड़े और अधिक शक्तिशाली पड़ोसी के सामने छोटे देशों के झुक जाने की स्थिति को 'फिनलैंडवादिता' कहा जाने लगा।

शुरुआत में भारत सरकार ने उसी प्रकार इस सूचना को जनता से छिपाना चाहा, जैसा कि नेहरू ने 1950 के दशक में किया था। यह बात जब किसी से छिपी नहीं रह सकी, तब उसने घुसपैठों को अकसर इस्तेमाल किए जानेवाले शब्द 'धारणा में अंतर' से कमतर बताना शुरू कर दिया। सन् 2013 के मध्य में लद्दाख क्षेत्र में चीनी घुसपैठ पर भारत में भारी हंगामा मच गया। इस क्षेत्र में चीनी हलचल तेज हो गई। भारतीय नीति-निर्माताओं ने सबसे अधिक जोर चीनियों को कब्जेवाले इलाके से पीछे हट जाने के लिए मनाने पर दिया। इसके बाद, भारतीय सेना ने D.B.O. हवाईपट्टी पर अपने सैन्य विमानों को उतारना शुरू किया।

किंतु भारतीय विदेश मंत्री सलमान खुर्शीद ने मई के पहले हफ्ते में बीजिंग का दौरा किया तो उन्होंने चीन-भारत संबंधों का वर्णन इतने सुहाने अंदाज में किया कि यह घोषणा भी कर दी कि दोनों देशों के बीच 'चुभनेवाले बड़े मतभेद नहीं हैं।' चीनी सैनिकों को पूर्वी लद्दाख की देपसांग पहाड़ी से वापस लौट जाने पर राजी करने के लिए कई दिनों बाद खुर्शीद ने कहा कि उन्होंने 'चीनियों के साथ बातचीत में' कोई आरोप-प्रत्यारोप नहीं लगाया। उन्होंने मीडिया को बताया, "नियंत्रण रेखा पर समस्या के मामले में दोनों देशों की राय एक ही है।" वे चीनी आवभगत से इतने प्रसन्न थे कि

कथित तौर पर मुसकराते हुए यह भी कह दिया, ''मैं तो बीजिंग में ही बस जाऊँ।''[6]

चीनियों और भारतीयों की राय एक थी या नहीं यह कोई भी समझ सकता, क्योंकि चीनियों ने यह मानने से साफ इनकार कर दिया कि उन्होंने घुसपैठ की है। किंतु भारतीय रक्षा विभाग और विदेश मंत्रालय की बातों से साफ हो गया कि आम राय जैसी कोई बात नहीं थी। हालाँकि उस सुन जू के बताए रास्ते पर चलते हुए, जिसने चीनी नेतृत्व को परस्पर विरोधाभासी तौर-तरीके अपनाने की सलाह दी थी, नए चीनी नेतृत्व ने यह प्रस्ताव रख कर भारत को चौंका दिया है कि नए प्रधानमंत्री ली के कियांग का पहला आधिकारिक दौरा भारत का ही होगा।

रक्षा मंत्रालय द्वारा काफी समझाने-बुझाने के बाद, हिचकते हुए भारत सरकार ने भारत-तिब्बत सीमा पर किलेबंदी का फैसला किया है। माउंटेन स्ट्राइक कोर, जिसे विशेष तौर पर अरुणाचल प्रदेश में तैनात किया जाना है, उसके गठन का प्रस्ताव कई वर्षों तक ठंडे बस्ते में पड़ा रहा, जिसे आखिरकार प्रधानमंत्री के नेतृत्व वाली कैबिनेट की सुरक्षा समिति ने जुलाई 2013 में स्वीकृत कर दिया। इसके तहत भारतीय सेना लगभग 40,000 सैनिकोंवाले एक विशेष सैन्य बल को तैयार कर सकेगी, जिसे अत्यधिक ऊँचाई पर युद्ध लड़ने के लिए प्रशिक्षित किया जाएगा। भारत के पास पहले ही तीन सैन्य बल हैं—सीमा सुरक्षा बल (B.S.F.), भारत-तिब्बत सीमा पुलिस (I.T.B.P.) और सशस्त्र सीमा बल (S.S.B.)। भारतीय सेना के आधुनिकीकरण की योजना लंबे समय तक स्थगित रहने के बाद आखिरकार चालू की गई है। बजट बढ़ाए जाने के बाद भारतीय सेना द्वारा विमानों, हेलीकॉप्टरों, टैंकों और बख्तरबंद गाड़ियों के नए ऑर्डर दिए जा रहे हैं। फिर भी वास्तविकता यही है कि चीन बहुत आगे निकल चुका है और भारत को उसकी बराबरी के लिए तेज रफ्तार पकड़नी होगी।

रक्षा उत्पादन के क्षेत्र में भी भारत का रिकॉर्ड बहुत बुरा है। भारत में रक्षा उपकरणों के निर्माण पर सरकार का एकाधिकार है। रक्षा शोध और विकास के क्षेत्र में 50 से अधिक प्रयोगशालाएँ तथा 30,000 से अधिक वैज्ञानिक एवं तकनीकी कर्मचारियों की फौज काम कर रही है। मिसाइल तकनीक के क्षेत्र में उनकी उपलब्धियाँ सराहनीय हैं। वे परमाणु क्षमतावाली मिलाइलें, परमाणु शक्ति से हमले करनेवाली पनडुब्बियों, मिसाइल विरोध रक्षा कवच और उच्च तकनीकवाले इलेक्ट्रॉनिक युद्ध के उपकरणों के सफलता से निर्माण की उपलब्धि हासिल कर चुके हैं। लेकिन अनेक परियोजनाओं जैसे हलके लड़ाई विमान (I.C.A.), अर्जुन टैंक, विमान विरोध मिसाइल आदि में बहुत देरी हो रही है। स्वतंत्रता प्राप्ति के छह दशक बाद भी भारत दुनिया में रक्षा उपकरणों का सबसे बड़ा आयातक है।

पर्याप्त आक्रामक रूप में आने के लिए भारत को अपनी रफ्तार बढ़ानी होगी।

रूस के कमजोर और विचित्र सोचवाले राष्ट्रपति बोरिस येल्तसिन ने चीन के साथ सीमा विवाद पर जो रुख अपनाया था, वह भारत के लिए एक प्रेरक उदाहरण साबित हो सकता है। संभवत: यह चीन के इतिहास के कुछ पन्नों को पलटकर भी सबक ले सकता है। सन् 1991 में चीन ने रूस के साथ बेहद विवादास्पद सीमा विवाद को सुलझाया था। भारत की सीमा जहाँ 4500 कि.मी. लंबी है, वहीं रूस और चीन की सीमा भी लगभग इतनी ही लंबी है। दिलचस्प है कि न केवल सीमा की लंबाई, बल्कि उससे जुड़ा विवाद भी एक जैसा ही था। चीन ने ऐलान किया कि वह 'साम्राज्यवादी संधियों' को नहीं मानता, क्योंकि वे 'असमान संधियाँ' थीं। यह सभी जानते हैं कि चीन सन् 1949 के बाद सबकुछ नए सिरे से तय करना चाहता था।

सोवियत रूस के साथ बातचीत में चीन का तरीका वैसा ही था जैसा कि वह भारत समेत अन्य देशों के साथ अपनाता है। 1960 के दशक के मध्य में चीन और सोवियत रूस के बीच जब बातचीत शुरू हुई, तब चीन ने जोर दिया कि रूसी पक्ष को सबसे पहले 'सिद्धांतों पर' सहमत होना चाहिए। 'सिद्धांतों' से उसका मतलब था कि रूसी इस बात को मान लें कि सन् 1949 से पहले रूस और चीन के बीच हुई सभी संधियाँ 'असमान संधियाँ' थीं।

'सिद्धांत' के नाम पर होशियारी से बिछाए जाल को रूसियों ने भाँप लिया और तुरंत उस चीनी दलील को खारिज कर दिया तथा इस बात पर जोर दिया कि वे नई सीमा पर कोई बातचीत नहीं करेंगे और केवल 'मामूली तकनीकी सुधार' पर ही चर्चा करने के इच्छुक हैं। उन्होंने चीन पर बीती सदियों के 'अन्याय' को दूर करने की निरर्थक दलील का इस्तेमाल करते हुए कि वह '1.5 मिलियन वर्ग कि.मी. जमीन पर अपने दावे को पुख्ता करने का प्रयास कर रहा है, जो सोवियत संघ की है।'

स्वाभाविक रूप से सन् 1964 की शुरुआती बातचीत विफल हो गई। सन् 1969 में बातचीत फिर से शुरू हुई तो सोवियत अपनी इस बात पर अड़ गए कि 0.5 मिलियन वर्ग कि.मी. से जुड़े कुछ छोटे मुद्दों के अलावा वे किसी अन्य विषय पर बातचीत नहीं करना चाहते हैं और नई सीमा पर बातचीत की कोई गुंजाइश ही नहीं है। चीनी भी इस माँग पर कायम रहे कि रूस को बीते समय की असमान संधियों के 'मौलिक सिद्धांत' को स्वीकार करना होगा।

'सिद्धांत' के इस मुद्दे पर लगभग एक दशक तक रूस-चीन की बातचीत पर गतिरोध बना रहा। किंतु सोवियतों के टस-से-मस न होने के बाद चीनियों को झुकना पड़ा तथा सन् 1983 में वे सहमत हो गए कि वे सिद्धांत का मुद्दा नहीं उठाएँगे। एक बार ऐसा होते ही आगे की बातचीत शुरू हो गई और सन् 1991 तक अंतिम समझौता हो गया।

रूस और चीन सीमा विवाद के निपटारे की सफलता को समझने के लिए हमें

रूसी नेताओं की मानसिकता को समझना होगा। सन् 1996 में बीजिंग जाते समय बोरिस येल्तसिन का दिया एक बयान उसकी ओर संकेत करता है, ''कई उदाहरण हैं जहाँ हम कोई समझौता करने को सहमत नहीं हैं। उदाहरण के लिए, आमर नदी में, खाबरोवस्क के पास तीन द्वीपों और चिटा में अर्गन नदी में बोलशॉय द्वीप के स्वामित्व का मुद्दा। इस संदर्भ में हमारी स्थिति दृढ़ रहती है। सीमा वहीं रहनी चाहिए, जहाँ वह अब है।''

ऐसा नेता तलाश पाना बहुत कठिन है, जिसके पास चीन से यह कहने का साहस हो कि 'छोटी-मोटी तकनीकी मुद्दों' को छोड़कर, सीमा वहीं रहनी चाहिए, जहाँ वह सन् 1947 या सन् 1948 में थी। इतिहास में यह कथन बहुत प्रसिद्ध है कि सन् 1510 में एंग्लो-स्पेनिश युद्ध के समय इंग्लैंड की मुख्य रणनीति थी—'शत्रु की दुर्बलता पर निशाना साधो; उसके लिए युद्ध महँगा बना दो और अपने लिए सस्ता बना दो; सर्वाधिक शक्तिशाली शत्रु पर सबसे बाद में हमला करो। उसकी कमजोर नस पर वार करो।'

भारत को याद रखना चाहिए कि रणनीति में क्या महत्त्वपूर्ण होता है? जैसा कि सुन त्जू ने कहा था, ''बृहदाकार अंत में दुर्बलता का द्योतक हो सकता है।''

संदर्भ—

1. मोनिका चनसौरिया, चाइना इंफ्रास्ट्रक्चर डेवलपमेंट इन तिब्बत इवैल्यूएटिंग ट्रेंडलाइंस, CLAWS मानेकशाह पेपर
2. http://www.freerepublic.com/focus/news/23979635/posts.
3. http://tibetoffice.org/tibet-info/invasion-after.
4. Charlton Lewis,http://e360.yale.edu/content/print.msp?id=2706
5. ब्रह्मा चेलने, वाटर—एशिया न्यू बैटलग्राउंड, पृ. 164
6. टाइम्स ऑफ इंडिया; मई 12, 2013

□□□